행복의 철학

행복의 철학

초판 1쇄   찍은 날 2024년 5월 20일
초판 1쇄   펴낸 날 2024년 5월 27일

지은이   루트비히 마르쿠제
옮긴이   정인모

발행인   정인회
발행처   하영북스
등 록   2024년 1월 3일(제2024-000003호)
팩스   050-8901-1430
전자우편   hayoungbooks@naver.com

디자인   책은우주다

ISBN   979-11-986508-0-1 (03100)

- 이 책은 저작권법에 따라 보호받는 저작물이므로, 저작자와 출판사 양측의 허락 없이는 일부 혹은 전체를 인용하거나 옮겨 실을 수 없습니다.

- 책값은 뒤표지에 있습니다.

- 이 과제는 부산대학교 기본연구지원사업(2년)에 의하여 연구되었음

행복의 철학

Philosophie des Glücks

루트비히 마르쿠제 지음

정인모 옮김

하영북스

차례

1장

행복이란 무엇인가

이 책에서 기대할 수 있는 것과 없는 것

세월이 흘러도 사그라들지 않는 갈망이 있다. 이 갈망은 한때 유행에 뒤처졌다가도 어느샌가 다시 사람들의 마음을 사로잡는다.

이처럼 태곳적부터 영원히 간직해온 갈망 중의 하나가 바로 행복이다. 바빌로니아인, 유대인, 인도인, 그리스인, 중국인, 로마인, 아라비아인, 페르시아인, 비잔티움인, 그리고 그 후 천 년에 이르기까지 수많은 행복한 사람들과 불행한 사람들이 행복에 대해 성찰을 거듭해왔다. 오늘도 행복에 대해 생각하는 사람이 있고 내일도 역시 행복에 대해 생각하는 사람이 있을 것이다. 생각 없이 살아가는 사람들만이 '행복이란 순전히 말뿐'이라고 말한다.

이 책은 몇 명의 위대한 선구자들이 개척한, 행복에 이르는 왕도王道를 추적한다. 예를 들어 성서에 등장하는 욥이란 인물이 있다. 욥은 '행복을 추구할 권리'가 신생국 미국의 헌법에 채택되기 3,000년 전에 시나이 계약에 따라 보장된 행복권을 얻기 위해 싸웠다. 그것은 거룩한 출발이었다. 신에 대한 모든 종류의 존재 증명을 폐기해버린 칸트조차도 − 미덕을 가진 자에게는 행복을 보증해주는 누군가가 있지 않으면 안 된다는 전제에서 출발해 − 18세기에 신의 존재를 구축했다.

그러다 욥 이후 언제인가에 하늘의 힘이나 지상의 힘은 인간의 행복을 돌보지 않는다는 사실이 드러나, 행복을 신이나 세상사와 분리시키는 사고방식이 생겼다. 독일의 동화 「행복한 한스」는 '행복은 그대 속에 있다'는 엄청난 사실을 발견한 젊은이에 대해 이야기한다. 물론 한스가 이러한 통찰을 말한 것은 아니지만 그 파급 효과는 매우 컸다. 행복이 내 속에 있는 것이라면 당연히 내 힘이 미치는 범위 안에 있는 셈이다. 그러므로 누구나 자신의 행복을 스스로 만들어내는 대장장이가 되는 것이다.

이 동화 속의 한스는 행복을 개인의 영역 안으로 끌어들인 최초의 인물이었다. 한스는 욥보다 한 걸음 더 나아갔다. 한스는 '어떻게 하면 행복해질 수 있는가?'라는 문제에 대한 최초의 조언자는 아니었지만, 모든 조언자들의 시조 역할을 한 셈이다. 행복은 내 바깥 어딘가에 있는 보물이 아니며, 내 바깥 어딘가에 있는 하늘이나 지상의 권력자에 의해 좌우되는 것이 아니라 오히려 내 자신의 영혼 속에서 성장하는 것이라는 사실을 한스가 경험한 후에야 비로소 행복한 삶에 대한 지침을 주는 것은 의미 있는 일이 되었다.

기원전 3세기 무렵 그리스에 행복의 고전적인 인물로 통하는 사람이 있었다. 바로 고대 그리스인 에피쿠로스이다. 에피쿠로스는 행복한 삶을 열망하며 친구들에게 행복이 얼마나 위대한 것이며, 얼마나 다양한 원천에서 얻을 수 있는지를 가르쳤다. 또 그는 이 행복의 정원 둘레에 철학의 울타리를 높이 세웠다. 이 행복이 얼마나 큰 위협을 받고 있는지를 알고 있었기 때문이다. 쾌락주의자는 이 시대부터 존재한다. 쾌락주의자란 행복에 대해서 자유분방한 열정을 지닌 사람들이다. 게다가 그들은 자신을 위협하는 모든 위험에 대해 매우 조심하는 사람들이다.

쾌락주의자들 가운데 가장 위대한 인물은 술과 여자를 송시頌詩나 편지 형식으로 찬미하며 자신을 대가大家로 치켜세운 바 있는 고대 로마의 유명한 시인 호라티우스가 아니라, 에크레시아스테스Ecclesiastes라고 불리는 신비스러운 사람이자 세계사에서 가장 음울한 불평인 "세상만사 헛되다!"라는 말을 늘어놓은 사람이다. 그는 에피쿠로스로부터 몇 세대 뒤 유대 왕국에 살았던 것으로 보인다. 당시 유대 왕국은 그리스 사상이 압도하고 있었다. 그의 사유는 존재의 허무감에 빠져 있었다. 그럼에도 그는 존재하고 있는 것을 무한한 행복으로 여기며 찬양했는데, 그 찬양은 행복이 꽃피어 있는 심연을 들여다보는 자신의 마음이 침울해질수록 더욱 열정적으로 변해갔다. 에크레시아스테스 이래로 가장 열정적인 쾌락주의자는 '그럼에도 불구하고'를 외치며 비극을 연출한 행복한 자들이다. 니체도 그중 한 사람이었다. 그가 쓴 『이 사람을 보라』라는 퇴색한 제목의 자서전은 "내 인생의 행복은…"이라는 현란한 말로 시작한다.

요컨대 여기까지가 첫 단계였다. 욥은 신성한 규약에 따라 신이 일정한 조건이 충족되면 인간을 행복하게 만들어야 한다고 선언했다. 행복한 한스는 신이 없는 시대에서 인간을 조물주나 창조의 온갖 우연으로부터 독립시키고 행복을 내면의 영역으로, 다시 말해 인간 의지의 영역으로 끌어들였다. 그런 다음 에피쿠로스가 등장해 이 내면의 영역을 탐구하며 행복을 모든 선^善의 원천으로 열망하고 그 행복을 조심스럽게 울타리로 막아두려고 했다. 또 쾌락주의자 에크레시아스테스는 영혼의 가장 음울한 부분에서조차도 행복의 불꽃이 흐르는 강을 발견했다.

그러나 에피쿠로스의 정원을 둘러싼 철학의 울타리는 이 정원을 침입 불가능한 성채로 만들지는 못했다. 에피쿠로스의 행복은 아직은 허약했던 것이다. 그래서 행복한 일상에서 벗어나 정원의 오아시스가 아니라 일상의 저편에 있는 훨씬 더 안전한 지역으로 향하는 사람들이 생겨났다. 그들은 욕망과 충족이라는 연쇄 고리에 묶인 속박의 세계에서 탈출해 더 이상 욕망할 필요가 없는 자유의 왕국을 찾아 나선 것이다. 서기 1세기 무렵 스토아학파의 철학자 세네카가 그중의 한 사람이었다. 그는 다음과 같은 질문을 던졌다. "인간은 자신을 공격하는 모든 것에 초연해질 수 있는 힘을 지니고 있는 게 아닐까? 세계에 대해 무관심하고 냉담하며 어떤 일에도 신경을 쓰지 않으면 되는 것이다." 이처럼 독립과 자유 그리고 세상사에 초연한 태도는 세네카와 그 추종자들에게 행복, 즉 스토아학파의 행복을 주었다. 그것은 에피쿠로스가 누린 행복보다도 덜 위험한 행복이었다.

서기 4세기에 아프리카 출신의 로마 저술가 아우구스티누스도 스토아학파의 행복을 추구했다. 그러나 그는 스토아학파의 방식으로는 행복해질 수가 없었다. 그는 수많은 모험을 겪은 뒤, 구원자에 대한 신앙 속에서 비로소 자신의 행복을 발견했다. 구원자는 아우구스티누스에게 행복해지기 위해 필요한 신뢰를 주었다. 그리스도의 보호 아래 그의 마음속에는 몹시 관능적인 행복의 꽃이 피었다. 그는 이에 대해『신국론』이라는 제목의 책을 썼다. 하지만 이렇게 행복을 선취하는 것은 미래의 세계를 현재화시켜 그 속에서 살아갈 수 있는 사람들에게만 가능할 뿐이다.

신의 나라가 오기를 기다리고 있던 시대에는 이 선취된 기쁨을 포기하지 않으려는 사람들이 많았다. 또 이들은 현재의 생활에서 종종 맛볼 수 있는 별로 크진 않지만 좀 더 현실적인 행복도 포기하지 않으려 했다. 궁전 안에 있으면서도 수도원의 행복한 평온을 동경하거나, 수도원에 있으면서 평온함과는 거리가 먼 궁전의 환락을 동경하는 사람도 있었던 것이다. 이러한 사람이 바로 11세기의 행복한 궁정 관료이자 행복한 수도승이었던 프셀루스^{Psellus}이다. 그는 학문이 뛰어나 비잔티움의 아리스토텔레스라고 불렸고, 황실과 수도원이라는 양극단을 오가며 행복에 접근했다. 그는 궁전과 수도원에서 행복을 찾기는 했지만 어느 것도 완전하지 않았다. 그는 행복은 하나가 아니라는 것을, 다시 말해 논리학의 법칙에 따르면 모순되는 이러한 복수성^{複數性}이 현실에서는 정말 완전하게 병행될 수 있다는 사실을 삶을 통해 우리에게 보여주었다.

물론 행복의 대로가 일직선으로 뻗어 있는 경우도 있다. 행복한 스토아학파 학자나 행복한 성자가 개척한 길은 일직선이다. 그리고 행복한 사상가가 개척한 길도 일직선이다. 그러나 스피노자만큼 행복한 삶을 완벽하게 성찰한 자도 없다. 스피노자만큼 행복해지기 위해 사색을 거듭하고, 인식 속에서 자신의 행복을 찾아냈다고 명쾌하게 말한 사람은 없다. 고대 그리스나 중세의 사상가 중에서 스피노자만큼 행복한 삶을 고전적으로 몸소 증명해 보인 사람은 없다.

18세기가 되자 영국의 모럴리스트들이나 프랑스의 백과전서파^{百科全書派}들, 독일의 계몽주의자들, 미국 건국에 초석을 놓은 사람들 사이에서 행복한 삶이 자주 거론되었다. 이것은 19세기에 불행한 삶이 거론된 것과 필적할 정도였다. 그러나 자본주의와 기술의 시대, 대중문화와 진정되지 않은 종교적 동경의 시대인 19세기가 되어서야 비로소 행복해지기 위해 또 행복을 전파하기 위해 엄청난 노력을 한 두 사람이 등장했다. 영국의 공장주인 로버트 오언과 러시아의 행복 탐구자 레프 톨스토이가 그들이다. 그들은 행복에 도달하기 위한 두 가지 커다란 가능성을 자신의 삶을 통해 모범적으로 보여주었는데, 하나는 '행복한 사회'의 건설이라는 정치적인 가능성이고, 다른 하나는 행복한 성자가 되어 내면의 왕국을 건설하는 도덕적인 가능성이다.

19세기 초, 로버트 오언은 처음에는 스코틀랜드에서 다음에는 미국에서 '행복한 사회'를 건설하려고 시도했다. 그가 행한 실험은 그 후 150년 동안 행복을 실현하려는 많은 시도에 결정적인 영향을 주었다. 에피쿠로스나 세네카, 그리고 아우구스티누스에게 있어서도 행복은 이를테면 사적인 문제, 즉 어디까지나 개인적인 과제이자 작업에 불과했다. 그랬던 행복이 19세기에 들어서자 아주 공적인 문제로 탈바꿈한 것이다. 이제 개인은 '행복한 사회'의 품 안에서만 행복에 도달할 수 있다는 사실을 사람들이 깨닫게 되었다. 물론 오언 자신은 여전히 개인주의적인 사고방식에 머물러 있어 한 개인이 이러한 '행복한 사회'를 단번에 만들어낼 수 있다고 믿었다.

19세기 말에 톨스토이는 선구자들이 개척한 길을 따라가며 또 밝혀지지 않은 여러 이유로 행복을 추구했다. 행복이라는 말은 톨스토이의 작품이나 일기, 편지 등에서 수없이 등장한다. 그는 '행복한 사회'에 대해서는 기껏해야 폭력적인 수단으로 만들 수 있을 뿐이라고 여기며 무시했다. 또 당대의 가장 위대한 예술가였던 그는 '아름다운 가상假象'의 독재도 인정하지 않았다. 때마침 바그너는 바이로이트에 이 아름다운 가상에 바치는 화려하기 이를 데 없는 신전을 건립했다. 톨스토이는 자신이 창조한 '아름다운 가상' 속에서는 행복해질 수가 없었다. 그는 극단적으로 선한 삶에서 행복을 찾았다. 천국의 도래를 기다리지 않는 행복한 성자, 바로 이것이 그의 목표였다.

사람들은 이처럼 다양한 길과 우회로를 거치며 행복을 추구해왔다.

그런데 우리는 그러한 길이나 우회로를 추적할 때 어떤 이득을 얻을 수 있는가? 행복에 도취한 사람들, 행복의 예언자들, 행복을 추구한 선구자들은 예로부터 인간에게 행복을 단념시키려 한 유명한 두 가지 잘못된 이론으로부터 우리를 지켜준다. 그중 하나는 '불행이야말로 삶에서 결정적인 사건이고, 이른바 행복이란 불행이 억제된 상태이며 심지어 불행이 지양된 상태에 지나지 않는다'라고 말한다. 플라톤이 전하는 이 이론은 소크라테스가 일찍이 펼친 것이다. 소크라테스와 플라톤에 따르면 다른 행복을 찾는 자, 즉 적극적인 행복이 있다는 망상을 품는 자는 불행에 문을 열어주는 데 불과하며, 행복한 삶이란 행복을 추구하는 절망적인 노력으로부터 해방된 자유로운 삶이다.

이런 바탕에서 나온 행복의 처방은 삶에 대해 너무 많은 것을 바라지 말라는 점잖은 권고로부터 삶과의 관계를 최소한으로 축소시키라는 극단적인 명령에 이르기까지 다양하다. 그리고 불교의 『법구경法句經』이나 기독교의 교부敎父들로부터 19세기 및 20세기의 영국·독일·프랑스의 비관주의자들에 이르기까지 이 처방을 늘 새로운 문구로 포장해 선포하는 것처럼 보인다.

행복을 비판하는 또 다른 이론은 — 위에서 말한 첫 번째 이론보다는 온건하긴 하지만 — 다음과 같이 말한다. '행복과 불행은 인간의 삶에서 차지하는 의미가 너무나 과대평가되고 있다.' 특히 관념론 철학자들이 이러한 주장을 펼쳤다. 그들은 행복이나 불행보다는 이른바 인간을 정의定義하는 데 더 관심이 있었다. 그들이 행복이 존재한다는 사실을 부인한다는 말은 아니다. 그러나 그들은 행복이나 불행에 대해 야단법석을 떠는 것은 지나치다고 여기며 이것들은 인생의 중대사가 아니라고 말한다. '무엇을 먹을 때나 어떤 문제를 해결했을 때, 혹은 어떤 법안을 통과시킬 때 부수적으로 행복감도 느낀다면 좋은 일이다. 찬밥 더운밥 가릴 필요는 없다. 이러한 행복은 참으로 좋은 덤인 셈이다. 우리가 식량을 찾는 자로서 또는 학문의 후원자로서 또는 제16선거구의 유권자로서 행하는 중요한 일에서 추가적으로 행복감마저 느끼게 된다면 그것은 운명의 호의적인 장난이라고 말할 수 있을 것이다. 그러나 이러한 행복은 산업시대에 가장 잘 어울리는 말로 표현하자면 어디까지나 하나의 부산물에 지나지 않는다.'

이 책에 등장하는 행복의 열혈 옹호자들은 이러한 잘못된 이론을 반박하는 증인이다. 그들은 자신들이 제시하는 논거를 통해서 반박할 뿐만 아니라 무엇보다도 자신들의 삶을 통해서 반박한다. 왜냐하면 그들은 자신들의 삶에서 행복(또는 불행)이 넘칠 때 행복의 철학을 펼쳤기 때문이다. 그들에게는 학문적 연구가 관건이 아니었다. 그들에게 중요한 것은 자신의 행복을 큰 소리로 노래하는 일 또는 행복을 갈망하는 자신의 마음을 충족시키는 일이었다. 그러면서 그들은 비록 겉으로 드러나는 방식은 다양했지만, 행복 이외의 신들을 모두 거부한 점에서는 일치한다. 이에 대해 1768년에 영국의 프리스틀리Priestley는 다음과 같이 말했다. 즉 '정의나 진리는 인간의 행복과의 관계를 도외시한다면, 그 자체로서는 조금도 훌륭한 것이 못된다.' 이 말에 우리는 이성과 자유, 진보와 문화도 인간의 행복과의 관계를 도외시한다면, 그 자체로서는 조금도 훌륭한 것이 못된다고 덧붙일 수 있다. 이처럼 행복은 모든 아름답고 선한 것에 가치를 부여한다.

행복의 역사를 깊이 연구하면 행복하고자 하는 의지가 명확해지고 강화될 것이다. 하지만 행복에 대해 제아무리 열광하고 행복에 관해 제아무리 심오한 지식을 가지고 있어도 무슨 소용이 될 수 있을까? 제아무리 열정적인 의지나 포괄적인 지식이라고 할지라도 우리에게 행복을 주지는 않는다. 독자는 손을 내민다. 행복의 처방을 달라는 것이다.

책을 읽는 독자는 반론을 제기하고 싶어도 저자에게 다가갈 수 없다. 이 때문에 저자는 자신이 가장 중요한 반대론자의 입장에 서는 것을 의무로 알아야 한다. 다음과 같이 말하는 독자가 있을 수 있다. "나는 옛날의 어떤 아시아인이나 유럽인이 행복에 대해 무슨 생각을 했는지를 알고 싶은 마음은 추호도 없다. 어디로도 통하지 않는 이런 우회로가 무슨 소용이 있겠는가? 내게 중요한 것은 어떻게 하면 내가 올해 안으로 행복해질 수 있겠는가 하는 점이다. 내가 원하는 것은 교양이 아니라 처방이다. 교양을 쌓기를 원하는 자들에게는 찾아볼 백과사전이 얼마든지 있다. 이와 같이 절박한 문제에서 교양은 저자도 적절한 조언을 알지 못한다는 사실을 교묘하게 은폐하는 수단이 되고 만다.…" 이 흥분된 말에도 새겨들을 내용이 있다. 자, 이제 어떤 처방을 내려야 하는가?

불행에 대한 대책은 분명히 있다. 예를 들어 좋은 교육자의 자질을 갖춘 수도승이라면 제자를 훈련시켜 고통과 번뇌로부터 벗어나게 할 수 있다. 또 수면제 처방처럼 행복의 알약을 처방하는 방식도 있을 것이다. 우리는 수면처럼 행복도 유도할 수 있다. 그리고 그러한 약은 이미 알려져 있다. 어쨌든 약물요법은 심리요법에 비해 효과 면에서 개인

차가 적고 확실하다. 경험적으로 술과 마약은 영화보다는 효과가 더 크고 보편적이다.

그러나 처방을 원하는 독자는 그런 행복을 말하는 것이 아니다. 독자의 안중에 (비록 아직 막연하기는 하지만) 있는 행복은 회색의 일상에 침투해 이를 밝은 빛 속에서 해체시키는 것이다. 반면에 처방전이 주는 모든 행복, 신경을 잠깐 강제로 지배해서 얻는 도취된 행복 뒤에는 더욱더 불행한 일상이 기다리고 있을 뿐이다.

요컨대 독자가 찾는 행복은 철학자들이 "그것은 어떤 행복인가?, 행복이란 무엇인가?"라고 말할 때 언제나 염두에 두고 있는 저 유명한 행복이다.

고백과 다를 바 없는 행복의 정의定義

서기 1세기에 로마의 사상가이자 네로 황제의 스승이었던 세네카는 자신의 형에게 '행복한 삶'에 관한 30쪽에 이르는 긴 편지를 썼다. 이 편지는 다음과 같이 시작된다. "갈리오 형, 행복하게 사는 것은 모든 인간의 소망입니다." 세네카는 이러한 소망을 인간 본연의 욕구로 여겼다.

그러나 동시에 세네카는 이 본연의 욕구를 충족한다는 것이 얼마나 어려운 일인지 잘 알고 있었다. 왜냐하면 우리는 어떻게 하면 행복해질 수 있는지를 알지 못하기 때문이다. 이것은 행복을 연구하는 많은 학자들의 의견이기도 하다. 그들은 행복해지려는 소망 못지않게 행복에 이르는 방법에 대한 무지도 널리 퍼져 있다고 여긴다.

예를 들어 세네카보다 1,600년 이후의 사람인 스피노자는 그의 대표작인 『에티카』의 끝부분에 따로 한 절을 두어, 행복에 이르는 올바른 길에 대한 대중의 무지를 지적했다. "행복이 바로 우리 앞에 있어 큰 노력을 하지 않고도 발견할 수 있는데도, 모두가 등한시하는 일이 어떻게 가능할까." 물론 누구나 행복하게 살고 싶어 한다. 단지 행복을 찾을 능력이 없거나 찾으려고 노력을 하지 않을 뿐이다. 하지만 스피노자는 이런 사람들과는 달리 행복을 찾으려고 크게 노력했다.

이러한 노력은 예로부터 철학자들의 고유한 사명이었다. 비록 철학자들이 이를 항상 인정하는 것은 아니지만 말이다. 그렇다. 철학자들은 이러한 요청을 종종 단호하게 거부하기도 했다. 오늘날 '철학자'라는 고상한 호칭을 지닌 사람들 중 다수가 (그들의 주장에 따르면) 행복이라는 모호한 개념이나 (마찬가지로 그들의 주장에 따르면) 행복이라는 감상적인 과잉 감정을 진지하게 받아들이는 것은 합당한 일이 아니라고 여긴다. 그러나 철학을 철학사나 인식론사 또는 사회학사로 바꾸는 것은 철학의 부재를 알리는 징표와 다를 바 없다.

예전에는 철학자가 있는 곳에는 언제나 행복에 대한 질문이 제기되었다. 그럴 때마다 그들은 행복이 제기하는 질문은 이미 해결되었다고 단정하며 다음과 같이 말했다. '아직도 행복하지 않은 사람들이 존재하는 이유는 그들이 가르침을 받아들이지 않기 때문이다. 사람들이 너무도 어리석기 때문에 행복을 발견하지 못할 뿐만 아니라 철학자가 발견한 행복조차 받아들이려 하지 않는다.' 이 때문에 세네카는 주변 사람들에게 행복으로 향하는 여행길에서는 '안내자 없이' '어느 쪽으로 갈 것인지, 어느 길을 택할 것인지'를 결정하지 말라고 거듭 경고했다.

그러나 안내자마다 제각기 다른 길을 가르쳐준다면 어떻게 될까?

철학을 모르는 사람들은 철학사전을 펼쳐봄으로써 철학자들의 비난을 손쉽게 물리칠 수 있다. 철학사전을 펼쳐보면 지금까지 정의된 '행복'의 개념이 빠짐없이 나열되어 있다. 고대 로마의 학자인 마르쿠스 테렌티우스 바로에 따르면, 그의 시대에 이미 행복에 관한 학설이 288개나 있었다. 이것은 2,000년 전의 일이다. 이것만으로도 행복을 찾아내는 방법을 모른다고 해서 대중의 어리석음을 탓하는 일이 타당하지 않다는 사실이 여실히 드러난다.

그렇다면 의견의 일치를 볼 수 없었던 철학자들 탓인가? 행복이라는 말은 어느 나라의 말에서도 다양한 의미를 지닌다. 행복은 주위를 도는 행성들을 거느린 태양처럼 쾌적함, 즐거움, 쾌락, 만족, 기쁨, 축복, 안전 등과 같은 한 무리의 말을 행성처럼 주변에 거느리고 있다. 이러한 한 무리의 말이나 이와 유사한 말들은 한때 자신이 태양의 역할을 하며 행복이라는 말의 대역을 맡은 적도 있었고, 또 때로는 행복과 정면으로 대립하기도 했다. 이처럼 '행복'이라는 말에는 여러 가지 의미가 중첩되어 있다. 예언자나 시인과 사상가들은 인간과 인간의 행복에 관한 자신들의 이론과 환상을 이 행복이라는 말에 새겼고, 경우에 따라서는 적대자들의 행복의 이론에 대한 반박까지 새겨 넣기도 했다. 따라서 이 행복이란 말이 누구를 겨냥한 비판인가를 파악해야만 비로소 그 의미를 이해할 수 있는 경우도 종종 있었다. 내가 아는 한 노학자는 행복을 뜻하는 그리스어인 헤도네Hedone를 발음할 때는 구역질이 나서 얼굴을 찡그려야만 했다.

이렇게 행복이라는 말은 수 세기에 걸쳐 축적된 이념과 가치관의 집결지였다. 이런 말은 풍화하여 이끼가 낀 오랜 암석, 즉 수천 년 동안에 걸친 화학반응이 축적된 집결지와 비교하는 것이 제일 이해하기 쉽다. 지금도 매일 새롭게 이 말을 명확하게 정의하려는 시도가 행해지고 있기는 하다. 하지만 '행복이란 무엇인가?'라는 질문에 미사여구를 동원해 정의를 내리기는 해도 그 대답은 만족스럽지 못하다. 그 대답은 오랜 사색의 역사에 생각이 좁은 단견만 덧붙일 뿐이다. 이와 같이 많은 대답이 있는데도 만족할 만한 최종적인 대답을 찾지 못하는 이유는 무엇인가?

우리는 이러한 행복을 손가락으로 가리킬 수 있다. 느낄 수도 있고 보고 들을 수도 있다. 행복은 사람의 눈이나 목소리에, 코나 입술에 그리고 태도에도 나타난다. 예술가들은 어느 시대나 행복을 묘사했고, 그렸으며 음악으로 표현했다. 손으로 잡고 눈으로 보며 귀로 들을 수 있는데도 정의를 내릴 수 없는 이유는 무엇인가?

그 이유는 예를 들어 기독교를 정의할 수 없는 것과 같다. 다음의 말을 차례로 읽어보라. 그리스도의 말, 바울의 편지, 프란체스코의 시, 로욜라의 묵상록, 마이스터 에크하르트의 저서, 키르케고르의 논문, 니체의 아포리즘. 그리고 이제 이 탁월한 말들을 하나로 정의해보라. 그러면 이렇게 시작할 것이다. '기독교는 …'

'행복은 …'이라는 끝이 없는 정의의 행렬도 이와 마찬가지이다. 이 정의는 이전에 행복했던 모든 일, 이전에 누군가를 행복하게 해준 모든 일, 또 인간이 얼마나 많은 종류의 행복을 만들어냈는가를 나타낸다. 하나의 행복은 수많은 원천이 있고 그 원천에 따라 아주 다양한 모습을 지닌다. 고귀한 행복은 아마도 복수復數로 누릴 수는 없을 것이다. 그러나 그 원천은 복수이다. 그리고 '행복은 …'이라고 하는 독단적으로 한정짓는 정의는 모두 행복이 단 하나의 방법으로 생긴다는 오류에 근거한다. 그런데 이러한 오류는 이 사람 또는 저 사람이 실제로 이런 방법

또는 저런 방법으로 행복해졌다고 생각하기 때문에 생긴다. 개인은 각기 자질에 한계(육체적, 성격적, 사회적, 세계사적 한계)가 있기 때문에 행복해지는 길은 하나밖에 없다고 생각하는 것이다. 그래서 그는 행복을 얻는 자신만의 특별한 가능성에 근거해서 행복을 정의하게 되고, 행복해지는 자신만의 특별한 잠재력을 지니고 있다고 믿는다.

특히 육체적인 행복을 누리는 재능을 지닌 사람이 있는가 하면, 정신적인 행복을 누리는 재능을 지닌 사람도 있다. 식욕과 성욕이 주는 행복에만 재능을 발휘하는 사람도 있고, 더 재능이 풍부한 사람은 전통적인 오감五感조차도 행복이 찾아오는 문 가운데서 아주 적은 부분에 불과하다는 사실을 깨닫는다. 어떤 사람은 사색 속에서, 또 어떤 사람은 무념무상無念無想 속에서 완전한 행복을 발견한다. 행복의 역사는 길고 다채롭다. 행복을 정의할 수 있는 것은 행복의 역사 전체이지, 역사 속의 개별적인 에피소드가 아니다.

행복은 히말라야산맥이나 지중해와 마찬가지로 천지창조의 제7일째 되는 날에 완성되지 않았다. 에덴동산의 아담과 이브는 아마도 황야에서 뜨는 해돋이의 광경이 주는 행복을 몰랐을 것이다. 에피쿠로스는 아마도 로미오와 줄리엣이 누린 사랑의 행복을 몰랐을 것이고, 세네카는 스피노자가 느낀 신에 대한 지적인 사랑의 행복을 알지 못했을 것이다. 문화의 역사는 사실상 점점 더 세분화되고 깊어지는 불행의 역사이기도 하다. 하지만 동시에 이러한 문화의 역사는 점점 더 확대되는 행복의 역사이기도 하다. 이러한 역사는 앞으로도 계속될 것이다. 우리는 과거를 '행복은 …'이라는 말 속으로 합산해버릴 수 없다. 또 미래를 '행복은 …'이라는 말로 없애버릴 수도 없다.

결국 지금까지 행복의 정의는 언제나 생각이 좁은 단견의 산물이거나 거대한 고백의 산물이었다. 각자가 무엇이 자신을 행복하게 했는지를 고백하는 것이다. 따라서 '행복은 …'이라고 말했을 때는 (비록 본인은 깨닫지 못했다 할지라도) '내 행복은 …'이라고 말하는 셈이 된다. 행복의 역사는 행복을 추구하고 발견한 사람들의 역사이다. 이 때문에 우리는 행복의 정의를 알고자 하는 독자들에게 원하는 것을 줄 수가 없다. 오히려 독자들에게 모범적인 인물과 동일시하지 말라고 분명히 경고해두고자 한다. 그러한 동일시는 자신을 속이는 일이다. 타인의 행복에 빠져들어 자신의 행복을 놓치고 마는 것이다.

하지만 이러한 모범적인 행복이 우리와 아무런 상관이 없는 것은 아니다. 인류는 오랜 세월 동안 온갖 종류의 행복을 체험하고 또 성찰해왔다. 이는 우리들에게도 도움이 될 수 있다. 수천 년에 걸쳐 예루살렘, 아테네, 로마, 비잔티움, 암스테르담, 모스크바 등과 같은 지구상의 온갖 장소에서 얻은 성과를 무시해버릴 수는 없다. 에피쿠로스로부터 니체에 이르는 저 위대하고 빛나는 사람들을 살펴본다고 해도 행복에 대한 처방이나 정의를 얻지는 못한다. 그러나 자기 자신의 행복을 만들어갈 용기를 얻고, 자기 자신의 행복에 대한 재능을 키워갈 수 있으며 내 자신의 행복에 이르게 하는 길과 이르지 못하게 하는 길에 대한 가르침을 얻을 수는 있다.

내 자신의 행복, 이것은 어느 누구도 나에게서 빼앗아갈 수 없는 내 자신의 창조물이다. 행복은 예로부터 알려져 있는 바와 같이 삶의 기술이다. 이러한 기술을 몸에 익히기 위해서는 재능과 노력과 모범이 필요하다. 행복한 사람이 되기 위해서도 같은 것이 필요하다. 행복의 처방을 원하는 사람은 창작의 처방을 원하는 사람과 비슷하다. 재능과 노력은 누구나 자신 속에서 끌어내야 한다. 그렇다고 해서 모범을 포기할 수는 없다.

하지만 행복을 포기하는 사람은 자신의 삶을 성취할 수 없다. 왜냐하면 인간은 누구나 각자의 자질에 따라 행복의 새로운 버전이 되기 때문이다.

2장

욥의 행복 추구권

구약성서에는 삶의 기쁨을 찬양하는 구절이 많다. 구약성서는 기쁨의 성서라고 해도 지나치지 않다.

탈무드에서 한 랍비는 삶을 결혼식 축제로 여긴다. 심지어 그의 한 동시대인은 살아가며 좋은 일이 있을 때 이를 즐기지 않는 사람은 하나님이 심판할 것이라고 말한다. 또 다른 사람은 "온 세상은 우리가 기쁨을 즐길 수 있도록 창조되었다"라고 말한 바 있다.

성서 세계에서 행복은 창조주와 피조물이 조화를 이룰 때 생겨난다. 신뢰의 분위기에서 기뻐하며 좋은 일을 즐기는 것이다. 우리는 신에게 복종하고 신에 의지한다. 신은 믿고 복종하는 우리가 행복하기를 원한다. 신을 섬기는 것과 삶을 즐기는 것은 별개의 일이 아니다. 신앙심과 행복은 하나인 것이다. 신은 기쁨에 찬 예배를 좋아한다. 종교 축제는 삶의 기쁨이 커지는 날이기도 하다. "너희는 너희 하나님 야훼를 모시고 그 앞에서 즐겨라."

그런데 구약성서의 백성들은 기원전 6세기에 나라가 멸망해 바빌론으로 추방되는 불행을 겪었다. 당시 이 불행이 응분의 대가임을 지적하는 저술가들이 많았다. (이는 언제든 증명할 수 있는 일이다.) 하지만 당시 신앙과 행복, 불행과 불신을 동일시하는 것에 대해 강력하게 의문을 던진 사람이 적어도 하나는 있었다. 그가 바로 욥이다.

(불행을 당하기 전의 욥처럼) 시나이 계약을 믿으며 살았던 유대인들의 버팀목이 되었던 것은 하나님과의 계약 중에서 자신들이 지켜야 할 조항을 이행하면 행복을 누릴 권리를 얻을 수 있다는 사실이다. 현세의 기쁨에 대한 이러한 조건부의 권리는 세계를 창조하고 다스리는 하나님에 의해 보증되었고 사람들의 마음에 깊이 뿌리내린 확신이었다. 이 확신은 기원전 천 년이나 지구상의 어느 한곳에만 한정된 것은 아니었다. (이 확신은 오늘날에도 도처에서 볼 수 있다.)

그런데 욥이 이러한 믿음을 뒤흔든 위대한 시조가 된 것이다. 욥은 행복이 경건한 생활의 보상이 아니고, 시나이 계약에 근거한 하나님의 세계 지배는 행복을 보증하지 않는다는 사실을 최초로 드러냈다. 그 이후에야 비로소 "어떻게 하면 행복해질 수 있는가?"라는 질문에 대답하는 후세의 조언자들이 필요하게 된 것이다.

70세의 경건한 남자가 겪은 끔찍한 이야기

지금으로부터 3,000년 전 (혹은 몇백 년 더 이전에) 아라비아의 북쪽 지방에 한 유력한 족장이 있었다. 그는 70년 동안 잘 살다가 별안간 파탄을 겪게 되었다. 행복에서 불행으로의 전환이 너무도 갑자기 일어나서 두려움에 떨던 그는 아주 이례적인 질문을 던졌다. 그에게는 인생사가 불가사의로 돌변한 것이다. 시간이 흘러감에 따라 그는 행복과 불행이 실로 중대한 문제란 것을 깨달았다.

이 생각해볼 만한 가치가 있는 인물인 욥은 당시 우스라는 곳에 살고 있었다. 그리고 그 후로 오늘날에 이르기까지 인류의 기억 속에 살게 된다. 어쩌면 그는 전혀 실존 인물이 아닐 수도 있다. 그는 단지 기원전 5세기 무렵의 어떤 유대인 저술가나 저술가 집단이 창작한 인물이었을지도 모른다. 하지만 이 욥의 이야기를 쓴 전기 작가 또는 시인이 누구인지는 밝혀져 있지 않다. 바빌론에서 예루살렘으로 돌아온 난민이었을까? 아니면 그 후손이었을까?

그러나 대답할 수 없는 이런 질문보다도 해답을 얻을 수 있는 다음과 같은 질문이 더 중요하다. 욥은 불행이 어디에서 온 것이라고 생각했을까? 우리가 누리는 행복은 행한 대로 거둔 것인가?

욥은 유력한 대지주였다. 그는 양을 칠천 마리, 낙타를 삼천 마리, 소를 오백 마리, 노새를 오백 마리, 아들 일곱에 딸 셋, 그리고 많은 하인을 거느리고 있었다. 그러니까 그는 이 세상에서 상당한 자리를 차지하고 있었던 것이다. 그 고장 일대를 찾아보아도 그만큼 번영을 누리는 사람은 없었다. 그의 종족 사람들은 이런 번영에 새삼 눈이 휘둥그레질 정도였다. 젊은이들은 욥을 만나면 공손하게 길을 비켜주었으며, 고위 관리들도 욥이 회의장에 나타나면 말을 멈추었다. 욥이 말을 하면 토를 다는 사람이 없었고, 말이 끝나면 경의로 가득 찬 침묵이 흘렀다. 이런 것은 오늘날의 세계에서는 좀처럼 찾아보기 힘든 일이다.

주인이 가장 착한 하인을 대우하는 것처럼 하나님도 욥을 대우했다. 하나님은 매우 흡족해했고 욥을 마치 보물처럼 여겼다. 사람들은 욥을 자랑스럽게 생각했다. 욥의 미덕은 귀감이 되었다. 욥은 과부와 고아,

가난한 자와 장님, 몸이 불편한 자들을 보호해주었다. 나쁜 일을 한 사람들의 어금니를 부러뜨리고, 도둑질을 하면 다시 그 물건을 내놓게 했다. 욥은 이와 같이 안팎으로 뛰어난 인물이었으며 스스로도 그렇게 느끼고 있었다. 욥은 자기 자신이나 주변 사람들, 그리고 하나님과 조화로운 관계를 유지하고 있었다. 미래는 현재와 마찬가지로 밝았다. 욥은 행복했다.

그런데 다음과 같은 일이 일어난 것이다. 어느 날 한 일꾼이 욥을 찾아와서 끔찍한 사건을 전했다. "소는 밭을 갈고 나귀는 그 근처에서 풀을 뜯고 있었는데, 스바 사람들이 달려들어 모두 약탈해 갔습니다. 그리고 그들은 일꾼들을 모조리 칼로 쳐서 죽였는데 저만 가까스로 살아남아서 이렇게 말씀드리러 왔습니다." 욥이 이 나쁜 소식을 미처 삭히기도 전에 양떼와 목동들을 모두 잃게 되었다는 소식을 받았다. 이번에는 하늘에서 벼락이 떨어져 불에 타 죽었다는 것이다. 이윽고 세 번째 불행을 알리는 일꾼이 도착했다. 분명 불행이 역할을 저마다 분담하여 등장하고 있었다. 갈대아 사람 세 무리가 달려들어 낙타 떼를 모두 약탈해 가고 일꾼들을 칼로 쳐서 죽였다는 것이다. 이렇게 해서 욥의 막대한 재산은 차례로 사라지고 말았다.

맨 나중에 나타난 일꾼은 마치 무대에서 배우가 앞의 대사를 이어받아 말하듯이 앞의 일꾼이 물러나자 잇달아 제일 끔찍한 소식을 전했다. "주인님의 자녀분들이 맏형님의 집에 모여서 먹고 마시는데, 광야에서 모진 바람이 불어와 그 집 네 모퉁이를 쳐서 무너뜨렸습니다. 젊은이들은 모두 깔려 죽었고 저만 가까스로 살아남아서 이렇게 말씀드리러 왔습니다." (그런데 이 유복한 사람은 그렇게 많은 것을, 아니 모든 것을 잃었는데 아내만은 무사했다. 이만큼 철저한 파멸을 그리지 않으면 안 되었던 작가는 아내의 손실은 그렇게 중요하지 않다고 말하려는 것일까?)

이제 욥에게 마지막 일격이 가해졌다. 이 일격은 그 소식을 전하는 일꾼도 없이 찾아왔다. 오늘날이라면 이렇게 서술했을 것이다. '노인이 겪어야 했던 무서운 충격은 피부병의 형태로 표출되었다.' 인과관계가 어떻게 되었든 간에 욥은 발바닥에서 정수리까지 심한 부스럼이 나고 악취를 풍기게 되었다.

한때 광채를 뿜던 대지주는 모든 것을 잃고 웅크리고 앉아 있었다. 이제 이전의 욥이 아니었다. 이전의 그의 얼굴은 온데간데없고, 군데군데 부어올라 온통 흉한 반점으로 뒤덮여 있었다. 치아는 겉으로 드러나 찌그러져 그림자처럼 된 얼굴에 앙상하게 붙어 있었다. 온몸은 형체 없는 그림자로 변했고, 살이 빠져 피골이 상접한 유령 같았다. (현대의 진단에 따르면 욥의 병은 상피병象皮病이다.)

당연한 일이지만 주변 사람들은 이제 욥을 이전같이 대하지 않았다. 아내는 욥의 몸에서 나는 악취를 견딜 수가 없었다. 하인들은 이러한 주인에게 아무런 경의도 표하지 않았다. 욥이 종을 울려도 대답하는 사람은 아무도 없었다. 심지어 예전에 죄를 짓고 외국으로 추방당한 불한당조차도 우스의 자랑이었던 욥을 비웃는 노래를 지어 부르는 형편이었다.

그래도 욥은 이성을 잃지 않았다. 그는 오랫동안 여전히 자신에게 충실했다. 즉 욥은 이전과 변함이 없었던 것이다. 그는 옷을 찢고 머리를 쥐어뜯으며 자신의 파산을 큰 소리로 세상에 알리긴 했다. "벌거벗고 세상에 태어난 몸, 알몸으로 돌아가리라." 이러한 말은 대부분의 경우, 더 이상 입을 멋진 옷이 없을 때나 떠오르는 법이다. 하지만 욥은 전혀 반갑지 않은 자신의 벌거벗은 몸을 이전의 경건한 대지주였을 때와

우리는 교만한 욥이 하나님의 질책을 받아 회개했고, 하나님의
용서를 받아 이전 상태로 회복되었다고 생각한다. 하지만 성서
에서는…

같은 눈길로 바라보며 다음과 같이 차분하게 말했다. "야훼께서 주셨던 것, 야훼께서 도로 가져가시니 다만 야훼의 이름을 찬양할지라." (사람의 세계관은 이를 지탱할 근거가 사라져도 그대로 유지되는 경우가 종종 있다.)

욥의 아내는 – 남편과의 관계를 끊으려고 했거나, 아니면 진실로 남편을 위하는 마음에서 – 욥에게 스스로 목숨을 끊으라고 강력하게 말했다. 그러자 욥은 화를 내며 – 이 분노는 아내를 향한 것일 뿐만 아니라 여성 전체를 향한 것이었다 – "당신조차 미련한 여인처럼 말하다니!"라고 중얼거렸다. 욥은 자살할 마음은 추호도 없었다. 그는 자신과 동시대 사람인 부처나 부처의 후계자인 쇼펜하우어처럼 자살에 반대하는 이론을 갖고 있었다. 비관주의자라 할지라도 자살까지는 동의하지 않는 법이다. 그 이론은 다음과 같다. "우리가 하나님에게서 좋은 것을 받았는데 나쁜 것이라고 하여 어찌 거절할 수 있단 말이오?"

온갖 어려움을 견뎌낸 욥에게 최악의 사태가 왔다. 몇몇 친구들이 그를 위로하기 위해 찾아오자 더 이상은 참을 수 없는 지경이 된 것이다.

이 방문은 지금까지 그 어떤 가혹한 타격도 초래하지 못한 결과를 낳았다. 욥의 마음이 흔들린 것이다. 친구들은 진심으로 좋은 의도를 품었다. 그들은 하나님으로부터 이처럼 가혹한 시험대에 세워진 친구를 위로하기 위해 먼 길을 달려온 것이다. 그들은 참사가 일어난 지 몇 주후에 도착했지만, 욥을 제대로 알아볼 수가 없었다. 그들은 심한 충격을 받아 목 놓아 울며 "겉옷을 찢고 하늘에 먼지를 날려 머리에 뒤집어썼다. 그들은 이렛동안 주야로 땅에 앉아 그를 바라다볼 뿐 입을 열 수조차 없었다. 그가 고통당하는 모습이 너무나 처참했기 때문이었다." 참사에 대한 이야기가 시작될 때까지는 그래도 모든 일이 순조로웠다. 욥은 어느 정도 마음이 가벼워지는 것 같았다. 그래서 욥은 아주 과장해가며 자신의 울분을 터뜨렸다. 이런 과장은 항상 좋은 효과를 발휘하는 법이다. 이렇게 그는 외쳤다. "어찌하여 고달픈 자에게 빛을 주시고 괴로운 자에게 생명을 주시는가?"

과장과 마찬가지로 일반화도 치유하는 데 도움이 된다. 일반화는 은밀한 형태의 과장이다. 욥은 다음과 같이 일반화하며 한탄했다. "인생은 땅 위에서 고역이요, 그의 생애는 품꾼의 나날 같지 않은가?" 욥은 그의 나날이 품꾼의 나날과 전혀 달랐다는 사실을 완전히 잊어버린 게 분명했다.

친구들은 이와 같은 비관적인 말을 좋아하지 않았다. 그들에게는 너무나도 도발적인 말로 들렸다. 그들은 친구의 입에서 신앙심이 깃든 건설적인 말을 듣고 싶어 했다. 결국 사람은 누구나 자신의 동정심이 불러일으킨 성과를 보고 싶어 하기 마련이다. 불행해진 친구 옆에서 마냥 슬퍼하고만 있을 수는 없었다. 아무리 친한 친구라도 잃은 것은 결국 자신의 소, 자신의 자식이 아니었다. 그들은 양심의 가책 없이 다시 자신의 일터로 돌아갈 수 있도록, 욥의 참사에 대해 만족할 만한 결말을 지어야만 했던 것이다.

그래서 친구들은 욥을 위로하고 좋은 충고도 했다. 위로와 충고는 흔히 불행한 당사자의 고통에 대한 제3자의 자기 방어 역할을 한다. 또 위로와 충고는 마음의 거리를 감추는 가면이 되기도 한다. 한편 욥은 자신의 고통을 전혀 고려하지 않는 이러한 진부한 설교를 듣게 되자 몹시 불쾌해졌다. 아마도 그는 이번 일로 자신이 얼마 전까지만 해도 완벽한 인내자라 자만했던 일이 잘못된 사실임을 깨닫게 되었을 것이다. 정상에서 밑바닥으로의 추락은 종종 혁명적인 효과를 발휘한다. 이전에는 엄두도 못 내던 일을 한꺼번에 청산해 버리는 것이다. 욥은 부스럼도 나지 않고 파산도 하지 않은 세 친구의 진부한 말에 발끈해 무서운 기세로 욕을 하기 시작했다. 자신이 그렇게도 찬양했던 세상의 섭리를 이제 아무짝에도 쓸모없는 것이라고 목청껏 외쳤다. 친구들이 내뱉은 유치한 위로의 말이 욥으로 하여금 자신과 온 인류가 어떤 타격을 받았는지를 깨닫게 한 것이다.

세상에는 이런 일이 종종 생긴다. 한번 흔들리면 완전히 무너지는 일 말이다. 이 대지주의 뇌리에 갑자기 떠오른 말이 있었다. 그것은 돌이켜 보면 그가 항상 염두에 두고 있었던 말이었다. "지옥으로 내려가는 자는 다시 올라오지 못한다." 그런데 그러한 말이 한번 뇌리에 박히게 되면 더 이상 입을 다물고 있기가 어려워진다. 지금까지 입 밖에 내지 않았던 모든 말이 이제 그의 마음을 엄습한 불안 때문에 한꺼번에 터져 나오게 되었다. 위로하러 온 세 친구에게는 욥의 갑작스러운 태도 변화는 끔찍할 정도로 곤혹스러웠다. 그들은 자기들끼리 다음과 같은 말을 주고받았다. '우리도 욥처럼 세상의 질서에 의문을 제기하게 된다면 우리의 앞날은 어떻게 될까?' 욥의 말이 그들에게는 너무나도 혁명적으로 들렸기 때문에 그들은 더 이상 참을 수 없어 태도를 바꾸었다.

정상을 벗어난 이 파산자에게 제정신을 차리도록 하지 않으면 안 되었다. 완전히 다른 목적으로 찾아온 친구들이지만 이제는 질서의 정상에 있는 하나님으로부터 직접 계시를 받는 질서의 수호자라는 역할을 떠맡게 된 것이다. 그들은 불행한 사람을 마치 철없고 어리석은 아이를 다루듯이 질책했다. 이는 당연하게도 질책당한 사람을 더욱더 과격하게 만들 뿐이었다.

이제 친구들과 욥은 친구 사이라고 말할 수 없을 정도로 멀어졌다. 친구들은 세상의 질서를 옹호하며 독선의 화신이 되어갔다. 욥이 자신의 체험에서 생겨난 의문을 근거로 의심하고 있는 일들을 그들은 수사학적인 질문으로 해결할 수 있다고 생각했다. 욥은 다음과 같이 외쳤다. "악한 자들이 오래 살며 늙을수록 점점 더 건강하니 어찌 된 일인가? 북을 치고 수금을 뜯으며 노래하고 피리소리를 들으며 흥겨워하지 않는가?" 친구들은 이에 대해 다음과 같은 질문으로 응답할 뿐이었다. "죄 없이 망한 이가 어디 있으며 마음을 바로 쓰고 비명에 죽은 이가 어디 있는가?" "하나님께서 바른 것을 틀렸다고 하시겠는가? 전능하신 분께서 옳은 것을 글렀다고 하시겠는가?" 그런데 바로 이 말이야말로 욥이 하려던 것이었다. 친구들은 김빠진 상투적인 말을 되풀이하는 것으로 가장 중대한 질문에 대답할 뿐이었다.

친구들은 알맹이 없는 잡담으로 욥의 말문을 막으려 했다. 그들은 달력에 적혀 있는 격언 같은 말만 반복했다. 이를테면 이런 것이다. 사람은 행한 대로 행복을 얻고, 또 행한 대로 불행을 얻는다. 학교나 종교 수업시간에 배운 대로 행하면 행복해진다. 왜냐하면 저 높은 곳에 계시는 분이 미덕에 대해 행복으로 보상해 주시기 때문이다. 요컨대 그들이 내린 결론은 욥이 지금 불행하다면 그에게 뭔가 잘못이 있을 수밖에 없다는 것이다. 그렇지 않다면 왜 부스럼이 생겼단 말인가?

욥이 너무나도 격렬하게 자신의 무죄를 맹세할 때면, 친구들은 그의 말을 믿으려는 내색을 보이기도 했다. 이제 그들은 성공과 실패를 정당화하는 새로운 논거를 찾아냈다. 철학적인 표현을 동원하는 것이다. "하나님이 아시는 것을 네가 안다고 하는 것이냐?" 그리고 세계를 다스리는 하나님이 정당한 심판관이라는 것을 증명하기 위해서 욥이 저지르지도 않은 죄를 지어냈다. 어쨌든 그들은 기본적으로 다음과 같이 주장하고 있는 셈이다. '불행한 자는 나쁜 사람일 수밖에 없다. 그렇지 않다면 세상의 이치가 모두 맞지 않게 된다.' 하지만 그럼에도 욥이 좋은 사람일 경우를 대비해 – 친구들도 어느 듯 회의감이 찾아온 것 같았다 – 그들은 나중에 말하려고 남겨두었던 대답을 꺼냈다. "하나님 앞에서 그 누가 정당하다 하겠는가?" 하지만 이건 아주 위험한 말이다. 만일 그렇다고 한다면 다음과 같은 결론에 쉽게 도달할 수 있기 때문이다. 즉 '어차피 정당할 수가 없다면, 미덕 따위는 지킬 필요가 없는 것이다.' 친구들은 이처럼 독선적인 주장을 펼치면서도 분명 기분이 좋지는 않았다. 그래서 그들은 욥의 불행을 정당화하기 위해 세 번째 논거를 제시했다. 이는 욥의 비위를 조금이라도 맞추려는 의도이기도 했다. 그들은 다음과 같이 말했다. "하나님께 벌을 받는 자에게는 복이 있다." 또 그들은 말했다. "인간은 태어나면서부터 불행하다. 그러나 그것은 새처럼 높이 올라가기 위해서이다." 이 친구들은 고약한 냄새를 풍기는 부스럼을 갖고 하늘 높이 올라갈 생각은 추호도 없었겠지만, 그들의 멋진 아이디어는 미래로 이어지게 되었다. 바로 독일 철학자 헤겔의 다음과 같은 명제를 낳은 것이다. "형벌은 범죄자의 명예이다." 아무튼 친구들이 욥의 비위를 맞추려고 한 이 말은 너무 무력하여 효과가 없었다. 그들은 본질적으로 이렇게 생각했다. '욥이여, 자네가 이렇게 파산하고 병에 걸린 데에는 틀림없이 도덕적인 이유가 있을 것이다.'

훨씬 뒤늦게 등장한 네 번째 친구가 가장 오만한 태도를 보였다. 그는 이 친구들 가운데서 가장 젊었지만 노인에게 거친 말을 함으로써 위신을 세우려고 했다. 일반적으로 젊은이는 언제나 진보적이라고 생각한다. 하지만 그것은 잘못이다. 젊은이는 활기가 넘칠 수는 있지만 지향하는 태도는 사람마다 다르다. 활기차게 과거 지향적인 태도를 보일 수도 있고, 또 활기차게 미래 지향적인 태도를 보일 수도 있는 것이다. 이 활기찬 제일 젊은 친구는 과거 지향적인 사람이었다. 그는 다른 세 친구에게 죄인을 너무 관대하게 다룬다고 심하게 비난했다. 또 그는 빈털터리가 된 욥이 부스럼에 의해 입증된 죄에다 이번에는 불손하게도 신을 모독하는 만행까지 저지르고 있다고 몹시 화를 냈다. 이 젊은이는 이곳에 모인 성공의 찬양자들 중에서 가장 열성적으로 성공의 이데올로기를 설파했다. 그는 하나님은 "누구에게나 행한 대로 갚으신다"고 말했다. 또 그는 자신이 만일 욥처럼 비참한 상황에 처한다면 어떻게 행동할지에 대해서도 확실하게 보여주었다. 즉 자신은 지배 권력에 대한 투쟁을 포기할 것이며, 욥에게도 복종한다면 좋은 날이 와서 즐겁게 살아갈 수 있을 것이라고 단언했다.

욥은 이 모든 감언이설에 단호하게 '싫다!'라고 말하며 다음과 같이 짧게 응답했다. "내가 머리를 숙이고, 자네들이 옳다고 할 줄 아는가? 어림도 없는 일이다." 정중하지는 않았지만, 명쾌한 대답이었다.

욥은 입에 바른 말만을 지껄이고 있는 친구들과 다투지는 않았다. 그러나 그는 자신이 그들을 어떻게 생각하고 있는지에 대해서는 여실히 보여주었다. 욥은 뛰어난 심리학자였기 때문에 그들의 저속한 사고

방식을 철저하게 폭로했다. 그들은 자기 과시를 위해 욥의 불행을 이용했고, 욥의 불행을 빌미로 잘난 체하고 있었던 것이다. 욥은 친구들에게 다음과 같이 빈정거리며 질문했다. "자네들 생각에는, 자네들이 나보다 더 낫겠고, 내가 겪는 이 모든 고난도, 내가 지은 죄를 증명하는 것이겠지?" 그는 불행한 상황에 처해 있다고 해서 자신이 나쁜 사람이라는 말에는 귀도 기울이지 않았다. 그는 친구들의 속셈을 너무도 잘 알고 있었다. 물론 친구들은 자신들이 더 옳고 현명하다고 생각했다. 하지만 욥은 그들의 현명함 따위는 안중에도 없었다. 그들의 말 많은 온갖 지혜에 대해서 욥은 짧게 경멸의 말을 던졌을 뿐이었다. "자네들이 아는 것만큼은 나도 알고 있으니, 내가 자네들보다 못할 것이 없다." 욥이 친구들에게 하고 싶은 말을 정리하면 다음과 같을 것이다. 자네들의 슬기는 내게 아무 소용도 없다네. 자네들은 내가 실지로 슬기로운 인간으로서 높은 곳에서 자네들에게 이야기할 수도 있다고 생각하지 않는가? 만일 자네들이 내 입장이 되면 어떻게 하겠는가? 자네들의 위로나 꾸지람으로 내 고통이 없어지리라고 진정 믿는가? 정반대이다! 그러니 제발 나를 내버려 두게나. 만일 자네들이 잠시 입을 다물고 내 말에 주의를 기울여 준다면 내게는 도움이 될 수 있을 것이네. 어쨌든 내 고통을 진지하게 생각해봐주게. 그러나 그러기에는 자네들이 너무도 비겁하다네. 그렇다네. 자네들은 내 불행을 두려워하고 있는 것이네. 그래서 자네들은 내 절박한 질문을 자네들의 유치한 헛소리로 얼버무리려고 고심하고 있는 것일세….

행복을 추구할 권리

시편에는 다음과 같은 구절이 있다. "착한 사람이 버림받거나 그 후손이 구걸하는 것을 나는 젊어서도 늙어서도 보지 못했다." 그런데 욥이 마음속에 품고 있던 질문은 다음과 같은 것이었다. '착한' 내가 왜 이와 같은 불행에 빠지는 일이 생겼는가? 또 세상을 다스리는 하나님은 왜 내 질문에 대답을 하지 않는가? 나는 하나님을 하나님 스스로가 만든 심판장에 세우리라. 그리고 나는 "하나님이 내 권리를 거부하신다"고 고발한다.

독일의 작가 하인리히 폰 클라이스트는 오직 자신의 권리를 원했던 미하엘 콜하스의 이야기를 썼다. 욥은 성서의 콜하스인 셈이다. 그는 자신의 낙타나 반듯한 피부를 위해서 싸우지 않았다. 그는 자신의 권리를 위해 싸운 것이다. 그는 시나이 계약에 따른 판결을 요구했다. 아마도 당시에는 아직 유대인 전부가 이 계약을 믿고 있지는 않았을 것이다. 유일신과 그 법질서에 의한 지배도 기원전 5세기에는 아직 완전히 승인되고 있지 않았다. 그러나 욥은 분명히 이러한 신앙을 믿으며 70년을 살아왔다. 그리고 이제 그는 일찍이 모세가 하나님과 맺은 계약을 고집하고 있는 것이다. 욥은 벌떡 일어나 외쳤다. "나는 내게 주어진 권리를 포기하지 않을 것이다."

그에게 주어진 권리란 도대체 어떤 것인가? 하나님은 시나이산에서 헤브라이 사람들과 계약을 맺었다. 여호와가 유대인들의 지방 신에 불과했을 때는 이 계약의 당사자는 유대인들뿐이었다. 그런데 욥의 시대에 (오히려 욥의 전기 작가의 시대라고 말하는 것이 더 나을 것 같다) 이르자 신은 이미 개개인에게 법에 따라 행복과 불행을 나누어주는 세계의 재판관이 되었다. 신을 믿는 개인은 모두가 계약의 당사자가 되는 것이다. 욥도 마찬가지였다. 욥은 십계명이나 그 밖의 여러 가지 계율을 지킬 의무를 짊어졌다. 그 대가로 신은 욥이 오래 살고, 이 세상에서 행복하게 살아갈 수 있도록 지켜줄 의무를 졌다. 하나님이 인정하듯이, 욥은 자신의 의무를 지켰다. 그럼에도 불구하고 그가 이와 같이 비참한 상태가 되었다고? 다른 사람들은 전혀 의무를 지키지 않았는데도 아주 잘 지낸다고? 신이 계약을 위반한 것이다. 복종에 대한 보상으로 행복을 약속한 시나이 계약서는 휴지조각에 불과하다. 하늘에 계시는 계약의 상대자가 나타나 이 사태를 바로 잡아야 한다. … 욥의 친구들은 어느 누구도 이런 의견을 피력하지 않았다. 모두가 꽁무니를 뺐고 이들의 후계자는 종교사와 철학사에서 수없이 많다.

그러나 욥은 정식 재판을 요구하며 미친 듯이 싸웠다. 그는 자신이 누릴 권한이 있는 행복을 위해 투쟁한 것이다. 그러나 그의 입장은 실로 취약했다. 판결과 집행은 분명 하나님의 손에 달려 있었기 때문이다. 그는 하나님에게 독립적인 최고 법정을 열게 해달라고 간청했지만 허사였다. 욥은 계약 반대자도 아니고, 무정부주의자도 아니었다. 그는 세계 질서를 뒤집으려고도 하지 않았다. "왜 당신은 나를 적으로 생각하십니까?" 그는 하나님에게 이렇게 감동적인 질문을 던지기도 했다. 욥은 프로메테우스처럼 오만하지 않았다. 욥은 힘겨루기를 원치 않았고, 단지 중재재판을 바랄 뿐이었다. 그가 원한 것은 오직 계약 당사자인 하나님과 그가 지켜야 할 계약에 따라 부여된 권리뿐이었다. 바로 이 권리를 그는 끝까지 주장했던 것이다.

그는 대단한 용기를 가지고 하늘을 향하여 외쳤다. "나 이제 재판받을 마음의 준비가 다 되어 있네. 내가 재판에서 이길 확신이 있다네."

그러나 재판에서 이길 확신이 있다는 것이 무슨 소용이 있는가. 그가 요구한 재판은 열리지 않았다. 그는 체념하고 다음과 같이 결론을 맺었다. "우리 둘 사이를 중재할 사람이 없고, 하나님과 나 사이를 판결해 줄 이가 없구나!" 이 말은 다음과 같이 바꿀 수 있을 것이다. "하나님이시여, 당신은 위대한 독재자입니다."

이제 욥은 복수를 궁리했다. 이는 모든 무력한 자의 해결책이다. 계약에 의해서 보증된 권리를 빼앗긴 것이라면 적어도 욥이 이러한 소동에 대해 어떻게 생각했는지에 대해 영원히 기억해둘 필요가 있다. 욥은 아주 복수심에 불타는 소망을 품었다. "아, 누가 있어 나의 말을 기록해 두랴? 누가 있어 구리판에 새겨두랴? 쇠나 놋정으로 바위에 새겨 길이길이 보존해 주랴?" 이 소망은 실현되었다. 유대인 저술가가 그의 호소를 영원히 남게 기록한 것이다.

신에 대한 욥의 태곳적 소송은 신에게 엄청난 결과를 가져왔다. 그 중 하나는 이미 욥 자신이 만든 것이었다. 욥의 적대자는 이 상실된 위신을 결코 회복하지 못했다. 다시 말해 재판이 열리지 않자 고발자인 욥 자신이 이 싸움의 매듭을 짓고, 궐석재판을 통해 세계의 지배자에게 계약위반의 혐의로 유죄판결을 내렸다. 즉 그는 하늘과 땅의 지배자로부터 '의롭다'는 형용사를 박탈하고 그를 온 세상에 포악한 압제자로 폭로한 것이다. 왜냐하면 자신의 힘을 믿고 스스로 맺은 계약을 일방적으로 파기하는 자는 압제자일 수밖에 없기 때문이다.

욥은 판결문에 이렇게 적어 넣었다. "하나님은 제멋대로 행세하신다. 하나님은 백성을 강하게도 하시고, 망하게도 하시고, 뻗어 나게도 하시고, 흩어 버리기도 하신다." 이밖에도 욥은 독단적인 지배자를 탄핵하는 문구를 많이 덧붙였다. "그의 청천벽력 같은 소리를 누가 알아들을 것인가?" 아마 동방의 압제자를 섬기는 노예들이나 이런 질문을 던졌을 것이다. 하나님은 '무서운 빛'에 감싸여 있어 우리는 눈이 부셔서 하나님을 바라볼 수 없다. 어쨌든 지체 높은 지배자들이 두르고 있던 모든 빛의 기능은 아마도 아랫사람들이 눈이 부셔서 똑바로 쳐다볼 수 없게 하는 것이었을지도 모른다. 그리고 이 접근하기 어려운 엄한 하나님을 눈으로 보고 귀로 들을 수가 없듯이 인간의 소리로 그의 귀에 닿을 수도 없다. "오, 내 말에 귀 기울여주는 사람이 있다면!" 하고 욥은 한탄했다. 그러나 남의 말을 듣는 귀가 없다는 점이 독재자의 특징이기도 하다. 또 욥의 친구들은 통제당한 자들이 모두 그랬듯이 고귀한 신을 모방했다. 그들도 남의 말을 듣는 귀가 없었던 것이다.

결국 하나님이 이들에게 친히 나타나 욥이 자신을 어떻게 초상화처럼 정확하게 그렸는가를 증명했다. 하나님은 짓밟힌 종이 절망과 복수심 속에서 상상했던 모습과 조금도 다르지 않았다. 전능한 하나님은 변명할 생각은 추호도 없었다. 그는 오직 자신의 강대한 지상 제국을 가리키면서 위세당당하게 말할 뿐이었다. "내가 땅의 기초를 놓을 때 너는 어디에 있었느냐?" 이 말은 마치 계약이행을 요구하는 데 대해 이의를 제기하는 것과 같았다. 이어서 하나님은 다시 질문했다. "너는 별자리들을 각각 제때에 이끌어 낼 수 있으며 북두성을 다른 별들에게로 이끌어 갈 수 있겠느냐?" 물론 욥은 그렇게 할 수 없었다. 그리고 욥은 다시 이어지는 학교 시험에 나오는 것 같은 질문에 대답조차 할 수 없었다. "네가 하나님처럼 천둥소리 같은 우렁찬 소리를 낼 수 있느냐?" 욥의 전능한 적은 온전히 힘을 가진 자의 입장을 취했다.

욥은 자신이 신처럼 천둥소리를 낼 수 있는지의 여부가 논쟁의 주제라고 생각하지 않았다. 그의 생각에 논점은 계약을 지킨 자가 누구인가 하는 것이었다. 그러나 전능한 신은 마치 시나이 계약 따위는 들어본 적도 없다는 듯이 다음과 같이 간단하게 선언했다. "온 천하에 있는 것이 다 내 것이니라." 이것은 그럴 힘이 있다고 믿는 권력자라면 누구나 하는 말이다.

행복한 결말과 행복한 시작

아마도 욥기를 쓴 저자는 이와 같은 결말을 너무나도 위험하다고 느낀 나머지 나중에 행복한 결말을 덧붙인 것 같다. 그러나 이 이야기에 덧붙여진 화해의 결말에서 욥의 반역을 무력화시키려는 유대교 정통론자들의 시도를 읽어낸 학자들도 설득력이 있다. 어쨌든 이 욥기는 경건한 결말이 있으므로 해서 비로소 성서에 포함될 기회를 얻었을 것이다.

이 이야기의 결말은 조금도 문제가 없는 완전한 행복으로 가득 차 있지만, 앞서 전개된 이야기와 어울리지는 않는다. 즉 반역을 일으킨 욥이 느닷없이, 예상과는 반대로 그리고 아무런 계기도 없이 굴복해버리는 것이다. 그는 이에 대해 아무런 해명도 하지 않는다. 그는 마치 아무 일도 없었다는 듯이 동시대나 후세 사람들의 호기심을 일체 배려하지 않고 다음과 같이 말한다. "아, 제 입이 너무 가벼웠습니다. 무슨 할 말이 더 있겠사옵니까? 손으로 입을 막을 도리밖에 없사옵니다." 그리고 그는 마치 늘 양심의 가책을 느끼면서 학교를 빼먹은 소심한 학생처럼 약속한다. "저는 다시는 이런 짓을 하지 않겠습니다." 욥은 더 이상 이전의 욥이 아니었다.

그의 하나님은 너그러우면서도 독단적인 역할을 계속한다. 하나님은 고집 센 종이 굴복한 데 대해 마음이 흐뭇했으므로 이제 공격의 화살을 욥의 친구들에게로 향한다. 그들이 자신의 편을 들고 반역자에게 반기를 들었는데도 말이다. "너희들을 생각하면 터지는 분노를 참을 길 없구나. 너희는 내 이야기를 할 때 욥처럼 솔직하지 못했다."

이것이 곧 시작인 셈이다. 욥의 피부는 어떤 빛도 쏘이지 않았는데 완치된다. 다시 은총을 받은 욥에게 "그의 동생들과 누이들, 또 그의 옛 친지들이 찾아와서 저마다 돈을 주고 금반지를 끼워주었다. 그리고 하나님은 욥의 소유를 전보다 두 배나 돌려주셨다." 그 결과 욥은 이 불행한 사건에서 백 퍼센트의 이익을 얻게 되었다. 그는 그 후 백사십 년을 살면서 죽은 자식들 대신에 아들 일곱과 딸 셋을 얻게 된다. 이 모두를 욥은 맹목적인 복종의 보상으로 받았다. '왜?'라는 물음을 포기함으로써 받은 보상이다. 이것이 이 이야기가 들려주는 교훈이다.

욥의 슬픈 이야기는 행복한 결말로 끝날 뿐만 아니라, 동시에 (아마 덧붙인 내용이겠지만) 행복한 시작이 된다. 하나님이 경건한 종 욥에게 무서운 벌을 내린 데 대해서는 (처음에) 납득할 수 있는 아주 인간적인 동기가 설정되어 있다. 왜 하나님은 이 경건한 피조물에게 그토록 참혹한 벌을 내리는가? 그 이유는 일단 심리적으로 해명할 수 있다. 이런 경우를 가정해보자. 부자인 젊은 남자나 여자가 가난한 사람을 사랑한다. 그리고 상대로부터도 사랑을 받는다. 그런데 어느 날 악마 같은 이웃이나 그에 못지않은 지옥의 목소리가 그 혹은 그녀에게 속삭인다. 당신은 인간 그 자체로서 사랑받고 있다고 믿나요? 혹시 당신 이름이 신문에 날 만큼 유명하기 때문이 아닐까요? 아니면 당신이 부호의 상속자이기 때문은 아닐까요?

이렇게 사탄이 여호와의 귀에 속삭였던 것이다. '당신이 사랑하는 저 욥은 당신이 선심을 많이 보였기 때문에 그와 같이 복종하고 경건한 태도를 취하고 있습니다. 그가 멋진 소유물을 모두 잃은 뒤에도 과연 당신에게 그런 태도를 보일지 한번 시험을 해봅시다.' 누구나 인간 그 자체로 사랑받기를 원하는 것은 분명한 사실이다. 이것은 하나님도 마찬가지이다. 결국 하나님은 양심의 가책을 크게 느끼면서도 ─ 이러한 양심의 가책은 하나님의 명예를 위해 기억해야 한다 ─ 악마와 내기를 하는 데 동의했다. 이제 하나님은 욥이 순종하는지를 알아보기 위해 욥을 파멸시킨다. 하나님은 이후에 행위 그 자체를 위한 도덕적 행위와 보상을 위한 도덕적 행위를 엄밀하게 구분한 저 엄격한 칸트의 선구자와 같은 태도를 보인 것이다. 그런데 욥은 이 하나님과 사탄이 만든 시험에 완전히 떨어지고 말았다. 그는 이 시험에서 조금도 흔들림 없이 자신이 지금까지와 마찬가지로 좋은 삶을 누릴 권리가 있다는 생각을 고집한 것이다. 그럼에도 불구하고, 즉 그의 완강한 고집에도 불구하고 그는 결국 보상을 받는다. 이러한 보상은 오직 그가 복종한 대가이다. (왜 그가 복종했는지는 아무도 모른다.) 성서에 나오는 이러한 이야기에는 일관성이 없다. 하지만 이 이야기에는 아주 인상적이면서도 본질적인 핵심이 담겨 있다. 바로 다음과 같은 질문이 그것이다. 우리의 불행은 우리가 행한 대로 얻는 것인가? 우리의 행복은 우리가 행한 대로 얻는 것인가?

이 중대한 질문은 언제나 우리가 불행해졌을 때 비로소 생긴다. 성공을 거두고 있을 때는 누구나 성공이 자신에게 합당한 일이라고 생각한다. 욥도 행복했을 때는 한순간도 행복에 대해 의문을 품은 적이 없었을 것이다. 욥은 정말 하나님을 공경하는 사람이었다. 그는 넘어진 자를 일으켰고 무릎이 약한 자를 강하게 했다. 하지만 욥은 분명 다음과 같은 질문을 던져본 적은 없었다. '나보다 불행한 사람들은 정말로 나보다 나쁜 사람들일까?' 그리고 '이 사람들이 나보다 나쁜 사람들이라면 혹시라도 불행하기 때문에 그렇게 된 것이 아닐까?'

그러나 막상 자신이 그런 사람들의 입장에 놓이게 되자, 그는 순탄하게 잘 살 때에는 아낌없이 베풀었을 위로를 받아들이기를 거부했다. 그는 반항했다. 그는 영혼의 깊은 곳에 상처를 입고 '경건하고 착한 것은 행복과는 아무런 상관이 없다'고 외쳤다. 이러한 사실을 발견하는 용기, 이러한 발견을 하기까지의 고뇌로 말미암아 그는 영웅적인 인간과 인내하는 인간의 대열에서 정당한 자리를 차지한다. 그런데 그의 반항은 어떤 방향으로 나아갔는가? 구시대의 낡은 관념 세계로 되돌아가고 말았던 것이다!

요컨대 그는 칠천 마리의 양과 삼천 마리의 낙타는 이전에도 자신이 소유할 권리가 있었던 것이 아니었고, 그것을 소유하지 못한 사람들도 자신과 마찬가지로 소유할 권리가 있었다고 자신에게 말하지 않았다. 또 그는 여호와와 그의 백성들, 여호와와 자신과의 사이에는 분명히 아무런 계약도 없으며 계약이 있다고 한 것은 자신의 풍요로운 삶을 적합하게 여기기 위해 궁리해낸 데 지나지 않다고는 자신에게 말하지 않았다. 그는 이런 종류의 말은 결코 하지 않았던 것이다. 그는 잘못을 '의로운' 신에 대한 자신의 신앙 속에서 찾지 않았고, 수천 년 동안 불행에 빠진 수많은 사람들이 하던 대로 행동했을 뿐이었다. 욥은 자신의 선입견이 만든 대상, 즉 자신에게 좋고 값진 모든 것을 베풀어주었기에 70년 동안 자신이 '의롭다'고 여긴 신을 공격한 것이다.

욥 혹은 욥을 창조한 철학자는 경건한 사람도 아니었고 (이러한 점에서 사탄의 생각이 옳았다고 말할 수 있다), 환상을 파괴한 혁명가도 아니었다. 실제로 그는 경건한 복종과 행복 사이에는 등식이 성립하지 않는다는 사실을 운명의 가혹한 시련을 통해 깨달았고, 그 책임을 자신의 선입견이 만든 신에게 전가한 사람이었다. 그는 세계를 통치하는 존재를 의심하지 않았기 때문에 결국 미로에 빠지게 되었다. 이 미로는 인간을 제멋대로 다루는 악마가 지배한다. 인간의 행복은 – 이것이 욥의 의문이 도달한 결론이다 – 무서운 악마의 변덕에 따라 좌우된다. 욥은 – 위대한 투쟁을 하던 도중에 – 이전 시대의 피해망상으로 되돌아가고 말았다.

그러나 욥이 은밀하게 마음속에 품고 있었던 의문, 즉 '신에 대한 복종이 더 이상 쟁점이 되지 않는 사람은 어떻게 행복해질 수 있을까?' 하는 의문은 계속 이어졌다. 이 의문에 답한 자가 바로 행복의 최초 철학자이다.

3장

행복의 최초 철학자

행복한 한스

최초로 행복에 대해 고민한 철학자는 어느 시대 사람일까? 그는 어느 나라에서 살았을까? 이 물음에 대답하기란 사실상 불가능하다. 하지만 우리는 그 사람의 성은 몰라도 이름만은 알고 있다. 한스, 좀 더 정확하게는 '행복한 한스'가 그의 이름이다.

「행복한 한스」는 오래전부터 독일에서 입에서 입으로 전해져 내려온 옛날이야기의 하나로, 야코프 그림과 빌헬름 그림 형제가 19세기 초에 수집하여 펴낸 『어린이와 가정을 위한 동화』에 실려 있다. 영국의 시인 오든Auden은 이 책에 실린 동화들이 성서 다음으로 중요한 자리를 차지한다고 말했다.

한스는 원래 철학자라고 불릴 만한 사람은 아니었다. 그는 스승 밑에서 일을 배우던 평범한 수공업 도제徒弟였지만, 그렇다고 일을 하면서 철학을 하는 그런 사람도 아니었다. 하지만 그가 도제 시절을 끝내고 어머니가 기다리는 고향으로 돌아가는 길에 겪은 모험담이 그 뒤 모든 철학자들의 행복에 대한 이론의 기초가 되었다. 한스는 자신의 체험을 통해 위대한 철학적 발견을 한 것이다. 그것은 어떤 발견이었을까?

앞에서 살펴본 것처럼, 욥은 자신의 행복을 가능하게 했던 모든 것을 갑자기 아무런 이유도 없이 빼앗겼을 때 매우 실망했다. 그는 행복을 행한 대로 얻을 수 없다는 참담한 경험을 한 것이다. 왜냐하면 우리가 하나님이 행복과 불행에 관련해 내린 온갖 계율을 제아무리 엄격하게 지켜도 불행해질 수 있다면, 행복은 우리가 좌우할 수 있는 것이 아니기 때문이다.

이제 '행복한 한스'라는 별명을 얻은 한스의 철학적 귀향이 시작된다. 한스는 욥과 그의 불행에 대해서는 전혀 몰랐지만, 그의 경험은 이 불행한 사람의 의문에 대해 획기적인 대답을 주게 된다. 이 대답은 한스가 쓴 책이나 그가 한 말에 나오는 것이 아니라, 그의 여행 체험에 감춰져 있다.

한스는 7년 동안 객지에서 일한 끝에 마침내 고향의 어머니에게 돌아가기로 했다. 그는 매우 착실했으므로 그의 스승은 보수를 많이 주었다. 바로 한스의 머리통만 한 금덩이를 준 것이다. 한스는 금덩이를 보자기에 싸서 등에 짊어졌다. 그는 매우 행복했다.

하지만 시간이 지남에 따라 한스는 무거운 금덩이가 귀찮아졌다. 이제는 금덩이에서 더 이상 만족을 느끼지 못했다. 그런데 마침 저쪽에서 말을 탄 사람이 나타났다. 말은 얼마나 멋진가! 말만 있으면 먼 길을 힘들게 걷지 않아도 된다. 말 등에 올라타고 가만히 있으면 되는 것이다. 뾰족한 돌부리에 걸려 발을 다치는 일도 없고, 신발도 닳지 않는다. 한스는 금덩이를 말과 맞바꿨다. 그러자 한스는 매우 행복해졌다.

한스는 돼지를 거위와 바꾸었다. 한스는 행복했다.

　얼마쯤 지났을까. 갑자기 악마가 공격해 왔다. 악마가 말에게 달려
들자 놀란 말은 마구 날뛰었다. 결국 한스는 땅바닥에 떨어졌다. 그래서
한스는 말이 보기 싫어졌다. 그 순간 농부가 젖소를 끌고 지나갔다. 젖
소는 얼마나 좋은가! 젖소 뒤에서 천천히 따라가기만 하면 되고, 게다
가 우유나 버터, 치즈를 마음대로 먹을 수 있다. 한스는 말과 젖소를 맞
바꿨다. 그러고 나니 매우 행복해졌다.

　낮이 되자 무척 더워졌다. 늪지대를 빠져나가는 데 한 시간이나 걸
렸고, 혀가 말라 입천장에 달라붙었다. 다행히 그에게는 젖소가 있었다.
한스는 젖소를 나무에 묶은 뒤 젖 밑에 가죽 모자를 놓았다. 하지만 아
무리 짜도 젖은 한 방울도 나오지 않았다. 게다가 젖소는 버럭 화를 내
면서 뒷발로 냅다 그의 머리를 걷어찼다. 한스는 젖소가 싫어졌다.

　때마침 이번에는 푸줏간 주인이 돼지를 끌고 지나갔다. 돼지는 얼마
나 좋은가! 돼지고기는 소고기보다 훨씬 맛있는 데다 순대까지 먹을 수
있다. 한스는 젖소를 돼지와 맞바꿨다. 그러자 한스는 매우 행복했다.

　한스가 그다음에 만난 사람은 8주 동안 잔뜩 먹여 살이 찐 거위를

데리고 갔다. 이런, 거위야말로 얼마나 멋진가! 게다가 이 거위는 조금도 꺼림칙할 것이 없다. 나중에 알게 되었지만, 한스가 소와 바꾼 돼지는 이웃 마을 이장 집에서 훔친 것이라고 했다. 한스는 돼지가 싫어졌다. 그는 벌써부터 거위 구이와 거위 기름, 더없이 부드러운 쿠션을 만들 수 있는 거위의 흰 털이 탐났다. 한스는 결국 위험한 돼지를 넘겨주고 쓸모 많은 거위를 받았다. 그는 매우 행복했다.

한스는 마침내 고향 앞마을에 이르렀다. 여기에서 그는 기분 좋게 가위를 갈고 있는 사람을 만났다. 그는 한눈에 보기에도 참으로 유쾌했다. 그의 말에 따르면, 가위 가는 일보다 더 좋은 장사는 없다. 한스는 거위로는 만족할 수 없어 거위를 숫돌 두 개와 맞바꿨다. 그러자 한스는 매우 행복했다.

한스가 발걸음을 옮길 때마다 숫돌은 점점 더 무겁게 느껴졌다. 한스는 피곤하고 목이 말랐다. 그는 숫돌이 너무 귀찮아졌다. 얼마쯤 지났을까. 간신히 우물을 하나 발견하고, 우물가에 숫돌을 내려놓고 물을 마시려고 몸을 굽혔다. 그런데 그가 잠시 부주의했던 탓인지 숫돌이 물속에 빠져 가라앉고 말았다. 그러자 그는 매우 행복해졌다. 그는 그 자리에 무릎을 꿇고 앉아 행복에 겨워 눈물을 흘리며 신께 감사드렸다. 그런 다음 이렇게 중얼거렸다. '난 참 행운아야. 어려울 때마다 구원자가 나타나다니!'

한스는 마음이 한결 가벼워졌고, 모든 걱정에서 벗어나 행복한 마음으로 집에 도착했다. '행복한 한스'의 이야기는 이렇게 끝난다.

프랑스식 행복

한스의 경험은 인간이면 누구나 언젠가는 겪게 되는 일이다. 다시 말해 인간의 행복은 금덩이나 돼지, 숫돌에 달려 있는 것이 아니다. 인간을 행복하게 만들어 주는 것은 여러 가지이다. 하지만 재산이 많다 해서 인간이 모든 면에서 행복해지는 건 아니다. 세상의 어떤 것이든 손가락으로 가리키며 "어머, 옷이다! 이것이 행복이다!"라고 말한다거나, "와, 왕국이다! 이것이 행복이다!"라고 환성을 지를 수는 없다. 어쩌면 그것은 나를 불행하게 할지도 모르고, 어떤 부분에서는 나를 행복하게 해 주지만 다른 부분에서는 아무런 영향을 못 미칠지도 모른다. 즉 '행복이란 무엇인가?'라는 물음에 특정한 재산이라고 대답하는 일은 옳지 않다는 것이 한스의 경험에서 얻을 수 있는 결론이다.

우리는 한스의 여행을 통해 분명해진 이 진리를 늘 새롭게 배워야 한다. 왜냐하면 우리는 누구나 자신이 속한 시대와 계층의 특징을 단적으로 나타내는 매우 구체적인 행복 관념 속에서 자라나기 때문이다. 행복은 때로는 마법사의 모습으로, 때로는 카이사르*의 모습으로 나타나기도 한다. 19세기에는 많은 사람들이, 칭송받는 거장이나 절대적인 지배력을 가진 로스차일드**의 모습에서 행복을 찾았다. 하지만 현대의 행복은 소문난 범죄 조직의 보스라든가 영화 스타의 모습으로 표현된다. 그런 모습이 뿜어내는 찬란한 빛이 사실은 속임수라는 것을 잘 알고

● 카이사르: 기원전 100~기원전 44, 로마의 군인, 정치가 - 옮긴이
●● 로스차일드: 1744~1812, 유대계 출신의 국제적 금융업자로 유럽, 미국, 남아메리카의 금융계와 산업계를 지배했다. - 옮긴이

있으면서도, 이런 행복에 대한 믿음은 결코 사라지지 않는다. 이는 지구가 태양 주위를 돈다는 지동설을 분명히 알고 있으면서도 태양이 지구 주위를 도는 것 같은 인상을 쉽게 떨칠 수 없는 것과 마찬가지이다.

이처럼 눈에 보이는 것이 엄청난 힘을 가졌지만, 찬란한 빛과 진정한 행복의 구별을 가르쳐 준 한스의 경험을 통해 우리는 많은 교훈을 얻는다. 사람들은 누구나 밝은 빛을 동경하면서도 동시에 빛나는 것은 흔히 행복의 마네킹에 지나지 않는다는 사실을 알고 있다. 마네킹은 몸에 걸친 옷을 자랑한다. 하지만 그것은 자기 옷이 아니다. 행복의 화신으로 통하는 나폴레옹에 대해 탈레랑*은 "황제의 마음을 흡족하게 해줄 수 있는 사람은 없다"라고 말했다.

찬란한 빛의 허망함을 체험한 사람은 한스만이 아니었다. 후에 부처라고 불린 인도의 왕자 싯다르타는 화려하기 이를 데 없는 빛을 포기했다. 그것이 그를 행복하게 해 주지 못했기 때문이다. 톨스토이는 부유한 대지주, 칭송받는 예술가라는 빛을 포기했다. 그것이 그를 행복하게 해주지 못했기 때문이다. 수많은 시인들이 행복을 노래해 왔지만, 그들이 노래한 행복이란 싯다르타나 톨스토이 같은 사람들이 자신의 행복을 위해 포기한 찬란한 빛이었다. 이처럼 행복을 간접적으로 묘사한 빼어난 사례가 있다. 모파상의 단편 소설 「행복」이 그것이다.

소설의 여주인공 쉬잔 드 시르몽은 프랑스 낭시에서 태어난 아름답고 부유한 처녀였다. 그녀는 로트링겐의 귀족이었다. 아버지는 그 도시의 경기병 연대장이었으며, 그 부대에는 쉬잔이 미치도록 사랑하는 미

• 탈레랑: Charles-Maurice de Talleyrand, 1754~1838. 프랑스의 정치가. 나폴레옹의 뛰어난 재능을 인정해 나폴레옹을 정계에 등장시키는 데 기여했고 나폴레옹 치하에서 외무장관을 역임했다. – 옮긴이

그는 그녀의 삶을 처음부터 끝까지 행복으로 채워 주었다.

남 하사관이 있었다. 온 나라의 내로라하는 가문의 청년들이 앞다퉈 그녀의 사랑을 구했다. 하지만 그녀는 농부의 아들인 미남 하사관의 손을 잡고 달아났다. 그녀의 부모는 그 뒤 딸의 소식을 듣지 못했다.

소설에서 쉬잔의 이야기를 들려주는 역할을 하는 인물은 그 뒤 오십 년이 지나서야 그녀를 만났다. 그녀는 문명사회를 등진 채 코르시카섬에 살고 있었다. 그곳은 세계의 끝이라고 할 만한 미개척지였다. 그녀가 사는 오두막은 바위가 불쑥 튀어나온 좁고 어두운 산골짜기에 외롭게 자리 잡고 있었다. 거기에는 길다운 길도 없었고, 먼 마을까지 나가지 않으면 마땅한 숙소도 없었다. 너무나 쓸쓸해서 죽음의 발소리가 사방에서 들려오는 듯했다.

초라한 짚 더미가 쉬잔의 침대였고, 묽은 감자수프가 그녀의 식사였다. 오십 년 전에 그녀가 따라나섰던 남편은 귀가 들리지 않는 여든두 살의 노인이 되었다. 눈부신 빛의 희미한 그림자조차 남지 않은 이런 상황에서 그녀는 "저 사람이 나를 무척 행복하게 해줬어요"라고 고백했다. 그리고 모파상은 다음과 같은 문장으로 이 고백을 다시 들려준다. "그는 그녀의 삶을 처음부터 끝까지 행복으로 채워 주었다."

쉬잔이 포기한 찬란했던 모든 것, 그녀가 조금도 불평하지 않는 주위의 황무지를 생각하면, 이 행복이 얼마나 멋진 것인지를 짐작할 수 있다.

행복은 그대 안에 있다

한스의 이야기는 쉬잔의 이야기보다 한 걸음 더 나아간다.

한스는 평범한 하사관이 찬란한 세기의 화려하기 이를 데 없는 문화의 온갖 빛보다 더 많은 행복을 줄 수 있다는 사실, 그리고 말이 금덩이보다 더 행복하게 해 줄 수 있다는 사실을 아는 데 그치지 않았다. 한스의 이야기는 아주 근원적이다. 그는 마지막에도 – 아무런 이유 없이 – 행복했다. 쉬잔의 경우에는 백발노인이긴 해도 변함없이 행복을 안겨 주는 연인이 있다. 하지만 숫돌까지 잃어버린 한스에게는 행복을 안겨 줄 것이 하나도 없었다.

나중에 한스가 여행에서 겪은 모험을 다시 생각해 본다면 빠져나오기 힘든 오류의 미궁에 빠질 가능성도 있다. 만일 그가 그동안 너무 슬픈 시나 음울한 철학 서적을 읽기라도 하면 그는 이렇게 생각할 위험에 빠질 수도 있다. '결국 아무것도 갖지 않는 것, 이것이야말로 참된 행복이다. 금덩이가 차례차례 모양을 바꾸다가 마지막으로 남은 숫돌이 우물에 빠졌을 때 나는 가장 행복했다.'

하지만 한스여, 그것은 진리가 아니다! 숫돌을 잃었을 때의 그대는 그보다 앞서 금덩이, 말, 젖소, 돼지, 거위, 숫돌을 차례로 맞바꿀 때보다 더 행복했던 것은 아니다. 가난이 얼마나 빛나는 것이냐고 하는 남들의 말을 되풀이하지 마라. 어디까지나 자신의 경험에 충실해야 한다. 그것이 최선의 방법이다. 그대는 여행을 하며 변증법 철학의 실천 과정을 이수한 것이다. 그대는 금덩이나 숫돌 두 개가 사람을 행복하게 만들기도 하고 그렇지 않기도 하며, 심지어 불행하게 만드는 경우도 있다는 진리를 배운 것이다. 또 그대는 외적으로 아무런 이유가 없더라도 행복해질 수 있다는 사실도 배웠다. 행복은 이런저런 것 속에 갇혀 있는 것이 아니다. 한스여, 그대는 바로 이 점을 배운 것이다. 행복은 그대 안에 있다. 이것이 바로 그대가 여행에서 얻게 된 값진 교훈이다.

이렇게 해서 한스 이후 모든 철학자가 이 교훈과 마주치게 되었다. 그중에는 이 교훈을 과대평가한 나머지 "그대의 마음속에서 생긴 것은 충실하고 강력하며 또 계속 성장하여 끝까지 따라 다닌다"(세네카)고 믿는 사람도 있었다. 이런 사람들은 행복이 마음속에서 우러나오는 것이라면 믿을 만하다고 생각했다. 하지만 마음속에서 우러나오는 것이 충실하지도 않고 강력하지도 않으며 마지막까지 성장하는 일은 결코 없다는 것은 이미 상식이 아닌가. 오늘 어떤 감정이 갑자기 생긴다. 하지만 하루만 지나면 이 감정은 이집트의 미라보다도 더 완전하게 죽어 버린다. 그래서 다음날 아무리 찾아봐도 발견할 수 없을 정도로 이 감정은 충실하지 않다. 마음속에서 우러나오는 행복도 이 감정처럼 충실하지 않다.

그렇다. 행복이 그대 안에 있다는 것은 매우 중요한 첫걸음이다. 하지만 그 이상은 아니다. 한스는 행복과 불행에 대해 중요한 경험을 한 사람들의 정상에 우뚝 설 만한 공적을 세웠다. 하지만 처음은 어디까지나 처음에 지나지 않는다.

내가 행복할 때 나는 '행복은 그대 안에 있다'는 한스의 지혜에 찬성할 것이다. 하지만 내가 행복을 찾아 방황하게 된다면 나는 먼저 '나의 어디에 행복이 있을까?' 하는 문제에 부딪칠 것이다. 한스의 위대한 발견 뒤에 갑자기 발견하지 못한 드넓은 영역, 곧 자아를 예감하게 된다. 행복이 깃들어 있다는 신비로운 영역인 '자아'에 대해 지금까지 수많은 사람들이 관심을 기울여 왔다. 이 영역을 밝히는 것은 불가능하다는 점에 한없는 매력을 느낀 노자를 비롯하여, 밝히는 것이 불가능한 것 속에서 밝힐 수 있는 부분에 관심을 기울인 프로이트에 이르기까지 말이다. 그러나 위대한 심리학자들이 지난 이천 년에 걸쳐 작성한 자아의 지도는 18세기 이전에 그려진 지도와 흡사하다. 지금의 지도와는 엉뚱할 정도로 어긋나 있다.

이런 영혼의 지도는 대부분 지도 제작자가 어느 곳에 구멍을 뚫으면 행복이 저절로 솟아난다고 생각한 곳에 표시를 해 두었다. 하지만 각자의 자아의 지도가 일치하는 경우가 드문 것처럼, 사람들이 행복의 샘이라고 지정한 장소도 일치하는 경우가 드물다.

지구는 대략 두 세대 전부터 차츰 규명되기 시작했다. 지금은 땅 속 어디에 석탄이 있고, 어디에 금이나 석유가 있는지에 대해 사람들의 의견이 일치한다. 하지만 자아라는 거대한 세계의 어디에서 행복이 솟아나오는지에 대해서는 사람들의 의견이 천차만별이다. 이 문제에 대해서는 한스의 이야기도 답을 주지 못한다. 그런데 행복에 열광한 고대 그리스의 위대한 철학자 에피쿠로스가 이 문제에 답을 찾아 나섰다.

하지만 에피쿠로스가 인류의 기억에 남은 것은 그러한 답 때문이라기보다는 행복을 인간의 지고한 사명으로 선포했기 때문이다.

4장

최초의 쾌락주의자 에피쿠로스

18세기의 쾌락주의자 벤저민 프랭클린

1730년 6월 23일자의 「펜실베이니아 가제트Pennsylvania Gazette」에 벤저민 프랭클린이 쓴 「필로클레스와 호레이쇼의 대화」가 실렸다.

이 기사는 두 친구가 우연히 필라델피아 근교의 들에서 만나 시내로 돌아오면서 행복에 대해 이야기하는 내용을 담고 있다. 행복은 18세기에는 대단히 인기 있는 화젯거리였다.

필로클레스는 상냥하고 유쾌한 친구 호레이쇼가 사람들이 즐겁게 놀고 있는 곳에서 멀리 떨어진 들판을 음울한 철학자 같은 표정으로 혼자 거닐고 있는 것을 보고 깜짝 놀란다. 언제나 유쾌한 호레이쇼가 어쩐 일인가?

호레이쇼는 술이 덜 깬 상태로 몹시 우울해한다. 그가 전날 밤에 무엇을 했는지는 알 수 없다. 분명한 것은 그가 기분이 나빠 정말로 철학적 기분에 잠겨 있다는 사실뿐이었다. 호레이쇼는 친구인 필로클레스가 우울한 사람이 느끼는 끔찍한 기분에 대해 잘 알고 있고 또 이를 물리칠 방법도 알고 있으리라 생각하기에 다음과 같이 간청한다. '필로클레스, 자네가 그토록 경탄하는 변함없이 지속되는 행복에 도달하려면 내가 어떻게 하면 되는가? 자네는 그 처방을 잘 알고 있을 텐데…'

요컨대 호레이쇼는 명성이 자자한 '행복의 의사'에게 불행을 치료하는 약을 부탁한 것이다. 그러나 환자는 누구나 그렇듯이, 병을 고치고 싶어 하면서도 쓴 약을 먹을 생각은 추호도 없다. 어쨌든 의사 필로클레스는 이 환자에게 옛 철학자의 기술, 즉 이른바 소크라테스의 방법을 적용한다. 이는 다음과 같다. 먼저 의사는 환자에게 자신이 하는 일은 전혀 해롭지 않다고 말한다. 그리고 의사는 환자가 아무런 걱정 없이 자신이 하는 대로 순순히 따를 때, 별안간 그 환부에 손을 대는 것이다. 숙련된 영혼의 의사 필로클레스는 이와 같은 방식으로 처방을 내린다.

먼저 그는 호레이쇼와 아무런 관계도 없는 가공의 인물에 대해 이야기한다. 호레이쇼, 자네의 친구 중의 누군가가 22세로 인생의 무대에 나섰다고 가정해보게나. 그는 아주 건강하고, 넓은 땅을 가지고 있어 매년 많은 돈을 번다네. 그는 원하는 것은 무엇이든 가질 수 있고, 맛있는 음식도 원하는 대로 먹을 수 있다네. 그런데 그가 서른도 되기 전에 재산을 탕진하고 몸도 망가져서 자살 외에는 아무런 해결책이 없게 되었네. 이것은 행복의 절정이 아니라는 건 분명하지 않겠나…

여기서 필로클레스는 핵심을 찌른다. 이 친구의 생활 방식은 자네가 어제 생활한 것과, 또 내일 자네가 원하는 생활 방식과도 똑같다네. 출구는 어디에 있는가? 호레이쇼, 우회로야말로 출구일세. 그리고 이성理性이 우회로를 발견하게 해준다네. – 이처럼 쾌락주의자들은 누구나 이성을 우회로의 개척자로 칭찬해왔다.

호레이쇼는 벌컥 화를 낸다. 그는 행복에 이르는 우회로, 즉 곧장 행복으로 가는 방향으로부터 멀어지는 것을 '이성'이라는 근사한 이름으로 장식할 생각은 추호도 없다. 그는 화가 잔뜩 나서 이 혐오스러운 우회로를 '단념'이라고 부른다. 아, 눈을 감고 오로지 금지만을 외치는 '단념'한 사람들의 가엾은 모습! 호레이쇼는 친구의 엄밀한 논리에 맞설 수 없어서 – 오랜 관행대로 – 욕을 퍼붓기 시작한다. 이것은 우리 모두의 어머니인 자연의 명예에 대한 공격이다! 한편으로는 우리로 하여금 열정이라는 규범에 따르도록 하고, 다른 한편으로는 정반대의 규범인 이성에 따르도록 강요하다니, 자연은 그렇게도 엉터리란 말인가? 자연은 우리가 마음이 끌리는 대로 움직이면 우리를 불행하게 만들고, 또 우리가 마음을 절제해도 마찬가지로 우리를 불행하게 만들 만큼 그렇게 무자비한 어머니란 말인가?

온갖 종류의 불만을 품고 있는 사람들이 인간을 창조한 신에 대해 제기한 이러한 이의에 대해 필로클레스는 분명한 대답을 하지 못한다. 그러나 작가는 누구나 자신이 창조한 인물을 자기 뜻대로 움직일 수 있으므로 프랭클린의 「대화」에 나오는 가엾은 호레이쇼도 결국은 상대의 말을 인정하게 된다. – 이렇게 대화를 나누다 보니 어느 새 두 사람은 시내로 돌아왔다. 그런데 그들이 대화에서 끝까지 언급하지 않은 문제가 있었다. 행복해지는 것이 그토록 중대한 일인가 하는 문제 말이다. 그것은 두 사람에게는 자명한 일이었다. 아마도 그렇기 때문에 필로클레스도 호레이쇼도, 또 그들을 창조한 벤저민 프랭클린도 쾌락주의자였던 것이다.

에피쿠로스는 어떤 사람이었나?

필로클레스와 호레이쇼가 행복에 대해 대화를 나눈 1730년으로부터 2,000년 전에 필라델피아에서 어떤 철학적 사색이 있었는지는 알 도리가 없다. 하지만 기원전 300년경에 아테네와 그 교외에서 있었던 일련의 대화에 대해서는 상당히 정확하게 알려져 있다.

당시 아테네의 북쪽에는 조그마한 정원이 있었는데, 여기서 변함없이 지속되는 행복을 갈망하는 호레이쇼의 문제에 대해 여러 가지 논의가 이루어졌다. 이 정원에 사는 행복의 탐구자가 바로 에피쿠로스였다.

에피쿠로스의 이름은 '에피큐리언', 즉 쾌락주의자라는 개념을 통해 세계적으로 유명해졌다. 철학사에서 개인의 이름이 삶의 태도를 가리키는 일반적인 호칭으로 사용된 것은 이 경우가 유일하다.

쾌락주의자란 누구인가? 통통한 볼이 포도주로 불그스레해진 유쾌한 노인? 그럴 수도 있다. 혹은 – 적敵들이 말하는 것처럼 – 돼지의 쾌락을 즐기면서도 정작 돼지와 같은 동물 특유의 무신경에 도달하지 못한다는 점에서는 오히려 돼지만도 못한 존재인가? 그럴 수도 있다.

쾌락주의자란 누구인가에 대해서는 에피쿠로스의 말로 설명하는 것이 더 낫다. 쾌락주의자는 "생명을 가진 자는 누구나 태어나면서부터 쾌락을 찾고, 쾌락을 최고의 선으로서 즐기며 고통을 최고의 악으로서 피한다"는 사실을 아는 자이다.

플라톤의 아카데메이아 입구에는 "수학을 모르는 자는 들어오지 말라"는 문구가 걸려 있었다고 한다. 그런데 에피쿠로스의 정원 입구에는 "친구여, 이곳은 좋은 곳이다. 여기서는 행복만을 찬양한다"는 문구로 사람들을 환영했다고 한다. 이렇듯 쾌락주의자란 행복을 찬양하는 사람들이다.

에피쿠로스

개인의 이름 에피쿠로스는 그 학파의 이름인 '쾌락주의자에피큐리언'만큼 유명하지는 않았다. 에피쿠로스는 분명 부처나 소크라테스나 예수에 못지않게 학파를 만들었다. 그러나 그는 이 셋처럼 전설이 되지는 않았다. 그 역시도 그를 따르는 사도使徒가 있었다. 플라톤이 소크라테스를 위해 한 일, 복음서의 저자들이 예수를 위해 한 일 – 이런 일을 에피쿠로스를 위해 한 사람이 바로 고대 로마의 시인 루크레티우스였다.

그는 스승의 삶과 학설을 7,915행에 이르는 시로 노래했고, 스승을 '그리스의 자랑'이라 찬양했다. 그럼에도 불구하고 이 학파를 만든 창시자는 문헌의 기록으로만 남았고 우리에게 제대로 알려져 있지 않다. 왜 그럴까?

에피쿠로스의 경력이 시작된 출발점은 나중에 부처라고 불린 인도의 왕자 싯다르타의 극적인 세속과의 작별만큼 거창한 것은 아니었다. 싯다르타는 조상 대대로 전해온 부귀영화를 내던졌다. 또 에피쿠로스의 경력의 끝도 소크라테스나 예수의 경우만큼 극적이지 않았다. 소크라테스는 동료 시민들에 의해 독배를 마셔야 했고, 이 기회에 일련의 변명을 남겼다. 이는 그 후 그가 죽지 않았더라면 그토록 잊을 수 없는 일이 되지는 못했을 것이다. 예수는 십자가에 못 박힐 때 사람들에게 하나님과 세계를 약속했다. 그러나 그 후 그가 죽지 않았더라면 그의 약속은 그토록 잊을 수 없는 일이 되지는 못했을 것이다. 그러나 에피쿠로스는 오랫동안 살다가 72세 때 방광결석膀胱結石으로 사망했다. 그리고 그때 그는 친구 이도메네우스에게 작별 편지를 남겼다. 이 편지는 세계를 뒤흔들 내용은 아니었다. 그는 친구에게 다음과 같이 말한다. '방광결석은 보통의 경과대로 진행되고 있다네. 정말 끔찍한 일이라네. 하지만 내 기분은 나쁘지 않다네. 그 이유는 특히 자네와 나눈 몇 번의 대화를 회상하면 유쾌해지기 때문이라네. …' 에피쿠로스는 이런 편지를 쓴 다음, 따뜻한 물로 목욕을 한 뒤 포도주를 몇 잔 마시고 세상을 떠났다. 이와 같은 사람은 결코 전설적인 인물이 될 수 없다. 전원에 파묻혀 사는 인물에게 향불을 피워 기념할 사람은 없는 법이다.

그는 어느 가난한 학교 교사의 장남으로 태어났다. 아버지는 아티카에서 사모스섬으로 이주했다. 여기에는 도시국가 아테네가 쇠퇴해 로도스섬이나 때마침 신흥세력으로 등장한 비잔티움과의 경쟁을 감당할 수 없었던 영향이 작용했다. 에피쿠로스는 기원전 341년 사모스섬에서 태어났다. 플라톤이 죽은 지 6년 후였다. 그는 어렸을 때 아버지를 도와 학생들을 위한 필기도구를 준비했다고 한다. 또 일종의 주술가였던 어머니에 대해서는 그녀가 돈을 벌기 위해서 종교적인 주술을 행할 때 조수로서 도왔다고 한다. 그러나 이것은 그의 철학을 달갑지 않게 여긴 상류층 사람들의 악의어린 조작일 가능성이 높다.

에피쿠로스가 살던 시대는 결코 평온하지 않았다. 당시는 마케도니아의 알렉산드로스 대왕에 의한 그리스 정복, 알렉산드로스 대왕의 대원정, 그리고 그 제국의 붕괴로 인한 혼란의 시대였다. 이러한 시대에는 자신과 아무런 관계도 없는 일에 말려들어 가는 사람들이 있기 마련이다. 또 이러한 시대에는 많은 사람들이 온갖 짐을 지고 이리저리 거주지를 옮겨 다녀야만 한다. 이는 한곳에서 안주하며 살던 사람에게는 정말 곤혹스러운 일이었다.

에피쿠로스는 이와 같이 타의에 의해 강제된 피난민의 한 사람이었다. 그는 37세가 되어서야 아테네에서 편안하게 살게 되었고, 그 후 죽을 때까지 이곳을 떠나지 않았다.

그는 아테네 시의 근교에 있는 조그마한 정원에서 행복한 나날을 보내며 행복한 삶에 관한 철학에 몰두했다. 그는 동생과 낮은 신분 출신으로 짐작되는 동생의 아내와 함께 살았다. 또 이 밖에 몇 쌍의 부부와 독신의 남녀가 있었는데, 이들이 여러 가지 소문거리를 만들곤 했다. 에피쿠로스는 이렇게 공동체 생활을 했지만, 재산을 공유하는 데 대해서는 찬성하지 않았다. 그와 같은 공산주의는 불신만 초래할 뿐이라는 게 그의 생각이었다.

그럼에도 불구하고 그들은 다 함께 에피쿠로스의 사상 세계 속에서 살았다. 이 정원 공동체에서 보낸 35년 동안 세상을 떠들썩하게 만든 사건이 일어났다는 기록은 없다. ─ 에피쿠로스를 비난하기 위해 이러쿵저러쿵 떠드는 근거 없는 이야기를 믿지 않는다면 말이다.

에피쿠로스는 세상에 알려진 인물이었으므로 방문객들이 때때로 찾아왔다. 그러나 그는 세상사에는 초연했다. 그래서 이전이나 이후의 다른 학파나 종교의 창시자들과 비교하면 그의 주변은 조용했던 편이었다. 물론 다른 학파에서 개종해 스승의 발밑에 몸을 던지며 스승을 신으로 떠받드는 사람도 있었고, 스승의 초상을 벽이나 접시에 그리는 사람도 있었다. 그리고 그리스 국내뿐 아니라 이집트나 아시아에도 그를 추종하는 사람들이 있었다. 200년 후 고대 로마의 집정관 키케로는 에피쿠로스가 그토록 사람들을 매료시켰고 또 지금도 매료시키고 있는 이유가 무엇인지 생각하느라 골머리를 앓았다.

그러나 경쟁학파의 우두머리인 제논이 훨씬 더 많이 사람들의 존경과 숭배를 받았다. 아테네의 시민들은 그에게 시市의 열쇠를 맡겼으며, 그의 머리에 황금으로 만든 관을 씌워주었고, 그가 죽었을 때는 국장國葬으로 예우했다. 에피쿠로스는 그만한 숭배는 받지 못했던 것 같다. 분명 그는 끊임없이 인터뷰 요청을 받거나 초상화가 전시되는 세계적 위인 속에는 끼이지 못했다.

우리가 오늘날 백과사전에서 에피쿠로스의 적들이 한 면에 쭉 나열된 것을 보면, 이 적들이 얼마나 위협적인지 알게 된다. 소크라테스의 제자들은 스승이 죽은 후 아테네에서 도피해야 했다. 그리스도의 추종자들은 맹수의 먹이가 되었다. 이와는 반대로 쾌락주의자들은 (약간의 예외는 있었지만) 기껏해야 할퀸 자국이 있었을 뿐 심한 흉터는 없었다. 물론 사람들은 일찍부터 이 행복의 포고자들에 대해 칼을 갈기 시작했고 그칠 줄을 몰랐다. 앞장을 선 사람은 학파 내부의 인물이었다. 이 학파의 '유다'는 스승의 총애를 받은 제자 메트로도로스의 형이었던 것이다. 이 파렴치한 사람은 스승이 매일 두 번 토해내고 그때마다 새로 음식을 먹는다는 소문을 퍼뜨리고 다녔다. 이윽고 경쟁학파, 곧 스토아학파가 등장해 편지를 위조하는 등 에피쿠로스를 불리한 처지로 내몰았다. 즉 유부녀들이나 창녀에게 보낸 50통의 편지를 날조한 것이다. 그리고 경쟁학파에 대한 적개심에 불탄 한 스토아학파 사람은 격분해 다음과 같이 외쳤다. '쾌락이 목적이라고! 그건 창녀의 철학이다! 게다가 신의 섭리를 인정하지 않는다고? 그렇다면 더 나쁘다. …' 또 쾌락주의자를 헐뜯기 위해 차마 들을 수 없는 농담이 오갔다. '다른 학파의 제자가 쾌락주의자로 개종하는 일은 자주 있는데, 쾌락주의자 중에서 스승에 등을 돌리는 사람이 없는 이유는 뭘까? 답은 간단하지. 사내가 거세되는 일은 있지만, 거세된 자가 다시 사내가 될 순 없으니까.' 이러한 농담에서 우리는 커다란 성공을 거둔 사람에 대한 질투의 냄새를 맡을 수가 있다. 그리고 이처럼 경쟁심에서 나오는 질투는 때로 우리 현대인에게서 볼 수 있는 형태를 띠기도 했다. 고대 로마의 시인 루키아누스의 시대, 그러니까 기원후 2세기에 흑해 연안 파프라고니아 출신의 한 광신자는 에피쿠로스학파의 교리문답서를 불사르고 그 재를 흑해에 뿌렸다. 그러나 이런 불미스러운 일은 있었지만 에피쿠로스를 신봉했다고 해서 십자가에 못 박혔다는 말은 아직 들어본 적이 없다. 쾌락주의자의 순교 이력은 화려하지 못하다.

그렇지만 오늘날까지 지속되고 있는 쾌락주의자의 도발을 과소평가해서는 안 된다. 이는 소란을 불러일으키는 시끌벅적한 도발이 아니라 은밀하게 진행되는 도발이다. 그것은 "나는 이곳에 서 있다, 나는 여기서 한 발짝도 물러설 수 없다 …"고 하는 따위의 도발이 아니다. 쾌락주의자는 결코 거친 사람들이 아니었다. 그러므로 쾌락주의자가 화형을 당한 적은 단 한 번밖에 없었다. 그러나 쾌락주의자라는 말은 선량한 인상을 줌에도 불구하고, 사람들은 이 쾌락주의자들을 못마땅하게 여겼다. '쾌락주의자'는 세계사에 남은 욕설이 되었다. 왜냐하면 행복을 옹호하는 것은 거의 모든 시대에서 수치스러운 일이 되었기 때문이다. "쾌락주의자 같다"는 말은 '도덕적으로 문제가 있다'는 낙인을 찍고 싶은 모든 사람들에게 걸맞은 용어가 되고 만 것이다.

기원후 2세기에 미풍양속에 대해 너무나도 나쁜 영향을 미쳤다는 이유로 두 명의 쾌락주의자가 로마에서 추방되는 사태가 일어났다고 한다. 또 이 무렵에 '에피쿠로스의 타락한 계집 종교'의 신봉자가 염치도 없이 아주 신성한 장소에 침입했다는 소문이 있었고, 당시 어떤 도시에서는 쾌락주의자들이 '품위가 없고 불명예스러운 세계관'을 전파했다는 이유로 크레타섬으로 쫓겨났다. 쾌락주의자로 의심받은 건달들은 다음과 같이 협박을 받았다. '다시는 돌아오지 말아라! 그렇지 않으면 너희들을 발가벗겨 통나무 위에 올려놓고 우유와 벌꿀을 발라 모기나 벌이 물어뜯게 하겠다. 그래도 말을 듣지 않으면 치마를 입혀 바위 위에서 떨어뜨리겠다.' 또 로마 황제 율리아누스는 4세기 말에 신들에게 다음과 같이 감사한 바 있다. '신들이 에피쿠로스의 학설을 뿌리째 뽑았다. 이제 에피쿠로스의 책을 더 이상 볼 수 없게 된 것은 정말 경사스러운 일이다.' 이교도들은 이렇게 말했다.

유대인들과 기독교도들은 쾌락주의자에 대한 혐오감에 있어서는 결코 이교도들에게 뒤지지 않았다. 랍비들은 모세의 율법을 어긴 자들을 '쾌락주의자'라고 불렀고, 낙원에서 이브를 유혹한 뱀을 에피쿠로스에 앞선 쾌락주의자로 여겼다. 시인 단테는 아테네 출신으로 정원 생활을 즐긴 이 사랑스러운 에피쿠로스를 서슴지 않고 지옥으로 보냈다. 또 13세기 피렌체의 역사가 빌라니는 자신의 고향 피렌체가 어려운 상황에 놓인 것을 사악한 에피쿠로스의 영향 때문이라고 생각했다. 그는 일부 시민들이 무기를 들고 에피쿠로스의 끔찍한 학설을 옹호할 정도로 그 영향이 컸다고 주장했다. 이처럼 쾌락주의자가 사람들로부터 좋은 평판을 얻은 적은 결코 없었다.

부처는 결국 존경받는 종교의 존경받는 포고자가 되었다. 기독교는 5세기부터 공식적으로 명예로운 사람들, 즉 고위 고관들의 종교가 되었다. 그런데 비난의 여지없이 살았고 또 사형 판결도 받지 않고 비난의 여지없이 죽은 에피쿠로스는 공적으로 인정받은 일이 한 번도 없었다. 단 하나의 예외는 황제 마르쿠스 아우렐리우스의 경우였다. 이 황제는 로마에 있는 다른 세 철학자의 학파가 받은 것과 동일한 국가 지원을 에피쿠로스학파에게도 베풀었다. 부처나 소크라테스나 예수의 추종자들은 수많은 특권을 부여받았는데, 이런 혜택을 가능하게 해준 자신들의 위대한 스승을 공공연하게 자랑했다. 하지만 에피쿠로스의 추종자들은 이들과 같은 특권을 누린 적이 없었다. 예컨대 오늘날 정부 주최의 만찬회라든가 대학의 공식 행사 때 소크라테스의 "너 자신을 알라"라는 말이나 누가복음의 한 구절 대신에, 에피쿠로스의 "육체를 즐겁게 하면 영혼의 쾌락과 기쁨이 생긴다"고 하는 가르침을 전하는 경우를 상상할 수 있을까?

그런데 에피쿠로스는 조촐한 사람이었다. 방탕한 사람으로 악명이 높았던 그의 소박한 생활을 알게 된다면 누구나 놀랄 것이다. 그는 아주 검소한 사람이었고, 작은 기쁨에 만족할 줄 알았다. 이러한 기쁨은 이따금 마시는 반병의 포도주로 얻을 수 있었다. 또 그는 한 편지에서 키트노스산* 치즈 한 덩이만 있으면 큰 잔치라고 말했다. 그의 적들은 이러한 조촐함을 에피쿠로스의 소화불량 탓으로 돌렸다. 그러나 적들의 말은 믿기가 힘들다. 도대체 왜 오늘날 국가의 관리나 실업가가 스스럼없이 에피쿠로스를 추종한다고 공언하는 일을 상상조차 할 수 없을 정도로, 이 조촐하게 만족하는 사람은 항상 도발적인 인상을 주는가?

생활보다도 이론에 있어 훨씬 더 큰 해독을 끼치는 사상가가 적지 않다. 그들은 책에서는 수많은 다이너마이트를 터트려 온갖 것들을 폭파해버리지만, 막상 집에 들어가서는 심심해서 반려동물에게 먹이를 주는 일로 시간을 보낸다. 에피쿠로스도 이런 사람이었을까? 보존된 몇 통의 편지나 토막글로 남은 편지의 일부 그리고 후세 사람들이 인용함으로써 전해진 일련의 짧은 문장들을 읽으면, 우리는 에피쿠로스가 어느 누구에게도 나쁜 일을 할 수 없는 선량한 사람이라는 인상을 받는다. 그는 삶과 이론이 일치한 사람이었다. 그렇다면 사람들이 2,000년 동안이나 에피쿠로스와 그가 내세운 행복론에 대해 은밀한 불안감을 느낀 이유는 무엇인가?

에피쿠로스는 소크라테스나 예수와 공통된 특성을 가지고 있다. 그는 아주 단순하고 대수롭지 않으며 정말 자명한 말로 사람들에게 엄청난 충격을 주었다. 소크라테스는 단지 "네가 무엇을 말하는지 알고 있는가? …"라고 말했을 뿐이었다. 이로 인해 그는 목숨을 잃었다. 예수는 "마음이 깨끗한 사람은 복이 있다. …"라는 복음을 전했을 뿐이었다. 이로 인해 그는 목숨을 잃었다. 그리고 에피쿠로스는 "최고의 선은 행복이고, 최고의 악은 불행이다"라고 가르쳤을 뿐이었다. 하지만 이로 인해 그가 목숨을 잃지 않은 이유는 은둔해 살았기 때문이다. 그는 소크라테스나 예수처럼 정치라는 화약통 근처에 가지 않았다.

이러한 말들은 문자 그대로 실현되었다면 모두 이 말을 접한 세상을 파괴하고 말았을 것이다. 이 세 사람의 공통점은 바로 다음과 같은 결정적인 사실이다. 즉 이들에게 관건은 신도 아니고, 국가도 아니며 문화도 아니었다. 이들은 남자의 행복도 여자의 행복도 몰랐고, 그리스적인 행복도 유대적인 행복도 몰랐으며, 귀족적인 행복도 프롤레타리아적인 행복도 몰랐다. 한 사람이 구원이라고 한 것을 다른 사람은 행복이라고 했다. 이런 의미에서 에라스뮈스는 '참된 기독교도는 참된 쾌락주의자이다'라고 말할 수 있었다. 그리고 에라스뮈스보다 훨씬 이전에 이미 성 아우구스티누스는 다음과 같이 고백했다. '나는 그리스도가 나타나지 않았더라면, 에피쿠로스에게 영광을 바쳤을 것이다.'

이렇게 단순한 몇 마디 말을 던진 온화하고 소박한 창시자들을 샌들을 신은 소크라테스와 희끗희끗한 금발 수염을 한 예수의 모습을 떠올려 유약한 인물로 생각해서는 안 된다. 그들은 자신들의 사명을 정확히 알고 있었다. 소크라테스는 생사가 걸린 재판을 받는 동안 배심원들과 이들이 대표하는 인류를 향해 통렬한 조소를 보냈다. 예수는 매우 중요한 자서전적인 고백에서 자신의 사명을 분명히 밝혔다. "내가 세상에 평화를 주러 온 줄로 생각하지 마라. 평화가 아니라 칼을 주러 왔다. …"(마라와 레닌도 이보다 더 명쾌하게 말할 순 없었을 것이다.) 그리고 에피쿠로스는 이들에 못지않게 도발적으로 말했다. "모든 선善의 시작과 뿌리는 위胃가 주는 쾌락이다." 이 말은 관청의 어떤 포고문과도 어울리지 않는 것이다.

이와 같이 도전적이고 과장된 말은 뛰어난 쾌락주의자들에게서도 찾아볼 수 있다. 16세기의 프랑스인 몽테뉴는 다음과 같이 말했다. "세상 사람들에게 그들이 아주 싫어하는 이 '쾌락'이라는 말을 지겨울 정도로 되풀이해주고 싶다." 그리고 행복의 중요성을 널리 알린 독일의 작가 게오르크 뷔히너는 19세기 초에 의도적으로 자극적인 문구를 동원해 다음과 같이 말했다. "고통은 유일한 죄악이고, 고뇌는 유일한 악덕이다." 이처럼 위대한 쾌락주의자들에게는 반란의 정신이 숨 쉬고 있는 것이다.

이러한 사실을 간파한 사람은 많았다. 고대 로마의 현자 세네카는 에피쿠로스에 대해 '여장을 한 영웅'이라고 말했다. 에피쿠로스에 관한 박사학위 논문을 쓴 바 있는 카를 마르크스는 "에피쿠로스는 그리스의 가장 위대한 계몽주의자이다"라고 말했다. 그리고 마르크스의 말이 신뢰가 가지 않는 사람은 아우구스티누스를 증인으로 삼을 수도 있다. 이

성인은 '그리스의 철학 학파들은 모두 악령이나 마녀를 믿었지만, 에피쿠로스학파만은 예외였다'라고 말했다.

에피쿠로스의 처방 – 명령과 금지

성인聖人 아우구스티누스는 물론이고 성인과는 대척점에 섰던 마르크스도 긍정적으로 평가한 이 고대의 계몽주의자 에피쿠로스는 행복을 위해 전쟁을 벌였다. 그가 행복을 추구한 자들에게 특별히 추천한 무기 중 하나는 이성이었다. 후세의 벤저민 프랭클린이 창조한 인물인 필로클레스도 스승의 뜻을 이어받아 "호레이쇼여, 이성의 도움이 있어야만 자네가 찾는 행복을 얻을 수 있네"라고 말했던 것이다.

이에 대한 호레이쇼의 대답은 우리가 기억하고 있다. 그건 호레이쇼의 입장에서는 정당한 것이었다. 이성은 즐거움을 금지하는 엄격한 가정교사와 무엇이 다른가? 이성은 행복에 이르는 길을 열어주는 것이 아니라, 오히려 가로막고 있는 것이 아닐까? 이성은 행복의 추구가 아니라 행복의 단념을 늘 권하고 있지 않은가? 이러한 질문은 비록 필로클레스가 분명한 대답을 하지 못하고 얼버무리고 말지만, 아주 정당한 것이었다. 그런데 쾌락주의자들도 이성적인 억제, 중용, 그리고 이와 유사한 별로 화려하지 않은 '미덕'에 찬성한다. 따라서 우리는 여기서 쾌락이나 기쁨이나 행복의 단념에는 전혀 다른 두 가지 종류가 있다는 사실을 명확히 밝혀야 한다.

다음과 같은 경우를 가정해보자. 당신은 흥미로운 대화와 고급 와인을 기대할 수 있는 파티에 초대받았다. 당신은 고급 와인도 좋아하고 흥미로운 대화도 나누고 싶어 한다. 그런데 막상 와인을 마셔 보니까 기분이 좋아지는 것이 아니라 피로해지고 대화의 즐거움까지 망친다. 이제 당신은 대화를 위해 달갑지 않은 와인을 단념하기로 결정한다. 쾌락주의자들의 행복은 바로 이러한 금욕을 바탕으로 한다. 이는 행복을 단념하는 것이 아니라, 더 행복하게 해주는 다른 행복을 위해서 하나의 행복을 단념하는 것이다.

가정한 이야기를 계속하자. 이 파티에서 와인을 단념한 쾌락주의자인 당신 곁에 역시 와인을 마시지 않는 사람이 있다. 이 사람도 마찬가지로 이러한 단념을 안타깝게 여긴다. 하지만 이 사람은 (예를 들어) 흥미로운 대화를 즐기기 위해 와인을 단념한 것이 아니라 집이나 학교의 종교 수업시간에서 음주는 죄악이라고 배웠기 때문에 와인을 단념했다.

와인을 단념한 두 사람, 즉 행복을 위해 단념한 사람과 어떤 미신에 사로잡혀 단념한 사람은 그들 앞에 놓인 빈 술잔만 생각한다면 서로 비슷한 점이 있다. 그러나 그렇다고 해서 두 사람의 단념이 의미가 다르다는 사실을 놓쳐서는 안 된다. 한 사람의 단념은 다른 사람의 단념과는 차원이 다르며 어떤 의미에서는 서로 숙적 관계이기도 하다. 프랭클린이 만든 인물 필로클레스는 호레이쇼에게 이러한 사실을 말했으면 좋았을지도 모른다.

에피쿠로스의 위대성은 바로 이러한 단념에 있었다. 그렇지만 그는 결코 단념을 찬양하지는 않았다. 그는 행복을 단념한 것이 아니라, 행복을 위해서 단념한 것이다. 프랭클린의 호레이쇼가 "나는 어떤 형태의 향락이든 찬양한다"라고 말했을 때, 그는 에피쿠로스의 화신이다. 쾌락이든, 기쁨이든, 행복이든 그 자체는 나쁜 것이 아니다. 이것은 모든 쾌락주의자의 기본 입장이었다. 그리고 에피쿠로스가 위[8]가 주는 행복을 그토록 찬양한 이유는 아마도 당시에 그러한 행복이 대대적으로 비난받았기 때문일 것이다. 한 젊은이가 에피쿠로스에게 '충동적으로 성적 쾌락에 빠진다'라고 털어놓은 적이 있었다. 이에 대해 에피쿠로스는 아무런 반대도 하지 않았다. 그리고 그는 과도해서는 안 된다는 경고를 하면서도 원칙적으로는 이 젊은이에게 동의하는 놀라운 말을 했다. '너의 욕망에 따라 행동하라.' 물론 '그러나'라는 말이 이어졌다. 에피쿠로스는 이 '그러나' 뒤에 욕망에 따랐을 때 고려해야 할 사항들을 덧붙였다. 그러나 이러한 금지 사항들은 쾌락이나 기쁨이나 행복을 가져다주는 모든 것을 원칙적으로 긍정함으로써 품격이 높아지게 된다. 오늘날까지도 쾌락주의자들은 이러한 긍정에서 서로가 동지임을 확인하고 있다. 위대한 쾌락주의자 게오르크 뷔히너도 이러한 긍정에서 출발해 "누구든 즐기기 위해 사는 건 다 마찬가지이다. 육체를 즐기든, 성화聖畫를 보고 즐거움을 느끼든, 꽃이나 아이들 장난감으로 즐기든 마찬가지이다. 가장 많이 즐기는 사람이 가장 많이 기도하는 법이다"라고 말했다.

여기서는 '절대적인' 미덕, 즉 행복 앞에서 그 정당성을 입증받지 않아도 되는 미덕은 존재하지 않는다. "미덕을 찬양하라"는 말에는 "미덕이 행복에 기여한다면"이라는 전제가 붙고, "행복에 기여하지 못한다면 그 미덕과 작별하라"는 것이다. 이 스승의 말 중에서 정말 멋있고 독창적인 (또 정말 오해받기 쉬운) 것은 다음과 같다. "방탕자의 쾌락이 그를 고통이나 공포에서 벗어나게 할 수 있다면 (오직 이 경우에만) 이러한 쾌락을 비난할 수 없다." 에피쿠로스에 따르면, 미덕이란 사람들이 모든 암초를 피해서 행복으로 안전하게 항해해 가도록 이끄는 조타수에 불과하다. 에피쿠로스는 조타수인 이성과 미덕에 대해서는 몹시 냉담했다.

그 조타수가 '어디로 키를 조종해 가는가?' – 이것이 관건이었다. 선을 향해서? "내가 식도락이나 사랑의 쾌락이나 음악의 쾌락, 그리고 아름다운 사람의 모습을 바라볼 때 느끼는 매력을 도외시한다면, 나는 도대체 어떤 것을 선이라고 불러야 한단 말인가."

똑같이 미덕이라는 이름으로 불리더라도, 다른 정신에서 나오는 미덕을 접할 때, 우리는 이러한 쾌락주의자들의 '미덕'이 풍기는 독특한 행복의 향기를 결코 잊어선 안 될 것이다.

이 현명하면서도 유쾌한 금욕주의자는 욕구의 재고 조사를 할 수밖에 없는 상황이란 것을 깨닫게 되었다. 그는 상처 없이 단념할 수 있는 것과 단념할 수 없는 것이 무엇인지 알고자 했고, 결국 "욕구 중에는 자연적인 욕구와 헛된 욕구가 있다"는 사실을 밝혀냈다. 고대의 주석자들은 헛된 욕구의 예로 권력과 명예를 추구하는 욕구를 들었다. 나아가 에피쿠로스는 자연적인 욕구를 자연적이고 필수적인 욕구와 자연적이지만 필수적이지 않은 욕구로 나누었다. 자연적이고 필수적인 욕구의 예는 갈증이다. 에피쿠로스는 자연적이지만 필수적이지 않은 욕구의 예로 맛있는 음식을 찾는 취향을 들었다. 이러한 심리학은 오늘날의 우리에게는 유치하게 느껴진다. 하지만 유치하게 느껴지는 것의 이면에는 장차 인류에게 큰 도움을 줄 이론이 살아 숨 쉬고 있었다. 즉 불행을 초래하는 충동 중에서 어느 것을 쉽게 제거할 수 있는지를 알기 위해 충동의 체계를 규명하는 이론이다. 온갖 비난을 받았지만, 행복한 삶에의 의지를 굽히지 않은 사람이 이 충동의 심리학을 만든 것이다.

'무엇을 단념할 수 있는가?' 하는 것은 행복의 이론에서 항상 큰 역할을 해왔다. 그리고 쾌락주의적인 단념과 행복을 적대시하는 부정론자 사이의 경계선은 언제나 명확하지 않았다. 고대 그리스에는 세계적으로 유명한 명물 디오게네스가 있었다. 그는 큰 통 속에서 살았는데, 젊은 농부가 손으로 물을 떠 마시는 것을 보고 바가지를 던져버렸다는 말도 전해진다. 이 선량한 디오게네스는 사람들로부터 몹시 부당한 대우를 받은 것 같아 보인다. 확실히 그는 큰 통에서 살지 않은 후세의 몇몇 청교도와 같은 열광적인 마조히스트는 아니었다. 도대체 무슨 이유로 이 기이한 그리스인은 그와 같이 불편한 곳에서 살았는가? 나는 멋대로 사는 부랑자이고 문화의 경멸자로 비난받은 디오게네스를 오히려 사치스러운 궁전 생활의 번잡함에 진저리를 낸 섬세하고 예민한 사람으로 생각한다. 그는 분명 순수한 향락을 추구하면서 큰 통 속에 살았을 것이다.

그의 사례는 계승되었다. 문화를 행복의 적으로 여기며 문화의 축복에 반기를 든 사람들이 등장한 것이다. 문화를 적대시하는 뿌리는 고루한 미신에만 있는 것은 아니고, 오히려 충족되지 않는 행복에의 갈망에서 생긴 경우가 훨씬 더 많았다. 이때 문화에 모든 책임이 전가되는 것이다. 문화를 대표하는 기술, 과학, 예술, 종교, 제국 … 등등이 인간을 행복하게 할 능력이 없다는 것이 드러날 때마다 문화를 적대시하는 풍조가 생겨났다. 에피쿠로스는 "돛대를 올려라, 친구여! 문화 따위에 개의치 말고 네 길을 가라"라고 말했다. 루소의 "자연으로 돌아가라"는 구호는 에피쿠로스의 말을 더 공격적으로 반복했다. 그리고 프로이트는 "문명 속의 불만"이라는 말로 이 오랜 주제를 다시 끄집어냈다. 그러나 쾌락주의자들이 문화를 적대시하는 것을 그들의 미덕과 마찬가지로 야만인들의 전쟁 구호로 착각해서는 안 된다. 또 그들의 유명한 구호인 '은둔해서 살아라!'도 잘못 생각해서는 안 된다.

미덕을 지키며 살아라! 섭생을 지켜라! 문화를 멀리 하라! 쾌락주자들의 세 번째 계명은 '은둔해서 살아라!'이다. 사회의 압박을, 다시 말해 사회의 칭찬이나 사회의 비난을 벗어나라! 사회의 오류나 어리석음이나 비열한 거짓말이 책의 형태로 너에게 밀려들게 하지 말라! 이러한 말에서 처절하기 이를 데 없는 은둔 생활이 느껴지는가? 이렇게 보면 쾌락주의자들과 그 적들을 또 다시 혼동하기가 쉬워진다. 열광적으로 행복을 찬양하는 자와 음울하게 행복을 부인하는 자가 자칫하면 혼동할 정도로 비슷한 말을 하고 있기 때문이다.

에피쿠로스의 '은둔해서 살아라'라는 말에는, (예를 들어) 도시에 비해 산중에서의 삶이 갖는 여덟 가지 장점에 관한 중국 사람들의 생각과 마찬가지로 처절함이나 반항적인 은둔성은 나타나지 않는다. 중국 사람들이 생각한 장점은 무엇인가? 인습에 얽매이지 않는다. 귀찮은 손님을 영접할 필요가 없다. 배신할지도 모르는 인간의 마음에 대해 마음을 쓸 필요가 없다. 공인公人에 대한 쓸데없는 이야기를 듣지 않아도 된다. … 중국의 에피쿠로스 같은 인물은 이렇게 말했다.

쾌락주의자들의 '은둔 생활'은 황량한 카르스트 고지에서 죽음을 선취하려고 했던 중세 수도승들의 은둔 생활과는 아무런 관계가 없다. 에피쿠로스가 은둔해서 산 것은 삶을 완전히 즐기기 위해서였다. 그는 자신을 독방에 가둔 것이 아니다. 쾌락주의자들이 은둔해서 산 정원은 인간을 적대시하는 곳이 아니었다. 쾌락주의자들의 우정에 대한 열광은 이러한 '은둔 생활'이 행복을 적대시하는 인간 혐오의 산물이 아님을 충분히 증명하고 있다.

'은둔 생활'은 오히려 아주 혼란한 시대에 대한 당연한 반응이었다. 이른바 '격동의 시대'에는 이러한 '은둔 생활'은 항상 특별한 매력을 지닌다. 알렉산드로스 대왕과 같은 '위대한' 사람들이 역사를 장식하는 시대에는 에피쿠로스와 같은 '보통' 사람들은 운수가 나쁘면 두세 달에 한 번씩 짐을 싸들고 피난을 가야 한다. 저 유명한 알렉산드로스 대왕의 제국이 건설되고 다시 붕괴되는 동안에, 에피쿠로스는 젊은 시절에 사모스에서 아테네로, 아테네에서 콜로폰으로, 콜로폰에서 레스보스섬의 뮈틸레네로, 그리고 뮈틸레네에서 소아시아의 람프사쿠스로 전전해야 했다. 이러한 끝없는 이동은 결코 쉬운 일이 아니었다.

어쨌든 이 모든 일을 겪은 이주민 에피쿠로스가 세계사의 현장에서 가능한 한 멀어지고 싶은 소망을 품은 것은 충분히 이해할 수 있다. 동료 철학자 제논은 마케도니아왕과 친하게 지냈다. 이 시대에는 철학자가 외교관이 되는 일도 흔했다. 그러나 에피쿠로스는 2,000년 후 "이 세상의 위인들을 피해야 한다"고 말한 쾌락주의자 니체와 같은 입장을 취했다.

에피쿠로스는 "현자는 정치에 관여하지 않으며, 지배자가 되기를 원치 않는다"고 말했다. 현자 에피쿠로스는 행복하게 살았다 – 은둔해서 말이다.

두려움을 모르는 자는 행복하다

에피쿠로스는 하늘의 정치가들, 즉 그리스의 신들에게 일말의 친근감도 느끼지 못했다. 그가 신들에게 반감을 품은 첫 번째 이유는 신들이 인간을 불행하게 만들기 때문이고, 두 번째 이유는 신들이 존재하지 않기 때문이다. 멀리 떨어져 지복至福을 누리고 있는 존재를 제외하고 말이다.

그는 아테네 사람들이 알렉산드로스 대왕의 수많은 후계자들 중 하나를 신으로 선언했을 당시에 신이 탄생하는 장면을 직접 두 눈으로 목격했다. 한 사제가 이 제식祭式을 올렸는데, 사람들이 이 살아 있는 신을 찬양하며 다음과 같은 찬가를 불렀다. "그대는 나무나 돌로 만든 신이 아니다. 그대야말로 살아 있는 진짜 신이다." 이렇게 진짜 신이 탄생했다! 그리고 에피쿠로스는 "신을 모독하는 불신자란 대중의 신들을 없애는 사람이 아니라, 대중의 관념을 신들에게 전가하는 사람이다"라고 말했다.

에피쿠로스는 현세의 비밀에 대해 별로 관심이 없었고, 그렇다고 하늘의 비밀을 파고들 마음도 없었다. 태양, 달, 별에 대해서 그는 '아마도'라는 말을 덧붙이며 정중하게 자신의 판단을 유보했다. "태양과 달, 그리고 별들의 크기는 우리에게 나타나는 그대로이지만, 그 자체로서는 우리가 보는 것보다 크거나, 아니면 조금 작거나 같을 것이다." 그는 이런 건 그렇게 중요하다고 생각하지 않았다.

인식에 대한 이런 회의는 쾌락주의자들의 전매특허가 아니다. 오히려 다른 사람들이 더 깊이 파고들었다. 예를 들면 유명한 동시대 사람인 퓌론이 그랬다. 그는 알렉산드로스 대왕과 함께 인도까지 원정하고 세계의 여러 제국이나 종교, 사상체계의 형성과 쇠퇴를 눈으로 보고 이 모든 것으로부터 다음과 같은 교훈을 끌어냈다. 즉 '모든 판단을 유보하라, 사실은 이렇다고 말하지 말라, 이런 것 같다고 말하라 …' 회의나 무신론은 쾌락주의자가 발견한 것이 아니었다.

하지만 쾌락주의자들은 회의와 무신론에서 참된 행복을 찾아냈다. 이것이 바로 그들이 특별한 이유이다. 행복은 그들의 유일한 관심사였다. 신을 인식할 수 없다는 통찰은 어느 시대에나 인간을 절망에 빠뜨렸다. 18세기에 칸트는 '인간의 이성으로는 신의 존재를 증명할 수 없다'라고 밝혔다. 이 때문에 그는 '모든 것을 파괴하는 자Alleszermalmer'라는 별명을 얻었고 또 실제로 칸트에 의해 자신들의 관념이나 이론이 파괴되었다고 느끼는 사람이 많았다. 우리는 지금도 독일의 극작가 하인리히 폰 클라이스트의 편지를 읽어보면, 그가 칸트의 '회의'를 얼마나 심각하게 받아들였는지 알 수 있다. 이와 반대로 에피쿠로스와 추종자들은 우주의 불가해성不可解性을 인정할 때 생기는 긍정적인 측면을 조명했다.

에피쿠로스는 다음과 같이 말했다. "인간은 많은 사람들에게 두려움을 불러일으키는 현상에 둘러싸여 있기 때문에 영원하고 강력한 신들이 많이 있다고 생각한다." 두려움이 신들을 만들어 내고, 또 이 신들이 두려움을 만드는 것이다. 그러므로 신들은 인간의 행복의 적이다. 이 적을 겨냥해 에피쿠로스는 다음과 같이 말한다. "우리는 신을 두려워하지 말고, 미신에서 벗어나야 한다." 두려움에 대한 싸움이 그가 표방한 무신론의 핵심이었다.

두려움은 행복에의 길을 가로막는 강력한 장애물이다. 에피쿠로스는 이것을 심리분석이 나오기 2,000년 전에 이미 간파하고, 온갖 종류의 두려움에 맞서 싸웠다. 당시에 신들에 대한 두려움은 널리 퍼져 있었다. 그래서 에피쿠로스는 겁에 질린 수많은 사람들에게 복음을 전파했다. "신들이 존재한다면, 무한한 우주의 어딘가에서 조용히 행복한 생활을 하고 있을 것이다. 신들은 인간을 괴롭히지 않으며, 인간으로부터 괴롭힘을 당하는 걸 원치 않는다. 그리고 신들이 신인 이유는 우리들과 같은 지상의 피조물보다도 더 행복하게 살기 때문이다. 신들은 쾌락으로 가득 찬 삶을 살고, 더할 나위 없는 행복 속에서 휴식한다. 신들은 자신이나 다른 신의 일에 개입하지 않는다." 이것이 에피쿠로스의 즐거운 신학이다. 쾌락주의자들은 하늘에서 신이 사라지자 비로소 지상의 즐거움을 발견했다. 19세기 말에 프리드리히 니체는 "엄청난 사건이 벌어졌다. 신은 죽었다"라고 환호했다.

그런데 에피쿠로스는 '죽음은 죽었다!'라고 선포한 것이다.

그는 인간의 행복을 위해 독재적인 신들과 싸웠다. 또 그는 효과에 있어서는 신들과의 싸움의 경우만은 못했지만, 인간의 행복을 위해 죽음과 싸웠다. '왜 죽음이 그렇게 두려운가?'라고 그는 질문했다. 많은 그리스인들은 (그리고 이들에 뒤이어 많은 기독교도들도) 사후의 삶을 소름이 끼칠 만큼 무서운 것으로 상상했다. 에피쿠로스는 죽음도 신들과 마찬가지라고 말하며 무서움에 떠는 사람들을 위로했다. '당신들이 만들어낸 내세란 속임수에 지나지 않는다, 따라서 사후의 무서운 삶에 대해 걱정할 필요가 없다!'

그러나 내세를 조금도 두려워하지 않는 사람들도 있었다. 그들이 두려워하는 것은 삶의 종말이었다. 에피쿠로스의 위대한 제자인 로마의 시인 루크레티우스는 다음과 같이 말했다. '삶의 종말에 대한 관념이 인간에게 얼마나 큰 영향을 미쳤는가. 우리는 언젠가 모든 것이 끝난다고 생각할 필요가 없다면, 이토록 탐욕스럽지는 않을 것이다. 그래서 모두들 가능한 한 많은 것을 얻으려고 몸부림을 친다.'

죽음의 공포를 어떻게 이겨내야 하는가? 철학을 통해서다! 존재하지 않게 되면 두려워할 일이 전혀 없다는 사실을 깨달은 사람에게는 삶에서 두려워할 일이 아무것도 없다. 에피쿠로스는 (예를 들어 버나드 쇼처럼) 죽음과 싸운 것이 아니라, 죽음의 공포와 싸웠다. 그는 철학사에서 매우 유명한 증명을 무기로 삼아 싸운 것이다. 그 증명은 다음과 같다.

"모든 고통 중에서 가장 끔찍한 고통인 죽음도 사실 우리와는 아무 상관이 없다. 왜냐하면 우리가 살아 있는 한 죽음은 없고, 죽음이 닥치면 우리는 더 이상 존재하지 않기 때문이다."

이후 철학자들은 이와 같거나 혹은 비슷한 방법으로 죽음의 공포로부터 인간을 해방시키려는 노력을 그치지 않았다. 19세기에 이르러서는 심지어 - 영원히 유랑하는 유대인 아하스베어Ahasver: 프랑스어로는 아하스베루스라는 인물로 구현된 - 불멸에 대한 공포까지 확인할 정도가 되었다.

에피쿠로스의 추종자들은 죽음의 문제를 해결하는 것을 철학의 주요 의무 중의 하나로 여겼다. 몽테뉴는 그의 유명한 『에세수상록』에서 한 장을 할애해 "철학을 한다는 것은 죽음을 배우는 일이다"라는 주제를 다루었다. 죽음을 배운 자만이 행복해질 수 있다. 그리고 철학은 삶을 행복하게 만들기 위해 존재하는 것이다. 19세기의 프랑스 심리학자 귀요Guyau는 에피쿠로스는 평생 행복에서 멀어진 적이 없었다고 말했다.

에피쿠로스의 철학은 행복한 삶의 안내자였다. 아리스토텔레스는 "학문은 어떤 목적에 봉사하지 않을수록 더 고귀하다"고 가르쳤는데, 이 고귀한 학문은 에피쿠로스에게는 아무런 가치도 없었다. 그는 어떠한 목적도 추구하지 않는 고상한 학문을 위해서가 아니라 행복을 위해 열정을 바친 사상가였다. 그는 행복을 위한 성찰을 삶에서 가장 중요한 일로 여겼다. 그는 '나는 아직 철학할 생각이 없다'라거나, '철학할 시간이 이미 지났다'라고 말하는 사람을 보면 가차 없이 질책했다. "그와 같이 말하는 자는 행복해질 시간이 아직 오지 않았다든가 이미 지나가 버렸다고 말하는 사람과 같다."

그는 데모크리토스의 제자였지만, 신들의 독재에 반기를 든 것처럼 자연의 필연성에도 반기를 들었다. 둘 다 같은 이유에서였다. "왜냐하면 자연법칙의 노예가 되는 것보다는 차라리 신들에 관한 엉터리 이야기를 따르는 편이 더 낫기 때문이다. 후자는 적어도 기도를 들어줄지도 모른다는 희망을 주지만, 자연의 필연성은 가차 없다." 이렇게 해서 에피쿠로스는 원자原子에 대해 일종의 자유를 인정했고, 엄격한 자연의 필연성을 망상으로 배척했다. 이는 뉴턴 이후의 물리학이 나타나기 2,000년 전의 일이었다.

철학을 하는 동기는 아주 다양하다. 그런 만큼 철학의 종류도 많아진다. 칸트는 그리스의 철학자들에 대해 '그들은 자신들의 이념을 일관되게 발전시켰는데, 이는 근대에서는 유례를 찾아볼 수 없는 일이다'라고 말하며 높이 평가했다. 에피쿠로스는 그렇게 일관된 철학자였다. 그는 몇천 년이 지나도 영향력을 잃지 않는 에너지로 행복을 자신의 사명으로 삼았다. 그의 이론은 어느 것이나 행복을 연주하는 악기였는데, 특히 두 가지 과제에 집중했다.

에피쿠로스 철학의 첫 번째 과제는 인간을 공포로부터, 즉 신들이나 죽음이나 무자비한 자연법칙이나 사회의 독재자에 대한 공포로부터 해방시키는 것이다. 에피쿠로스는 겁에 질린 인간의 영혼을 치료했다. 그의 제자이며 기원전 마지막 세기에 살았던 로마인 루크레티우스는 이러한 해방을 스승이 펼친 이론의 핵심으로 여겼다. 그리고 그로부터 2천 년 후, 자유를 위한 오랜 투쟁이 끝날 무렵에 쾌락주의자인 니체는 다음과 같이 환호했다. "우리는 두려움을 모르는 인간이다."

에피쿠로스 철학의 두 번째 과제는 행복이라는 이 어려운 주제에 대해 끊임없이 성찰하는 것이었다. 그는 무에서 유를 만들어내는 창시자의 입장에서 하나하나 천천히 성찰해 나갔다. 그는 행복의 원천이 되는 위胃, 성性, 눈, 귀, 영혼 등의 서열을 어떻게 정해야 하는지를 질문했다. 그의 대답은 명확하지 않았다. 때로는 모든 행복을 위[胃]의 기쁨으로 돌렸다가도, "삶의 행복과 불행에는 영혼의 쾌감과 불쾌감의 정도가 육체적인 감각보다도 ― 비록 이 육체적인 감각이 오래 지속될지라도 ― 더 중요하다"라고 말하기도 했다. 또 그는 정신적인 쾌락은 과거와 미래에까지 확대되지만 육체적인 쾌락은 현재에만 국한된다고 말했다. 이러한 말로 인해 수천 년에 걸친 논쟁이 시작되었다.

　그의 질문은 이어졌다. 1초의 행복은 그 자체로 존중되어야 하는가? 아니면 시간적으로 더 길게 지속되는 다른 행복을 위해서 희생시킬 수 있는 것인가? 그는 일초의 행복을 희생시켰다가도 곧바로, 오늘보다도 내일에 절대적 우위를 인정하는 의견에 단호하게 반대했다. 이에 대해 그는 다음과 같이 경고했다. "우리는 한 번 태어날 뿐이며 두 번 다시 태어날 수는 없다. 우리는 사후엔 더 이상 존재하지 않는다. 영원히 말이다. 그런데도 당신들은 가진 단 하나의 것, 즉 지금의 이 시간을 소중하게 여기지 않는다. 마치 당신들이 내일을 마음대로 할 수 있는 것처럼 말이다! 우리는 살아가는 일을 항상 미루기 때문에 인생을 망치고, 우리의 삶을 제대로 알지도 못한 채 무덤으로 들어간다." 로마의 시인 호라티우스는 이를 유명한 두 마디의 말로 압축해서 말했다. 즉 "오늘을 즐겨라!"

　마지막으로 에피쿠로스는 '행복이란 단지 불행하지 않다는 것인가?'라고 질문하고는 다음과 같이 대답했다. "영혼의 평온과 고통으로부터의 해방은 고요한 쾌락이다. 하지만 만족과 기쁨은 영혼을 움직이게 하는 자극이다." 요컨대 고통으로부터의 해방과 영혼의 평온 이외에도 또 다른 적극적인 행복이 있다. 행복은 불행의 부정에만 그치는 것이 아니다. 여기서 바로 '행복'과 '고통으로부터의 해방', '행복'과 '영혼의 평온'을 동일시하는 다른 모든 사람들과 쾌락주의자들의 차이점이 드러난다.

에피쿠로스가 자신이 그토록 열정적으로 성찰한 행복의 문제를 어느 정도까지 파고들 수 있었는지는 그의 역사적 경험과 (아리스토텔레스까지 이어지는) 선배들로부터 물려받은 사유 수단에 달려 있었다. 그 자신의 개인적인 행복은 그리스에 속한 아테네의 보잘것없는 교사라는 그의 지위에 따라 결정되었다. 당시 그리스는 별로 안정적이지 못했던 로마 제국의 속주로서 선진 문명을 자랑하긴 했지만 약소했다. 하지만 행복의 철학을 창시한 에피쿠로스는 이후 오늘날에 이르기까지 모든 쾌락주의자들이 추앙하는 인물이 되었다.

아테네 근교의 정원에서 가르치는 행복한 교사에 불과했던 에피쿠로스, 초기의 심리학자로서 '행복'이라는 수수께끼 같은 현상을 해명하는 첫걸음을 내디뎠던 에피쿠로스는 훨씬 큰 인물로 성장한 것이다. 그리고 그는 로마의 시인 호라티우스가 '잘 살기'라고 표현한 것보다 훨씬 더 행복하게 살았다.

그는 계시^{啓示}였다. "중요한 것은 오로지 그대가, 오늘 여기에 살고 있는 인간인 그대가 행복하게 사는 일이다. 그대는 신이나 교회를 위해 사는 것도 아니고, 국가를 위해 사는 것도 아니다. 또 그대는 제국의 문화 과제를 수행하기 위해 사는 것도 아니다. 그대는 단 한 번뿐인 인생을 행복으로 채우기 위해 존재한다." 이러한 발견을 한 사람이 바로 에피쿠로스이다.

쾌락주의자는 이타적일 수 있는가?

　행복에 대한 열광은 기원전 300년부터 심한 비판을 받아왔다. 비판은 언제나 두 가지 방향에서 제기된다. 즉 외부의 비판과 내부의 비판이 그것이다. 외부의 비판은 항상 '그렇지 않다!'라고 말한다. 내부의 비판은 항상 '그렇다, 하지만 …'이라고 말한다. 행복에 대한 열광을 비판하는 외부의 입장은 다음과 같았다. '우리는 사람들이 행복에 대해 요란을 떠는 것을 받아들일 수 없다. 그런 것보다는 교회에 대한 복종이나 그대의 위대한 국가, 그대가 풀고 있는 수학 문제, 그대가 조각하고 있는 흉상, 그대가 하고 있는 사업이 더 중요하다.' 에피쿠로스와 그를 추종하는 사람들의 적은 ─ 성직자, 학자, 정치가, 예술가, 사장, 부지런한 사무원에서부터 무엇을 위해 혁명을 일으키려고 하는지를 잊어버린 몽상가에 이르기까지 ─ 정말 다양하다. (많은 마르크스주의자는 '행복'을 반혁명적인 말이라고 선언했다.)

　또 외부의 비판은 이러한 행복의 철학이 얼마나 비참한 결과를 초래했는지와 앞으로 초래할 수 있는지를 증명한다. 310년에 교부教父 락탄티우스는 이 행복의 신봉자들이 얼마나 끔찍한 처신을 하고 있는지를 밝혔다. 즉 '에피쿠로스는 문맹인들에게 문학은 쓸데없는 것이라고 가르치고, 탐욕스러운 사람들에게는 자선 행사에 참여하는 것을 면제시켜주고, 게으름뱅이에게는 일하는 것을 금지시키며, 겁쟁이에게는 싸우지 말라고 말한다. 불신자들에게는 신들은 아무것도 도와주지 않는다고 단언하고, 이기적인 사람들에게는 선심을 쓰지 말라고 설득하며 현명한 사람이라면 자신의 일만 생각하는 것이 마땅하다고 말한다. 자신의 아내를 증오하는 자는 에피쿠로스에게서 독신獨身 생활이 주는 모든 장점이 적힌 목록을 받아볼 수 있다. 사치로 유약해진 사람들은 고통보다도 더 나쁜 것은 없다는 훈계를 받는다. 의연하게 자신의 일을 해나가는 사람일지라도 새겨들어야 할 것이 있다. 즉 쾌락주의를 신봉하는 현자는 비록 고문을 받더라도 행복해한다. 락탄티우스는 이렇게 말했다.

교부로 추앙받는 사람이 쾌락주의자들을 향해 순교자의 의연함을 비난하는 것은 실로 기묘한 느낌이 든다. 어쨌든 락탄티우스의 말은 옳았다. 행복의 철학은 미개인, 구두쇠, 게으름뱅이, 겁쟁이, 불신자, 냉혈한, 인간 혐오자, 인류애가 없는 자, 불평분자나 마조히스트들에게는 좋은 변명 거리가 되었다. 이점은 이론의 여지가 없다. 그러나 교부라면 그리스도의 가르침이 바로 이러한 사람들을 돕기 위한 것임을 생각해야 하지 않았을까? 제아무리 순수한 종교라고 할지라도, 제아무리 순수한 철학이라고 할지라도 지저분한 추종자를 거느리기 마련이다. 주변 사람들의 행복, 심지어 자신의 행복에 대해서조차도 반대할 이유가 있는 자는, 또 그렇게 반대할 이유는 없지만 행복을 적대시하는 환경에서 교육을 받은 자는 에피쿠로스에게서 악마를 발견했던 것이다.

쾌락주의자들 가운데서도 다른 생각을 가진 사람들이 있었고 또 지금도 여전히 있다. 이러한 내부의 비판은 주목할 만하다. 신들이 인간에게 불행만을 주었다는 것은 사실인가? 영혼의 평온은 주지 않았는가? 죽음에 대한 공포는 우리에게 죽음이 찾아왔을 때에는 이미 그것을 느낄 수 없다는 논리에 따라 약화되었는가? 쾌락주의자는 언젠가는 행복을 어느 정도 단념해야 한다는 사실을 알고 있기 때문에, 죽음을 그만큼 더 특별한 공포로 느끼지 않겠는가? 진리에 대한 의지를 적을 막는 도구로만 쓸 뿐, 그 외에는 미심쩍어하면서도 쾌락에 잠겨 내팽개치는 것이 – 에피쿠로스는 이렇게 한 것 같지만 – 과연 가능한가?

　이런 상황에서 특히 한 가지 의문이 생겼는데, 이 의문은 고대의 쾌락주의자들도 열정적으로 고민했고 세기가 거듭될수록 점점 더 커졌으며 마침내는 근대의 많은 쾌락주의자들에게도 고민거리가 되었다. 그것은 '쾌락주의는 이기주의를 표방하는 것이 아닌가?' 하는 의문이다. 만일 그렇다면, 쾌락주의자들이 우정에 대해 열광하는 것은 어떻게 설명해야 하는가? 에피쿠로스는 다음과 같이 단언했다. "우정 없이는 완전한 행복은 없다." "식탁에 친구가 없으면 짐승이 먹이를 먹는 것과 같다." 그리고 그가 (그리스도보다도 몇 세기 전에) 다음과 같은 문장을 쓴 것은 친구에 대한 이러한 열정 때문이었다. "받는 것보다는 주는 것이 더 행복하다."

　그렇다면 자신의 행복에 대한 몰입과 친구를 위한 희생의 의지는 어떻게 양립할 수 있는가? 에피쿠로스에 따르면 우정의 근원은 도움이 필요한 데 있다. 이렇듯 우정은 인간의 불완전성을 보여준다. 그는 유사한 방식으로 평소에 갖고 있던 정의롭고자 하는 성향을 설명했다. "자연의 정의는 서로의 이익을 지향하는 계약, 즉 서로 해를 입지 않고 또 서로 해를 입히지도 않는다는 계약에 근거한다." 2,200년 후에 영국의 벤담도 같은 말을 했다. 우리가 행복하고자 한다면, 우리는 다른 사람들의 호의를 얻지 않으면 안 된다. 우리의 행복은 이 호의에 달려 있다. 그러나 이것은 우리가 그들에게 우리의 호의를 보답으로 줄 때에만 가능하다.

　이 가장 오래되었으면서도 가장 새로운 이론, '이른바 이타주의적인 감정은 유익한 상호 거래'라고 하는 이론에는 나름의 진리가 있다. 라로슈푸코로부터 니체에 이르기까지 바로 이러한 이론을 바탕으로 위선적인 도덕과 심리학을 무너뜨렸다.

그러나 이 이론에는 진리가 아닌 면도 있다. 이 이론은 인간은 누구나 '본래' 독방에 갇혀 살며, 단지 때때로 유익한 거래를 목적으로 하는 경우에만 종신형을 선고받은 감옥에서 밖으로 나온다고 항상 강변했다. 인간의 삶을 그와 같이 고립된 것으로 간주한 에피쿠로스는 아주 의아해하며 다음과 같이 말했다. "우리는 쾌락을 얻기 위해 우정을 맺음에도 불구하고, 친구 때문에 커다란 고통을 겪는다." 이것은 에피쿠로스가 풀지 못한 수수께끼였다.

우정이 친구답게 대접받기 위해 친구답게 행동하는 상호 거래라면, 희생 행위는 사실상 설명할 길이 없다. 자신이나 타인이 각기 행복을 추구하는 것을 당연한 일로 여긴다면, 게다가 주변 사람을 자신의 이익에 도움이 되는 협력자인지, 아니면 방해가 되는 적대자인지만을 아는 행복밖에 생각하지 않는다면, 쾌락주의자들이 우정과 사랑, 정의와 인간성에서 그토록 많은 행복을 발견한 이유를 이해할 수 없게 된다.

바로 여기에 19세기 초까지 영향을 미친 고대 쾌락주의의 이론적 한계가 있다. 그런데 감은 제대로 잡았지만, 설명을 잘못하는 경우가 있다. 에피쿠로스는 우정이, 친구를 위한 희생이 얼마나 많은 행복을 주는지에 대해 감은 제대로 잡았지만, 설명을 올바르게 할 수 없었던 것이다. 그리고 고대에 이미 사람과 사람 사이의 온기에서 최고의 행복을 발견한 쾌락주의자가 있었다.

고대의 쾌락주의자이면서도 가장 현대적인 쾌락주의자는 코헬렛 또는 에크레시아스테스, 또는 솔로몬이라고 불리는 전도자였다.

5장

전도자 솔로몬의 음울한 기쁨

세 가지 이름을 가진 수수께끼의 인물

그리스인 에피쿠로스가 아테네 근교의 정원에서 제자들을 가르치고 있을 때 (혹은 그보다도 조금 후, 어쩌면 훨씬 후에), 한 유대인이 예루살렘 혹은 알렉산드리아에서 행복과 불행에 대한 철학적 잠언을 쓰고 있었다. 아마도 그는 틈틈이 메모장에 썼을 것이다. 그는 자신의 이름을 '코헬렛'이라고 밝혔다. 행복이 그의 신이었다. 에르네스트 르낭은 이 행복의 책을 "유대인이 쓴 책 중에서 유일하게 매력적인 책"이라고 말한 바 있다.

이 문화권에서는 책에 저자의 이름을 밝히는 것은 실로 획기적인 일이었다. 바빌로니아에서는 익명으로 책을 쓰는 것이 관행이었다. 기원전 3세기 이전에 나온 성서는 제목이나 저자의 이름 없이 발표된 저술 활동의 결과물이었다. 저자란 그리스인들이 최초로 발명한 것이다.

알렉산드로스 대왕의 원정으로 그리스 문화와 근동 지역의 문화가

솔로몬

혼합되었고, 이집트와 팔레스타인에는 그리스인들의 도시가 생겨났다. 그리고 행복을 찬양하는 이 웅장한 찬가에 저자의 이름이 기록된 것은 아마도 그리스인들의 영향일 것이다. 유대인 저자는 먼저 독자들에게 자신을 다음과 같이 소개한다. "다윗의 아들로서 예루살렘의 왕이었던 코헬렛전도자의 말이다."

　　이처럼 저자는 자신의 이름을 코헬렛이라고 밝히고 있을 뿐만 아니라, '예루살렘의 왕, 다윗의 아들'이라고 덧붙이고 있다. 저자는 얼마 뒤에 가서 더 분명하게 다음과 같이 말한다. "나 코헬렛은 예루살렘에서 이스라엘의 왕이었다." 그러니까 그는 자신의 작품을, 그가 죽은 다음에도 몇 세기에 걸쳐 제일 총명한 사람으로 인정받아온 솔로몬왕의 알려지지 않은 유작으로 공표한 셈이다. 이렇게 해서 이 정체불명의 아포리즘 작가는 책의 역사에서 가장 오래 지속된 속임수를 세상에 퍼뜨리게 되었다.

　　왜 그는 이렇게 했을까? 아마도 보잘것없는 지식인인 그는 자신의 견해를 유명한 현군賢君의 저작이라고 말함으로써 사람들의 주목을 끌려고 했는지도 모른다. 「전도서」의 어떤 해설가는 다음과 같이 말하고 있다. "이 위작僞作은 기원전 3세기에 큰 화제를 불러일으켰을 것임에 틀림없다. 마치 오늘날 신문에 큰 제목으로 '분실된 것으로 여겨왔던 솔로몬왕의 저작이 발견되었다!' 하고 거창하게 보도되었을 경우처럼 말이다." 이 현자는 "세상만사 헛되다!"라고 가르쳤다.

하지만 어쩌면 코헬렛으로 하여금 그러한 가면을 쓰게 한 것은 사람들의 주목을 끌려고 하는 바람이 아닐지도 모른다. 아마도 조심하기 위해서 그렇게 했을 수도 있다. 잘 생각해 보면 그가 「전도서」에서 인간과 인생에 대해 들려주는 것은 모세의 전통과는 어울리지 않는다. 그가 설교하는 것은 분명 유대적인 전통과는 거리가 멀다. 그것은 매우 혁명적이고 파괴적이며, 아스팔트 문학이고 문화의 볼셰비즘이다. 그는 어쩌면 이 세상에 없는 지배자, 몇 세기 전에 죽은 솔로몬의 명성을 빌려 자신의 위험한 관찰이나 견해를 보호하려고 했을 것이다. 솔로몬왕이라면 이런 일은 충분히 감당해낼 수 있다. 더구나 그는 몇백 년 전부터 무덤 속에 있으니까 말이다. 솔로몬왕이 썼다고 하면 사람들은 뭔가 있을 것이라고 생각할지도 모른다. 이렇게 해서 이 영원히 비시대적이고 음울하며 자유분방한 명상록이 사회적이고 정신적인 권위, 곧 유대의 왕 솔로몬의 가면을 쓴 채 등장하게 되었다. 아마 내막은 대략 이러했을 것이다. 어쨌든 거의 2,000년 동안 코헬렛은 솔로몬왕의 가명으로 여겨져 왔다.

이처럼 자신을 솔로몬이라고 칭하고 있는 코헬렛은 세 번째 이름도 가지고 있는데, 사람들은 대개 이 이름으로 그를 기억한다. 즉 그의 작품을 그리스어로 번역한 사람이 그에게 '에크레시아스테스'라는 이름을 지어준 것이다. 루터는 이를 '전도자 솔로몬'이라고 번역했다. 그러나 그의 부모나 친구들이 그를 부른 이름은 우리들에게 전해지지 않는다.

전형적인 불평가?

이렇게 다양한 이름을 가지고 있으면서도 정체불명인 「전도서」의 저자는 인간과 운명을 더할 수 없이 음울한 색깔로 그린 것으로 유명하다. 그 때문에 그는 어느 시대에나 현자로, 또 패배주의자로 여겨지기도 했다. 이 둘은 많은 사람들에게 같은 의미로 받아들여졌다.

오늘날에 이르기까지 사람들이 그에 대해 늘어놓은 비판은 다음과 같다. 그는 결코 건설적이지 않으며, 원자탄이 발명되었다는 소식을 들어도 놀라지 않을 것이다. 그는 생전에 사람들이 돌이나 식물, 동물이나 인간을 체계화하기 위해 행한 모든 일에 대해 전혀 관심이 없었다. 분명 그는 승리자로 떠오른 '인간'의 업적에 대해서도 대수롭지 않게 여겼다. 또 그는 이러한 인간을 자신보다 이전 시대의 사람인 그리스인 소포클레스처럼 대단하게 여기지 않았다. 오히려 그는 인간을 동물의 일종이라고 생각했다. "사람의 운명은 짐승의 운명과 다를 바 없어 사람도 짐승도 같은 숨을 쉬다가 같은 죽음을 당하는 것을!" 그는 죽은 자와 산 자, 그리고 아직 태어나지 않은 자에게 위로가 되지 않는 추도사를 남겼다. "인생은 평생 암담한 나날을 울며 애타고 병을 앓으며 분노하는 일로 괴로워하며 사는 것이다." 분명 코헬렛에게는 이집트의 피라미드나 바빌로니아의 수도水道도, 유대인들의 정신적 성과도 언급할 만한 가치가 없었다. 이처럼 그는 후세의 모든 사람들에게 음울한 인상을 주었다. 따라서 마치 그에게서는 행복한 삶을 위한 좋은 조언을 기대하기란 전혀 불가능할 것처럼 보인다.

그런데 느닷없이 에피쿠로스가 말했을 법한 문장이 등장한다. 이 문장을 보면 행복을 찬양하는 에피쿠로스가 무색해질 정도이다. 온통 어둠만 있는 곳에서 아주 밝은 빛이 보이는 것이다. 행복을 말하는 이러한 문장을 놓치는 독자가 많다. 왜냐하면 우리는 학교에서 이 전형적인 불평가가 "세상만사 헛되다"는 선언을 했다고 배웠기 때문이다. 배운 것과 다른 내용이 책에 있으면 눈길이 잘 가지 않는 법이다. 자신의 안목으로 책을 읽는 독자는 그리 많지 않다.

학자들은 빠뜨리고 읽는 데 선수이다. 그들은 책을 읽다가 있어서는 안 된다고 배운 문장이 나타나면 학문적 당위성을 내세우며 무시해 버린다. 그래서 그들은 이 코헬렛의 경우도, 행복에 관한 기묘한 언급들을 남이 덧붙인 것으로 보고 무시한다. 그 과정은 탁월하게 진행된다. 「전도서」는 이처럼 무시하며 읽는 선택적 독서에 더할 나위 없이 적합하다. 저자가 정체불명이기 때문이다. 심지어 저자가 몇 명인지도 알려져 있지 않다. 이 얇은 책을 9명의 저자가 썼다고 주장하는 학자가 있을 정도이다. 게다가 이 저자 집단의 구성원들이 몇 세기의 사람인지도 모른다. 따라서 자신을 코헬렛이라고 선언한 사람에게 맞지 않는 것처럼 보이는 문장은 아주 간단하게 다른 세기에 다른 저자가 쓴 것으로 분류해버리는 것이다. 이렇게 해서 비탄에 빠진 코헬렛과 행복한 코헬렛이 '학문적으로' 분리되고, 행복한 코헬렛은 전적으로 무시되는 것이다. 교부敎父들은 삼위일체에 대한 암시까지도 찾아낼 정도였다.

그러나 이 방법에 따른다면 (예를 들어) 니체의 아포리즘은 어떻게 될지 한번 생각해보자. 그의 아포리즘이 사진과 군인 신분증이 보존되어 있는 동일 인물이 썼다는 사실을 우리가 정확하게 알지 못한다면, 그의 문장 중의 하나를 17세기에 쓰여진 것으로, 그 다음 문장을 프로이트 이후에 쓰여진 것으로 분류하기란 결코 어려운 일이 아닐 것이다. 각 개인은 집합체이다. 그리고 이 자아라는 집합체를 구성하는 각각의 인격이 형성된 시기는 여러 세기에 걸쳐 있다. 사실상 한 개인이 집단 전체보다 훨씬 풍요롭고 이질적이며 또 훨씬 많은 모순을 안고 있을 수도 있다. 그러므로 코헬렛에게 오직 한 가지 색, 다시 말해 음울한 회색 옷을 입히려고 하는 것은 단념하는 게 좋다. 선배인 에피쿠로스보다도 더 열정적으로 행복을 찬양한 이 사람은 여러 가지 인격이 덧칠된 의기소침한 유대인이 아니라, 캄캄한 건물의 가장 깊숙한 곳에서 반짝이는 등불이라고 생각해도 틀림이 없을 것이다. 이 훌륭한 소책자의 유래가 어찌되었든 간에 그 구성은 통일되어 있다. 그리고 코헬렛는, 어떻게 하면 행복해질 수 있는가라는 문제에 있어서 매우 위대하고 큰 영향력을 지닌 조언자였다.

우리는 코헬렛이 어떤 취향을 가졌는지 알지 못한다. 또 그가 어떻게 생계를 유지했는지도 알지 못한다. 하지만 이보다는 구체적이지 않은 몇 가지 사실에 대해서는 아주 잘 알고 있다. 예를 들면 그가 행복을 무엇이라고 생각하고 불행을 무엇이라고 생각했는지에 대해서 말이다.

코헬렛은 17세기와 18세기의 프랑스 귀족과 마찬가지로 부족 때문이 아니라 과잉 때문에 환멸을 느꼈던 것 같다. 그는 왕이었을까?, 고위 성직자였을까?, 시의侍醫였을까?, 강연을 했던 유대인 소피스트였을까? 그가 세파에 시달리지 않는 상류계급에 속해 안정된 생활을 한 것은 분명해 보인다. 그는 "지혜가 사람을 보호하듯, 돈도 사람을 보호한다"는 사실을 알았다. 그리고 이것은 꼭 필요할 때는 지혜가 돈을 대신할 수 있다는 저급한 사고방식보다 훨씬 현명하다. 또 그는 다음과 같은 말을 했다. "지혜는 유산遺産과 같이 좋은 것이고, 해 아래서 즐거워할 수 있도록 도와준다." 이것은 배부른 자의 말이다. 그럼에도 불구하고 영리한 자, 반역을 일으킬 수 있을 정도로 영리한 자의 말인 것이다. 이와 같은 말은 비록 아주 드물긴 하지만 상류계급의 사람에게서만 들을 수 있다. 하류계급의 사람들은 너무도 적개심이 많아 이처럼 부와 지혜를 동등하게 여길 수 없다.

코헬렛은 자신이 지은 집, 자신이 가꾼 포도밭, 자신의 유원지와 연못, 수많은 소와 하인, 그리고 황금과 가희歌姬들에 대해 말한다. 이것은 문학적인 속임수일지도 모른다. 결국 그는 누가 뭐라 해도 솔로몬왕을 자처하고 있기 때문이다. 본인이 위대한 군주임을 암시하는 말은 많다. "누가 무슨 말을 하더라도 못 들은 체해 두어라. 네 종이 너를 욕하더라도 귀담아듣지 마라." 이렇게 너그럽게 흘려듣는 태도는 유원지나 가희와 아주 잘 어울린다.

굳이 이름을 떨칠 필요가 없는 사람은 언성을 높이지 않는 법이다. 그도 이런 사람들처럼 언성을 높이지 않았다. 화를 낼 개인적인 이유가 없는 사람은 온화한 법이다. 그도 이런 사람들처럼 온화했다. 저 완강한 대지주 욥의 외침과 이 세속인의 우수어린 점잖은 말투는 얼마나 다른가! 코헬렛에게는 어느 날 온몸에 부스럼이 나고 또 같은 날 자식들을 모두 잃은 나머지 격분해 모세의 신을 악의에 찬 폭군으로 만드는 일은 결코 일어나지 않을 것이다. 오히려 기원전 2세기 또는 3세기의 사람인 이 유대인 귀족이 플로베르Flaubert와 편지를 주고받는 장면을 상상해볼 수 있을 정도이다. 두 사람의 공통 관심사였던 '권태'에 대해서 말이다. 권태는 이미 코헬렛을 파고들었다.

그는 권태를 심하게 느끼고 있었다. 태양은 매일 같은 궤도를 돌고, 바람은 언제나 같은 방향으로 분다. "지금 있는 것은 언젠가 있었던 것이요, 지금 생긴 일은 언젠가 있었던 일이라. 하늘 아래 새 것이 있을 리 없다." 기원전 2세기 또는 3세기의 사람이 아미엘Amiel이 1880년 8월

4일자 『일기Journal Intime』에서 쓴 것과 똑같이 세상을 바라보고 있었다. "자연은 연속성, 반복되는 연속성의 지배를 받는다. … 세계 극장의 가장 단순한 공식은 보편적인 흐름 속에서 지속되는 극단적인 단조로움이다."

욥의 외침은 그가 다른 방법으로는 다가갈 수 없었던 초월적인 존재에 대한 복수였다. 그는 여호와에게 거리낌 없이 '당신은 무서운 독재자입니다'라고 말함으로써 비관주의적인 세계관으로 복수했다. 반대로 코헬렛의 영혼에는 온화한 슬픔이 깔려 있었다. 그는 유대의 신을 원망하지 않았다. 그에게는 그러한 신이 더 이상 존재하지 않았을지도 모른다. 그는 신을 부정조차도 하지 않았다. 코헬렛은 화를 내지 않았다. 다만 적막한 기분을 느끼고 있었을 따름이었다. 그는 프로이트가 말한 '문명 속의 불만'을 느끼고 있었다.

이러한 불만에 대해서는 몇 가지 특별한 원인을 생각할 수 있다. 아마 에로틱한 요소도 작용했을 것이다. 세계고世界苦와 여성에 대한 적대감은 함께하는 경우가 많기 때문이다. 그는 독신이었을까? 코헬렛은 "천 명 가운데 적어도 참된 남자가 하나는 있지만 참된 여자는 하나도 없다"라고 말한 바 있다. 그는 "여자란 죽음보다도 더 신물 나는" 존재이며 "그 마음은 올가미요, 그 팔은 사슬이다"라고 개탄했다. 세월이 지나면서 사람들은 이러한 여자를 '요부'라고 불렀다.

게다가 유대인의 정치적 상황이나 그가 속한 신분 계급의 처지도 그가 만족감을 느끼고 살기에는 도움이 되지 않았다. 알렉산드로스 대왕이 죽고 나서 1세기 동안은 유대인에게 편안한 시대가 아니었다. 이 정복자의 후계자들은 팔레스타인을 포함해 알렉산드로스 대왕의 유산을 놓고 다투었다. 당시 팔레스타인은 프톨레마이오스 왕가의 수중에 있었다. 그러나 그렇다고 해서 셀레우코스 왕가가 단념한 것은 아니었다. 그래서 유대인들은 양쪽에 세금을 내지 않으면 안 되었다. 이것은 결코 마음 편한 상황이 아니었을 것이다. 게다가 이 작은 국가의 내부에서도 격동이 일었다. 이러한 정세는 변화를 싫어하는 계층에게는 곤혹스러웠다. 어쨌든 코헬렛은 다음과 같이 말했다. "거지로 태어났다가 왕위에 오를 사람도 있다. 그런 사람은 젊어서 감옥살이를 하다가도 나와서 왕이 될 수 있는 것이다." 가난한 사람들은 운명의 여신이 돌리는 수레바퀴를 보고 크게 기뻐하며 그것을 "능력에 따라 길이 열린다"고 말한다. 하지만 이러한 변화를 지켜볼 수밖에 없는 귀족들은 격동적인 상황에 즐거운 마음으로 대처할 수 없다.

코헬렛이 실제로 위엄 있고 명성이 자자하며 부유했고 또 우아한 향락을 즐긴 노인이었는지의 여부는 별로 중요하지가 않다. 분명히 그를 이러한 모습으로 생각할 근거는 충분하다. 그러나 그것은 착각이다. 그의 인생 경험의 성과는 아주 명확하게 드러나 있다. 그는 체계적인 사상가는 아니었고, 고대 그리스의 고르기아스나 프로타고라스와 같은 부류의 사람이었다. 비록 그들만큼 학파를 이뤄 활동한 것은 아니지만 말이다. 그는 세상에 나오는 많은 책을 보고 언짢게 여겼으며, 당시의 창백하고 의기소침한 지식인들을 보고는 다음과 같이 말했다. "공부를 많이 하면 몸에 해롭다." 마치 그는 사색에 빠져본 적도, 도서관에 틀어박힌 적도 없는 사람 같아 보인다. 그러나 우리가 이 잠언 형식의 지혜를 산만하고 공허한 헛소리로 여긴다면 그것은 큰 잘못이다. 우리는 항상 잠언 저자를 과소평가하고, 체계적인 사상가야말로 참된 사상가로 여기는 경향이 있다.

어느 시대에서나 공감할 수 있을 만큼 정곡을 찌르는 문장들에는 두 가지 핵심적인 통찰이 담겨 있다. 그중 하나는 다음과 같다. '당신들이 인생을 그런대로 살 만하게 보이도록 하기 위해 날림으로 고쳐놓은 것들은 한 푼의 가치도 없다.' 그리고 코헬렛은 비전문가 특유의 임의적인 방식으로 위로와 달콤한 환상을 담고 있는 문구들을 모두 끌어 모은 뒤에 이것들을 정조준해 허점을 폭로했다.

첫 번째 달콤한 환상: '인간은 얼마나 거인인가! 이 땅에서 인간이 만들지 못하는 것이 무엇인가!' 이에 대해 코헬렛은 "사람이 하늘 아래서 아무리 수고한들 무슨 보람이 있으랴!"라고 대답했다. 두 번째 달콤한 환상: '결국 우리는 우리 자신을 위해서가 아니라 인류의 진보를 위해서 일한다. 그러면 자식이나 손자가 우리의 성과를 이어가게 될 것이다.' 이에 대해 코헬렛은 다음과 같이 대답했다. "나는 하늘 아래서 애쓰며 수고하는 일이 모두 싫어졌다. 힘껏 애써 얻어 보아야 결국 다음 세대에 물려주어야 하는 것, 그것을 물려받아 주무를 사람이 지혜로운 사람일지 어리석은 사람일지 아무도 알 수 없는 노릇, 그런데도 내가 하늘 아래서 지혜를 짜고 애를 써서 얻은 것을 물려주어야 하다니, 이 또한 헛된 일이라." 코헬렛은 이어지는 세대를 생각하며 슬픈 마음으로 다음과 같이 말했다. "지혜와 지식을 짜내고 재간을 부려 수고해서 얻은 것을 아무 수고도 하지 않은 사람에게 남겨주어야 하다니, 이 또한 헛된 일이며 처음부터 잘못된 일이다." 그가 세상만사가 헛되다고 말한 것을 감안하면 그래도 이 대답은 점잖은 편이다.

그러나 달콤한 환상을 이야기하며 위로를 주고자 하는 사람들은 아직도 마지막 카드가 남아 있었다. 그들은 이 코헬렛을 훈계하려 했다. 세 번째 달콤한 환상: '인간은 세대라는 사슬의 한 고리일 뿐 아니라 무엇보다도 영원한 정신에 참여하는 자이며, 그리고 이 참여를 통해 수고

하지만 얻지 못하는 세계, 극도로 기만적인 진보의 세계에서 탈출한다.'
이것은 이미 그리스인 플라톤이 적어도 당시보다도 2세기 전에 불안
에 떨던 인간을 위로하기 위해서 한 말이다. 이것이 코헬렛에게 위로가
되었을까? 그는 다음과 같이 말했다. "지혜로우면 제 앞이 보이고 어리
석으면 어둠 속을 헤맨다고 했지만, 그래 보아야 둘 다 같은 운명에 빠
진다는 것을 나는 안다. 어리석은 사람과 같은 운명에 빠진다면 무엇을
바라고 지혜를 얻으려고 했던가?"

　그렇다. 그는 한 걸음 더 나아가 끝내는 문화 비관주의적인 종교로
빠져들었다. 지혜는 단지 무익한 수고에 그칠 뿐만이 아니라 '불행한
수고'이기도 하다. 왜냐하면 "어차피 지혜가 많으면 괴로운 일도 많고
아는 것이 많으면 걱정도 많아지는 법이기" 때문이다. 성숙한 인간과
성숙한 문화가 종종 경험하는 것을 코헬렛도 경험한 것이다. 즉 개인이
든 집단이든 삶은 답과 확실성과 안정으로 시작되지만, 의문과 불확실
성과 덧없음으로 끝난다.

　프랑스의 작가 아나톨 프랑스는 자신의 회고록에서, 그가 쓴 첫 작
품의 제목이 '신이란 무엇인가'였다고 말한다. 어머니가 이 제목을 보
고는 제목 끝에 물음표를 붙이도록 조언했다. 그러나 아들은 따르지 않
았다. 그는 이 제목을 의문문으로 생각하지 않았기 때문이다. 그리고 아
나톨 프랑스는 지금은 자신이 한 일, 자신이 생각하고 쓴 모든 것에 물
음표를 붙인다고 말한다. 코헬렛도 마지막 지혜로서 물음표에 도달했
다. "인간은 누구도 앞으로 사랑을 받을지, 미움을 받을지 알지 못한
다." '회의'는 의문이 뒤따르는 이러한 깊은 체험을 표현하기에는 약한
말이다. 코헬렛은 다음과 같이 말한다. "나로서는 세상만사 알 길이 없
었다. 깊고 또 깊은 그것을 그 누가 알겠는가?" 그러나 의문과 불확실

성과 덧없음이 고통스러운 것이라면, 고통이 모든 지혜의 종착점인 것이다.

낙관적인 관념론은 이와 같이 현실에서 헤매는 사람들을 위해 두 가지 피난처를 마련해 놓았다. 그 하나는 '진리'이고, 다른 하나는 '정의'이다. 코헬렛은 이 두 가지 모두를 없애 버렸다. 진리는 규명할 수가 없다. 그렇다면 정의는? 그는 정의가 존재하지 않는다는 사실을 자신보다 앞서 「욥기」의 저자가 했던 것과 마찬가지로 폭넓고도 다채롭게 묘사했다. "나는 덧없는 세월을 보내면서 세상만사를 다 겪어보았다. 착한 사람은 착하게 살다가 망하는데 나쁜 사람은 못되게 살면서도 고이 늙어가더구나." 코헬렛은 이 기회에 ─ 물론 그의 철학에는 아무런 영향을 미치지 않았던 ─ 큰 발견을 했다. 이 정의롭지 않은 상태를 만들어낸 것은 인간의 본성이 아니라 사회라는 사실 말이다. 그는 다음과 같이 말한다. "아무리 죄를 지어도 당장 죄를 받지 않기 때문에 사람들은 나쁜 일을 할 생각밖에 없다." 나쁜 본성이 아니라 나쁜 본보기가 먼저인 것이다. 불의가 판을 치고, 또 이러한 상황에 적응한 사람들이 존경받고 있기 때문에 모든 착한 충동은 싹도 트기 전에 뽑혀버린다. 누구나 접할 수 있는 이런 지독한 현실이야말로 모두의 마음속에 살아 있는 이상을 짓밟는 강력한 선전가이다. 코헬렛은 이미 말한 바와 같이 이런 대단한 통찰로부터 어떠한 결론도 끌어내지 않았다. 그는 하늘 아래에서 새로운 것을 창조하는 힘이 인간에게 있다고는 믿지 않았다.

이처럼 러시아의 소설가 투르게네프가 '허무주의'라는 말에 선명한 의미를 부여하기 2,000년 전에 이미 허무주의는 완벽한 형태로 존재하고 있었다. '세상만사 헛되다.' 내가 설정하는 현실적인 목표이든(하지만 이 목표가 과연 내게 '유용한지'의 여부는 말할 수 없다), 내가 인류에게 설정하는 유토피아적인 목표이든 – 하지만 하늘 아래 새로운 것은 존재하지 않기 때문에 인류는 이 목표를 달성하지 못한다 – 세상만사 헛되다. 우리가 덧없음에서 탈출해 진리와 정의를 찾지만, 이들도 공허한 환상에 불과하며 마찬가지로 헛되다. "세상만사 헛되다"라고 코헬렛은 말했다.

그러나 그가 한 말은 그것뿐인가? 그렇지 않다!

헛되지 않은 것

그는 우는소리만 하는 사람은 아니었다. 그는 비극에 탐닉하지도 않았다. 그렇다. 그는 어떤 의미에서는 인간 사회의 유익한 일원이기도 했다. 그는 "하늘 아래 이 덧없는 인생을 무엇을 하며 지내는 것이 좋을까"를 탐구하려 했기 때문이다. 그는 행복에의 길을 가르치는 매우 위대하고 훌륭한 스승이었다.

이렇게 말하면 이상하게 들릴지 모른다. 그러나 의기소침하게 하는 그의 아포리즘은 정말 이례적인 행복에의 길이 아닐까? 여기서는 인간이 이룩한 모든 업적이 무가치하게 여겨지고, 인간의 모든 희망이 물거품이 된다. 이는 바로 절망적인 불행으로 이어지는가? 코헬렛은 '바람을 잡는 일'로부터 인간이 해방되기 전에는 인간에게 유익한 것을 가르쳐줄 수 없다고 생각했다. 그는 위대한 업적과 원대한 목표와 그 유명한 정신세계를 모두 '바람'으로 여겼다.

그러나 모든 환상의 파괴는 그의 마지막 말이 아니었고, 튼튼한 건축에 앞서 철저하게 허무는 작업에 지나지 않았다. 그는 이 작업을 위해, 이 건축에 깊이 연루되어 불안에 쫓기는 등산가나 잠수부, 달리기 선수, 건축가에게 되풀이하여 호소했다. "바람을 잡으려고 두 손을 허우적거리느니 한 움큼으로 만족하는 것이 더 낫다."

이런 종류의 아포리즘은 '정적주의靜寂主義Quietismus'로 이단시되었고, 게으름을 철학적으로 품위 있게 표현한 말로 통했다. 허무주의자 코헬렛은 "그러니 사람이 애써 수고하는 일이 무슨 소용이 있겠는가?"라고 말함으로써 직설적으로 그러한 게으름을 피우도록 호소한 것은 아닐까? 이 문장에서 끌어낼 수 있는 합리적인 결론은 결국 '일하지 말라!'는 것처럼 보인다.

그는 결코 그런 조언은 하지 않았다. 그의 지혜는 슬픔에 지쳐 어깨를 으쓱하면서, 아무것도 하지 않고 망연하게 발밑만 바라보라고 권하지 않는다. 그는 단지 "세상만사 헛되다"라고만 말한 것이 아니라 헛되지 않은 것에 대해서도 말했다. 헛되지 않은 것은 무엇인가? 세상만사 헛되다는 통찰은 또 다른 더 본질적인 통찰을 준비하고 있을 뿐이다. 즉 "결국 좋은 것은 살아 있는 동안 잘 살며 즐기는 것밖에 없다."

이것은 바로 유물적인 사고방식이 아닌가? 우리는 탈무드를 통해, 도대체 코헬렛을 어떻게 받아들일 것인가 하는 문제에 대해 큰 논쟁이 있었다는 사실을 알고 있다. 그는 경건한 사람이었는가? 그는 기쁨을 신의 은총이라고 생각했을까? 아니면 그는 신에 대해서 별로 생각하지 않고 더구나 진보 따위는 믿지 않는 경건하지 않은 사람이었는가? 코헬렛의 문장에서도 때때로 신에 대한 언급이 있다. 에피쿠로스도 신들에 대해 언급했다. 에피쿠로스는 "사람들이 무엇과 친해질 것인가는 그들 자신에게 맡겨야 한다"고 말하지 않았던가!

코헬렛의 이러한 혁명적인 말의 끝에는 그래도 별 무리 없이 인정할 만한 말이 나온다. "들을 만한 말을 다 들었을 테지만, 하나님 두려운 줄 알아 그의 분부를 지키라는 말 한마디만 결론으로 하고 싶다. 이 것이 인생의 모든 것이다." 그러나 저자가 이렇게 뒤늦게, 그것도 마지 막에 가서 신과 계율에 대해 언급하는 일은 오히려 어떤 경건한 사람이 앞에서 말한 내용을 해롭지 않은 것으로 만들기 위해 이 경건한 명령을 덧붙인 인상을 준다. 어쨌든 학자들의 의견은 일치하지 않았다. 랍비 힐 렐Hillel의 학파는 코헬렛을 독실한 유대인으로, 랍비 샴마이Schammai의 학 파는 향락을 추구하는 이단자로 여겼다. 그러나 이 전도서의 작가가 솔 로몬왕에게 원저자의 명예와 불명예를 전가하는 탁월한 신비화 전략을 쓴 덕분에, 성서 편찬자들은 「전도서」를 성서에서 제외할 수 없었다.

어쨌든 성서의 독자가 '코헬렛이여, 어떻게 나는 행복해질 수 있는 가'라고 묻는다면, 고귀한 신분에 숨어들어간 이 스케일이 큰 사람은 다음과 같이 답할 것이다. "어리석은 사람은 팔짱을 끼고 앉아서, 제 몸 만 축낸다. 무슨 일이든 손에 닿는 대로 하여라. 저승에 가서는 할 일도 생각할 일도 없다."

이어서 성서의 독자가 '코헬렛이여, 팔짱을 끼고 앉아 있지 말라는 것으론 충분하지 않다. 어떻게 내 인생을 행복으로 채울 수 있는가?'라 고 물으면, 코헬렛은 "하고 싶은 일을 하며 즐겨라. 가고 싶은 데 가고, 보고 싶은 것을 보아라. … 하늘 아래서 허락받은 덧없는 인생을 네가 사랑하는 아내와 함께 끝날까지 즐기며 살도록 하여라. 이것이야말로 하늘 아래서 수고하며 살아 있는 동안 네가 누릴 몫이다."

성서의 독자가 깜짝 놀라 '코헬렛이여, 그대는 가족이나 백성, 국가 나 국제연합, 정의에 대해서는 아무 말도 없느냐고 주의를 촉구하면, 이 늙은 현인은 '좀 주의해서 읽어다오. 인간과 인간 사이에서 중요한 것 은 다음과 같다'고 말한다. "넘어지면 일으켜줄 사람이 있어 좋다. 외톨

이는 넘어져도 일으켜줄 사람이 없어 보기에도 딱하다. 그뿐이랴! 혼자서는 몸을 녹일 길이 없지만 둘이 같이 자면 서로 몸을 녹일 수 있다." 따뜻함, 그것이 사람과 사람 사이에서 필요한 유일한 것이다. 이 따뜻함의 원천을 그는 '신'이라고 말한다.

이 기쁨과 따뜻함의 전도자보다도 더 삶에 애착을 가진 사상가가 있는가? 세계 문학에서 가장 유명한 불평가이며, 가장 정열적이며 가장 짧고 아름다운 삶의 찬가를 쓴 사람, 그가 바로 코헬렛이었다. 그는 "죽은 사자보다 살아 있는 개가 낫다"고 말했다.

살아 있는 개는 얼마나 많은 고통을 겪는가! 살아 있는 인간은 개 이상으로 큰 고통을 겪어야 하지 않는가! 인간은 물거품 같은 희망이라도 부여잡는다. 인간은 진리를 찾을 수 없다는 사실을 알면서도 진리를 손아귀에 넣으려고 애를 태운다. 인간은 좀 더 인간다운 삶을 동경하고, 자신의 평생에 걸친 노력의 발자취와 인류의 몇 세기에 걸친 노력의 발자취를 돌이켜보며 절망하는 것이다.

코헬렛은 한눈을 팔거나 미화하지 않으며 잔인하게 폭로한다. 그는 인간의 덧없음을 잘 알고 있다.

그리고 그는 그의 가장 뒤늦게 등장한 후손인 니체의 말을 빌리자면 '그럼에도 불구하고!'를 소리 높이 외치는 것이다. 그의 감각은 고통으로 인해 둔해지지 않았다. 그의 눈은 빛과 태양을 그리워한다. 그의 귀와 혀는 잔치를 즐긴다. 그는 기쁨이 넘쳐 행복해한다. 하지만 이러한 행복은 그의 고통을 떨쳐버리지 못하며 그의 절망을 그럴듯하게 위조해 기만하지도 않는다. 절망은 온전한 힘을 갖추고 그의 앞에 도사리고 있는 것이다.

그러나 그는 절망으로부터 인간은 비참하지만 비참 속에서도 행복해질 수 있다는 사실을 배운다. 어떤 천사라도 코헬렛처럼 삶의 아름다움에 대해 환호할 수는 없을 것이다. 그의 환호에는 무서운 어조, 덧없음과 죽음을 너무나 잘 알기 때문에 생기는 어조가 깃들어 있다. 그의 행복을 빛나게 하는 것은 어둠이다. 그는 이런 어둠을 잊지 않는다. 그의 행복을 달콤하게 하는 것은 괴로움이다. 그는 이런 괴로움을 잊지 않는다. 코헬렛이 비로소 에피쿠로스를 완성시킨 것이다. 아마도 철저하게 실망하고 완전히 발가벗겨진 자만이 그렇게 넘쳐흐르는 행복을 맛볼 수 있을 것이다.

그는 에피쿠로스처럼 조심스럽게 차단된 정원에서 살지 않았다. 그는 덧없는 죽음의 골짜기에서 살았다. 그러나 그는 이 황량한 골짜기에서 삶의 아름다움을 수없이 발견했다. 코헬렛이여, 나는 어떻게 하면 행복해질 수 있는가? 자신이 아무런 희망도 가질 수 없는 불행한 존재라는 것을 잊지 않으면서도, 감각을 활짝 열어 태양과 빛과 이웃의 따뜻함을 즐기는 것, 이것이 바로 행복에 이르는 길이다.

이것은 에피쿠로스의 정원에서 빠져 나오는 한 가지 길이었다. 다른 길은 고대 로마인 세네카가 걸었다. 세네카에게는 이 정원이 좁지 않았다. 오히려 그에게는 너무나도 넓은 정원이었던 것이다.

6장

현자 세네카의 편지 – 「행복한 삶에 관하여」

미덕에서 얻는 행복을 찬양하는 백만장자

서기 58년에 로마에서 「행복한 삶에 관하여」라는 한 통의 편지가 공개되었다. 이 공개편지는 큰 주목을 받았다. 편지를 쓴 사람은 당시 가장 강력한 영향력을 지닌 저술가였다. 게다가 그는 광대한 로마 제국에서 황제 다음으로 막강한 사람이었다. 이 편지를 쓸 무렵 그는 비교적 파장이 큰 스캔들에 연루되었다. 이 「행복한 삶에 관하여」라는 편지를 쓴 이유도 어느 정도 이 스캔들과 관련이 있었다. 이 편지를 쓴 사람은 안나이우스 세네카^{Annaeus Seneca}였다.

이 상당히 긴 글은 통상적인 편지와는 성격이 다르다. 이 글은 특정 인물, 즉 세네카의 형에게 보낸 것이기는 하지만, 당시의 다른 인물, 혹은 고인^{故人}, 혹은 미래의 인물에게 보낸 것이라고 해도 상관이 없다. 그만큼 이 글은 특정 개인을 겨냥하고 있지 않다. 요컨대 서기 58년에 로마에서 공개된 이 글은 지극히 문학적인 문서, 즉 편지 형식을 취한 논문이었다.

이 글에서 세네카의 형인 갈리오에 대해서 알 수 있는 것은 거의 없다. 그래도 세네카는 자기 자신에 대해서는 어느 정도 이야기를 하고 있다. 오늘날의 독자는 알 수 없지만, 서기 58년 당시에 이 글을 읽은 사람은 누구나 세네카의 집필 의도를 정확하게 알고 있었다. 즉 황제와 대로마 제국 전체로부터 고발당한 유력 인사가 이 글로 방어에 나선 것이다. 그것도 철학자가 쓸 수 있는 모든 방법을 총동원해서 말이다. 하지만 이 글에서 다루고 있는 문제는 1,900년이 지난 오늘날의 우리에게도 초미의 관심사로 다가온다. 즉 우리는 행복한 삶과 관련해 이론과 실천이 일치하지 않는 사람을 어떻게 받아들여야 하는가? 하물며 이 사람이 현인이라고 추앙받는 경우에는?

매우 유명한 철학 저술가 세네카는 이 편지를 공개했을 때 나이가 50대였다. 그는 땅딸막하고, 대머리에 눈은 까맣고 목에는 살이 통통하게 찌고 끝이 뾰족한 수염을 약간 기르고 있었다. 그는 우아하고 매력적이었으며 위트가 있었고 옷도 유행에 잘 맞춰 입었다. 요컨대 그는 상류계급의 어느 파티에 가도 빛나는 존재였다.

그는 성공 가도를 달렸다. 소년 시절에 양친을 따라 출생지인 에스파냐의 코르도바에서 세계의 중심지인 로마로 왔다. 이 로마에서 그는 주목받는 중심인물이 되었다. 그의 출발은 매우 순조로웠다. 세네카 집안은 부유했고, 지배층과 아주 좋은 관계를 유지하고 있었기 때문이다. 재능이 풍부한 이 젊은이는 쉽게 관직의 사다리를 타고 올라 마침내 최고의 지위에 도달했다.

그런데 그의 인생은 좋은 일만 있었던 건 아니었다. 그는 어릴 때부터 폐가 좋지 않아 천식으로 고생을 많이 했다. 그는 늘 향락에는 매우 조심해야 했다. 그리고 의지가 강하지 못해 소년 시절에는 자살할 생각을 품은 적도 있었다. 다만 그는 부모에게 깊은 상처를 안겨줄 용기가 없어 실행에 옮기지 못했을 뿐이었다. 부모는 전형적인 로마인 기질이었고, 이런 기질을 어린 소년에게도 물려주어 그가 온갖 세파에도 불구하고 60여 년 동안 당당히 살아갈 수 있게 했다.

그가 어려운 시절을 겪으면서도 이렇게 버텨낼 수 있었던 것은 철학의 도움도 컸다. 절박한 위기가 닥쳐 철학의 문을 두드린 사람이 결국 철학자가 되는 일은 드물지 않다. 세네카에게 있어서도 철학이 단지 비참한 세계를 미화하는 데 쓰이거나 멋진 글의 구실을 제공하는 역할 밖에 하지 못했다고 말할 수도 있을 것이다. 하지만 행복에 대한 성찰은 많은 불행으로부터 그를 구원했다. 그는 자신이 어떤 행복을 발견했는지를 바로 이 편지에서 말하고 있다.

세네카는 이전에도 이미 다른 사람들이 깨달은 바이지만, 사람들이 흔히 '행복'이라고 말하는 만족과 쾌락 그리고 기쁨은 모두 부차적인 것에 불과하다는 사실을 발견했다. 원래 이런 것은 중요한 문제가 아니라고 세네카는 말한다. 이러한 행복은 인간을 움직이게 하는 중심 주제도 아니고, 선행에 대한 포상으로서 인간에게 베푼 하늘의 축복도 아니다. 행복이란 기껏해야 잠깐 기분을 좋게 하는 덤에 지나지 않는다.

이를테면 행복은 밭에 핀 꽃에 비유할 수 있다. 밀이나 보리를 심은 밭에 뜻밖에도 아무도 기대하지 않았던 예쁜 꽃이 피어난 것이다. 이 꽃은 보는 사람에게 기쁨을 주지만, 애당초 꽃을 보기 위해 씨를 뿌린 것은 아니다. 이처럼 세네카는 행복에 대해 호의를 보이긴 하지만 경시하는 태도를 취한다. 그는 예를 들면 사무실 벽에 걸어둘 멋진 그림을 선물 받은 아주 바쁜 사업가와 같다. 그는 이런 그림을 감상할 시간 여유는 없지만, 그렇다고 예술에 반감을 가진 것은 아니다. 그는 다른 용무가 많아서, 그림 따위는 건성으로 쳐다보며 최소한의 호의를 표하는 것이 고작이다. 즉 철학자 세네카가 철학을 할 때는 별장과 고급 가구와 화려한 정원, 그리고 로마 제국 전역에서 사람들의 입에 오르내린 500개의 상아 식탁 따위는 '부차적인 것'이 되고 만다. "우리는 평소에 쓰고 있는 소유물 중에서 얼마나 많은 것이 쓸데없는지는 이것들 없는 생활을 시작하기까지는 알 수 없습니다." 그러나 그는 이런 말을 한 그 날까지도 그런 생활을 시작할 필요가 없었다.

이처럼 훌륭한 소유물이 즐비한 생활을 바라보는 정중하면서도 냉담한 시선만이 행복에 관한 성찰에서 그가 배운 유일한 것은 아니다. 그는 편지의 구절구절마다 이렇게 냉정한 태도를 보이지는 않는다. 이따금 극도로 흥분해 감각적인 향락을 경멸하는 태도가 나타난다. 그는 '경멸할 만한 육체의 좀스럽고 저열하며 참을 수 없는 충동'에 대해 이야기하며, '육체를 받드는 것'을 정신에 대한 배신으로 여긴다. 그에게는 관능적인 쾌락을 경멸하는 것이야말로 '참된 쾌락'이다. 그는 참된 기쁨을 향락 속에서가 아니라, '향락의 절제'에서 찾는다. 세네카는 향락을 즐기는 사람들의 모습을 이렇게 묘사한다. '온 세상의 산해진미를 장만하여 식탁 위에서 온갖 종류의 고기를 음미하는 것을 보십시오. 또 이들이 장미로 덮인 식탁에서 음식을 내려다보며 노랫소리로 귀를, 볼거리로 눈을, 맛있는 요리로 입을 즐겁게 하는 것을 보십시오. 부드러운 찜질로 전신을 자극하고, 그사이 코가 허전하지 않게끔 향락이 넘쳐나는 곳에 온갖 향기가 가득합니다.'

세네카의 태도에서 창백한 나사렛파派가 연상되지 않는가? 삶을 자극하는 향락에 대한 세네카의 엄격한 시각을 원시 기독교와 결부시키려는 사람들이 있다. 세네카는 「행복한 삶에 관하여」를 예수가 죽은 지 25년 후에 썼다. 바로 이 세네카가 여러 편지에서 친구 루킬리우스에게, 자유시민도 노예도 동일한 권력의 지배를 받으므로 노예와 같은 식탁에서 식사를 하자고 권하지 않았던가? 예수 그리스도 이전에 이미 기독교적인 철학이 존재하고 있었다고 생각하는 교부들이 많았다. 성 히에로니무스는 "철학자들의 책을 읽어보면, 때때로 하나님의 뜻을 발견하게 된다"고 말했다. 특히 세네카는 락탄티우스나 테르툴리아누스와 같은 신학자를 비롯해 기독교 교회로부터 큰 존경을 받았다.

세네카와 사도 바울이 주고받은 편지를 모은 서간집이 세상에 나온 것은 서기 4세기경이었다. 세네카가 쓴 8통의 편지와 사도 바울이 쓴 6통의 편지가 수록된 이 서간집은 얼마 전까지만 해도 진짜로 믿어졌다. 사람들은 이 정도로 로마의 이교도에게서 기독교 정신을 찾으려 했던 것이다. 그러나 이 세상 삶의 숱한 부귀영화에 대한 세네카의 냉담한 말은 원시 기독교의 분위기에서 나온 것이 아니고, 그리스 문화, 즉 견유학파大儒學派의 비관주의에서 나온 것이다.

세네카의 최초의 금욕은 피타고라스학파에 속한 그의 스승에게 책임이 있다. 그 스승은 – 피타고라스의 학설에 따라 – 영혼의 윤회를 가르쳤다. 어린 세네카는 이 가르침대로 육식을 거부했다. 고기를 먹을 경우 인간의 영혼도 같이 먹게 되는 것을 두려워했기 때문이다. 게다가 채식은 그의 몸에도 아주 잘 맞았고 몸에 부담도 주지 않았다. 스승은 세네카에게 '설령 영혼 윤회설이 옳지 않다고 하더라도, 식이요법에는 적어도 한 가지 좋은 점이 있는데, 돈이 아주 적게 든다'고 강조했다.

그러나 당시 채식주의에는 단점이 있었다. 출세에 방해가 된 것이다. 따라서 세네카는 1년 만에 채식을 포기하고 말았다. 티베리우스 황제는 매우 엄격한 군주였다. 자신의 욕망을 채우는 일에서는 전혀 다른 모습을 보였지만 말이다. 예를 들어 그는 비로마적인 풍속과 관행에는 매우 엄격했다. 그는 전임 황제였던 아우구스투스와 마찬가지로 반ᵓ동양적이었다. 그런데 유대인이 음식과 관련해 일정한 계율을 지키는 것은 널리 알려진 사실이었다. 요컨대 채식은 거의 유대적인 관행이었다. 그리고 영리한 소년 세네카에게 큰 기대를 걸고 있던 세네카의 가족은 이 아시아적 일탈 행동을 중지시키려고 애를 썼다. 따라서 겨우 첫걸음을 내딛은 이 철학자는 출세를 위해 최초의 단념, 즉 육식을 단념하기로 결정했다. 그 후로 그는 평생 네로 황제가 다스리는 로마 제국이라는 현실적 토대 위에서 자신의 금욕 철학을 수립하게 된 것이다.

요컨대 그는 이제 부분적인 금욕가가 되었다. 허약하고 저항력이 약한 육체와 영리한 사교술 때문에 그는 조심스럽게 처신할 수밖에 없었고 이는 언제나 어느 정도의 단념으로 이어졌다. 그런데 로마 사회와 그의 엄청난 성공은 그를 더욱 강력하게 정반대의 방향으로, 즉 호화로운 생활로 몰고 갔다. 이렇게 해서 그는 향락가가 – 그것도 삶을 부정하는 비법까지 터득한 향락가가 – 되었다. 그는 세월이 흘러감에 따라 일련의 금욕에는 익숙해졌지만, 모두가 사치와 관련된 것뿐이었다. 예를 들어 그는 향유 사용을 반대하면서 지극히 애매한 말을 늘어놓았다. "가장 좋은 체취는 체취가 아니다." 또 그는 한증탕을 쓸데없는 사치로 여겼다. 그런가 하면 검소하다고는 도저히 말할 수 없는 그의 식단표에서 굴과 버섯을 삭제했는데, 이유는 이 둘이 삼키기도 좋고 토하기도 편해 미식가가 황홀해하기 때문이라고 말했다. 하지만 그는 황홀해한다는 점에 반감을 품었다. 그가 작성한 향락의 블랙리스트는 분명 극도로 자의적이다. 그러나 우리는 이 블랙리스트를 통해 사치스러운 환경에서 호화판으로 사는 귀족의 삶을 경멸하는 태도가 – 적어도 약간은 – 꿈틀거리고 있다는 사실을 알게 된다.

세네카의 금욕은 결국 글로 그치고 말았다. 그는 그의 위대한 스승인 스토아학파를 통해서, 일찍이 견유학파의 순회 설교자들이 지녔던 정신과 연결되었다. 이 정신은 수천 년의 세월을 거치며 모든 시대와 국가들에 – 결국 쇼펜하우어에 이르기까지 – 영향을 미쳤다. 견유학파의 한 사람으로 세네카보다도 300년 전에 활동한 텔레스라는 인물의 도덕 설교문에는 다음과 같은 구절이 있다.

"내 삶 전체 중에 반을 차지하는 부분, 즉 내가 잠자는 부분은 굳이 말할 필요가 없다. 유아기부터 시작한다. 정말이지 불만만 가득 찬 시기이다! 아기는 배가 고프다. 그런데도 유모는 억지로 잠을 재운다. 아기는 목이 마르다. 그런데도 유모는 목욕을 시킨다. 아기는 졸려 잠을 자려고 한다. 그런데도 유모는 노리개를 마구 흔들어 시끄럽게 하는 것이다.

다행히 유모의 손에서 벗어나자, 이번에는 선생들이 나선다. 체조 선생, 기초 교과의 선생, 음악이나 미술 선생. 어린 시절은 거침없이 흘러간다. 그리고 대수 선생과 기하 선생과 승마 선생이 성가시게 군다. 소년은 아침 일찍 일어나야 하고 한시도 편히 쉴 날이 없다.

이렇게 그는 성장한다. 감독자 앞에서 매번 새로운 공포를 느낀다. 체조 선생, 검도 선생, 학교 교장. 그들은 모두가 매질을 하고 감시하며 괴롭힌다. 어쨌든 소년 시절은 지나가고 20세가 된다. 그런데도 여전히 선생이나 감독자의 안색을 살펴야 한다. 그가 침실로 가면 그들도 따라와 옆에서 자고, 아침에는 먼저 일어나 감시를 한다. 배를 탈 때도 그들이 함께 탄다.

이제 성인이 되었다. 그는 군인이 되고, 국가를 위해 일을 하며 나이가 들고, 시민이 된다. 그러고는 군단의 선두에 서서 지휘도 하고 국정에 참가하다가 재판관이 된다.

그가 행복했던 때는 어린 시절뿐이었다. 체력은 쇠약해지고 노인이 되어 다시 어린아이처럼 보살핌을 받아야 한다."

이 음울한 그리스인 텔레스는 이어서 음울한 결론을 내리고 있다. "요컨대 삶을 기쁨과 쾌락의 척도로 판단한다면, 어떻게 행복한 삶이 가능한지 나는 알 수 없다." 철학사에서 '견유학파'나 '스토아학파'로 불리는 사람들은 분명 기독교도는 아니다. 그들이 쾌락이나 기쁨에 반대하는 이유는 그것이 죄악이어서가 아니라, 결국 불쾌나 고통으로 이어지기 때문이다. 세네카에게는 '감각적인 향락에 빠지는 것'은 '고통에 빠지는 것'이다. 바로 이 때문에 그는 감각적인 향락에 반대하는 글을 썼다. '죄악의 형이상학'이 그의 집필 의도는 아니었다. 세네카는 굴이나 향유나 한증탕이 장기적으로 좋은 처방이 될 수 없다고 판단했기 때문에 이것들을 나쁘게 보았다. 그는 결코 기독교도가 아니었다.

현대 심리학은 '사물의 가치를 과소평가하는 경향'을 설명하기 위해 '갖지 못한 자의 질투'를 꺼낸다. 그리고 이것이 완전히 잘못은 아니란 것은 말할 필요도 없다. 좋은 것을 경멸하는 일은 그것을 갖지 못한 사람들의 교묘한 속임수이다. 그러나 이것은 갖지 못한 자에게만 해당되지 않는다. 가진 자에게도 해당되는 것이다. 풍요롭게 사는 사람들도 갖지 못하는 것이 있기 마련이며, 없이 살아가지 않으면 안 되는 것도 많다. 이것은 인간의 본성적인 한계이다. 백만장자인 세네카는 그의 몸이 강철로 만들어진 것이 아니고, 설령 강철로 만들어졌다고 할지라도 굴이나 한증탕이나 향유를 한없이 즐길 수는 없기 때문에 이것들에게 복수한 것이다.

요컨대 굴이나 향유 대신에 '미덕'을 권장하는 것은 한편으로는 여우와 신 포도의 이야기와 같다. 또 다른 한편으로는 조심성 때문이다. 그런데 '미덕'은 눈처럼 하얗게 그려지고, 굴이나 한증탕이나 향유 (즉 향락)는 흑색으로 그려진다. 이와 같이 흑백논리를 바탕으로 한 교훈을 제외하면, 다음의 구절에서 알 수 있듯이 정작 미덕에 대해 들려주는 이야기는 거의 없다. "미덕은 고상한 것, 고귀하고 영웅적인 것, 패배를 모르고 지치지 않는 것입니다. 쾌락은 저열하며 굴욕적인 것, 나약하고 타락한 것으로서 유곽과 술집에 기거하며 살아갑니다. 당신은 미덕을 신전에서, 광장에서, 원로원에서 발견할 것이며, 성벽에 지키고 서 있는, 먼지를 뒤집어쓰고 검게 그을린, 손에 굳은살 박인 모습을 보게 될 것입니다. 쾌락이 종종 목욕탕과 한증막, 경찰관의 눈을 피할 수 있는 곳, 종종 어두운 구석을 찾아 몸을 숨기는 것을 볼 것이며, 늘어져 맥이 빠진, 술과 향유에 절어 있는, 창백한 것 혹은 화장품과 약품으로 시신처럼 치장된 모습으로 발견할 것입니다."

이 글은 로마에서 엄청난 부를 쌓았고 놀라운 성공을 거둔 사람이 화려한 대도시 삶의 소용돌이 속에서 썼다. 오늘날까지도 이를 모범으로 삼는 사람이 많다.

현자의 행복

어떻게 생겼는지 알 수 없었던 미덕이 세네카와 같은 사람들에 의해 얼굴뿐만 아니라, 팔과 다리 그리고 무엇보다도 코끼리처럼 아주 두 꺼운 피부까지 선사받은 것이다. 그러한 미덕은 사람으로 치면 '현자' 가 된다.

이상理想의 왕국에서 저 스토아학파의 현자보다 더 유명하고 영향 력이 있는 사람은 없다. 그는 참된 행복을 아는 사람이라고 일컬어지며 존경받아 왔다.

스토아학파의 세네카와 오늘날에 이르기까지 스토아학파의 가르침 을 고수하고 있는 수많은 사람들에게 있어서 행복이란 무엇일까? 육체 와 영혼이 각질 피부로 덮이는 것이다! 어느 것으로도 꿰뚫을 수 없는 갑옷! 육체와 영혼의 완벽한 무감각! 금욕 생활! 전염병으로부터 혁명 에 이르기까지 모든 뜻밖의 사태에 대한 방어! 행복은 생각할 수 있는 온갖 불행으로부터 안전해지는 것이다. 현자란 단련된 인간이다. 섬세 하고 예민한 성격이었던 세네카는 새해 첫날 아침마다 얼음처럼 차가 운 산속의 호수에 뛰어들어 새해를 축하하는 것을 자랑으로 삼았다. 이 것은 물론 즐거운 일은 아니었다. 그는 다음과 같이 말한다. "나는 어떤 것에 종속된 사람을 현자라고 부르지 않습니다. 특히 쾌락에 종속된 사 람이라면 더더욱 현자는 아니지요."

동시대인들에게 이와 같은 이상을 주입시킨 시대가 있었다. 이때는 조금이라도 '현자'라는 소리를 들으려면 이러한 이상을 감내해야만 했 다. 세네카의 시대가 바로 그런 시대였다. 그가 어린 시절에 로마 제국 을 다스리던 사람은 악명 높은 티베리우스 황제였다. 그가 유명한 저술 가가 되었을 때 황제는 칼리굴라였는데, 황제 자신이 저술가로서의 야 심도 있어 세네카를 질투했다. 황제의 질투심을 자극하는 것은 그리 좋 은 일이 아니다. 한번은 칼리굴라와 시합을 하지 않으면 안 되었던 검

어린 네로 황제와 스승 세네카

투사가 황제의 칼을 막기만 했을 뿐이었는데, 시합을 마치고 나서 황제 앞에 무릎을 꿇으며 감히 몸을 지킨 데 대해 용서를 빌었다. 그러자 황제는 그의 배를 칼로 찌르고 나서 스스로 승리자임을 선언했던 것이다. 세네카가 이런 운명을 피할 수 있었던 것은 어떤 시녀가 칼리굴라에게, "폐하의 저술 경쟁 상대인 세네카는 어차피 결핵을 앓고 있어 곧 죽을 거예요. 그러니 폐하께서 손수 손을 쓰실 필요가 없습니다"라고 진언했기 때문이었다.

다음 황제는 클라우디우스였다. 이 황제는 무릎이 약하고 혀가 지나치게 길어서 '얼간이 같다'는 평을 들었고, 어머니로부터 '약골'이라는 소리도 들었다. 자연은 그를 충분히 발육시켜주지 않았던 것이다. 그럼에도 클라우디우스는 많은 공부를 해 학식도 풍부했고 문학적 소양도 갖추었다. 그는 세네카의 「분노에 관하여」라는 글에 큰 감명을 받아 포고령을 통해 자신도 이 악덕을 지니고 있음을 스스로 고발하기도 했다. 하지만 그로부터 얼마 후 이 황제는 세네카를 코르시카섬으로 추방했다. 황실의 공주들과 간통했다는 의심을 받은 것이다. 원래 클라우디우스는 결코 그와 같이 마음이 좁은 사람이 아니었다. 그는 식탁에서의 트림과 방귀는 책망하지 않겠다는 칙령을 준비한 적도 있었다. 그러나 그의 - 풍만한 몸매에 빨간 머리를 하고 얼굴은 아름다웠지만 머리는 텅 빈 - 황후 메살리나는 세네카를 처형하고 싶어 했다. 그것은 도덕적인 이유에서가 아니라, 황실의 주도권을 장악하려는 그녀의 정략에 맞았기 때문이다. 이 황후의 피부는 유난히 하였는데, 그녀가 매일 500마리의 당나귀에서 짠 젖으로 목욕을 한다는 소문이 날 정도였다. 그녀의 심장은 그녀가 침대로 끌어들인 정부情夫들의 아첨과 그녀의 적이 흘린 피로 붉게 물들었다. 세네카는 그 적의 한 사람이었다. 티베리우스, 칼리굴라, 클라우디우스, 그리고 메살리나와 같은 권력자들과 친해지려면, 돌덩이와 같은 사람, 즉 '현자'가 되는 것이 도움이 된다. 못된 황후나 아첨하는 원로원 의원이 언제든 빼앗아 갈 수 있는 향락은 단념하는 것이 좋다.

저술가 세네카는 거의 8년 동안 불결하고 적막하며 살기 힘든 코르시카섬에서 유배 생활을 한 뒤 - 그동안 그는 멀리 떨어져 있는 황제에게 환심을 사려고 애썼지만 아무런 성과도 거두지 못한 '산송장'이었다 - 새 황후이자 당시 11세인 네로의 어머니 아그리피나의 중재로 다시 로마로 돌아왔다. 그녀가 순수한 동기로 이렇게 호의를 베푼 것은 아니고, 덕망이 있는 지식인을 자신의 편으로 만들어 놓는 게 유리할 것이라고 여겼을 뿐이었다. 그리고 황후는 온순하고 영리한 네로의 스승으로 세네카를 임명했다. 이때부터 '현자'는 '현자'라는 이름과는 전혀 어울리지 않는 혼탁한 궁전에서 일어나는 모든 중대한 사건에 연루되었다. 그는 현자의 태도를 단련하는 것이 얼마나 좋은 일인지를 날마다 새롭게 배울 수 있었다. 세네카는 '지혜'를 숭배하면서도, 지혜롭지 못한 일에 적극적으로 동참했다. 클라우디우스 황제가 독살로 의심되는 석연찮은 죽음을 당했을 때도 세네카는 이 사건을 멋진 문장으로 은폐했다. 이 문장은 장례식 때, 지금은 네로 황제가 된 세네카의 제자에 의해서 낭독되었다. 당시 네로는 빨간 머리를 한 주근깨투성이의 17세 소년이었다. 빗질을 한 빨간 머리카락은 양쪽 귀 밑에서 곱슬거렸다. 세네카는 어린 황제의 삶을 이끌었다. 소년 황제가 노예 신분인 클라우디아 아크테Claudia Acte와의 애정관계를 황후였던 어머니에게 숨기려고 했을 때 세네카가 나서서 큰 탈이 없도록 무마시켰다. 또 외국사절을 알현할 때 황후가 참석하려고 ‒ 이는 결코 바람직한 일이 아니었다 ‒ 나서면, 세네카가 이를 막기 위해 해결책을 찾았다. 그리고 네로가 마침내 자신의 어머니를 살해했을 때, 세네카는 이 곤혹스러운 사건의 보고서를 완벽한 라틴어로 써서 원로원에 제출했다.

이러한 일은 아마도 지혜를 배우는 좋은 계기가 되었을 것이며, 육체와 영혼을 단련시키는 수양 과정이 되었을 것이다. 권력자인 황후가 때때로 적의 목을 베어 보내는 성에 살고 있으면, 어떤 불행을 당해도 놀라지 않게 될 것이기 때문이다. 또 완전히 안심할 수 없는 저택에 초대를 받았을 때에는 만약을 위해 식사 전에 해독제를 먹어두어야 하는 사회에 살고 있으면, 실망하는 일은 더 이상 있을 수 없다. 로마 제국의 황제와 황후, 그리고 이들의 남녀 친구들이 교제하는 활동 무대는 행복에 대한 고전적 명상가인 세네카가 다음과 같이 표현한 지혜와 행복을 터득하는 이상적인 대학이었다. "나는 얕은 바닷가의 외딴 바위처럼 버티고 있습니다. 사방에서 쉴 새 없이 거센 파도가 몰려와 매질을 해도 끄떡없는 바위처럼, 수 세기 동안 수시로 공격당해도 없어지지 않는 바위처럼 말입니다. 덤벼들어 나를 공격해보시오! 나는 견뎌냄으로써 그대들을 이길 것입니다."

세네카는 칼리굴라나 클라우디우스, 그리고 네로의 황실에서 무시무시한 일을 너무도 많이 겪어 이제 더 이상 마음의 동요도 없었고, 바위와 같은 강인함과 의연함이 최고의 행복이라고 설파했다. 그는 "행복은 두려움이 없는 곳에만 존재한다"고 말했다. 에피쿠로스도 같은 말을 했다. 그러나 이 말을 뒤집어 '두려움이 없는 것을 행복이라고 말해도 될까? "이성에 힘입어 바라는 것도 두려워하는 것도 없는 사람"을 정말 행복하다고 말해도 될까?

세네카는 행복했을까?

이론적으로는 바위, 실제로는 공범자

세네카는 「행복한 삶에 관하여」라는 편지를 쓰기까지 이미 20년에 걸쳐 '더위나 추위나 모욕에 대해서, 또 어떤 행운에 얽매이게 하는 달콤한 감정에 대해서 무감각해지는 것이 가장 좋은 일이다'라고 가르쳐왔다. 이를 반복하는 것이 편지를 쓴 유일한 동기는 아니다. 그의 편지는 가르침을 주기 위한 편지라기보다는 오히려 변론을 담고 있다. 세네카는 서기 58년에 자신을 변호해야 하는 절박한 상황에 처해 있었다.

우리는 오늘날 세네카보다 두 세대쯤 젊은 역사가 타키투스를 통해, 당시 로마나 속주에서 자기 나라의 자유시민이며 네로 황제의 스승이었던 세네카에 대해서 쑤군거리던 소문을 알 수 있다. 네로는 특히 초기에는 국민들에게 인기가 높았다. 그러나 세네카에 대해서는 호감을 지닌 사람이 별로 없었다. 그는 여러 가지로 비난을 받았다. '그는 로마 국민을 자기편으로 끌어들여 황제로부터 멀어지게 하려고 한다, 혹은 그의 멋진 별장이나 정원은 황제의 별장이나 정원을 초라하게 만든다, 세네카는 마치 자신만이 웅변술의 대가인 것처럼 뽐낸다, 그는 질투심 때문에 제자인 네로의 위대한 재능인 황제의 시, 황제의 노래, 그리고 전차를 모는 황제의 뛰어난 솜씨를 과소평가한다. 왜 그런가? 세네카는 자기 옆에 신이 존재하는 것을 용납하지 못하기 때문이다. …' 국민들은 이와 같이 입방아를 찧어 댔다. 인기는 없으나 막강한 권력을 지닌 철학자에 대한 악의적인 비난에는 인기 있는 네로에 대한 질투어린 경탄이 나타난다.

이 악의적인 밀담에는 일말의 진실이 숨어 있었다. 세네카 자신도 이 진실을 무시할 수는 없었다. '사치에 탐닉한 귀족이 자신은 지상의 낙원에 살면서 다른 사람들이 풍요로운 생활을 하고 있다고 비난한다. 이것은 우스운 일이고, 정말 구역질이 날 지경이다. 그렇다. 이건 분개할 일이다.' 그리고 58년의 어느 날, 한 사람이 소리 높여 이 불만을 토로했다. 다른 사람이라면 몰라도 이 사람은 세네카를 고발할 자격이 없었는데도 말이다. 세네카는 이 고발을 그대로 내버려 둘 수 없었다.

서기 58년, 로마에서 떠들썩한 두 가지 사건이 일어났다. 그 하나는 코르불로 장군이 아르메니아에서 파르티아족에 승리한 소식이었고, 다른 하나는 앞에서 말한 바로 그 사건, 즉 이미 몇 해 전부터 온 나라 안에서 세네카에 대해 쑤군대던 일을 푸블리우스 스일리우스가 세상에 고발한 사건이었다. 어떻게 백만장자가 시민들에게 검소한 생활을 하라고 설교할 수 있는가? 어떻게 호화 생활을 하는 황궁의 고위 관리가 부를 멸시할 수 있는가? 그러면서도 고리대금업까지 한다는 건 사실인가?

스일리우스는 시인 오비디우스의 양녀의 남편이었다. 이 고발자 자신도 결코 깨끗한 사람은 아니었다. 예를 들면 그는 죽은 황후 메살리나를 위해 염탐꾼 노릇을 한 적이 있었다. 그런데 그가 세네카에게 유별나게 화를 낸 것은 세네카가 황제에게 아첨하는 그의 동료들을 모두 내쫓았기 때문이었다. 또 변호사 스일리우스는 과도한 수임료를 받아 고소를 당했는데, 이러한 행위를 처벌하는 법률 제정에 ― 모럴리스트로 명성이 높았던 ― 세네카가 기여했으리라는 것은 충분히 짐작할 수 있는 일이었다. 요컨대 세네카의 적들은 세네카를 공격할 기회를 노리고 있었던 것이다. 스일리우스는 그들의 대변자에 불과했다.

공격을 받은 세네카는 반격에 나섰다. 물론 그는 호화 저택이나 두 개의 정원, 명품 가구, 500개의 상아 식탁이나 아내가 소유한 3천만 세스테르티우스^{은화}를 숨길 수는 없었다. 또 그는 1년 중 몇 달을 황제와 함께 나폴리만에 있는 멋진 해수욕장 바야에서 한가롭게 지내는 사실도 부정할 수 없었다. 그가 자기 주변의 동료들과 도덕적으로 다른 점은 자신의 풍요로운 생활에 대해 부정적으로 말한다는 것뿐이었다. 그러나 도덕적인 설교의 효력은 이미 사라진 상태였다. 따라서 세네카는 스일리우스를 비열한 범죄자로 고발하는 반격을 가하게 된 것이다.

스일리우스의 범죄를 증명하는 것은 어려운 일이 아니었다. 세네카는 스일리우스에게 두세 건의 살인 혐의를 씌웠고, 스일리우스는 무죄를 주장하기 위해 전 황제 클라우디우스의 명령에 따른 것이라고 주장했다. 네로는 문서실을 모두 수색하도록 지시했지만 스일리우스의 무죄를 증명할 서류는 아무것도 발견되지 않았다. 결국 스일리우스는 에스파냐의 발레아레스 제도로 유배되었다. 세네카는 공적公的으로 복수를 한 셈이었다. 그러나 그의 명예는 이 사건으로 적지 않은 상처를 입었다.

「행복한 삶에 관하여」는 세네카가 자서전 형식으로 명예회복을 시도한 편지 글로서, 위대한 도덕 설교자에 대한 악평을 없애고자 했다. 세네카 정도로 명성을 누리는 자라면 이론과 실천 사이의 단절을 철학적으로 메우는 일, 혹은 적어도 더 아름답게 보이도록 하는 일은 마땅히 해야 할 의무가 있었다. 세네카여, 당신은 왜 당신이 말한 '행복한 삶'의 철학에 따라 살지 않는가? 도처에서 쑤군대고 있는 이 의문에 대해 이제 그는 스스로 대답하지 않으면 안 되었다.

그는 온갖 어휘를 총동원해 사람들이 제기하는 비판을 다음과 같이 요약한다. "왜 당신은 스스로 정한 규정대로 식사를 하지 않는가? 왜 당신의 살림살이는 그렇게 고급인가? 왜 당신은 당신의 나이보다 더 오래된 포도주를 마시는가? 왜 당신의 집은 그와 같이 호화판으로 지었는가? 그늘밖에 주지 않는 나무들은 왜 심었는가? 왜 당신의 아내는 부잣집 재산에 맞먹는 귀걸이를 하는가? 왜 당신의 노예들은 값비싼 옷을 입고 있는가? 왜 당신의 집에서는 시중드는 것이 예술이며, 은 식기는 아무렇게나 놓지 않고 솜씨를 부리는가? 왜 당신은 고기나 생선 요리를 썰어주는 사람을 두는가? 이 모든 비판을 한마디로 요약하면 "왜 당신은 생활보다 말이 앞서는가?"라는 의문이 될 것이다. 이 의문에 대해 그는 진땀을 흘리며 다음과 같이 변명했다.

첫째, 고발자여, 과거와 현재를 불문하고 모든 위대한 철학자에게 "당신은 말과 행동이 다르다"고 비난할 수가 있다. 플라톤도, 에피쿠로스도, 제논도 이런 비난을 들었다. 둘째, (세네카는 이 두 번째 평계가 꼭 필요했다) '다른 철학자들이 올바른 행동을 하지 못했다는 사실에 의해 무엇이 도대체 정당화되는가'라는 의문에 대해 세네카는 '철학자는 자신이 어떻게 살고 있는지를 가르치는 것이 아니라, 사람들이 어떻게 살아야 하는지를 가르치는 사람이다'라고 말한다. 이 주장은 옳은 것일까? 또 플라톤은 세네카와 반대로 – 세네카의 경우, 네로에 해당하는 – 시라쿠사의 디오뉘시오스를 거부하지 않았던가?

이제 세네카는 자기변호를 위해 겸손이라는 가면을 쓰고 등장한다. 세네카는 다음과 같이 말한다. 고발자여, "나는 현자가 아닙니다. … 또 나는 현자가 되는 일도 없을 것입니다. 나는 더없이 겸허한 마음으로 조금이라도 그 모범에 근접하고자 노력할 뿐입니다. 고귀한 이상을 인정하고, 이 이상을 위해 노력하는 것은 가치 있는 일이 아닌가요? 위대한 일을 이루고자 시도한 사람이 비록 뜻을 이루지 못하고 실패하더라도 우리는 그를 존중해야 하지 않겠습니까? 나도 위대한 일을 이루고자 했지만, 실패하고 말았습니다. 하지만 그렇다고 나의 '적절한 말'을 무시할 수 있을까요?" 친애하는 세네카여, 수천 년이 지난 후에도 훌륭한 규범이 종이에 적혀 있는 것만으로도, 종이에 적혀 있지 않은 것보다는 낫다고 답변하는 사람이 있다면, 당신의 말은 옳을 것이다. 그러나 세네카여, 이 세상의 온갖 부를 누리면서 주변 사람들에게 호화로운 생활을 경멸하라고 말하는 당신은 불안을 느끼지 않는가? 또 바로 당신 자신의 존재가 당신이 말하는 행복론에 대한 가장 무거운 비판이 아닌가? '현자'는 자신의 행복을 통해 다른 사람도 따르게 하고 심지어 그 역시 현자가 되도록 이끌지 못한다면, 결코 행복한 사람이 될 수 없을 것이다.

세네카는 자신의 입장이 별로 설득력이 없다는 것을 스스로 느낀 것 같다. 아마도 이 때문에 그는 갑자기 오만한 태도를 취하며 비판자에게 호통을 쳤다. "여러분! 나는 건강하지 못했고, 앞으로도 건강하지 못할 것입니다. 나는 통풍을 치료하기보다는 누그러뜨리고자 하며, 통증이 덜해서 덜 쑤시는 것만으로도 만족합니다." 이렇게 변명한 다음, 그는 공격으로 전환한다. "하지만 허약한 자들이여, 당신들의 발에 비하면 나는 달리기 선수입니다." 그는 이 수사법으로 기껏해야 한순간의 갈채를 얻는 효과밖에 거두지 못했다.

그리고 그는 아마 자신조차도 납득할 수 없었기 때문에 다시 세 번째 논리를 펼친다. 변호사 중에는 잇달아 변론의 주제를 바꾸는 자가 있다. 세네카는 고발의 핵심을 무력화시킬 수 없었기 때문에 이번에는 하필이면 지금까지 그가 극구 깎아내려 왔던 부유한 삶을 옹호하기 시작했다. 불과 몇 분전까지만 해도 이것을 '행복한 삶'과는 정반대라고 주장했음에도 불구하고 말이다. 철학자란 도대체가 논증에는 막히는 법이 없는 사람이다.

이리하여 그는 갑자기 부의 도덕적인 가치를 찬양하기 시작한다. 왜 심지어 현자에게도 가난한 것보다는 부유한 것이 더 좋은가? 현자는 '가난할 때보다 부유할 때 정신을 계발할 수 있는 수단을 더 많이 가질 수 있기' 때문이다. '가난할 때 미덕은 굽히지 않고 억압당하지 않는다는 한 가지 종류밖에 없지만, 부유할 때는 절제와 선심과 활동과 헌신과 사상의 표현을 위해 넓은 공간이 열려 있기' 때문이다. 그러니까 '현자'이자 백만장자는 느닷없이 부에 대한 애착을 피력하는 것이다. "나는 내가 어떤 사상을 가지고 있는지를 말할 때는 어깨가 완전히 또는 반쯤 드러나는 허름한 옷을 입는 것보다는 고급 옷을 입는 것이 더 좋습니다."

그러나 이처럼 발가벗은 현자로부터 고급 옷을 입은 현자로 느닷없이 변신한 것을 이상하게 생각할 사람들을 위해 위대한 논쟁가 세네카는 아주 섬세하게 철학적으로 개념을 구분해준다. 부유한 삶에 대해 말할 때 '부를 경멸해야 한다'고 했지만, 그렇다고 '부를 갖지 말라'고 한 적은 없다. '부에 매달리지 말라'는 뜻이었다. 존경할 만한 모범을 들 수 있다. 카토˙는 얼마 안 되는 은화를 가지고 있어도 범죄로 생각했던 시대를 찬양했는데, 정작 본인은 4천만 세스테르티우스은화를 가지고 있었다. 이것이 왜 나쁜가? "현자는 우연히 생기는 선물마저 받아서는 안 된다고 생각하지는 않습니다." 그리고 이때 비로소 이 행복한 '현자'는 자신의 본 모습을 드러낸다. "현자는 부를 사랑하지는 않지만 선호합니다. 현자는 부를 마음속이 아니라 자신의 집으로 받아들이고, 재산을 물리치지 않고 모아 두며, 자신의 미덕이 더 많은 수단을 사용할 수 있기를 바랍니다." 이처럼 '선호한다'와 '사랑한다', '자신의 집으로 받아들인다'와 '마음속으로 받아들인다'를 교묘하게 구별하는 데에서 이 현자의 이상이 2,000년 동안이나 사람들의 찬양을 받아온 비밀을 푸는 열쇠를 찾을 수 있다. 이 현자는 냉정한 대세 순응주의자이다. 그의 행복은 공범으로서 동참하는 데 있다. 다만 거리를 유지하면서 말이다.

우리는 이 편지 「행복한 삶에 관하여」의 수취인인 그의 형 노바투스 갈리오에 대해선 아는 것이 많지 않다. 형보다도 더 유명한 동생인 세

● 소小카토(Marcus Porcius Cato Uticensis, 기원전 95~46년)를 말한다. 감찰관을 지낸 대大카토(Marcus Porcius Cato Censorius, 기원전 234~149년)의 증손자로 로마의 정치가이자 철학자이다.

네카는 형에 대해서 누구보다도 더 매력적인 사람이라고 말한다. 갈리오는 세네카가 이 편지를 쓰기 6년 전에는 로마 제국의 속주인 아카이아의 총독이었다. 그의 재임 중에 소동이 일어났다. 어느 날 재판관 자리에 앉은 그 앞에 타르수스 출신 유대인 바울이 끌려왔다. 다른 유대인들이 바울을 이단자로 고발한 것이다. 갈리오 총독은 이 분쟁은 자신의 관할 사항이 아니라고 결정했다. "유대인 여러분, 만일 이 사건이 무슨 범죄나 악행에 관련된 일이면, 당신들의 고발을 들어주겠소. 그러나 이것은 용어와 명칭과 당신들의 율법에 관련된 것이니 만큼 당신들이 알아서 처리하시오. 나는 이런 사건을 처리하는 재판관 노릇을 하고 싶지 않소."(사도행전 18장 14~15절) 시인 키플링은 이 갈리오에 관한 어떤 시에서 다음과 같이 말한다. "그는 방탕한 고린도 사람들이나 바울, 그 어느 편에도 치우치지 않는 판결을 내렸다." 이 중립적이고 간섭을 좋아하지 않는 갈리오가 부유한 삶을 '선호'하는 것과 '사랑'하는 것을 구별하는 일과 바울의 사건, 이 둘 중에서 어느 쪽에 더 관심이 있었는지는 알수 없다. 또 그가 동생이 쓴 이 편지에 답장을 했는지도 알 수 없다.

그러나 대답해야 할 사항은 정말 많았다. 특히 그로부터 3년 후인 서기 61년에 세네카가 다시 여론의 초점이 되었을 때는 더욱 그랬다. 이보다 18년 전에 브리타니아섬은 로마 제국의 일부가 되었으나 브리타니아의 몇몇 토착민의 왕은 한동안 로마 제국의 군정과 민정의 통제 밑에서 통치를 계속했다. 이러한 토착민의 왕 중 한 사람으로서 오늘날의 노포크Norfolk와 서포크Suffolk에 살던 이세니Iceni족의 지배자 프라스타구스는 철학자 세네카에게 빚을 지고 있었다. 이 프라스타구스가 죽자 세네카는 빌려준 돈을 갚으라고 요구했다. 한편 과부가 된 왕비 부디카는 자신의 고향을 정복하고 지배자가 된 로마인들을 저주하고 있었다. 이런 좋지 않은 분위기는 왕비의 두 딸이 로마 점령군 장교들과 자의 반 타의 반으로 관계를 가짐으로써 더욱 악화되었다. 로마인 세네카는 또 돈이 탐났을까? 세네카는 대출 계약을 파기하고 매몰차게 빚 회수에 나섰다. 어쨌든 과부가 된 왕비는 폭동을 일으켰고, 이로 인해 약 7만 명의 로마인 및 로마인과 우호적인 관계를 맺고 있던 브리타니아인들이 목숨을 잃었다. 철학자는 자기가 돈을 빌려준 일과 이 전쟁과의 연관 관계를 파악하고, 더러운 돈과 깨끗한 돈을 구별하는 것이 얼마나 어려운 일인지 깨달아야 하지 않았을까?

그는 분노해서 고발자에게 다음과 같이 외친다. "철학자들에게 돈을 가지지 말라고 한 말을 취소하십시오. 어느 누구도 지혜에 가난을 선고하지는 않았습니다. 철학자는 막대한 부를 가질 수 있는데, 그것은 다른 사람에게서 빼앗은 것도 아니고 다른 사람의 피로 얼룩진 것도 아니며 누군가에게 불의를 저질러서 얻은 것도 아니고 더러운 수익도 아닙니다. 수입과 지출 모두 정직한데, 오직 악의가 있는 사람만이 이를 지탄합니다." 여기서 우리는 세네카가 아무런 양심의 가책도 없다는 것을 알 수 있다. 양심의 가책을 느낀다면 결코 행복해질 수 없을 것이다. 그러나 브리타니아에서 회수한 원금과 이자는 다른 사람의 피로 얼룩진 것은 아니었을까? 로마인과 비로마인의 피로 말이다. 수에토니우스에 따르면, 네로는 "돈은 쓰기 위해서 있는 것이다"라고 말했다. 또 스승 세네카는 통이 큰 제자로부터 처음 4년 동안만 해도 1,200만 달러에 상당하는 돈을 받았다고 한다. 이 돈은 정말 네로 황제의 펜대 역할을 했던 (예를 들어 네로의 어머니 살해를 그럴듯한 문구로 포장해준) 세네카가 "누군가에게 불의를 저질러서 얻은" 것이 아니었을까?

순수하게 철학적인 측면, 즉 추상적인 측면에서도 모든 것이 명확하다고 말할 수는 없다. 형 갈리오는 분명 사상가는 아니었으나 사리판단이 분명한 사람이었다. 따라서 그는 다음과 같이 간단명료하게 대답했을 것이다. 아우여, 나는 '선호한다'는 말과 '사랑한다'는 말의 차이를 모르겠다. 너는 '부를 사랑하지 않고 선호한다'고 말했다. 내가 만일 오랫동안 부유한 삶을 선호했다면, 나는 그러한 삶을 사랑할 것이 틀림없다. 사치가 오랫동안 내 집에 있었다면, 그것은 내 마음속에도 있다. 공범자가 되어 모든 일에 동참하는 자는 벌을 받지 않을 수가 없는 법이다. 그럴듯하게 잘 꾸민 에세이를 써서 세상에 퍼뜨리고는 중대한 일을 했다고 생각해서는 안 된다. 그렇게 하는 자는 이론적으로는 바위일지 모르나, 실제로는 공범자이다.

그러나 그 후에 찾아온 세네카의 유명한 죽음은, 현자가 어떤 사람인지 또 그는 얼마나 행복한 사람이었는지를 증명하고 있는 것이 아닐까?

행복한 죽음?

세네카는 다음과 같이 말한 적이 있었다. "나는 누군가에게 죽음을 선고하고 그 증인이 될 때와 같은 표정으로 내 자신의 죽음의 선고를 들을 생각이다." 그는 약속을 지켰다. 그리고 후세 사람들은 그가 이 말의 후반부를 그대로 실행했다는 점을 매우 찬양하고 있다.

그러나 전반부에 초점을 맞추어 그가 무수한 살인의 증인이었다는 사실을 한번쯤은 기억해야 하지 않을까? 따라서 우리는 지쳐서 무관심해진 귀족 세네카의 죽음을 소크라테스의 죽음과 비교해서는 안 된다.

세네카의 죽음은 로마에서는 드물지 않은 살인 중의 하나였다. 이

루벤스가 그린 「세네카의
죽음」

철학자는 점차 나이가 들자 자주 병을 앓게 되었고 권태롭고 또 지쳐
있었다. 그는 황제에게 관직에서 은퇴하겠다고 말하고 허락을 요청했
다. 그는 끊이지 않는 비난과 공격에 지쳐서 황제의 하사품도 환수해주
기를 간청했다. 그러나 네로는 그와 같은 일은 황제의 위신을 손상시킨
다고 생각했다.

　세네카는 죽기 전 3년 동안 이미 제국의 일에는 별로 관심이 없었
고, 그보다는 자신의 포도원이나 사랑하는 아내, 자신의 화려한 아포리
즘 문체 등에 관심을 쏟았다. 그는 화산과 지진을 연구하면서, 이를 밀
폐된 공기가 분출되면서 생기는 현상으로 설명했다. 그는 나일강의 원
류나 번개와 바람과 혜성의 원인을 연구했으며, 무지개의 색깔에 대해

서도 고심했으나 결국 무지개의 색깔은 실제로 존재하지 않는 것으로 여겨졌다. 또 그는 여러 통의 편지를 썼는데, 이 편지가 새로운 문학 장르, 즉 에세이로 인정받음으로써 그는 에세이의 창시자로 문학사에 이름을 남겼다. 로마가 불타고 기독교도가 십자가에 못 박히고 로마가 재건되었다. 세네카는 은둔 생활을 하면서 노년의 지혜를 종이에 옮겼다.

그러나 은둔 생활이라고 해서 반드시 안전한 것은 아니다. 세네카에 따르면, "마치 안전한 은신처를 찾는 듯한 인상을 주는 것은 위험한 일이다. 남자는 비록 말은 하지 않더라도 피한다는 것이 분명해지면 유죄를 선고받는다." 만년의 은둔 생활은 그를 보호해주지 않았다. 그는 로마 제국의 지배층과 너무나도 깊이 연루되어 있었다. 혹은 그의 은둔 생활이 철저하지 않았던 것인가? 그도 반란에 가담한 것인가? 우리는 알지 못한다.

어쨌든 서기 65년에 황제를 겨냥한 흔히 있는 반란이 발각되었다. 어쩌면 흔한 형태가 아니라 보통의 경우보다는 좀 더 인정할 만한 이유가 있는 반란이었다. 왜냐하면 열댓 명의 원로원 의원이 가담했기 때문이다. 그리고 세네카의 두 형제도 가담했다. 심문 때 한 공범자가 철학자 세네카가 한 말을 실토했다. "내가 무사히 여생을 보낼 수 있을지의 여부는 피소의 운명에 달려 있다." 피소는 이 반란의 우두머리였다.

네로는 세네카가 묵고 있는 별장을 포위시켰다. 세네카는 아내와 두 친구와 함께 식탁에 앉아 있었다. 황제는 부하를 보내 늙은 스승에게 물었다. "그대는 정말로 반란을 꾸미는 말을 했는가?" 답변은 "예!"였다. 황제는 부하에게 세네카가 죽음을 각오하고 있는지를 물었다. 대답은 "아니오!"였다.

네로는 세네카에게 죽음을 명령했다. 이 수십 년 동안에 몇 명의 황제가 몇천 명에게 죽음을 명령했다. 그중에는 노인도 있고 처녀도 있으며, 죄 있는 자도 있고 죄 없는 자도 있었다. 죽기 싫어 악을 쓰는 자도 많았고, 눈썹도 까딱 않고 칼 위에 몸을 던진 자도 많았다. 이것이 당시 상류층 사람들이 삶을 마감하는 보통의 방법이었기 때문이다. 세네카에게 과연 죄가 있었을까? 그는 아무런 죄가 없었을까? 혹시 그는 반역이 성공했을 때 황제로 추대하기로 정해진 것은 아니었을까? 우리는 알지 못한다.

이와는 반대로 그가 당시에 어떻게 행동했는지는 아주 잘 알려져 있다. 그는 참으로 태연한 태도를 보였다. 그러나 이런 태도가 올바른 것이었을까? 그가 행복한 인생의 끝에 와서 용서 없는 죽음을 맞이하려고 했을 때 네로에게 다음과 같이 말하는 것이 올바르지 않았을까? "자신의 어머니나 형제까지 살해한 사람에게는 이제 스승을 죽이는 일밖에 남아 있지 않을 것이다." 세네카가 지금 이렇게 분노했다면, 네로가 자신의 어머니를 살해했을 때도 분노해야 하지 않았을까? 세네카는 네로의 어머니 살해를 잘 알고 있었고, 이를 원로원에 보내는 보고문에서 뛰어난 문장으로 은폐한 바 있었다. 그는 평생 "현재 상황이 어떠하든 거기에 만족하고 자신의 처지에 친숙해지는 사람은 행복하다"는 원칙에 따라 살아왔다. 그는 공범자의 행복을 누려 왔던 것이다.

그런데 자신의 일당들과 함께 파멸하는 것이라면 불평을 해서는 안 된다. 세네카는 이제 분노해서 "네로의 잔인성을 모르는 사람이 있었던가?"라고 물었다. 그는 아마 다음과 같이 대답할 수도 있었을 것이다. '네로의 스승인 나, 그의 수많은 악행을 아름다운 말로 장식한 나는 그의 잔인성을 알고 있다. 이제 그의 잔인성이 바로 나를 향하고 있다.' 세네카가 자신의 정맥을 끊은 것은 별로 도움이 되지 않았다. 피가 잘 나오지 않았던 것이다. 그가 마신 독미나리 즙도 효과가 없었다. 그 사이에 그는 비서들에게 유언을 받아쓰게 했다. 정맥을 끊고 독미나리 즙을 마신 다음에도 자신의 두뇌가 정상적으로 움직이는 것을 기뻐하는 일이 과연 행복의 진수였을까? 끝내 그는 한증탕으로 운반되었다. 예전에 그는 한증탕을 쓸데없는 사치로 여겼지만, 이제 죽기 위해 한증탕의 힘을 빌려야 했다.

그는 아무런 장례 의식도 없이 화장되었다. 이후 사람들은 대대로 이 현자의 초상에 감동했고, 그의 간결하며 기지에 넘친 문장은 몇 세기에 걸쳐 저술가들에게 귀감이 되고 감동을 주었다. 중세 말, 피아첸차 대학에는 '세네카를 위한 교수직'이 마련될 정도였다.

그에게도 적은 있었다. 몽테스키외는 한 페르시아인을 등장시켜 유럽 각지를 여행하게 했다. 이 페르시아인은 유럽의 여러 특색을 꼬집어 조롱한다. 이 비판적인 페르시아인이 지적하는 것 중에 세네카와 관련된 구절이 있다. "유럽인은 불행이 닥치면 세네카라고 불리는 한 철학자의 책을 유일한 치료법으로 생각하지만, 아시아인들은 고통을 진정시키는 물약을 마신다."

그리고 근대의 가장 독창적이고 대담한 사상가인 프리드리히 니체는 세네카에게 다음과 같은 묘비명을 바쳤다.

세네카와 그의 무리

그들은 참기 어려우리만치
지혜로운 헛소리를 쓰고 또 썼다.
우선 쓰고 나서

그다음에 철학한다는 식으로.

숭배자도 비판자도 다 같이 2,000년에 걸친 이 '현자'의 강력한 영향력을 인정하고 있다. 그런데 그 영향력은 어디에서 나오는 것인가? 아마도 달력의 격언만으로는 만족할 수 없었기 때문일지도 모른다. 아마도 이 현자의 흔들리지 않는 태연함은 단순한 부정만은 아니었을지도 모른다. 아마도 그렇게 찬양받은 스토아학파의 자유, 공포로부터의 자유, 모든 현세적이고 초현세적인 힘으로부터의 자유를 오로지 부정만으로 이루어진 것이라고 말할 수는 없을지도 모른다. 아마도 세네카와 그의 진리를 계승한 사람들 가운데는 적어도 얼마 동안만이라도 피조물의 본질이 무엇인가를 알고 있는 신의 기쁨이 - 그리고 스스로를 피조물, 즉 무한한 잠재능력을 지닌 피조물로 여기는 신의 엄청난 기쁨이 - 숨 쉬고 있었을 것이다. 그리고 아마도 죽음을 맞이한 세네카의 눈에 비친 것은 이러한 압도적인 행복이었을지도 모른다. 바로 이러한 행복이 곁에 있던 사람들을 매료시켰기 때문에 그들은 세네카를 행복의 화신으로 몇 세기에 걸쳐 기억 속에 새기게 된 것이다. 타키투스가 이 죽음의 현장을 묘사했고 루벤스는 그림으로 그렸다. 이 죽음은 인간의 기억 속에서, 죽음과 파멸을 상대로 행복한 승리를 거둔 잊을 수 없는 장면 중의 하나가 되었다.

행복을 찾는 여행의 도상에서 세네카의 가르침에 문을 두드린 사람들 중에는 이 서기 58년으로부터 300년 후에 아프리카에서 태어난 성 아우구스티누스라는 향락가가 있다. 그러나 그는 세네카의 지혜로는 행복해질 수가 없었다. 그는 새로운 행복을 창조하게 된다.

7장

성 아우구스티누스의 행복 이야기

방탕한 소피스트

서기 386년 11월 13일에서 15일까지의 3일간 밀라노 근교의 별장 카시키아쿰에서 "어떻게 사는 것이 행복한 삶인가?"라는 주제로 토론을 벌인 사람들이 있었다.

이 별장의 소유자인 베레쿤두스는 그 자리에 없었다. 그의 손님인 밀라노의 교사 아우렐리우스 아우구스티누스가 3일간에 걸친 토론의 중심인물이었다. 마침 그의 생일이어서 그는 자신의 방식으로 친척과 친구들을 불러 생일을 축하하고 있었던 것이다.

일행은 생각하는 데 쓸데없이 방해를 받는 일이 없도록 아침을 조촐하게 먹고 욕실로 들어갔다. 늦가을이어서 서늘했기 때문에 욕실에서 휴식과 온기를 동시에 맛볼 수 있었다. 사흘째가 되어서야 겨우 날씨가 개어 아침에도 안개가 끼지 않았다. 오후가 되자 밖이 화창해져 일행은 별장에서 내려다보이는 풀밭으로 내려갔다. 그곳에서 저마다

편하게 자리를 잡고, 활짝 갠 온화한 하늘 아래에서 행복한 삶에 대한 토론을 마무리했다.

이 자리에 모였던 사람들 중에 우리들에게 이름이 전해진 사람은 밀라노의 수사학 교사 아우구스티누스와 그의 어머니 모니카, 그리고 아우구스티누스가 결혼하지 않고 낳은 아들 아데오다투스, 이렇게 세 사람이다. 아데오다투스라는 이름은 '하나님이 주셨다'라는 의미이다. 아데오다투스가 이 세상에 태어났을 때 18세였던 아우구스티누스는 조금도 기뻐하지 않았다고 전해진다. 그러나 그가 성장하면서 아버지는 이 아들을 자랑스럽게 생각했고 마침내 아들이 학식 있는 많은 어른들을 능가하는 정신을 지니고 있다고 말하게 되었다.

그 밖의 참가자로는 아우구스티누스의 남동생과 두 명의 조카 그리고 두 명의 제자가 있었다. 조카들은 특별한 전문 지식이 있는 사람은 아니었다고 하며, 이 토론의 초점은 학문적인 문제가 아니라 모든 인간과 관계되는 문제였으므로 건전한 상식을 가진 비전문가도 참석하게 된 것 같다. 이와 반대로 아우구스티누스의 두 제자는 적극적으로 토론에 참가했는데, 이들은 키케로를 암송할 정도로 상당한 교양을 지니고 있었다.

먼저 "우리는 행복해지기를 바라는가?"라는 질문으로부터 토론을 시작했다. 한순간의 주저도 없이 모두 이구동성으로 "예!"라고 대답했다. 세네카도 수백 년 전에 이미 이 질문과 이 대답으로 행복에 대한 성찰을 시작했다. 그리고 스피노자도 천여 년 후에 동일한 질문과 대답으로 행복에 관한 성찰을 매듭지었다. 인간은 누구나 행복해지기를 바란다. 그런데 앞에서 말한 세 명의 사상가는 모두 이러한 언급 뒤에 '그러나'라는 말을 덧붙이고 있다. '그러나 실제로 행복해지는 사람은 소수에 불과하다'고 말하는 것이다. 도대체 왜 그런가? 이 '왜'라는 것이 바로 철학자들의 가장 오래된 고민거리이다.

우리는 고민거리와 문제를 구별해야 한다. 문제라면 성찰할 수도 있고 여의치 않으면 내버려둘 수도 있다. 그러나 고민거리는 우리로 하여금 사유하도록 강제한다. 밀라노의 교사가 이 11월의 사흘간에 걸친 토론의 주제로 삼은 것은 아주 오래된 문제일 뿐만 아니라, 매우 현실적인 고민거리였다. 따라서 토론 참가자들이 시도하는 이러한 추상적인 개념 분석은 - 예를 들어 - 머리 위의 지붕에 대해 토론하는 것보다 훨씬 더 일상생활과 관련이 있었다. 지붕은 분명 정상이었다. 하지만 아우렐리우스 아우구스티누스는 정상이 아니었고 고민거리를 해결해야 했다.

그는 이때 32세로 수사학의 대가로서 성공의 가도를 달리고 있었다. 그런데 불과 몇 주 전까지만 해도 그는 오늘날이라면 떠돌이 문필가로 불릴 처지였다. 그는 어머니 모니카에게 몹시 걱정을 끼쳤다. 어머니는 기독교도로서, 남편에게도 죽음 직전에 세례를 받게 했을 정도로 신앙심이 깊었다.

그러나 그녀는 상당한 학문을 익힌 아들에게는 오랫동안 가까이 갈 수 없었다. 그런데 몇 주 전에 아들은 드디어 자신의 삶과 사상을 - 그에게 있어 이 삶과 사상은 하나였다 - 새로운 방향으로, 지금까지와는 정반대 방향으로 돌릴 결심을 굳힌 것이다. 그는 이 순간에, 즉 새로운 삶을 시작하기 위해 32년 동안에 걸친 삶을 매듭지은 11월에 행복에 대한 질문을 던졌다. 그것은 이를테면 자신이 그때까지 행복하지 않았다는 사실과 그 이유를 분명히 하기 위해서였다. 그가 386년 가을에 밀라노 근교의 카시키아쿰에서 쓴 학자풍의 딱딱한 글은 힘든 결단을 밝

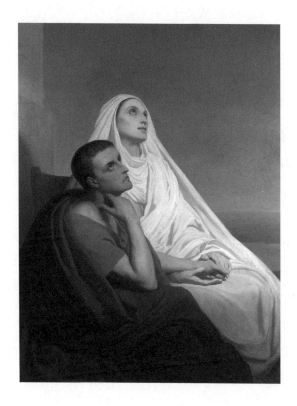

아우구스티누스와 어머니
모니카

히고 있다. 한 인간이 자신의 삶을, 대부분의 사람들과 다를 바가 없는 삶을 심판한 것이다. 그리고 그는 그때까지의 삶에 대해 '아니다No!'라는 판결을 내렸다. 우리에게는 이 '아니다No!'가 이러한 결론에 이르기 위해 그가 제기한 산더미 같은 논거들보다도 더 중요하다.

만약 아우렐리우스 아우구스티누스의 성장 과정을 멀리서 지켜본 동시대인이 있었다면, 이 아우구스티누스가 자신의 인생행로를 별안간 정반대 방향으로 돌리리라고는 꿈에도 생각하지 못했을 것이다. 그는 멋지고 행복한 삶을 살아오지 않았던가? 그는 어떻게 된 것일까? 그는 광대한 로마 제국의 변경인 북아프리카에서 태어났다. 이 변경의 빛나는 중심지인 카르타고는 아우구스투스 황제에 의해 재건되어 크게 발전하고 있었다. 이곳에서 청년 아우구스티누스는 탁월한 교육을 받았다. 그의 아버지 파트리키우스는 조그만 마을 타가스테의 보잘것없는 자유 시민에 지나지 않았지만 아들에게는 큰 기대를 걸고 있었다. 그는 아들이 '가능한 한 유창하고 훌륭하게' 말을 할 수 있도록 교육시켰다. 그리고 아들도 공부에 관심을 가졌고 또 재능도 아주 뛰어났으므로 – 아들은 상상력과 판단력이 뛰어났고 명예심이 있었다 – 출세 가도를 달리기 시작했고 큰 성공을 거두었다.

누구나 그렇듯이, 그도 어려움을 겪었다. 예를 들면 그는 자신이 가르치는 학생들과 불쾌한 일이 있었다. 카르타고의 학생들은 무척 거칠어서 패거리로 강의실로 몰려들어 소란을 피웠다. 그리고 학생들이 예의를 좀 더 잘 지킨다는 말을 듣고 옮겨간 로마에서는 또 다른 불쾌한 일이 기다리고 있었다. 속임수를 써서 교사에게 사례금을 갈취하는 일이 벌어진 것이다. 그래서 그는 로마에서도 오래 머물지 못하고 밀라노로 옮겼다.

그러나 세계적인 도시들에서 엘리트 지식인들과 교제하는 즐거움에 비교하면, 카르타고나 로마의 패거리들이나 사기꾼들에 대한 분노는 사소한 일이 아니겠는가? 아우구스티누스는 아주 훌륭한 사람들과 교제했다. 9년 동안 그는 특히 마니교도들과 친하게 지냈는데, 이들은 페르시아의 조로아스터교와 기독교의 그노시스파에게서 영향을 받은 집단이었다. 이들이 삶을 정당화하는 방식은 참으로 근사했다. 마니교도들의 교리에 따르면 인간의 본성에는 두 가지가 있는데 하나는 착한 본성, 다른 하나는 나쁜 본성이라는 것이다. 그런데 인간은 신도 아니고 자기 자신을 창조한 자도 아니므로 살기 위해서는 나쁜 본성에도 양식을 주지 않으면 안 된다는 것이 그들의 교리였다. 마니교의 영향을 받은 아우구스티누스는 형이상학적인 권리가 있는 또 하나의 영혼에 대해서도 열심히 영양을 공급했다.

그의 경우에 – 오늘날에 이르기까지 어떤 인간의 경우도 마찬가지이지만 – 이른바 나쁜 본성은 주로 세 가지로 나타난다. 즉 돈에 대한 큰 욕망, 권력에 대한 큰 욕망, 여자에 대한 큰 욕망이 그것이다. 처음의 두 가지 욕망은 그가 천직이라고 부른 기술의 도움으로 충족되었다. 그는 충분한 돈을 받고 '다른 사람을 말솜씨로 굴복시키는' 기술을 팔았다. 사람들은 그의 조언 덕택에 '말이라는 무기를 갈고 닦을' 수 있었으므로 기꺼이 돈을 지불했다. 그는 자신의 직업을 꿰뚫고 있었던 것이다. 나중에 그는 이렇게 썼다. "내가 명예로운 학문이라고 일컬어지는 법학을 공부한 것도 법정에서 두각을 나타낼 목적에서였습니다. 나는 그 방면에 뛰어난 자가 되려고 했습니다. 거기서는 기막히게 사람을 속일수록 더욱 칭찬을 받으니까요."

세 번째 욕망은 그의 인생에서 정말 특별한 역할을 했다. 아우구스티누스는 아주 일찍부터 실로 사내다웠다. 그가 15세 때 목욕탕에서 아버지는 아들의 '성적인 힘과 젊음이 넘치는' 모습을 보고 아주 기뻐한 나머지 자신의 손자가 태어날지도 모른다고 아내에게 이야기했다. 어머니 모니카가 남편의 '즐거운 발견'에 대해 아들에게 보인 반응은 '간음하지 말라, 특히 남의 아내를 유혹하지 말라'는 훈계였다. 아들은 이 모두를 순전히 '여자의 잔소리'로 여겼다. 아들의 입장에서는 적어도 친구들과 같은 정도의 성적 체험은 체면상 어쩔 수 없는 일이었고, 당장 누가 악덕의 수가 많으냐는 것을 놓고 경쟁할 수는 없다 할지라도 적어도 허풍을 떨지 않을 수는 없었던 것이다. 그를 성적 쾌락으로 몰고 간 것은 공명심이었다. 그런데 이 성적 쾌락이 또 새로운 공명심을 부추기는 것이었다. 순결을 지키다가 웃음거리가 되는 것을 15세 소년이 어떻게 감당할 수 있을 것인가! 게다가 아우구스티누스는 혈기가 넘쳐흘렀다. 18세 때 그는 결혼하지 않은 채 아들을 낳았다. 손자를 보고 싶다는 아버지의 희망이 일찍 실현된 것이다.

카르타고의 풍토는 혈기왕성한 사람에게는 안성맞춤이었다. 카르타고의 신들과 로마의 신들 그리고 그 밖의 신들에게 바치는 예배는 환락의 중심이었다. 카르타고에는 기독교의 주교가 있었고 교회도 많았다. 게다가 콘스탄티누스 황제는 종교극의 이름을 빌린 집단적이고 공공연한 환락 행위를 금지하는 법률을 공포했다. 그러나 사투르누스 신을 모신 숲이나 바알 신전에서는 이전과 다름없이 환락 행위가 지속되었다. 이는 제1차 세계대전 후에 유럽에서 행해진 가장 무도회와 같은 것이었다. 다만 당시의 카르타고에서는 가장假裝이 신들에게 바쳐졌을 뿐이었다.

이렇게 신들을 모시는 사육제가 끊임없이 펼쳐졌다. 사람들은 황금의 헤라클레스 상을 짊어지고 돌아다녔는데, 행렬은 결국 난장판으로 끝났다. 여신 퀴벨레를 섬기는 사제들이 여장을 하고 이 아프리카 대도시의 거리를 발을 질질 끌며 걸어갔다. 퀴벨레의 암산양과 판목양신의 수산양이 음란한 노래를 부르며 서로에게 달려들었다. 퀴벨레와 인척 관계가 있고 달의 상징으로 숭배된 고대 페니키아인들의 여신 아스타르테의 예배도 남녀 간의 애정 행각에 이용되었다. 이 역시 국가로부터 아무런 규제를 받지 않았다.

연인들은 아스타르테 신전의 계단에서 사랑을 나누었다. 격렬하고 자극적이며 음란한 신전의 합창이 흥분을 고조시키는 배경 음악이 되었다. 17세의 철학도 아우구스티누스는 이곳을 자주 찾아와 넋을 잃곤 했다.

그는 여자들을 사랑했다. 그는 여자들이 주는 환락에 도취되었다. 그는 사랑을 주고받으면서 애정과 질투가 뒤엉킨 열정적인 사랑의 미로를 미친 듯이 뛰어다녔다. 농락하고 농락당하며, 쾌락을 맛보고 고통을 당하는 것이 그의 행복이었다. 아마 이 밖에도 솔직하게 고백은 하지 않았지만 – 오늘날 같으면 고백했을지도 모른다 – 또 하나의 행복이 있었다. 그것은 동성 친구에 대한 열정이다. 그는 일찍 잃은 청춘시절의 친구에게서 우정의 고백을 들었을 때, '내 생애의 어떤 기쁨보다도 더 달콤했다'고 말했다. 그리고 그의 가장 친한 친구 중의 한 사람이었던 알리시우스는 그에게 몇 번이고 결혼을 단념시키려고 했다. 남자와 남자 사이의 사랑을 연구한 근대의 심리학자들에 따르면, 아우구스티누스는 단순한 우정 이상의 감정을 지녔던 것으로 짐작된다.

직업상의 성공, 여자들, 친구들, 무르익은 로마 제국의 세계적 도시에서의 온갖 향락 – 이렇게 그는 살아가면서 많은 혜택을 누렸다. 그는 카르타고에서 행복했다. 보통 사람들이 생각하는 의미에서 말이다. 그는 로마에서도 행복했다. 어떤 종교든 믿을 수 있었고, 어떤 종교든 조롱할 수 있었으며, 어떤 종교든 믿으면서도 조롱할 수 있었던 지적이고 활기 찬 로마에서 말이다. 또 이 로마에서 그는 마니교도와 관계를 끊고 '신아카데미아파'에서 가장 성숙한 철학적 회의懷疑의 지혜를 흡수할 수 있었다.

그리고 지금 – 11월의 3일 동안 – 그는 행복한 세월을 보낸 카르타고와 로마 그리고 밀라노의 친구들과 작별했다. 그는 그동안 했던 숱한 맹세와 저주에 작별을 고한 것이다. 또 그는 수많은 소망과 계획 그리고 성공과도 작별했다. 그리고 그는 작별의 의식으로서 목욕탕과 이탈리아의 조촐한 별장의 풀밭에서 자신이 결코 행복하지 못했으며, 참된 행복은 지금까지와는 완전히 다른 삶 속에 있다는 것을 증명했다. 이것을 증명하기 위해서 그는 사흘 동안 어머니와 어린 아들과 친척 그리고 제자들과 행복에 대해 토론했다.

이러한 토론에서는 어느 경우에나 결론이, 이러한 결론에 이르기 위해 그가 사용하는 논리보다도 더 중요하다.

바라는 것을 얻으면 행복해질까?

젊은 교사 아우렐리우스 아우구스티누스는 학식이 풍부했다. 그래서인지 그는 자신의 마음을 솔직히 털어놓지는 않는다. 학식이 없는 조카들이라면 아마도 이러지는 않았을 것이다. 또 그는 자신에 대해서는 말하지 않는다. 그는 자신의 중대한 고민을 마치 실체가 없는 학문적인 문제처럼 다룬다.

그래서 그들은 상세한 개념 분석에 들어간 것이다. 무엇이든지 부족한 게 있는 자는 행복해질 수 없다는 것이 결론이었다. 이것 자체로는 중대한 발견 같지가 않다. 그러나 이제 흥미 있는 전환점이 온다. 진부하게 보이는 이 문장은 역(逆)이 성립하지 않는다. 즉 부족한 게 없다고 해서 행복한 사람이라고 말할 수 없다는 것이다. 이제 다음과 같은 질문이 제기된다. "바라는 것을 얻으면 누구나 행복해질까?" 대답은 '아니다!'였다. 이 질문과 대답이 바로 토론의 핵심이었다.

그것은 바로 아우구스티누스에게 해당된다. 그는 모든 것을 얻었다.

그는 마치 부잣집 자식처럼 교육을 받았다. 그는 뛰어난 지성인들이 쓴 온갖 책을 읽었다. 그는 동시대의 가장 세련된 지식인들과 교제했다. 또 그는 탁월한 재능을 계발해 명성을 쌓았고 다양한 활동을 펼쳤다. 여자들이 그를 행복하게 했고, 친구들은 그를 감격시켰다. 그의 주변에서는 유례를 찾아볼 수 없을 정도로 다양하고 다채로우며 풍요로운 문화가 융성하고 있었다. 그런데도 왜 그의 삶이 행복하지 못했단 말인가?

11월의 사흘 동안에는 이 정도로 직설적으로는 질문이 제기되지 않았다. 참석자들의 대화는 모호한 추상적인 영역에 머물렀다. 그러나 오늘날에도 아우구스티누스가 이 토론에 대해 남긴 글을 읽어보면, 학자풍의 딱딱한 어투 뒤에서 아주 정열적인 심장이 뛰는 소리를 들을 수 있다. 학술적인 논증에 방향을 제시한 것은 이 심장이었다. 아우구스티누스는 몇 주 전까지만 해도 떼려야 뗄 수 없었던 행복의 가치를 깎아내리기 위해 열을 올렸다.

그는 해박한 지식을 동원해 행복에는 두 가지 종류가 있으며, 그가 누렸던 행복은 진정한 것이 아니었다고 논증했다. 그런데 이미 말한 바와 같이, 참석자들이 문학 작품을 언급하면서 가식적이고 건조한 태도를 취했고 아우구스티누스 개인 문제에 대해서도 언급하는 일도 없이 세르기우스 오라타라는 고대 로마 사람을 예로 들어 토론이 진행되었다. 이 오라타라는 인물은 유명한 반역자 카틸리나의 친척으로 이미 키케로가 문학적인 예로 언급한 바 있었다. 이 사람은 부와 건강, 사회적 명성과 친구 등 인간이 가질 수 있는 모든 것을 가졌다. 밀라노 근교의 별장 카시키아쿰에 모인 사람들은 이 오라타가 행복했을까 하는 문제로 골머리를 앓았다. 하지만 당시에 이미 죽은 지 300년이 지난 로마의 백만장자를 놓고 고심한 이면에는 아주 현실적인 의도가 숨어 있었는데, 그것은 바로 이 로마의 부호처럼 호화롭게 살면서도 행복하지 못한 사람이 있다는 사실을 증명하는 일이었다.

이미 이 세상에 없는 오라타에 대해서 그가 모든 것을 가졌음에도 행복하지 못했다는 사실을 어떻게 증명할 수 있을까? 토론자들은 그가 현명했든 어리석었든 행복할 수 없었다고 단언했다. 그리고 그들은 다음과 같이 증명했다. "그는 총명할수록, 자신이 모든 것을 잃을 수 있다는 사실을 알았을 것이다." 따라서 그는 막대한 손실을 두려워할 수밖에 없다. 그런데 두려워하는 자는 행복할 수 없다. 오라타는 언제든 자신도 저 늙은 욥과 같은 처지가 될지도 모른다는 사실을 인식할 정도로 현명했을까? 만약 그랬다면 그는 이러한 불안정한 상태를 행복으로 느끼지는 못했을 것이다. 그러나 그가 어리석었다면 어떻게 되었을까? 그렇다면 그는 지혜가 부족하다. 그런데 부족한 게 있는 자는 행복해질 수 없다. 따라서 그가 현명했든 어리석었든 결론은 하나다. 즉 그는 결코 행복했을 수 없다. 이래도 행복할 수 없었고, 저래도 행복할 수 없었던 것이다. 그러나 이러한 논증을 너무 지나치게 파고들면 안 된다. 제아무리 통찰력 있는 사상가의 논증이라고 할지라도 형편없는 경우가 적지 않기 때문이다. 그러나 증명 그 자체보다도 훨씬 더 중요한 것은 항상 '그 이면에 숨겨진 것이 무엇인가' 하는 점이다. 이 경우 이면에 숨겨진 것은 찬란한 색채를 지닌 이전의 불행과 아직은 제대로 설명할 수 없는 새로운 행복이었다.

토론자들은 "바라는 것을 얻으면 누구나 행복해질까?"라는 질문을 몇 번이고 되풀이했다. 기독교도인 어머니 모니카는 이렇게 대답했다. "선善을 바라고 이를 얻은 사람은 누구나 행복합니다. 반대로 악을 바라는 사람은 비록 이를 얻을지라도 불행합니다." 이러한 어머니의 말에 아우구스티누스는 열광적인 박수를 보냈다. 이때 그는 자신이 이전에 악에 사로잡혀 있을 때에도 매우 행복한 적이 많았던 사실을 완전히 잊고 있었음이 분명하다. "어머님은 진정 철학의 성을 정복했습니다." 그런데 그는 이렇게도 말할 수 있었을 것이다. '어머님은 진정 철학을 파괴했습니다.' 왜냐하면 어머니의 말은 그녀 이전에도 또 이후에도 여러 철학자들이 말한 것이고 철학사에서도 커다란 절도 사건으로 기록하고 있기 때문이다. 이렇게 선을 절대시하고 행복을 부수적인 것으로 취급함으로써 '행복'이라는 말은 왕좌에서 끌어내려져 철학자들이 '선'이라고 부르는 제왕의 시녀가 되고만 것이다.

만일 모니카 부인에게 웅변술 교사만큼의 교양이라도 있었더라면, 그녀는 예를 들어 철학자 키케로를 주요 증인으로서 소환할 수도 있었을 것이다. 그러나 키케로의 말을 인용한 것은 아우구스티누스의 학식 있는 제자들이었다. 키케로는 다음과 같이 주장하는 사람들이 실제로 있다고 말한다. "자신이 바라는 대로 사는 사람은 모두 행복하다고 한다. 그러나 이것은 잘못이다. 왜냐하면 자신에게 어울리지 않는 일을 바라는 것은 더없는 불행을 의미하기 때문이다. 오히려 바라는 것을 얻으려고 하지 않는 편이 어울리지 않는 것을 얻으려고 하는 편보다 덜 불행하다." 그러니까 키케로에 따르면, 행복은 '자신에게 어울리는 것'과 결부되어 있다. 물론 철학을 모르는 사람은 이와는 다른 경험을 한다. 행복이 자신과 어울리지 않는 일에 결부되는 경우가 적지 않기 때문이다. 키케로의 말도 모니카 부인의 말도 모두 큰 문제가 있는 것이다.

다른 한편으로 아우구스티누스가 자신이 거둔 모든 성공에도 불구하고, 또 사랑이나 사회 경력에서 행복을 얻었음에도 불구하고 이 행복을 끝까지 누리지 못했다는 사실도 무시할 수 없다. 그는 19세 때부터 행복을 추구했다. 그 당시에 그는 키케로의 『호르텐시우스』를 읽었다. 이 책을 읽고 그는 '철학이라는 항구'에서 행복을 찾을 수 있으리라고 생각했다. 그리고 토론이 열렸던 당시에도 철학을 높이 평가하고 있었기 때문에 철학에서 출발해 '당장 복된 삶의 낙원'에 도달할 수 있다고 생각했다. 그는 철학이라는 항구에서 – 플라톤, 아리스토텔레스, 키케로, 플로티노스 등의 책을 읽고, 마니교도들과 교제하며 – 여러 해를 보냈다.

그는 마니교 신자들과 오랫동안 사귀며 교제의 범위를 넓혀갔다. 마니교도들은 그가 묻는 질문에 대답이 궁하게 되면 주교인 파우스투스를 내세웠다. "그가 와서 함께 이야기하면 이런 의문, 아니 이보다 더한 일이라도 아주 쉽고 명확하게 해결해 줄 것입니다." 이렇게 파우스투스를 기다리다가 드디어 그를 만나게 되었다. 친절하고 다정다감한 노인이었다. 그는 대단한 달변가로서 말솜씨가 뛰어난 배우 같았다. 그러나 학문 쪽은 깊이가 없었다. 천문학에 대해서는 전혀 지식이 없었으며 문법도 아는 것이 별로 없었다. 이런 파우스투스가 그의 문제를 모두 해결해준다고 하다니! 그들은 이런 사람과 만나게 해준다고 하면서 그를 몇 해나 기다리게 했단 말인가. 이 마니교의 주교는 친절한 사교가이기는 했다. 그러나 진리에 목마른 사람에게 말만 번드레한 사람이 무슨 소용이 있겠는가?

아우구스티누스에게 성경을 권한 사람들이 있었다. 그는 성경을 읽어도 아무런 감동을 느낄 수 없었다. 성경의 '교과서 같이 중얼거리는' 라틴어는 키케로의 우아한 문체와 비교해보면 유치하게 보일 정도였다. 더구나 책에서 교양과 예리한 개념 분석 그리고 세계인다운 문체를 찾아내는 데 익숙해진 다음이라 더더욱 그랬다. 이처럼 어린이용 입문서 같은 책을 읽기에는 너무 학문이 깊었고 관념적인 교육을 너무 많이 받았다. 아리스토텔레스의 섬세하고 치밀한 분류법에 이골이 나 있었던 것이다. 지적 수준이 낮은 사람들을 위한 책을 가지고 뭘 어떻게 하란 말인가?

그래도 그는 점차 성경의 세계로 빠져 들어갔다. 카르타고와 로마에서 학생들을 상대로 좋지 않은 경험을 한 그는 1년 전에 이 밀라노로 옮겨왔다. 도착 후 곧 그는 기독교 주교 암브로시우스의 설교를 들으러 갔다. 수사학 교사인 아우구스티누스는 웅변의 대가로 명성이 높은 사람이 있으면 동업자로서 큰 관심을 가졌다. 그는 이 존경받는 밀라노의 주교가 어떻게 설교를 하는지 호기심이 많았다. 그의 설교 내용에는 별 관심이 없었고, 오로지 웅변술에만 주목했다. 그런데 암브로시우스는 말하는 기술과 말하는 내용을 분리해서 볼 수 없는 특이한 사람이었다. 그는 웅변가는 아니었다. 그는 전달하고자 하는 메시지가 있었다. 이와는 반대로 아프리카 태생의 동료는 오직 상대방의 기술만 살펴보려고 했던 것이다.

아우구스티누스의 영혼은 이미 오래전부터 실로 불편한 조짐을 보이고 있었음에도 불구하고 그는 밀라노에 와서도 영혼의 구원을 위한 시간을 가질 수 없었다. 그 영혼의 증상은 충치와 같은 것으로 이따금 극심한 통증을 느끼다가도 얼마 후에는 다시 멀쩡해졌다. 그는 13년 동안이나 영혼을 잊고 살았다. 밀라노에서는 영혼을 위해 신경 쓸 시간이 전혀 없었다. 그는 학생들을 위해 수업 준비를 해야 했고, 시간을 많이 잡아먹는 사교 활동도 해야 했다. 연줄을 만들어놓지 않으면 어떻게 출세를 하겠는가? 또 휴식할 시간도 필요했다. 게다가 여자 문제로 체력과 시간을 많이 소모했다. 그는 몇 달 전부터 또다시 난처한 처지에 놓이게 되었다.

어머니가 간신히 그를 설득해 양갓집 처녀와 약혼을 시킨 것이다. 그는 자유분방한 독신생활을 청산하고 결혼이라는 족쇄를 차게 되었다. 그는 마음의 상처로 괴로워하며 '동거하던 애인'과 작별했다. 애인은 밀라노에서 아프리카로 돌아가면서, '결코 다른 남자에게 몸을 맡기지 않겠다'고 맹세했다. 그는 그녀와의 사이에서 난 아들과 함께 그녀를 그리워하며 지내야 했다.

그런데 그의 마음에 들었고 부잣집 딸이기도 한 약혼녀가 너무 어리다는 것이 문제였다. 그녀는 이제 겨우 열 살밖에 되지 않았다. 그러니까 결혼하려면 2년을 더 기다려야 했다.• 그렇다면 여자 없이 어떻게 살아가야 한단 말인가? 한 여자는 그에게서 떠났고, 또 한 여자는 아직 나이가 어렸기 때문에 그는 제3의 여자를 구했다. 결국 그는 아들의 어머니에 대해서는 그리움 때문에, 약혼녀에 대해서는 양심의 가책 때문에 괴로워하게 되었다. 그는 아주 비참한 기분이었다. 그는 이런 생활에서 탈출하고 싶었다. 이미 13년 전부터 그는 탈출하고 싶었던 것이다.

그는 달콤한 생활에 흠뻑 빠져 살아왔다. 그럼에도 불구하고 그는 막연한 동경 때문에 이런 생활에서 벗어나고 싶었고, 금욕과 순결이라는 이상에 비상한 매력을 느꼈다. 단지 그는 서둘러 이 이상을 실현하려고는 하지 않았다. 당장 그렇게 할 생각은 없었다. 그는 적어도 당분간은 달콤한 생활의 기쁨을 만끽하고 싶었다. 그러나 그러한 기쁨이 그를 만족시키는 것은 자신이 언젠가, 어쩌면 내일이라도 이 기쁨을 단념하리라고 생각했을 때뿐이었다. 아우구스티누스는 섬세한 감각을 지닌

• 당시의 법은 12세부터 결혼을 허락했다. - 옮긴이 주

향락가였던 것이다.

이렇게 세월이 흘렀다. 무려 13년의 세월이 흘러간 것이다. 그동안 때때로 '이제 그만'이라고 재촉하는 소리가 마음에서 우러났지만 그는 조금도 서두르려고 하지 않았다. 그럴 때마다 그는 눈에 보이지 않는 소리의 주인을 달랬다. "잠깐만 기다리세요! 곧 청산하겠습니다! 정말입니다, 이제 얼마 남지 않았습니다!" 그러나 이 잠깐이 엿가락처럼 늘어나 13년이 되었다. 기쁨을 주는 세속의 달콤한 습관이 그를 꼭 붙잡고 놓아주지 않았던 것이다. 그는 이러한 습관과 결별하는 데 심한 불안을 느꼈다. 그리고 결국은 자신이 지금까지 살아온 인생을 긍정하려는 마음도 커져갔다. 오랜 세월에 걸쳐 카르타고와 로마와 밀라노에서 보낸 행복한 삶을 긍정하려는 마음은 예컨대 다음과 같다. "이 세상의 일에도 나름대로 매력이 있으며 달콤한 기쁨을 안겨준다. 이 기쁨을 단념하는 것은 그렇게 간단한 일이 아니다. 게다가 등을 돌리고 나서 다시 찾아간다는 것은 참으로 부끄러운 일이 아니겠는가?" 아우구스티누스는 이렇게도 말한 바 있다. "예를 들어 높은 지위에 오르는 것도 나에게는 어려운 일이 아닐 것이다. 이 이상 또 무엇을 바라겠는가? 나는 영향력 있는 친구가 얼마든지 있다. 내가 목표를 세우고 열심히 노력하면, 아마 총독 자리쯤은 얻을 수 있을 것이고, 재산이 많은 여자와 결혼도 할 수 있을 것이다. 그러면 여유 있는 생활을 할 수 있고 나는 모든 점에서 만족할 수 있을 것이다." 이 사람이 새로운 행복을 어느 정도로 진지하게 생각했는가는 이전의 행복과 작별하기가 얼마나 어려웠는가를 염두에 둘 때만이 가늠할 수 있다.

그러나 불안해하며 방황하는 그는 기존의 삶이 얼마나 공허한지를 자주 느꼈다. 그리고 저편, 즉 그가 가고 싶어 하는 행복으로 충만한 세계로 눈을 돌렸다. 저편에는 예를 들어 소박한 소망과 흔들리지 않는 확신을 지닌 어머니가 살고 있었다. 그렇다. 어머니처럼 학식이 없는 사람들도 높은 경지에 도달해 하늘의 세계를 자신의 것으로 만들었다. 그런데 학자인 자기와 같은 사람들은 '지식의 잡동사니'를 무겁게 짊어지고, 무수한 허영을 탐하면서, 겉은 번쩍거리지만 속은 편안한 날이 없었다. 그래서 그는 몇 번씩이나 같은 질문을 반복했다. "왜 우리는 저 부러운 사람들이 가는 길을 따라가지 않는 것일까?", "어쩌면 우리는 학식이 없는 사람들이 앞서 갔다고 해서 뒤따라가는 것을 수치로 여기는 게 아닐까?" 이렇게 생각하면서도 그는 뒤따라가지 않았다. 복잡한 문제에 익숙해진 지식인, 매우 섬세한 감각을 지닌 향락가인 그는 이러한 단순한 처방, 단조로운 생활 방식을 받아들일 수가 없었다. 그리고 연애 경험이 풍부한 그의 뇌리에서 여자들의 모습이 사라지지 않았다.

이처럼 그가 살아온 삶은 자신이 바라는 것이기도 하고 또 바라지 않은 것이기도 했다. 그리고 그는 이러한 갈등을 계기로 해서 최초의 위대한 심리학자 중의 한 사람이 되어, '개인은 불가분의 존재가 아니라, 무질서하게 혼합된 존재'라는 사실을 발견한 것이다. 그리고 인간의 피부 밑에는 두 가지 영혼이 아니라, 수많은 영혼이 서로 맞서 싸우고 있다는 인식에까지 도달했다. 이 때문에 그는 몹시 고민했다. 그래서 그는 안녕과 질서가 유지되도록 하기 위해 13년 전부터 자신의 영혼을 평생 지배할 독재자를 앉히려고 시도한 것이다. 왜냐하면 자신의 두 손과 두 발 그리고 그 밖의 많은 신체 근육에는 쉽게 명령을 내릴 수가 있었으나 영혼은 그렇게 할 수 없다는 것이 그의 마음에 부담이 되었기 때문이다.

그가 영혼을 향해 '지금까지의 삶은 이제 그만!'이라는 명령을 내린다면, 그때마다 어디선가 다음과 같이 속삭이는 소리가 들려오는 것이다. "뭐라고요, 우리를 버린다고? 그렇다면 그 순간부터 우리는 영원히 당신 곁을 떠날 겁니다. 이제 당신은 이런 일도, 저런 일도 영원히 하지 못할 겁니다." 이 '영원히'라는 것이 결단을 어렵게 만들었다. 최종 결단을 내릴 단계가 되면 그는 언제나 머뭇거리고 말았다. 그는 분명히 지금까지의 삶과 결별하고 싶었으나 결국에는 그렇게 하지 못했다. 그의 심신을 소모시키는 이러한 주저로부터 그를 해방시킬 수 있는 것은 최종 결단뿐이었다.

그는 마지막까지도 이 '영원히'를 피해 갈 수 있는 다른 길을 찾으려 했다. 열 명의 친구가 모였다. 그들은 모두가 '괴롭고 고달픈 일상생활에 싫증이 난' 사람들이었다. 그래서 그들은 고독한 ─ 열 사람만의 ─ 세계로 도피하려고 했다. 그들은 각자의 재산을 모두 모으려고 했다. 그중에는 아주 부자도 끼어 있었기 때문에 결코 적은 액수가 아니었다. 어쨌든 이 속세에 수도원을 건설하기 위한 준비가 끝났다. 그러나 그때 아내와 약혼녀는 어떻게 하느냐는 문제가 생겼다. 이 문제 때문에 결국 계획 전체가 수포로 돌아가고 말았다.

이렇게 해서 다시 '이것이냐 저것이냐' 하는 고민거리가 남게 되었다.

변하지 않는 행복

어느 날, 그 날은 불과 몇 주일 전, 그러니까 386년의 여름이 끝나갈 무렵이었다. 그는 자신의 영혼을 몽땅 독재자에게 넘겨주었다. 그의 마음속에서 그렇게도 오랫동안 벌어진 내전이 끝난 것이다. 평화, 영원한 평화가 찾아왔다. 어쨌든 그 후 44년 동안에 걸친 그의 후반기 삶에서는 더 이상 격렬한 투쟁의 기록은 보이지 않는다.

이 평화가 찾아올 때의 기묘한 상황을 그는 그로부터 10년 후에 쓴 『고백록』 속에서 다음과 같이 묘사하고 있다. 화창한 어느 날이었다. 그는 또다시 자기 자신과의 격렬한 갈등에 사로잡혔다가 한 무화과나무 아래 몸을 던졌다. 그의 눈에서는 눈물이 끊임없이 흘러내렸다. 이때 어디서인지, 아마 무한의 깊이에서 노래하는 듯한 어린이의 소리가 들려왔다. "책을 들어서 읽어라!" 그는 사도 바울의 서한을 읽었다. 그때 그의 눈이 멈춘 곳은 무의미한 지나친 포식, 그리고 간음을 꾸짖는 핵심적인 몇 개의 문장이었다.• 그는 이 글에 항복했다. 그리고 다시는 여자를 탐하지 않았다. 또 그 후로는 현세의 어떤 희망에도 사로잡히지 않았다. 그의 마음은 더 이상 흔들리지 않았고, 그는 평화로운 삶을 살았다. 그리고 그것을 행복이라고 불렀다. 물론 그는 이 11월의 며칠 동안에는 과거의 행복에 대해 그로부터 10년 후처럼 초연하지는 못했다. 카시키아쿰 별장에서의 그에게는 아직 명성과 여자를 단념하기 전이라 이를 탐한 일이 불쾌하지는 않았던 것이다.

그런데 어떻게 그는 오랜 주저 끝에 별안간, 자신에게 많은 금지 명령을 내리는 이 독재적인 의지에 항복하게 되었는가? 그는 적어도 처음에는, 즉 항복에 익숙해지기 전까지는 결코 행복한 상태가 아니었을 것이다. 이런 일은 상상할 수조차 없었다. 그러나 여기서 잊어서는 안 될

• 로마서 13장 13~14절을 말한다. "진탕 먹고 마시고 취하거나 음행과 방종에 빠지거나 분쟁과 시기를 일삼거나 하지 말고 언제나 대낮으로 생각하고 단정하게 살아갑시다. 주 예수 그리스도로 온몸을 무장하십시오. 그리고 육체의 정욕을 만족시키려는 생각은 아예 하지 마십시오." - 옮긴이

것이 있다. 그는 당시 폐가 약해져서 깊은 호흡을 하기가 어려운 상태였고, 가슴의 통증 때문에 폐 질환을 앓아 그의 목소리는 쉬고 가늘어졌다. 웅변술 교사로서는 천식을 견딜 수가 없었고, 폐의 고통 때문에 끓어오르던 시적 상상력까지 쇠퇴해버렸다. 요컨대 그가 영혼이라는 무질서한 국민을 독재적으로 다스리려고 결심한 데에는 몸 상태가 좋지 않았다는 사실도 한몫을 했을 것이다.

그가 엄격한 주님과 평화조약을 맺은 날부터 포도 수확기의 휴가 때까지는 20일이라는 시간이 있었다. 이 기간 중에 그는 여전히 – 비밀을 마음속에 간직한 채 – '말의 행상인'으로서 '가식적인 교사 자리'에 머물러 있었다. 그는 사람들이 떠드는 것을 싫어했기 때문이었다. 그러나 이때 그는 이미 휴가가 끝나면 영원히 '궤변의 시장에서 물러날' 결심을 굳히고 있었다. 그리고 그는 이 결심을 실행에 옮겼다. 11월이 되자 그는 별장 카시키아쿰에 묵으면서 시편을 읽고, 이사야서를 읽으려고 했지만 제대로 이해할 수 없어서 다른 날을 기약해야 했다. 이제 그는 자신이 영원히 포기한 행복을 나쁜 것으로 생각하게 되었다. 동시에 그는 세심한 주의를 기울여 새로운 행복에 다가가고 있었다.

그는 새로운 행복에 접근할 때 낡은 길, 즉 논리학이라는 길을 걸어갔다. 그것은 그 무렵 '다시 한번' 그의 학문적인 자부심이 되살아났기 때문이었다. 그는 기독교로 개종하고서도 마음이 가난한 사람은 되지 못하고 있었다. 그래서 그는 키케로를 잔뜩 인용하면서 기독교도의 행복을 얻기 위해 논리의 길을 개척해 나간 것이다. 그는 엄밀한 논리학에 따라 '왜 돈이나 권력 그리고 매력 있는 여자는 우리를 행복하게 만들지 못하는가'와 '행복을 주는 유일한 것은 도대체 무엇인가'를 증명해 나갔다. 제자인 리켄티우스는 이제 막 기독교도가 된 아우구스티누스에게 "행복하기 위해서 저마다 찾아야 할 것은 무엇인가요?"라고 묻고서 모두가 알아듣도록 설명해 달라고 부탁했다. 아우구스티누스는 "행복해지려는 자는 언제까지나 지속되는 것, 어떤 운명의 시련에 의해서도 빼앗기지 않는 것을 얻어야 한다"고 설명했다. 또 다른 제자 트리게티우스는 마치 토론을 활성화시키려는 듯 다음과 같은 반대 의견을 제시했다. "세상에는 행복의 총아라고 할 만한 사람들이 많이 있습니다. 그들도 마찬가지로 허약한 존재이고 또 변덕스러운 운명에 지배되고 있지요. 그런데도 인생을 쾌적하게 보낼 수 있는 것을 잔뜩 소유하고 있으며 원하는 것이면 무엇이든 손에 넣습니다."

그러나 아우구스티누스는 미동도 하지 않고, 이 세상 모든 것이 불확실하다고 응수하며 내일이라도 모든 것을 잃을지도 모르고 그것은 아무도 알 수 없는 일이라고 말했다. 따라서 이제 그에게 있어서 행복에 대한 문제는 '영원하고도 언제나 변하지 않는' 선善에 대한 문제로 바뀌었다. 그와 같은 선은 어디에 존재하는가? "영원하고도 언제나 변하지 않는 것은 오직 하나님뿐이다." 그렇다면 결론은 무엇인가? "하나님을 믿는 자는 행복하다."

아우구스티누스라고 파멸을 생각하지 않았겠는가! 놀라울 정도로 막강했던 로마 제국은 온갖 파국을 겪으면서 간신히 명맥을 유지하고 있었다. 이미 제국은 동로마와 서로마로 분열되었고, 그것조차도 언제 또 분열될지 모르는 상황이었다. 지배자는 잇달아 선임자를 몰아내고 등장했으며, 이러한 지배자의 교체는 거의 언제나 내란과 더불어 시작되었다. 전 세계가 요동치고 있었다. 먼 동방에서 훈족의 일부가 고트족을 압박하면 고트족은 로마 제국의 국경을 압박하고, 이 국경의 내부에서는 살인과 가렴주구가 횡행했다. 11월의 3일 동안에 걸친 토론이 있은 지 25년 후에 – 아우구스티누스가 아직 살아 있을 때였다 – 영원한 로마는 결코 영원하지 않다는 것이 분명해졌다. 로마가 알라리크와 그가 이끄는 고트족에게 짓밟힌 것이다. 이 시대의 정신은 파멸과 자기 해체로 가득 차 있었다.

이러한 시대에서 행복은 변하지 않는 것과 동일시되고, 변하지 않는 것은 도덕과 동일시된다. 아우구스티누스는 다음과 같이 말한다. "도덕적인 이성은 변하지 않는 것이 변하는 것보다도 앞선다는 사실을 의심할 여지없이 확실하게 알려준다." 정말 그럴까? 확실한 사실은 변화 가능성에 대한 생각이 많은 사람들의 행복을 손상시킨다는 것뿐이다. 젊은이는 늙는 것을, 노인은 죽음을 두려워한다. 또 지배 계급은 변화를 두려워하고, 피지배 계급은 변화의 위험을 겪으니 차라리 변화하지 않는 쪽을 바라는 것이다. 이처럼 누구나 새로운 것을 두려워한다. 그리고 당연히 모두가 제일 두려워하는 것은 변화 중의 변화, 즉 자아의 해체이다. 인생에서 행복한 시기는 언제인가? "그것은 영원한 삶을 살 때이다"라고 기독교도 아우구스티누스는 대답했다.

예로부터 철학자들은 영원한 것, 변하지 않는 것을 추구해왔다. 그들은 그것을 때로는 이데아, 때로는 선, 때로는 신이라고 불렀다. 그런데 그들이 이렇게 이데아나 선이나 신을 추구한 것은 언제나 행복, 변하지 않는 행복을 위해서였다. 유럽의 사상사에서는 플라톤이 이 변하지 않는 것을 추구해온 고전적인 철학자이다. 그리고 아우구스티누스는 이 변하지 않는 것이라는 추상적이고 냉담하며 실체 없는 개념인 이데아를 새롭게 조명했다. 그는 이 이데아에 영혼을 불어넣고, 그것을 신이라고 부른 것이다. 이 변하지 않는 이데아가 주는 행복은 기껏해야 소수만 이해하는 행복, 전문 사상가를 위한 추상적인 행복에 지나지 않으며, 따라서 지극히 비인간적인 행복이었다. 그러나 인간은 신에게 자신을 맡길 수 있다. 신이라면 사랑할 수가 있는 것이다. 11월의 토론에서 나온 가장 심오한 말은 "내가 사랑하는 것은 무엇이든 두려워할 필요가 없다"이다. 인간은 신을 통해서 모든 공포로부터, 즉 행복에 이르는 길에서 최대의 장애물인 공포로부터 벗어날 수 있다. 인간은 세상과 세상의 만물을 창조한 신을 사랑함으로써 두려워할 것이 없게 되었다. 야만족의 로마 제국 침략도, 수사학 교사로서의 실패도, 피할 수 없는 죽음도 두렵지 않다. 에피쿠로스도 이러한 공포를 행복에 대한 주요 장애로 여겼다. 아우구스티누스가 "내가 사후의 영생과 내세의 응보를 믿지 않는다면 에피쿠로스의 가르침에 승리의 종려나무를 바쳤을 것이다. 물론 에피쿠로스는 그런 영생과 응보를 부정하지만 말이다"라고 공공연히 고백한 것도 결코 우연은 아니다. 참된 사상가들은 대부분의 경우, 철학사가 분류하듯이 그렇게 큰 차이가 나지 않는다. 에피쿠로스와 아우구스티누스가 찬양하며 추구한 행복은 비록 길은 서로 달랐지만 동일한 것이었다.

대단한 회의주의자이자 크나큰 향락가였던 아우구스티누스는 삐딱한 사색의 즐거움이나 여자나 성공의 즐거움을 스스로 금지한 다음에도 만년에 이르기까지 현세의 즐거움을 찬양했다. 그가 59세에서 72세까지 13년 동안 집필한 대표작 『신국론』은 현세의 아름다움에 대한 찬가로 끝을 맺고 있다. 에피쿠로스라도 현세의 아름다움을 이처럼 열광적으로 찬양하지는 못했을 것이다. 성 아우구스티누스는 남자의 젖꼭지조차도 아무런 쓸모는 없지만 아름다움을 위해 창조되었다고 찬양한다. 그는 필수불가결한 기술을 찬양했을 뿐만 아니라, 오직 사람들을 즐겁게 할 뿐인 온갖 재주도 찬양했다. 그는 카르타고와 로마에서 자유분방하게 지낸 과거와 결별한 후 절제된 생활을 하던 시기에는 연극이나 서커스를 적의에 찬 시선으로 보았으나, 생애의 마지막에 이르러서는 다음과 같이 외쳤다. 하나님은 "극장을 통해 눈에는 얼마나 멋진 일을, 귀에는 얼마나 믿지 못할 일들을 베풀어주셨는가!"

진정 그는 사랑하는 현세의 삶에 대한 열광적인 찬가를 통해 자신이 인생의 절정기에 결별한 모든 것들을 빠짐없이 노래하려고 했다. 입맛을 돋우는 양념, 귀를 간지럽히는 선율, 마음을 밝게 하는 시문, 대화를 다채롭게 하는 명구 등 온갖 것을 찬양하려고 한 것이다. 그는 인간의 유능함에 열광한 나머지 심지어는 인간이 서로를 멸망시키기 위해 발명한 독약이나 무기나 기계까지도 찬양하고 있다. 그리고 모든 것에 왕관을 씌워주려고 하다가 갑자기 당혹감을 느껴 다음과 같이 외친다. "철학자와 이교도들은 오류와 거짓을 대변하느라 얼마나 많은 훌륭한 정신을 허비했는가!"

이 기독교의 성인은 행복을 느끼는 감각을 갖지 못한 광신도도 아니었고, 사람들로 하여금 행복에 구역질 나게 하려는 위선자도 아니었다. 그렇다면 그는 도대체 왜 극장이나 맛있는 음식, 아름다운 여자, 사색하는 철학자 등이 넘쳐나는 이 멋진 인생을 버린 것일까? 그 이유는 그가 행복에 대해 정말 대단한 생각, 참으로 상식을 벗어난 생각을 했기 때문이었다. 그는 "게으름 때문에 무위도식하지 않고, 가난 때문에 어쩔 수 없이 일하지 않는" 낙원을 찾았다. 그는 "더는 부족한 것이 없고 오직 안전하고 영원히 지속되는 행복만이 넘치는" 삶을 찾고 있었던 것이다. 그는 행복을 찬양하는 모든 사람들이 – 모든 위대한 공상가, 사회주의자, 그리고 기독교도들이 – 추구해온 것과 같은 삶을 찾고 있었다. "그곳에서 우리는 축제를 벌이며 서로 바라보고, 바라보면서 서로 사랑하고, 사랑하면서 찬양한다." 그는 행복을 나쁘게 보지 않았다. 그는 다만 사소한 것만으로는 만족하지 않았을 뿐이었다. 그는 부러워할 만한 당찬 쾌락주의자였던 것이다.

행복에 대한 그의 의지가 너무도 강력해서 결국 그는 천국을 만들었다. 그는 현세가 이 엄청난 행복의 터전이 될 수 있다고는 믿을 수 없었기 때문이었다. 그가 원한 현세의 행복은 자신이 현세에서 얻을 수 있는 것보다 더 순수한 행복이었다. 그는 이 세상에서 행복이 펼쳐질 가능성을 낮게 평가했다. 이 점에서 그는 유토피아를 지향하는 민주주의자나 사회주의자, 디오니소스 숭배자들과 달랐다. 물론 이들도 행복에 대해 엄청난 동경을 품고 있었다는 점에서는 아우구스티누스와 조금도 다를 것이 없었지만 말이다.

신의 나라의 행복은 인간의 나라의 불행으로부터 그를 지켜주었는가?

밀라노로부터 33킬로미터 떨어진 카시키아쿰 별장에서 '행복에 관한' 토론을 펼친 이듬해 부활절의 일요일에 아우구스티누스는 세례를 받았다. 그 후 그는 30년 동안에 걸쳐 북아프리카의 도시 히포의 주교로 일했다.

이 도시에서 그는 그의 생애의 마지막이 되는 해인 430년, 즉 76세가 된 해에 다시 한번 현세의 행복이 얼마나 덧없고, 불행이 얼마나 압도적인지를 소름끼칠 정도로 분명하게 인식할 수 있었다. 그때 그가 기대했던 '신의 나라'가 그에게 준 행복의 힘은 그가 경험한 끔찍한 불행에 대해서 얼마나 무기력했던가?

로마 제국의 아프리카 방면 군사령관 보니파키우스는 중앙 정부로부터 출두하라는 명령을 받았다. 그가 거부하자 정부는 그를 연행하기 위해 군대를 파견했다. 그래서 그는 자신을 지키기 위해 에스파냐에서 반달족을 불러들였다. 그러나 반달족은 아프리카에 도착하자 아주 뿌리를 내리고, 로마인 및 로마의 앞잡이라고 생각한 기독교도들을 공격했다. 토박이 이교도인 마우리타니아인무어인은 반달족과 결탁해 주인인 로마인에게 반항하기 시작했다. 제국뿐만 아니라 교회까지도 위험하게 되었다. 결국 이교도와 아리아계의 야만인은 카르타고, 실트, 히포 등

암브로시우스 주교로부터 세례를 받는 아우구스티누스(387년)

의 일부 도시를 제외하고는 북아프리카의 해안선을 모두 제압하게 되었다.

아우구스티누스가 관할한 주교구의 중심지인 히포는 주변의 도시나 농촌에서 쫓겨난 사람들의 피난처가 되었다. 이 도시에는 잇달아 재난이 밀려왔다. 430년에 이 도시는 반달족에 의해서 포위되었다. 적의 손아귀에서 빠져나와 공포에 떨고, 질병에 시달리며 추위와 굶주림과 목마름으로 고통을 받고 있는 인간이라는 피조물 – 이것이 변하지 않는 행복을 갈망하던 아우구스티누스가 이 세상에서 바라본 마지막 광경이었다. 그가 한없이 행복한 '신의 나라'에 대한 소망을 품었을 때, 그의 도시에는 불행이라는 불행은 모두 모여 있었다. 이 세상과의 이별은

그에게 어려운 일이 아니었을지도 모른다. 그러나 이별할 때 그는 과연 행복했을까?

43년 전 밀라노에서 어머니 모니카는 "바라는 것을 얻으면 누구나 행복해질까?"라는 질문에 대해서 아들을 만족시킬 만한 대답을 했다. 그녀는 이렇게 대답했던 것이다. "선善을 바라고 이를 얻은 사람은 누구나 행복합니다." 430년에 성 아우구스티누스가 선을 바라고 또 이를 얻었다는 것은 의심할 여지가 없다. 그러나 그는 이 해에 그 도시에서 행복했을까? 이것은 그가 개척한 행복에의 길의 가치를 판정하는 결정적인 질문이다.

그가 죽은 지 80년 후, 추방 길에 오른 아프리카의 주교들은 아우구스티누스의 유골을 사르데냐섬으로 운반해 묻었다. 그리고 다시 거의 200년이 지난 뒤 사라센인들이 이 섬을 점령했을 때 아우구스티누스의 유골을 탈취했고, 랑고바르드의 왕 리우트프란드가 몸값을 치루고 유골을 사들였다. 아우구스티누스의 '죽은 부분'인 유골은 그 후 북이탈리아의 파비아로 옮겨져 파비아 교회에 성유물로 보존되어 있다. 그러나 '살아 있는 부분'이 있다고 한다면 과연 어디에 있을까? 그는 기독교 교회의 위대한 권위자 중의 한 사람으로서, 신과 인간의 본질에 관한 기독교 교회의 몇 세기에 이르는 교리를 확립한 사상가로서 살아 있다. 또 그는 행복에 대한 가장 정열적인 소망을 지닌 자로서 살아 있다. 그는 많은 사람들에게 길을 제시했다. 그 사람들은 목적지에 도착했을까? 그는 목적지에 도착했을까? 그는 행복해졌을까? 그리고 '신의 나라'에서의 행복에 대한 그의 기대에 찬 엄청난 기쁨은 모든 야만 행위로 인한 고통을 없애줄 힘이 있었을까? 그리고 현세의 멋진 삶의 포기를 즐거운 희생으로 변화시킬 힘이 있었을까?

8장

궁전과 수도원에서 행복을 추구한
비잔티움의 프셀루스

화려한 경력

행복해지려면 어떻게 해야 하는가? 이 질문에 대한 성 아우구스티누스의 대답이 흔히 말하듯 중세를 대표하게 되었다. 행복을 찾는 사람 앞에는 두 개의 길이 있다. 하나는 음식이나 술, 여자와 자식, 성공과 명예를 즐기는 길이고, 또 다른 하나는 아우구스티누스가 32세 때 택한 길, 즉 은둔 생활을 하며 더욱 순수한 형태로 행복을 추구하는 길이다.

그러나 중세에는 제3의 길이 있었다. 이 길은 행복을 이른바 현세의 행복과 하늘의 행복으로 나누는 전통적인 사고방식에 의해 은폐되어 알려지지 않았을 뿐이다. 이미 아우구스티누스가 발견한 사실이지만, 인간은 이원적이지 않다. 즉 인간은 두 개의 대립적인 영혼을 가지고 있는 것이 아니라, 다원적이며 다양한 영혼의 집합체이다. 물론 아우구스티누스는 이러한 통찰로부터 어떠한 결론도 이끌어내지 않고 오직 한길로 나아가기로 결심했다.

우리는 여기서 아우구스티누스와 견줄 만한 또 다른 중세의 위대한 인물을 만난다. 이 인물은 아우구스티누스의 경우와 같이 괴롭게 양자택일을 할 필요가 없었다. 그는 '속세의 행복이냐 수도승의 행복이냐', '현세의 행복이냐 하늘의 행복을 위해 지상의 행복을 단념하느냐'… 이런 고민을 할 필요가 없었던 것이다. 우리가 지금부터 이야기할 사람은 속세를 수도원으로 바꾸고, 다시 수도원을 속세로, 그리고 또 다시 속세를 수도원으로 바꾸었다. 우리는 이 사람의 변신에 마침표를 찍을 수 있었던 것은 오직 죽음뿐이었다는 인상을 받는다. 비잔티움 문화가 남긴 가장 보편적인 사상가였던 이 사람은 하늘과 땅의 양쪽 길을 거쳐 행복에 접근했다.

그의 이름은 콘스탄틴 프셀루스였는데, 수도원에 들어갈 때 미카일이라는 이름을 받았다. 그는 1018년에 비잔티움 제국의 수도 콘스탄티노플에서 태어났다.

근대 그리스의 속담에 온 세계가 12라면 콘스탄티노플은 15라는 것이 있다. 이 속담은 우리가 지금 이야기하려는 시대에서 생긴 것이 틀림없다. 왜냐하면 당시 콘스탄티노플에는 온갖 인간이 다 모여 있었기 때문이다.

12세기의 한 연대기 작가는 다음과 같이 말한다.

콘스탄티노플의 시민들은 한 가지 언어로 말하지 않는다.
그들은 한 조상으로부터 태어나지도 않았다.
많은 언어와 세상이 다 아는 사기꾼들이 잔뜩 모여 있다.
알라니인, 튀르크인, 크레타인, 로도스인, 키오스인,
요컨대 전 세계, 전 왕국에서 온 사람들이 다 모여 있는 것이다.

로마 제국의 황제들은 기원 후 몇 세기에 걸쳐 고대 그리스 전성기 시절의 그림과 조각품을 이곳으로 옮겼다. 그 후 콘스탄티노플은 세계 최초로 기독교 제국의 수도가 되었다. 이 비잔티움 제국은 1123년 18일 동안 존속하며 고대 유럽과 아라비아·페르시아·중국 문명, 그리고 이탈리아와 프랑스의 르네상스를 연결하는 고리가 되었다. 비잔티움 문화는 대체로 역사의 매력적인 오솔길로 과소평가되며 알려진 것도 많지 않다. 알려져 있는 사실이라고는 비잔티움 제국의 지배자 88명 중에서 1/4은 별로 합법적이지 않은 방법으로 권력의 자리에 올랐고, 비잔티움 제국의 황후들 중에는 생존력이 뛰어난 요부妖婦가 많았다는 것, 그리고 당연히 그 유명한 비잔티움 특유의 모자이크 정도뿐이다.

프셀루스는 이 비잔티움 문화의 페리클레스 시대, 즉 기원후 11세기에 살았고, 비잔티움의 '알베르투스 마그누스*', '베이컨', '볼테르' 등으로 불린다. 그만큼 그는 당대의 정신적 풍요로움의 화신이었다. 그는 스스로 다음과 같이 선언했다. '아테네나 로마나 알렉산드리아는 이미 생명력을 잃었다. 비잔티움도 마찬가지이다. 그러나 이 위대한 과거는 모두 나의 넓은 영혼 속에 모여 있다.' 이것은 그 자신만의 말이 아니다. 동시대의 사람들도, 후세의 사람들도 똑같이 말했다. 그의 저서는 225권에 달했고, 그는 수학에서 악마학惡魔學에 이르기까지 당대의 모든 학문에 정통했다. 또 그는 위대한 선구자이기도 했다. 그는 르네상스보다 몇 세기 앞서 플라톤을 발견했고, 계몽주의보다 몇 세기 앞서 점성술을 부정했으며 민족국가의 탄생보다 몇 세기 앞서 그리스 최초의 애

• 중세 스콜라 철학의 집대성자인 토마스 아퀴나스의 스승이며, 아리스토텔레스의 책을 번역하고 주석을 달아 보급시킨 공로로 '마그누스(大)'라는 별칭이 붙었다. – 옮긴이

국자였다. 11세기에 유럽 문화의 가장 화려한 꽃이 로마도 파리도 아헨도 아닌, 비잔티움에서 피어난 것이다.

이 프셀루스는 대신이 되어 4명의 황제와 3명의 여제를 보필했고 이들의 내막에 대해 잘 알고 있었다. 그는 황제의 측근, 철학자들의 집정관, 세계 도시 비잔티움에 살고 있는 온갖 민족의 스승이자 아라비아인이나 서프랑크인들의 교육자로서 경력의 정점에 있을 때, 삭발하고 올림포스산으로 물러났다. 그러나 그 후 그는 올림포스산에서 다시 내려와 아첨과 음모의 각축장인 궁정 생활을 이어갔다. 그러면서 그는 행복에 대한 중요한 대화를 했으며 자신을 위한 행복을 발견했다. - 그것도 궁정 혁명의 불꽃 속에서 말이다. 그는 다시 수도원으로 들어갔고, 그 후 동시대 사람들과 역사 기록에서 완전히 사라진 것이다.

날씬하고 키가 컸고, 그의 캐리커처를 그린 사람들이 한결같이 강조하고 있는 길쭉한 매부리코를 지녔으며, 7명의 비잔티움 지배자를 매료시킨 웅변가인 그는 행복해지기 위해 아우구스티누스가 택한 길을 걸었다가 정반대의 길을 걸었고, 또다시 아우구스티누스의 길을 걸은 셈이다.

이렇게 해서 그는 행복으로 가는 두 개의 길이 논리적으로는 서로 모순되지만 실제 삶에서는 아주 잘 조화를 이룰 수 있다는 사실을 입증한 위대한 본보기가 되었다.

그의 아버지는 영락한 귀족으로 조그만 장사를 했다. 어머니는 아주 소박한 여성이었지만 단 한 가지 소박하지 않았던 것은 장차 출세할 아들을 갖고 싶은 소망이었다. 첫째 아이도 둘째 아이도 딸이었다. 셋째 아이는 아들이었고, 이 아들이 놀라운 출세를 하게 되었다.

어머니는 사리에 밝았으나 어린 콘스탄틴에게는 거의 맹목적인 사랑을 쏟았다. 그녀는 매일 밤 아들이 잠들 때까지 기다렸다가 아들의 귀에 속삭이는 것이었다. "내 사랑스러운 아들아! 널 정말 사랑한단다! 하지만 네게 뽀뽀만 해주고 있으면 안 된단다." 이렇게 그녀는 냉정한 이성과 도취된 열정을 결합시키고 있었던 것이다. 어린 아들은 잠을 자는 채 하며 어머니의 말을 모두 듣고 있었다. 그는 태어나면서부터 외교관처럼 처신했다.

어머니 테오도타는 결혼 전에는 아름다운 아가씨였다. 그녀는 원하는 게 없었다. 남자조차도 원치 않았다. 그러던 그녀가 지금은 아들에게 무엇이든 해주려고 욕심을 부렸다. 그녀는 남다른 정력을 쏟아 아들의 미래를 위해 준비했다. 그녀는 주변 사람들이 아들에게 옛날이야기를 들려주는 것을 허락지 않았다. 아들은 공부를 해야 한다고 고집한 것이다. 왜냐하면 계급제도가 엄격하지 않은 문화권에서는 언제나 공부가 가장 확실한 출세의 방법이었기 때문이다. 그는 5세 때 학교에 들어갔다. 8세가 되었을 때 친척들은 그에게 직업 교육을 시키려고 했지만, 어머니는 꿈에서 탈출구를 찾았다. 성 크리소스토무스가 그녀의 꿈속에 나타나 아들에게 공부를 더 시키라는 조언을 했고, 베드로와 바울도 마찬가지로 그녀를 격려했다고 우긴 것이다. 이 말에 대해서는 친척들도 어쩔 수가 없었다. 소년 프셀루스는 10세 때 『일리아스』 전부를 암송할 수가 있었다.

어머니는 아들에게 힘을 일깨웠고 앞으로 나아가게 했으며 아들이 어려움에 처할 때마다 버팀목이 되어 주었다. 그녀는 매일 밤 아무리 지쳐 있어도 침대 위에 몸을 단정히 세우고 앉아 아들이 과제물을 잘 해결하는지 지켜보았다. 아들의 공부가 잘되지 않을 때는 아들에게 찬찬히 타일렀다. 그녀는 순박한 여자였다. 그녀는 아들이 공부하는 내용을 전혀 이해할 수 없었지만, 지식이 지상의 낙원으로 가는 문을 열어 주는 열쇠라는 사실을 알고 있었다. 아마도 이 낯선 지식의 세계는 그녀에게도 어느 정도 마법의 힘을 발휘했을 것이다. 오늘날에도 비록 이전보다는 많지 않지만 이러한 마법의 힘에 포로가 되는 지식인들이 있다. 그리고 이러한 마법의 힘으로 살아가는 지식인들도 많다.

그는 25세가 되었을 때, 수사학, 철학, 음악, 법학, 기하학, 천문학, 의학, 물리학, 점성술, 그리고 플라톤에 이르기까지 배울 수 있는 것은 모두 배웠다. 그리고 일찍부터 이러한 온갖 분야에서 뛰어난 인재라는 평판을 얻었다. 그러면 이 드문 재능의 소지자는 어디로 가길 원했을까?

무엇이나 할 수 있는 사람이라면, 그리고 야심이 큰 사람이라면 어디로 가길 원했을까? 그는 당시 가장 찬란한 빛을 발하는 곳으로 가길 원했다. 이 제국에서 가장 강한 빛을 발하는 곳은 황제의 궁전과 그 곁에 있는 하기아 소피아와 히포드롬* 이었다. 야심을 가진 사람들의 눈은 모두 그쪽으로 향했다. 프셀루스의 눈도 마찬가지였다.

그가 10세 때, 전체가 작은 시市를 형성하고 있는 그 궁전에서는 약 2세기 동안 이 제국을 지배한 마케도니아 왕조의 마지막 남자 혈통이 끊어졌다.** 유럽의 역사에서 이렇게 오랫동안 직계 남자가 왕좌를 이은 경우는 아마 스웨덴의 바사 왕가를 제외하고는 거의 없을 것이다. 그래서 비잔티움 백성들은 스스로 마케도니아인으로 생각하는 경향이 강했고, 여자가 후계자가 되는 것에도 반감이 없었다. 황제는 미혼의 공

---

* 전차 경기, 검투사들의 싸움, 연극, 서커스를 진행했던 공연장을 말한다. ─ 옮긴이
** 1028년 콘스탄티누스 8세의 죽음을 말한다. ─ 옮긴이

주 세 명을 남겼다.

천연두 자국이 있는 큰딸의 이름
은 유도키아였다. 그녀는 이미 오랫동
안 행방을 알 수가 없었다. 어느 수녀원
에 들어간 다음 사람들로부터 잊히고
말았던 것이다. 둘째 딸은 조에라는 이
름으로 이미 50세가 되어 있었다. 황제
는 죽음을 눈앞에 두고 이 공주를 후계
자로 정하고 더욱 확실하게 하기 위해
서둘러 결혼을 시키려 했다. 원래 황제
는 뒤를 이을 이 공주의 남편으로 아르
메니아의 어떤 귀족을 염두에 두고 있

여제 조에

었다. 그러나 이 귀족은 비잔티움에서 멀리 떨어진 영지에 있었고, 공주
의 결혼은 다급했다. 따라서 관료들이 가까이 있는 수도의 행정대신*을
천거했다. 그는 전통적인 귀족 가문 출신으로 적임자로 보였지만, 한 가
지 난감한 것은 그가 기혼자로서 행복한 결혼 생활을 누리고 있다는 점
이었다. 그리고 아내 쪽에서도 남편을 뺏긴다는 건 생각할 수조차 없는
일이었다. 그러나 황제는 그녀에게 이혼하지 않으면 남편의 두 눈을 도
려낼 테니 알아서 하라고 최후 통첩을 했다. 그래서 이 아내는 자진해
수녀원으로 들어갔다. 조에는 결혼했고, 마케도니아 왕조의 마지막 남
자 황제는 죽었다.

젊은 프셀루스를 현혹시킨 현란한 궁전은 여성적인 분위기로 가득

• 지금의 시장에 해당하는 직위 – 옮긴이

찼다. 왕좌에는 여제 조에가 앉았는데, 그녀는 눈이 크고 눈썹이 짙고 코는 약간 휘고 머리는 아름다운 금발이었다. 50세임에도 불구하고 젊은 처녀 같아 보였으며 얼굴에는 잔주름 하나 없었다. 그녀는 수수하고 가벼운 옷을 즐겨 입었는데, 이런 옷은 그녀의 우아한 몸매를 돋보이게 했다. 금실로 수를 놓은 무거운 예복은 싫어했는데, 갑옷처럼 몸을 단단하게 감쌌기 때문이었다.

그녀는 눈처럼 흰 피부를 유지하기 위해 세심한 주의를 기울였다. 바깥의 신선한 공기가 에티오피아나 인도에서 들여온 향수나 화장품과 조화되지 않을까 봐 애써 바깥출입을 피했다. 그녀의 방은 마치 실험실 같았다. 언제나 뭔가를 끓여 여러 가지 색의 항아리에 넣어 혼합하고 있었다. 이렇게 향수를 제조하는 것이 그녀의 취미였다.

발랄하고 활기찬 이 매력적인 여제는 교양은 별로 없었고, 보통의 두뇌를 가졌으며, 몹시 변덕스러웠다. 그리고 무엇보다도 남자에 굶주렸다. 그녀는 국정에는 관심이 없었고 여자들이 하는 수작업에도 흥미가 없었다. 그 대신 남자들에 대해서는 혈안이 된 것이다. 왕좌에 앉은 그녀는 원하는 남자를 고르기만 하면 되었다. 첫 상대는 유부남이었다. 그녀는 후계자를 확보하기 위해 남편과의 사이에서 마케도니아의 혈통을 가진 자식을 얻고 싶었다. 그러나 남편은 이미 60세가 넘었고, 그녀는 50세였다. 아이를 갖기 위해 온갖 돌팔이 의사들의 꾐에 빠져 남편은 마사지를 받고 몸에 향유를 바르고, 그녀는 성스러운 조약돌을 목에 걸고 배에는 마법의 띠를 둘렀다. 그러나 그들은 결국 아이를 갖는 데 실패했다. 두 사람은 이 일을 제외하고는 서로에 대해 아무런 호감도 없었다.

조에는 얼마간 이런저런 남자들을 사귀다가 한 환관의 동생과 사랑에 빠졌다. 이 남자는 상당한 미남으로 당시의 여러 시인이 그의 미모를 시로 노래했을 정도였다. 그는 처음에는 여제가 자신에게 무엇을 바라는지 알 수 없었다. 그러나 얼마 후 환관인 형의 말을 듣고 어떻게 처신해야 할지를 알게 되었다. 그 후로는 만사가 순조로웠다. 조에는 사람들 앞에서 연인에게 입을 맞추었고 왕관을 그의 머리 위에 씌우고 왕홀王笏을 들게 하며 왕좌에 자신과 나란히 앉혔다. 그녀의 남편은 질투심을 느끼지 않았다. 그는 모든 것이 뜬소문에 지나지 않는다고 여겼다. 심지어 그는 아내의 연인을 의심하기는커녕 오히려 자신의 개인 시종으로 삼고 침실까지 불러 들여 다리와 발을 주무르게 했으며 ― 황제는 걷기도 힘들 정도로 건강이 급속도로 악화되고 있었다 ― 점점 노골화되는 아내의 부정에 대해서는 일부러 눈감아 주는 듯했다. 당시의 호기심 많은 한 동시대인은 '여제의 연인이 이렇게 침실에서 황제의 시중을 들다가 여제의 다리도 만지지 않았을까?'라는 질문을 던지기도 했다. 그러나 조에의 남편은 그런 일은 불가능하다고 생각했다. 그는 그 멋진 젊은이가 간질병을 앓고 있다는 사실을 알고 있었고, 간질병 환자는 사랑을 하지도, 사랑을 받지도 못하는 것으로 여겼다. 프셀루스의 경건한 어머니 테오도타가 금지옥엽처럼 키운 아들을 보낸 궁전은 이와 같은 모습이었다.

조에의 남편은 도저히 이 정사를 못 본 체할 수가 없는 지경이 되자 간질병 환자에 대한 자기의 생각이 잘못이었다는 것을 깨닫게 되었다. 그 후로는 이렇게 생각했던 것 같다. "남자 열댓 명을 끌어들이는 것보다는 차라리 한 놈인 게 낫겠지." 그가 이렇게 이해심을 보여주었음에도 불구하고, 여제는 그에게 서서히 효력이 나타나는 독약을 먹이고 있었다. 그러나 효험이 너무 늦게 나타났기 때문에, 그가 목욕을 할 때 시중을 드는 종자들이 그의 머리를 얼마 동안 물속으로 밀어 넣었다. — 확실한 증거는 없지만 조에가 이렇게 자기 남편을 살해했다는 이야기가 전해지고 있다. 이 일이 일어난 것은 1034년 성 목요일로부터 그리스도 수난의 날(부활절 전의 금요일) 사이의 밤이었다. 이날 밤 불려온 콘스탄티노플의 총대주교가 이런 사정도 모르고 궁전에 들어서자, 왕좌에는 벌써 조에와 연인이 예복을 입고 앉아 있었다. 총대주교는 두 사람의 결혼식 집행을 머뭇거렸다. 총대주교는 한동안 충격으로 말을 하지 못하다가 조에가 그의 손에 그와 성직자들의 몫으로 각각 금 50파운드씩을 찔러 준 뒤에야 목소리를 되찾았다. 이렇게 해서 조에와 간질병 환자는 부부가 되었다.

이 무렵 향학열에 불타고 있던 프셀루스의 학우 중 한 사람이 이미출세해 상당한 지위에 올랐다. 프셀루스는 이 친구의 도움으로 메소포타미아의 징세관이 되었고, 얼마 후 비잔티움 제국의 차관으로 승진했다. 조에의 황궁이 그가 외교적 재능을 발휘할 수 있는 터전이 된 것이다.

이제 황제^{미카일} 4세가 된 간질병 환자의 거동은 보기가 안쓰러울 정도로 불편했다. 지병의 발작에다 그를 지금의 지위로 끌어올린 살인에 대한 양심의 가책이라는 발작도 가세된 것이다. 그는 양심의 가책을 만회하려는 듯 수도원과 수녀원을 건립하고, 가난한 사람들의 안식처를 세우고 고행자를 찾아가서 보살펴 주고 잠자리까지 돌봐 주면서 자신은 그 옆의 초라한 침상에서 자기도 했다. 그는 경건한 조언자들의 말을 받아들여 아내와 잠자리를 함께하지 않았다. 그의 마지막 정력은 불가리아에서 터진 반란을 진압하는 전쟁[•]에서 소진되었다. 그 후 그는 수도원으로 들어갔고 날이 갈수록 병세가 악화되었다. 그를 사랑한 조에는 남편의 상태를 전해 듣고 마지막으로 한번 보겠다며 그를 찾아왔지만 그는 만나려 하지 않았고 곧 숨을 거두었다.

그의 조카이자 후계자인 조에의 양자^{미카일} 5세는 어머니에 대해, 어머니의 연인^{미카일} 4세보다도 더욱 심한 행동을 했다. 이 양자는 늙은 어머니의 흰머리를 삭발시키고 수녀원으로 보내버렸다. 그러나 백성들은 반란을 일으켜 이 후계자를 제위 찬탈자로 규정하고 폐위시켰다. 백성들은 마케도니아의 피를 이은 여제를 경애하고 있었으므로, 조에만이 아니라 동생 테오도라까지도 수녀원에서 데려왔다. 동생은 몇 해 전에 조에가 수녀원에 유폐시켰던 것이다. 수녀원은 당시 – 이 밖에도 그런 소임을 맡고 있는 장소는 얼마든지 있었지만 – 지체 높은 사람들을 위한 일종의 감옥이었다.

동생 테오도라는 여제복으로 갈아입고 즉위식을 거행하기 위해 하기아 소피아로 향할 때도, 자신의 주변에 무슨 일이 일어났는지 영문을 알지 못했다. 행렬이 출발할 때 백성들은 환호성을 올렸다.

10세 때 『일리아스』를 암송하고 25세 때부터 여러 학문에 정통한 프셀루스는 이제 출세의 날개를 달았다. 그는 지금까지 행복에 이르는 길을 가늠해왔고 이제 그 길로 접어든 것이다. 그는 두 늙은 여제 사이를 교묘하게 오갔다. 그는 바람이 어디서 불어오는지 재빨리 알아챘다. 그는 폐위된 후계자에게도 달려갔다. 이 폐위된 황제는 마치 오늘날 피고인이 자신의 변호사의 변론에 의지하고 매달리듯이 수도원의 제단에 매달렸다. 프셀루스는 폐위된 황제의 고통에 비통한 눈물을 흘리며 어머니 테오도타로부터 배운 도덕을 그에게 설교했다. 그는 백성들이 폐위된 반역자를 제단에서 끌어내 두 눈을 빼낼 때에도 가만히 지켜보기

● 1040년에 제국의 과중한 조세에 반발해 불가리아 백성들이 봉기한 반란을 말한다. – 옮긴이

콘스탄티누스 9세

만 했다.

프셀루스는 화려한 극장의 무대배경에 서서 배우들의 대사에 귀 기울였다. 무대에서는 두 늙은 여자가 연기를 했다. 이들은 여제복을 입고 나란히 왕좌에 앉아 있었다. 여전히 젊게 보이는 조에와 비쩍 마른 몸매의 못생긴 노처녀 테오도라였다. 테오도라는 품위는 있었으나 머리가 비정상적으로 작았다. 이 두 명의 공동 여제를 중심으로 제국의 중신들이 경의를 표하느라 눈을 내리깔고 빙 둘러 서 있었다. 두 여제는 성격이 아주 달랐다. 조에는 돈을 마구 썼고, 테오도라는 금고에 모은 돈을 동전까지 세어 내줄 만큼 검약했다. 조에는 남자를 탐했으나 테오도라는 남자에 전혀 관심이 없었다. 이들은 서로 좋아하지 않았다. 원래 조에는 남자와 나란히 왕좌에 앉고 싶어 했다. 그녀는 동생으로부터 떨어지고 싶어 – 또 다른 이유도 있었겠지만 – 세 번째 결혼을 했다. 그녀의 새 남편 콘스탄티누스 9세의 치하에서 프셀루스는 행복의 절정에 도달했다.

조에는 콘스탄티누스 9세의 세 번째 아내였다. 콘스탄티누스 9세는 조에의 세 번째 남편이었다. 이것은 원래 허용되지 않는 일이었다. 동로마 교회는 세 번째의 결혼을 엄격히 금지하고 있었던 것이다. 총대주교는 결혼식 집전을 거부했으나 다행히 황제 예배당의 사제 한 명이 대행해주었다. 하지만 총대주교는 그 이튿날의 대관식은 성대하게 치러주었고 두 사람을 포옹했다. 이 포옹이 하늘의 축복을 전했는지의 여부는 오늘날까지도 논란이 되고 있다.

콘스탄티누스 9세는 건장한 군주였다. 말 타기와 달리기 그리고 검술에서 뛰어난 실력을 지녔다. 그가 힘껏 포옹하면 등뼈가 부러질 지경이었다. 그는 강철 같은 근육을 가졌지만, 마음은 관대했다. 그는 쾌활했고 주변 사람들을 사랑했다. 그는 상대편이 기뻐할 수 있다면 대신으로 발탁하는 것도 주저하지 않았다. 남에게 친절한 사람은 상대편으로부터도 친절한 대우를 기대하기 마련이다. 콘스탄티누스 9세는 밤에 경호원도 두지 않았다. 그는 여자를 몹시 좋아했고, 매력적인 연인을 둔 채 조에와 부부가 되었다. 그 연인은 콘스탄티누스 9세의 7년에 걸친 레스보스섬에서의 유배 생활을 같이 견뎌냈을 뿐 아니라 프셀루스 교수와 그리스 신화에 대해 토론할 정도로 교양이 있었다. 늙은 조에는 그녀를 콘스탄티노플로 불러들여 황제에 못지않은 칭호를 주었다.

콘스탄티누스 9세는 연인과 관련해 더 많은 것을 관철시켰다. 그는 늙은 아내와의 관계를 '우정'에 한정시킨다는 공식적인 계약을 맺은 것이다. 부부 두 사람은 그 서류에 서명을 하고 원로원에 보냈다. 그리고 이를 승인한다는 통고가 오자 황제의 연인은 궁전 안으로 들어왔다. 왼쪽은 조에의 방, 오른쪽은 연인 스클레리나의 방, 그리고 한가운데는 흐뭇해하고 있는 콘스탄티누스 9세의 방이었다. 프셀루스의 강력한 후원자는 이렇게 행복했다.

여제는 이제 별로 질투하지 않았다. 그녀는 더 이상 자신의 옷이나 눈처럼 흰 피부에 대해 마음을 쓰지 않았다. 그녀는 성자들의 조상影像이나 그림을 안고 이야기를 나누며 애칭을 지어주었고, 그렇게 함으로써 눈물겨운 행복한 시간을 보냈다. 이것은 모두를 위해 좋은 일이었다. 콘스탄티누스 9세를 위해서나 스클레리나를 위해서나, 그리고 조에 자신을 위해서도 말이다.

프셀루스도 행복했다. 비잔티움의 페리클레스 시대가 찾아왔다. 제국은 30년 동안이나 정신적으로 황폐한 시절을 겪었다. 아라비아인들은 이 그리스와 로마의 상속자들을 제멋대로 조롱하고 있었다. 그러나 이제 다시 태양이 떠오른 것이다. 콘스탄티노플 대학이 부활되었다. 프셀루스 교수의 지도를 받으려고 아라비아인과 페르시아인과 켈트인들이 몰려왔다. 게다가 교수 자신이 자랑스럽게 말한 바와 같이, 바빌로니아인도 한 사람 있었다. 일개 학자가 지상의 모든 나라 사람들을 '포로'라고 호언장담한 것이다. 그는 "동방에서나 서방에서나 제 명성은 사람들을 우리의 도시로 모여들게 합니다. 나일강은 이집트 땅을 기름지게 하지만, 저의 황금 같은 말은 사람들의 영혼을 살찌웁니다"라고 환호성을 올렸다.

그는 사는 것이 즐거웠다. 학자들이 제국을 다스렸다. 프셀루스를 궁전으로 들어갈 수 있게 한 친구 리코우디스는 총리대신, 친구인 법학교수 크시필리누스는 법무대신, 옛 스승으로 시인이자 수사학 교수인 마우로포우스는 추밀고문관, 프셀루스 자신은 궁내대신이자 '철학자들의 집정관'이었다. 철학이 제국을 다스렸고, 학자 관료들이 비잔티움 제국을 지배했다. 그는 행복했다. 학문의 제1인자가 궁정의 제1인자였다.

프셀루스 가문은 '이것이냐 저것이냐'는 양자택일적인 가치관을 미덕으로 여기지 않았다. 어머니 테오도타는 수녀의 길을 걸어 성녀가 되었으나, 신 이외에 아들의 출세도 생각했다. 아들인 프셀루스도 이것이냐 저것이냐 하는 식의 삶을 살지는 않았다. 그는 예를 들어 탁월한 학식과 아주 비열한 처세술을 교묘하게 융합시켰다. 그는 이기적이고 오만하고 위선적이며, 상황에 따라서는 사악한 배신도 할 수 있는 인물이었다. 그는 황제들을 태양에 비교했는데, 태양은 '태양 왕'과 비교되었으니 오히려 태양이 멋쩍어지게 된 셈이다. 이 정도로 그는 아첨도 주저하지 않았다. 그는 기독교적인 소양과 고대 그리스적인 소양을 겸비한 인물이었다. 이것은 뛰어난 효과를 만들어냈다. 논리학에서는 서로 대립하는 요소들이 인간의 영혼 속에서는 하나로 융합되는 것이다. 접시나 나이프나 포크는 생선 요리용과 육류 요리용으로 세밀하게 구별할 수 있다. 그러나 위^胃는 그런 구별을 하지 않는다. 영혼이라는 끓는 냄비도 마찬가지다. 다시 말하지만, 논리학에서는 서로 대립하는 요소들이 인간의 영혼 속에서는 하나가 되는 것이다.

예를 들어 프셀루스 교수는 『일리아스』를 기독교적인 시각으로 해석했다. 그의 영혼 속에서는 호메로스와 예수가 잘 어울렸기 때문이다. 그의 말에 따르면 트로이는 지도상에 존재하는 곳이지만, 영적인 지도에서는 현세적인 것을 의미한다. '트로이의 말'도 물질로 이루어진 것이지만, 그와 동시에 잠자는 인간을 놀라게 하는 정령을 의미하기도 한다. 제우스와 그의 여러 신들의 배후에는 천사와 케루빔^{지품천사}과 성인들을 거느린 기독교의 신이 있는 것이다. 그리고 프셀루스 교수는 사랑하는 호메로스에게서 삼위일체의 교리를 발견하기도 했다. 그는 '그리스인은 자신들은 자각하지 못했지만 기독교도 였고, 플라톤은 초기의 교부였으며 알렉산드로스 대왕은 구세주의 선구자였다'고 말했다. 그리고 프셀루스의 스승이었던 주교 마우로포우스는 어떤 시에서 예수 그리스도에게 플라톤과 플루타르코스를 기독교도로 여길 수 있도록 허락을 간청한 바 있다.

이 프셀루스는 이교도적인 길을 통해 행복을 얻으려 했던 것일까?, 아니면 아우구스티누스의 길을 통해서였을까? 그는 그리스인이었던

하기아 소피아(왼쪽)와 내부 모습(오른쪽)

가? 기독교도였던가? 그는 그리스로 가는 한 관리에게 조상彫像을 가지
고 돌아오도록 당부하고 그 보답으로 뒤를 봐주겠다고 약속했다. 그리
스의 어느 오지 지방 감독관의 자리를 거부한 사람에게는 이렇게 호통
을 치며 꾸짖었다. "당신은 마라톤의 용사와 필리포스와 알렉산드로스
를 낳은 성스러운 나라를 못마땅하게 여긴다는 말인가? 당신은 옛 철학
자들이 아테네와 피레우스에 대해서 한 멋진 말을 헛소리라고 생각한
단 말인가?" 사실 프셀루스 시대의 그리스는 이제 더 이상 마라톤 전투
때의 그리스는 아니었다. 당시 그리스에는 슬라브인들이 밀려들고 있
었다. 그러나 프셀루스는 반문했다. "부모를 사랑한다면 그 자식도 사
랑해야 할 것이 아닌가? 비록 자식에게서 부모의 특성을 더 이상 찾아
볼 수 없다 하더라도 말이다." 그는 그리스인이었다. 그는 최후의 고대
그리스인이자, 최초의 근대 그리스인으로 통했다.

게다가 그는 1,000년 전에 탄생한 기독교의 계승자이며, 금욕적인 기독교도의 아들로서 현세의 삶을 경멸하는 말을 하기도 했다. 그러나 죽음을 얘기하게 되면, 예를 들어 그가 아꼈던 누이동생의 무덤 앞에서 그의 뇌리에는 에레우시스의 들판, 즉 다채로운 들꽃이 만발한 초원이 있고 시냇물이 찰랑찰랑 소리를 내며 흐르고 장미꽃이 피고 나이팅게일이 지저귀는 들판이 떠올랐던 것이다. 그는 하늘나라를 이렇게 그렸다. 그가 바라는 곳은 어디였을까? 그는 어떤 행복을 원했을까? 그는 아우구스티누스와는 달리 선택의 기로에 선 적이 한 번도 없었다. 그는 세속적인 행복을 원했고 또 그 이상의 것도 원했다.

　궁전에서는 그사이 많은 변화가 있었다. 젊은 스클레리나가 갑자기 죽었다. 늙은 조에도 74세로 세상을 떠났다. 향락가인 콘스탄티누스 9세는 쾌락을 즐긴 결과를 온몸에서 느끼고 있었다. 위는 더 이상 식욕을 따르지 못했다. 통풍이 그의 몸을 좀먹고 있었다. 손은 굽어서 이미 꽉 쥘 수도 없었다. 발은 부어올라 제대로 걷지도 못했다. 사열식 때는 시종들이 그를 말에 태운 다음 꽁꽁 묶었고, 떨어지지 않도록 한 건장한 시종이 좌우를 살폈다. 그것도 모자라서 말이 흔들리지 않도록 길 위의 돌을 모두 치웠다. 그럼에도 불구하고 그는 이전의 유머를 잃지 않았다. 프셀루스는 황제에게 얼마간 철학자의 위안을 들려주기도 했다. 위가 다소 회복이 되는 때도 있었는데, 그럴 때면 황제는 마음껏 포식했다. 그리고 그 무렵 황제는 다시 새로운 아내를 얻었다. 포로가 된 알라니족의 공주였다. 황제는 새로운 황후에게 뱀 모양의 황금 팔찌와 진주를 금으로 두른 귀고리 그리고 날씬한 허리에 두를 황금 띠를 선물했다. 게다가 광대도 있었다.

　이 광대는 말을 더듬는 흉내가 일품이었다. 한 음절을 발음하려고 필사적으로 노력하지만 성공하지 못하는 모양을 보고 황제는 몹시 즐거워했다. 콘스탄티누스 9세는 이 말더듬이 광대를 정말 좋아했다. 황제는 광대와 손을 서로 꼭 쥐고 나란히 앉아 있는 것이었다. 말을 더듬는 흉내가 아주 멋있을 때는 황제가 광대에게 입을 맞추었다. 이 광대는 그 입 외에도 많은 재주가 있었다. 여성의 거실에는 아직도 늙은 테오도라가 있었다. 70세가 지난 지 오래되었으나 그녀는 20대 때부터 순결의 화신이었다. 황제의 성은을 입은 이 광대가 그녀에 관해 파렴치한 음담패설을 늘어놓았는데, 이것은 그녀의 인품이나 생활과는 우스꽝스러울 정도로 정반대의 이야기였다. 그는 이 노파가 되어 임신이나 출산과 육아의 장면을 연기하며 터무니 없는 이야기를 꾸며낸 것이다. 황제는 이 연기를 보고 정말 즐거워했다. 광대가 새로운 황후가 된 알라니족의 공주에게 반하여 옷 속에 단검을 숨기고 이제는 연적이 된 황제의 침실을 엿보고 있었을 때도, 황제는 이 광대에 대한 즐거움을 잃지 않았다. 하지만 프셀루스는 그런 즐거움을 느낄 수가 없었다. 그는 이렇게 말했다. "우리는 울고 싶은데도 웃어야 했다." 이제 더 이상 철학이 제국을 다스리지 않았다. 한 궁정 광대가 철학을 권좌에서 몰아낸 것이다.

하지만 갑자기 상황이 악화된 것은 광대 때문만이 아니었다. 장군들은 수사학자나 철학자의 지배에 불만을 품었다. 그리고 제국은 다시 어려운 위기에 직면했다. 서쪽에서는 노르만인들이 위협했고, 동쪽에서는 셀주크튀르크인들이 몰려들었다. 이와 같은 위험을 『일리아스』의 기독교적인 해석으로 막을 수 있을까? 이것이 장군들의 반문이었다. 또 정치를 담당하던 학자 관료들은 소아시아 대지주들의 세력을 꺾기에는 그들과 너무도 밀접한 관계를 맺고 있었다.

광대나 장군들만이 철학자 프셀루스의 적은 아니었다. 그는 총대주교 케룰라리우스와도 충돌했다. 이 총대주교는 그사이에 (1054년) 동시대 사람들은 주목하지 않았지만 세계사적인 의미를 갖는 일을 저질렀다. 교황 레오 9세가 먼저 동로마 제국의 총대주교를 파문했고, 이에 질세라 동로마 제국의 총대주교는 - 당시 외교사절로 동로마 제국을 방문한 - 서방 교회의 라이벌 훔베르트 추기경을 파문한 것이다. 동시대인으로서 '로마'와 '새로운 로마' 사이의 700년에 걸친 패권 다툼에 종지부를 찍은 이 사건을 언급한 자는 한 사람도 없었다. 이와는 반대로 프셀루스가 총대주교가 황제의 자주색˙ 장화를 신고 있는 것은 용서할 수 없는 일이라는 이유로 총대주교를 고발하는 글을 쓰자 세상이 떠들썩해졌다. 프셀루스는 총대주교를 황제 모독과 이단과 부도덕 등의 이유로 고발했다. 결국 총대주교는 이 일로 분노와 낙담으로 기가 꺾여 판결이 내려지기도 전에 세상을 떠나고 말았다. 그러나 프셀루스도 이 충돌로 얻은 것은 없었다. 프셀루스와 그의 동료들은 온 사방의 적과 싸우는 처지가 되었다. 다툼이 격렬해지자 황제는 대학을 폐쇄해버렸다.

이로써 이미 행복에 도달했던 것처럼 보였던 프셀루스 앞에 새로운 행복의 길이 열리게 되었다.

• 비잔티움 제국에서는 황제와 황실 가족만이 자주색 비단을 입었고 자주색은 황실을 상징하는 색이었다. – 옮긴이

행복을 주는 궁전에서 영적 행복을 주는 수도원으로

이 또 하나의 길은 몇 마디 슬로건으로 – 이를테면 '현세적인 것에 대한 단념', '하늘나라로의 전향', '신과의 합일' 등과 같이 – 간단히 설명할 수 있는 일이 아니다.

프셀루스는 한 길에서 다른 길로의 전향을 '더 나은 삶으로의 이행'이라고 말한다. 그러나 어떤 점에서 수도원에서의 삶이 '더 낫고' 또 더 행복한가? 왜 존경받고 유명하며 영향력 있는 사람이 화려한 길을 떠나 화려한 것과는 아무런 상관이 없는 길을 선택했는가? 그는 비잔티움 제국의 자랑이었다. 그의 이름은 페르시아, 에티오피아, 프랑크 왕국에 이르기까지 널리 알려졌다. 따라서 갑자기 그가 사랑하는 궁전과 넓은 홀과 강당과 목욕탕을 버리고 머나먼 올림포스 산에 있는 초라한 수도원으로 들어가자 도처에서 '왜?'라는 질문이 빗발쳤다.

일의 발단은 콘스탄티누스 9세가 프셀루스의 친구인 총리대신 리코우디스를 해임하고, 그 후임에 다른 민족의 인물을 지명한 것이었다. 이것만으로도 이 세상의 덧없음을 알기에는 충분했다. 통풍을 앓고, 모반을 일으킬지도 모르는 장군들을 거느리며 광대와 오락을 즐기는 이 황제는 비잔티움의 페리클레스 시대를 유지해나갈 능력이 없었다. 학자 내각은 무너졌고 화려하게 꽃피어난 문화도 시들어갔다. 프셀루스는 누가 뭐라고 해도 철학자, 즉 보편화해서 사고하는 사람이었으므로, 슬픈 시선으로 변해가는 세상을 지켜보았다.

희망의 좌절은 현세적인 것을 적대시하고 비현세적인 것을 찾게 하는 충동이 자라나는 좋은 토양이 된다. 이 11세기 비잔티움 사람에게 싹튼 현실도피의 충동은 결코 사소한 것이 아니었다. 아테네 근교에 있

다프니 교회의 둥근 천장에 그려진
예수 그리스도

는 다프니 교회의 둥근 천장에는 이 무렵 만들어진 웅장한 모자이크가
있다. 이 모자이크에는 직경 15피트의 무지개 빛 후광이 아주 엄격하고
근엄한 표정을 한 그리스도의 머리를 둘러싸고 있다. 이 그리스도는 세
계의 지배자Pantocrator의 모습이다. 수염을 기른 긴 얼굴은 딱딱하게 굳어
있어, 근접하기 어려운 위엄을 발산한다. 이 신은 희망을 품지 못하게
하며 두려움을 느끼게 할 뿐이다. 이 신을 바라보고 있으면 넓고 다채
로우며 즐거운 세계라는 이미지는 사라지고 만다. 비잔티움도 이와 마
찬가지였다. 이 도시는 여제 조에의 세련된 옷차림에 대한 가벼운 수다
로만 살아간 것이 아니라, 근접할 수 없는 엄격함 속에 살아간 것이다.
비잔티움은 경박하기 그지없고 무분별하게 살아가는 대도시로 악명이
높았을 뿐만 아니라, 동시에 미래에 대한 공포를 키우는 온실이기도 했
다. 왜냐하면 이 호화로운 도시는 이미 수세기 전부터 제국의 외부에서
노도처럼 밀어닥치는 외적의 위협을 끊임없이 받으면서 살았기 때문

이다. 4세기에는 동고트족, 5세기에는 훈족과 반달족, 6세기에는 슬라브인과 다뉴브강 유역의 안트족, 7세기는 페르시아인과 아라비아인, 그 뒤를 이어 불가리아인, 러시아인, 헝가리인들이 침입해 왔다. 그리고 이번에는 이슬람교도인 셀주크튀르크인들의 위협을 받고 있는 것이다.

불안에 떨던 한 동시대인은 셀주크튀르크인들의 모습을 다음과 같이 상상했다. "그들은 바람을 숭배하며 사막에서 산다. 그들의 얼굴에는 코가 없고, 코가 있을 자리에는 두 개의 작은 구멍이 있어 이를 통해 호흡을 한다." 이 상상은 정확하지 않지만, 그 이면에 도사리고 있는 공포는 정확하다. 무함마드는 일찍이 자신의 말馬에게 테베레강의 물을 마시게 하고, 성 베드로 성당을 마구간으로 쓰겠다고 맹세하지 않았던가? 이 맹세는 이미 수세기 전부터 서방 세계가 무력화시켜 왔다. 하지만 언젠가는 비잔티움의 성벽이 무너지는 날이 오지 않겠는가? 끊임없이 멸망에 대해 생각하는 집단이 있으면 죽음의 예감은 일상적인 것이 된다. 모든 것을 그리고 무엇보다도 먼저 제국을 매장시킬 대홍수의 예언은 비잔티움의 일상이 되었다.

이 사랑하는 도시의 소란한 거리나 광장이나 궁전을 멀리 떠나 끝없는 고요 속에서 살아가는 삶에 대한 동경은 청춘 시절부터 콘스탄틴 프셀루스의 마음속에 자리 잡았다. 그는 이와 같이 속세를 떠나고자 하는 마음을 일종의 본능이라고 말하는데, 그 정도로 그의 마음속에 뿌리를 내리고 있었던 것이다. 또 그는 무엇보다도 어머니의 아들이기도 했다. 어머니는 결코 고전적인 그리스 여성이 아니었다. 자신의 딸, 즉 프셀루스의 누이동생이 18세로 죽었을 때 어머니 테오도타는 수녀원으로 들어갔다. 그녀는 이전부터 늘 수녀원으로 들어가고 싶어 했다. 그러나 그때마다 남편은 "나는 신과는 떨어질 수 있어도 아내와는 떨어질 수 없다"고 애원했다. 딸이 일찍 죽은 후에는 이러한 남편의 애원도 그녀를 붙잡을 수 없었다. 그녀는 검은 수녀복을 입고 긴 금발머리를 자르고, 마음 약한 남편을 설득해 함께 속세를 떠났다.

그때부터 젊은 프셀루스는 부모가 들어간 수도원과 수녀원 근처에서 살았다. 그를 학식과 출세의 본보기가 되는 인물로 기르기 위해 초인적인 정력을 쏟은 사랑하는 어머니, 그 어머니가 이제 스스로 속세를 떠난 삶의 본보기가 된 것이다. 아들은 야윈 어머니의 얼굴에서 밝게 빛나는 행복한 표정을 결코 잊을 수 없었다. 그녀가 그리스도의 신부 옷을 입고 세상을 떠나던 날의 일이었다. 자신의 발밑에 꿇어 엎드린 아들을 보고 어머니는 말했다. "사랑하는 아들아, 너도 언젠가는 이 행복을 알게 되기 바란다." 그는 어머니가 공부에 대한 열정으로 자신에게 열어준 다른 길이 닫히자, 어머니와 같은 길을 걷기 시작한 것이다.

그는 혼자서 속세를 떠난 것은 아니었다. 어느 날 친구인 크시필리누스와 마우로포우스를 만났을 때, 그들 또한 새롭고 더 행복한 삶을 찾아 나서려고 한다는 것을 알았다. 크시필리누스가 병을 핑계 삼아 관직에서 물러나 속세를 버리고 비투니아의 올림포스산에 있는 수도원으로 들어갔다. 마우로포우스가 그 뒤를 이었다. 프셀루스는 당분간 궁정에 머물렀으나 그렇게 외로울 수가 없었다.

황제는 그를 놓아주려고 하지 않았으며, 그를 왕좌에 앉히고 자신은 그 발밑에 앉아 착실한 학생처럼 스승의 말을 받아썼다. 이렇게 도움을 필요로 하는 황제를 떠나도 되는 것일까? 그러나 프셀루스는 마음의 안정을 찾을 수 없었다. 그는 밤마다 잠을 이루지 못했다. 친구들이 올림포스산에서 손짓하고 있었다. 그는 작별할 때 곧 뒤따라가겠다고 약속했다. 그러나 어떻게 빠져나갈 것인가?

그는 간과 심장에 통증이 있다고 꾀병을 부리기도 했고, 심지어 정신착란에 빠진 것처럼 머리를 움켜쥐고 머리카락을 자르는 시늉을 하기도 했다. 이 광경을 본 사람은 누구나 그것이 무엇을 의미하는지를 깨달았다. 프셀루스 교수의 영혼은 삭발과 수도승으로서의 삶에 사로잡혀 있었던 것이다. 궁내대신의 마음속에서 무의식적으로 일어난 일은 곧 황제에게 보고되었다.

콘스탄티누스 9세는 실망이 컸다. 프셀루스는 단순한 대신이 아니었다. 황제와 프셀루스는 우주 생성의 원인과 우주의 아름다움에 대해 토론하는 등 함께 철학을 했다. 그리고 황제의 스승 프셀루스는 그 옛날 궁정에 별로 익숙하지 않은 플라톤이 근엄한 시칠리아섬의 전제 군주 디오뉘시오스를 상대한 것보다는 제자를 잘 다루었다. 프셀루스는 황제가 '영혼'이나 '미덕'이라는 말에 지루해하기 시작하면, 칠현금을 손에 들고 아름다운 시를 읊었다. 이런 사람을 쉽게 놓아줄 수 있을까?

황제는 프셀루스에게 자신의 시력을 빼앗아가지 말아달라고 간청하며 거부하기 힘들 정도로 좋은 제안을 했다. 그 제안도 통하지 않자 가족이나 친구의 목숨을 빼앗겠다고 위협했다. 프셀루스는 이렇게 대답했을 뿐이었다. "저는 이승의 삶과는 작별하겠습니다." 그러고는 삭발을 했다. 그러자 콘스탄티누스 9세는 – 그는 실패를 겪어도 미소를 잃지 않는 군주였다. 또 통풍과 장군들에 대한 분노 때문에 수도원에 대한 생각이 그에게도 아주 없는 것이 아니었다 – 이제 더는 손을 쓸 수 없다는 것을 알고 이 수도승에게 축하의 말을 건넸으며 화려한 궁정의 예복을 벗어던지고 얻은 수도승의 복장을 칭찬했다. 그러고는 얼마 후 수도원에서 세상을 떠났다.

37년이라는 오랜 세월을 살아온 생활에서 물러나려면 도대체 어디로 가야 하는가? 가장 멀리 은퇴하는 길은 완전히 삶을 버리고 죽는 일이다. 그러나 반드시 그와 같이 극단적인 은퇴를 바라지 않는다면 은퇴할 곳은 시대의 유행과 자기 자신이 처한 상황이 피난처로서 제공하는 장소에 따라 좌우된다.

프셀루스에게 본보기가 될 만한 사람은 동시대인 케카우메노스였다. 우리가 이 사람에 대해 알게 된 것은 그가 자신의 아이들을 위해 쓴 소책자가 남아 있기 때문이다. 그는 제국의 명문가 출신으로 광대한 영지를 소유했고 영향력이 매우 컸다. 그는 직업군인으로서 장군이었으며, 군직을 인간에게 가장 품위 있는 일로 여겼다. 그는 몇십 년 동안을 위대한 세계, 즉 궁정에서 보내다가 어느 날 이 정도면 충분하다고 생각하고 프셀루스와 같은 결심을 한 것이다. 그는 은퇴했는데, 영지를 가지고 있었으므로 올륌포스산, 즉 수도원이 아니라 테살리아의 자기 영지로 물러났다. 여기서 그는 두 가지 활동을 하면서 자신의 행복을 찾아냈다. 즉 자신의 영지를 경영하는 일과 이념이라는 철조망으로 자신의 영혼을 견고하게 하는 일이 그것이었다.

그는 철학에 입각해 스스로 은둔했다는 점에서 19세기의 비관론자들처럼 극단적이지는 않았다. 그는 평화란 기껏해야 자신의 집 안에서만 누릴 수 있다고 말했지만, 공직을 모두 거절한 것은 아니었다. 심지어 그는 이따금 대도시로, 즉 악덕이 넘치는 바벨의 땅 비잔티움으로 가는 일조차 꺼리지 않았다. 예를 들어 황제에게 경의를 표하고 싶거나, 교회를 방문하고 싶거나, 거리의 아름다움을 즐기고 싶은 욕구를 느낄 때 그랬던 것처럼 말이다. 하지만 케카우메노스는 어쨌든 거리는 유지해야 한다고 생각했다. 위풍당당한 궁전과 허영심에 찬 철학자들과 친구들과 – 친구는 항상 적보다 더 위험하다 – 무엇보다도 여자들과 거리를 유지해야 하는 것이다. 예부터 여자는 비관론자들의 표적이었다.

케카우메노스는 다음과 같이 말한다. 그대가 가장 두려워해야 할 사람은 여제이다. 만일 여제가 그대에게 유독 친절하다면 걸음이 허락하는 한 멀리 도망쳐라. 여자와의 관계는 어떤 것이든 늘 위험이 따른다. 여자들이란 관계가 나쁠 때보다 좋을 때가 더 위험하다. 그대의 눈이 반짝이는 순간, 그대의 심장이 더 빠르게 뛰는 순간, 그대는 끝장이다. 그러므로 항상 거리를 유지해라!

그러나 아내나 딸이 있어 여자를 멀리할 수 없다면, 반드시 여자들을 죄인처럼 가둬두어라. 그리고 친구가 여행 도중에 찾아왔을 때에는 어디로 안내해도 좋으나 그대의 집에는 묵게 하지 마라. 그대의 친구는 아내나 딸, 며느리 앞에서 시선을 떨구겠지만, 그 기회에 여자들을 소상하게 탐색하고 마침내는 유혹한다. 이런 유혹이 성공하지 못할 경우에도 그 친구는 유혹한 일을 허풍치며 자랑할 것이다.

케카우메노스는 자신의 무욕無慾의 지혜를 다음과 같이 요약했다. "변덕은 인간의 본성이다. 인간은 아주 쉽게 타락할 수 있다." 프셀루스와 케카우메노스는 인생에 대한 동일한 견해에 도달했고, 어느 날 모든 것을 비관적으로 보는 혐오감을 느꼈으며, 똑같이 고독한 은둔지로 물러날 극단적인 결심을 했다. 한 사람은 자신의 영지로, 또 다른 사람은 수도원으로 말이다.

그리고 이 경우에는 구태여 그 차이를 지적할 필요가 없다. 왜냐하면 당시 수도원은 대규모의 수용시설이었고, 그 대상은 삶으로부터 어느 정도 (그러나 '완전히'는 아니다) 은퇴하고 싶어 하는 모든 사람, 혹은 어느 정도 (그러나 '완전히'는 아니다) 은퇴당한 사람이었다. 이러한 수도원에는 예를 들어 결혼하지 못한 공주나 불운을 당한 평민의 딸, 총애를 잃은 귀족의 첩, 경쟁에 패배하여 산송장 대우를 받는 사람 등이 수용되었다. 수도원은 불구자나 파산자나 인생에 지친 자의 피난처인 동시에 감옥이었고, 그 문지기는 매우 엄격하여 남자의 방에는 짐승의 암컷조차 접근시키지 않을 정도였다. 수도원에는 그 이외에도 많은 기능이 있었다. 누군가가 수도원에 들어갔다는 사실을 알더라도 그 사람을 알게 되는 것은 아니다. 우리가 알 수 있는 것은 그 사람에게 더 이상 행복을 줄 수 없었다는 사실뿐이다. 그가 어떤 행복을 추구했는지는 알 수 없다.

수도원을 만든 원래의 목적은 일상생활으로부터의 격리였다. 즉 사회생활을 원치 않는 사람들의 은신처였던 것이다. 기독교 최초의 수도승들은 이집트나 시리아의 동굴에서 살았다. 수도원은 그 후 사람을 꺼리는 비사교적인 은둔자들이 함께 생활하는 장소가 되기도 했고, 또 형제 공동체를 형성해 공동의 일을 해나가는 집단의 거주지가 되기도 했다. 수도원에서 생활한 사람들은 시대와 소재지에 따라 다양한 관심을 지녔다. 자발적으로 수도원에 들어간 사람들 모두에 관해 공통적으로 말할 수 있는 것은 그들이 여태까지 살아온 일상생활과는 더 이상 – 적어도 당분간은 – 관계를 가지지 않으려 했다는 사실뿐이다. 그들은 모두 속세를 피해 은둔했고, 프셀루스가 한 말을 똑같이 할 수 있었다. "우리는 흥분과 혼란의 삶을 우연이나 놀라움이 없는 삶과 바꾸었다."

그러나 이것만으로는 아직 설명이 충분하지 않다. 겨우 부정적인 면만 말했을 뿐이다. 누군가가 속세를 피해 은둔한다면 우리는 다음과 같은 질문을 던질 수밖에 없다. '어떤 신을 위해서인가?' '어떤 행복을 위해서?' 이 두 개의 질문은 사실상 동일한 것이다. 프셀루스가 1055년에 비잔티움의 궁전을 올림포스산의 수도원과 바꾼 것은 그리스도를 위해서 한 일이었다. 그런데 어떤 그리스도를 위해서였을까? 그는 그리스도를 한편으로는 엄격한 분으로, 또 다른 한편으로는 자애로운 분으로 보았다. 그는 한 그리스도에게는 의기양양하게 말했고, 다른 그리스도에게는 고뇌하는 인간으로서 말했다. 그러나 우리는 자신이 찾는 특정한 행복을 신이라는 불특정한 이름으로 – 우리는 행복을 바로 이 신의 이름으로 추구하기 때문에 신을 내세우게 된다 – 너무도 자주 은폐해버린다.

아마도 프셀루스는 수도원에 들어갔을 때 자신이 추구하는 것이 무엇인지를 제대로 알지 못했던 것 같다. 그는 '많은 경건한 은둔자들이 천사들과 함께 지고한 신을 찬양하는' 수도원을 동경하고 있다고 믿었다. 그러나 이러한 동경은 분명 허구에 지나지 않았다. 그 자신도 곧 이 사실을 깨달았다. 그는 자신이 깨달은 것처럼 천사들과 올림포스의 수도승들과 함께 지고한 신을 찬양하는 재능이 전혀 없었다. 이것은 천사들의 잘못도 아니고, 수도승들의 잘못도 아니었다. 단지 천사들과 수도승들이 그리스도에게서 찾은 행복과 그가 그리스도에게서 찾은 행복이 일치하지 않았을 뿐이었다.

그가 그리스도에게서 찾은 행복은 무엇이었는가? 괴테의 시에 "신이란 말하는 사람에 따라 다르다. 이 때문에 신도 종종 비웃음거리가 된다"라는 구절이 있다. 우리는 신에게서 고양되고 일상성을 탈피한 정화된 행복, 그리고 자신의 능력에 걸맞은 행복을 찾는다. 또 우리는 이러한 행복의 정점을 바로 신이라고 부른다. 프셀루스의 어머니 테오도타가 베일을 쓸 때 신부의 감정에 압도되어 느낀 깊고 밝은 행복은 순결하고 복된 다른 신부들의 행복과 거의 다르지 않았을 것이다. 그리스도를 신랑으로 삼건, 혹은 신랑을 그리스도로 삼건 큰 차이는 없다. 프셀루스가 그리스도에게서 찾았던 행복은 무엇이었을까?

그는 예를 들어 자신의 신을 섬기고 신플라톤주의를 완성함으로써 행복해질 수도 있었을 것이다. 하지만 그는 운이 나빴다. 그가 들어간 수도원은 그에게 맞지 않았다. 그러나 그는 잘못이 자신에게 있다고 생각했다. 이 현명한 사람은 그만큼 세상의 선입견에 사로잡혀 있었던 것이다. 그는 "신만을 생각해야 하는데도, 내 본성과 지식을 추구하는 내 영혼의 거부할 수 없는 충동이 나를 학문의 길로 이끌고 말았다"라고 개탄했다. 이렇게 자신을 탓하는 것은 분명히 부당한 일이었다. '신'을 생각하는 사람은 아무도 없다. 누구나 현세적인 것만 생각하면서 그것을 신이라고 부를 뿐이다. 혹은 많은 신비주의자들처럼 모든 현세적인 것을 없는 셈치면서, 마지막 사유, 마지막 감정, 마지막 상상까지도 사라지는 경지를 '신'이라고 부른다. 신과 하나가 된다는 것은 자신의 능력에 걸맞은 행복에 집중하는 일을 뜻할 뿐이다.

프셀루스는 누구나 마찬가지이지만 자신이 단련해온 길을 통해서만 신에게 접근할 수 있었다. 그러나 그가 들어간 수도원의 수도승들은 프셀루스의 구원의 길을 인정하지 않았다. 그들의 비현세적인 행복과 프셀루스의 비현세적인 행복은 조화를 이룰 수 없었다. 그는 집중적으로 플라톤을 연구하기 위해 여제 테오도라와 존경받는 대신의 지위, 흥미진진한 궁전의 화젯거리와 그 밖의 온갖 관심사들을 스스로 포기한 것이다. 그의 동료 수도승들은, 첫째 플라톤을 이해하기에는 너무도 학식이 없었고, 둘째 플라톤에 대해서는 '그리스의 사탄'이라는 것밖에는 알지 못했다. 게다가 그들은 침묵으로만 신을 섬기려고 했다. 반면에 재능 있는 수사학자 프셀루스는 자신의 낭랑한 목소리로 신을 섬기려고 했다. 그는 이 목소리로 비잔티움의 궁전에 있는 지상의 신들에게 아주 깊은 감명을 준 바 있었다. 게다가 그의 과민한 육체에는 단식과 금욕이 전혀 맞지 않았다. 요컨대 그는 수도원에서 전혀 행복을 찾을 수 없었던 것이다. 가족과 사랑하는 도시에 대한 그리움이 점점 더 절실해질 뿐이었다. 결국 그는 신과의 공동생활을 떠나 비잔티움으로, 위대하지는 않지만 매력적인 세계로 다시 돌아갔다.

그의 마음속에 있던 이 세계에 대한 혐오감은 예를 들어 그의 친구이자 동료인 수도승 크시필리누스나 혹은 또 다른 동시대인으로서 세상에 등을 돌리고 살던 대지주 케카우메노스만큼이나 강했다. 프셀루스도 과감하게 속세를 버렸지만, 올림포스산의 외로운 정상에서 침묵으로 수행하며 행복에 도달할 수가 없었다. 그가 이 길에서 더 이상 진척을 이룰 수가 없을 무렵, 또 다른 길, 화려한 수도로 되돌아가게 하는 길이 그를 유혹했다. 게다가 늙은 여제 테오도라가 그의 조언을 절실히 필요로 했다.

올림포스의 동료 수도승들은 실망이 컸다. 이 은둔자들은 떠나가는 그의 등 뒤에서 호메로스의 등장인물처럼 욕설을 퍼부었다. 그는 탈영병이었다. 수도승 야코프는 그에게 독기 어린 풍자문을 보냈다. 이 글에서 프셀루스는 연인이었던 여신들이 모두 떠나버려 더 이상 올림포스산에 머물 수 없는 주피터 신으로 비유되었다. 이것은 멋진 비유는 아니었다. 왜냐하면 신화에 등장하는 주피터는 올림포스산에서 더없이 만족해하며 지냈기 때문이다. 그러나 프셀루스의 응답도 신통치 않은 것은 마찬가지였다. 그는 수도승 야코프에게 '실레노스^{주정뱅이 영감}'라는 욕설을 퍼부은 것이다. 이제 전前 수도승 프셀루스는 다시 대도시의 소용돌이에 끌려들어가 얼마 전까지만 해도 '속세에서 말하는 행복'이라는 단서를 붙여 말했던 행복을 다시 누리게 되었다.

전前 수도승이 펼치는 행복의 철학

수도원 생활은 오래 지속되지 못했다. 프셀루스는 다시 소란스러운 정치와 철학의 세계로 돌아왔다.

그는 다시 비잔티움의 지배자들에게 '경쟁자들을 어떻게 물리쳐야 하며, 행복을 어떻게 추구해야 하는지'를 가르쳐야 했다. 그는 테오도라의 후계자와는 거의 철학에 대해 이야기를 나누지 못했다. 이 황제미카엘 6세에 대해서는 다음과 같은 경멸의 말을 토로했을 뿐이었다. "그는 철학할 필요가 없을 때 철학을 했다. 그는 철학자가 아니었다. 단지 철학자인 체했을 뿐이었다." 그러나 이 철학에 문외한인 황제에게는 막강한 경쟁자가 있었다. 바로 이사키우스 콤네누스였다. 이 장군은 권력과 행복의 철학과 이 철학의 교사인 프셀루스 교수까지 손에 넣으려는 집념을 보였다.

반란을 일으킨 장군은 보스포루스 해협의 아시아 쪽에 강력한 군대를 거느리고 진을 쳤다. 비잔티움 사람들은 큰 불안을 느꼈다. 결국 황제는 궁전에서 대신들과 협의 끝에 노련한 외교가 프셀루스와 두 명의 외교 담당 귀족 관료를 이 위험한 장군에게 파견하기로 결정했다. 프셀루스는 이사키우스 콤네누스의 진영에 도착해 황제의 제안을 구두로 전했는데, 그 자신의 표현에 따르면 엄청난 웅변이었다. "내 웅변에 반론한다는 것은 불가능했다." 제국의 수도를 불안에 떨게 한 장군은 이러한 프셀루스의 웅변을 듣고는 회답할 것을 약속하고 세 사람을 물러나게 했다. 이들은 지정된 막사로 들어갔다. 해가 질 무렵이었다. 그때 무서운 일이 일어났다. 비잔티움에서 황제가 폐위되었다는 소식이 전해진 것이다. 이제 전前 황제의 사절이 된 프셀루스는 도박의 상대를 잘

못 고른 셈이 되었다. 정당한 황제의 사자가 하룻밤 사이에 부정당한 황제의 변호인이 되고 말았다. 그는 끔찍한 처지에 놓였고 몹시 초조했다. 다른 두 사절은 이날 밤 잠을 잘 잤는데 그는 눈을 붙이지도 못했다. 막사 근처에서 사람 소리가 들리거나 인기척이 나면 그는 깜짝 놀라 잠자리에서 벌떡 일어나 '나를 죽이려는 자객이 벌써 왔는가?'라고 생각했다. 그가 올림포스산의 수도원에서 찾고자 했던 행복을 비잔티움 궁전의 행복과 바꾼 지 2년이 흘렀다. 수녀로 지내다가 죽은 후 성녀가 된 어머니가 자식의 출세를 바라며 이끈 이 길의 종착지는 어디란 말인가? 고작 자객에 대한 불안이었단 말인가! 그러나 이 불안은 궁전 생활에 진저리를 칠 만큼 심하지는 않았다. 날이 새자 그는 다시 기분이 좋아졌다. 그는 밤중에 암살당하지 않고 살아남게 되어 기뻤다.

장엄한 아침이었다. 장군의 군대는 수도 쪽을 향해 진군을 시작했다. 상대 진영의 사절인 프셀루스와 두 동료도 함께 이동했다. 머지않아 황제가 될 장군은 프셀루스를 자기 쪽으로 불렀다. 프셀루스는 사형선고인가 싶어 떨지 않을 수 없었다. 그러나 곧 안심했다. 왜냐하면 새로운 군주는 노련한 대신을 불러 장시간에 걸쳐 친밀한 대화를 나누었기 때문이다. 프셀루스는 이틀 전 미카일 6세의 신임을 받는 신하로서 해협을 건너왔다. 그러나 지금은 미카일 6세의 적이자 후계자인 이사키우스 1세 콤네누스의 신임을 받는 신하가 되어 해협을 건너 되돌아가고 있는 것이다. 프셀루스는 어떤 장단이든 맞춰 춤을 출 줄 알았다. 그는 동시대인인 케카우메노스와 같은 완고한 시골귀족이 아니었다. 프셀루스도 케카우메노스처럼 인간의 변덕에 대해 철학했다. 하지만 프셀루스는 거리낌 없이 이 변덕을 부렸다. 같은 통찰을 해도 적용하는 방법은 이렇게 극도로 다를 수 있는 것이다.

태양이 떠올랐다. 백성들이 거리로 나와 춤을 추었다. 일꾼도 은둔자도 원로원 의원도 상인도 철학자도 모두 행복했다. 그리고 프셀루스는 특히 행복했다. 왜냐하면 떠오르는 별로서 행복의 정점에 선 이사키우스 1세 콤네누스가 이미 비잔티움 궁정의 권위자이자 철학의 대부가 된 프셀루스에게 다음과 같이 중대한 질문을 했기 때문이다. "프셀루스여, 현자인 그대에게 묻는다. 내가 지금 누리는 행복은 덧없는 것이고 나쁜 일로 가득 차 있다. 그런데 끝은 좋게 될까?"

기쁨의 불꽃은 하늘까지도 불사르려는 듯 타오르고, 사방에는 그윽한 향기가 감돌았다. 태양이 빛나는 것도, 세계 제일의 도시가 축제로 들떠 있는 것도 오직 신과 같은 황제를 위해서였다. 이런 황제가 행복에 대해 성찰을 하고 있는 것이다. 이것은 말할 것도 없이 행복의 문제에 있어 전문가인 프셀루스를 기쁘게 했다. 그래서 프셀루스는 먼저 철학 교수로서, 그 다음은 외교술에 능한 신하로서 자세히 답변했다. 교수는 신참 황제에게 자신은 학자로서 이 문제에 관한 문헌은 모두 알고 있음을 납득시킨 다음, 황제가 철학적으로 고심하고 있는 점을 찬양하면서 다음과 같은 말로 황제를 안심시켰다. '좋게 시작된 일이 모두 나쁘게 끝난다고 말할 수는 없습니다. 저는 좋은 그리스인이긴 하지만, 신들의 질투라는 것은 단호하게 배제합니다. 또 저는 좋은 기독교도이긴 하지만, 어느 정도는 대담하게 철학을 합니다. 왜냐하면 필연적인 일은 없으며, 모든 것은 우리의 행위에 달려 있다고 생각하기 때문입니다.' 프셀루스는 무엇을 노리고 있는 것일까? '황제 폐하, 폐하께서는 미덕의 길을 통해야만 행복해질 수 있습니다. 그리고 지금 당장 그 길로 가는 첫걸음을 내디딜 수 있습니다. 제발 제가 폐하의 적의 사절로서 폐하를 찾아간 점을 잊어주시기 바랍니다.' 이사키우스 1세 콤네누스는

콘스탄티누스 10세 두카스

행복해지고 싶었기 때문에, 이 행복의 철학자를 원로원 의원으로 임명했다. 태양은 그사이도 쉬지 않고 움직이고 있었고, 때마침 이때는 정오였다.

행복의 스승은 이 고귀한 제자에게 행복에 대해 많은 가르침을 줄수 없었다. 이사키우스 1세 콤네누스가 황제가 된 지 2년 만에 세상사전반과 특히 비잔티움 궁정에 혐오감을 느껴 수도원으로, 이미 말한 바와 같이 다른 여러 가지 역할과 함께 세상에 싫증을 낸 고귀한 사람들에게 요양원의 역할을 하던 수도원으로 들어갔기 때문이다. 프셀루스가 섬긴 황제나 여제들은 분명 그들의 현자 신하보다 비위가 약했다. 현자 프셀루스는 언제나 상류층을 헤집고 다녔다. 그는 점점 더 만족감을 느꼈다. 그리고 수도승이 된 이사키우스 1세 콤네누스가 최후까지권력을 놓으려고 하지 않자, 행복의 철학자는 단호하게 그를 제위에서밀어내고 말았던 것이다. 예전부터의 술친구인 콘스탄티누스 10세 두카스를 위해서 말이다.

지배자는 잇달아 교체되었다. 그러나 그들을 섬기던 철학자는 살아남았다. 어떤 물결이 밀려오든 그는 물결에 몸을 맡기고 물결에 따라 움직였다. 예전에 그는 고령의 늙은 총대주교 케룰라리우스의 생애 마지막 해에 가차 없는 공격을 가한 일이 있었다. 그런데 이제 고인의 조카딸_{유도키아}이 콘스탄티누스 10세 두카스의 아내로 황후가 되어 매년 고인을 기리는 기념 강연회를 열었다. 그리고 고인의 업적을 찬양하는 연사는 프셀루스였다. 그는 생존 시 자신이 준엄하게 고발한 상대를 지금은 존경해야 할 총대주교이자 순교자로서 찬양한 것이다. 황후가 된 조카딸은 처음에는 백부의 고발자를 용서할 수가 없었다. 그러나 그녀도 저술가였다. 그녀의 작품 중 하나는 '아리아드네의 머리 모양'에 관한 것이고, 다른 하나는 '왕가의 공주에게 알맞은 일'이었다. 그리고 두 사람은 직업이 같다는 공감대로 가끔 만났다.

그런데 프셀루스는 이 황후를 특별히 존중할 생각이 없었다. 그녀는 남편이 죽기 전에 남편이 죽더라도 재혼하지 않겠다는 서약서를 만들어 남편에게 건네주었다. 이 서류는 비잔티움의 총대주교가 소중하게 보관하고 있었다. 그러나 남편이 죽자 40세의 과부는 온갖 수단을 다동원해 총대주교로부터 그 서류를 되찾아 재혼했던 것이다. 우리의 철학자는 이와 관련해 다음과 같은 말을 남겼다. "인간은 자기 자신에게 충실할 수 없는 존재이다. 특히 자신의 변절에 맞는 좋은 구실이 있을 때는 말이다."

프셀루스도 자기 자신에게 충실하지 않았다. 그렇다, 그는 정말이지 변절의 화신이었다. 다른 사람이라면 무의식적으로 하는 일을 철학자는 의식적으로 하는 것이다. 이 때문에 철학자는 거리낌이 없다. 철학자에게는 '자신의 변절에 맞는 좋은 구실'이 필요 없다. 다른 사람이라면 동요하고 양보하며 점점 밀려났다가 마침내는 몰락하고 말겠지만, 변절할 뿐만 아니라 이 변절을 보편적인 법칙이라고 공언하며 정당화하는 철학자에게는 더 이상 구실 따위는 필요하지 않다. 이러한 철학자는 냉소주의자이다. 그는 몰락을 능수능란하게 집행했다. 프셀루스는 변절한 황후의 새 남편로마누스 4세 디오게네스에 대해 "당신은 다윗과 같이 빈틈없는 마음의 소지자입니다"라고 말하며 칭찬했지만, 그가 죽자 잘난 체하는 사람이라고 말하며 비웃었다. 왜 그랬을까? 그의 행복은 항상 현장에서 함께하는 것에 달려 있었기 때문이다. 이는 이러한 생활을 수십 년이나 계속한 후에도 마찬가지였다. 그런데 현장이란 어디를 말하는가? 바로 눈알을 뽑는 현장, 손발을 자르는 현장, 다소 나이든 여제들의 지칠 줄 모르는 애욕의 현장, 궁정의 간신들이 펼치는 음모의 현장이다. 이 현장이 그를 행복하게 해주지 않았다면, 그는 올림포스산에서 또다시 내려오지는 않았을 것이다.

이 위대한 학자의 삶은 한 가지 결정적인 점에서 많은 행복의 철학자들과 다르다. 이들에 따르면, 참된 행복을 찾지 못하는 것은 오직 본인의 무지 탓이며 대중은 너무나도 어리석어 참된 행복을 인식할 수 없다. 참된 행복은 이성에 의해서만 파악할 수 있다는 것이다. 이성적이고 참된 행복은 암살과 포식과 기만과 간통이 다반사였던 비잔티움 궁정의 삶과는 너무도 달라 보였다. 그런데 바로 이곳에 당대 이성의 총아였던 프셀루스가 등장해 활동했다. 그러나 이성은 그를 참된 행복으로 인도한 것이 아니라, 그의 동료 대부분이 비이성적이며 가짜라고 단정한 행복으로 인도했다. 요컨대 철학자들이 예전에 행복에 관해 성찰한 모든 것을 알았던 사람이 이 궁정에 등장해 아첨과 변절과 살인으로 점철된 삶을 자발적으로 선택한 것이다. 그러나 그는 오직 이러한 행복만을 선택한 것은 아니었다. 죽음이 멀지 않았을 때 그는 또다시 수도원으로 들어갔다. 그는 이제 60세가 가까워졌다. 그는 4명의 황제와 3명의 여제가 군림한 기간보다도 더 오래 정권을 잡았다. 그런데 수도원으로 들어간 첫 번째 은퇴를 정치적인 알력 탓으로, 두 번째 은퇴를 노년의 피로 탓으로 돌리는 것은 너무 피상적인 판단일지도 모른다.

그가 살았던 때의 궁전과 제국의 역사를 서술한 그의 회고록에는 오아시스 같은 철학적 단상도 있다. 인간의 영혼이 행복해질 수 있는 세 가지 방법에 대해 논한 부분이 그것이다. 첫째, 인간의 영혼은 감각의 향락에 몰두할 수 있다. 둘째, 인간의 영혼은 가능한 한 육체적인 것에서 벗어나 '비현세적인 것'에 집중할 수 있다. 셋째, 이 두 가지 사이에 다시 제3의 영혼의 상태가 있는데, 이것은 양극단의 한가운데에 위치한다. 이는 아주 소박한 형태의 심리학, 즉 프셀루스의 자전적 심리학이다. 그는 대체로 양극단 사이에서 살아왔다. 그는 '인간 삶은 경멸스럽다'는 감정에서 벗어날 수가 없었다. 궁전이 주는 행복은 결코 그를 만족시키지 못했다. 그는 궁전에서 살면서도 수도원에 마음이 끌렸다. 그의 행복은 아마도 이 둘을 오가는 데 있었을지도 모른다. 물론 그가 궁전에서 보낸 기간이 훨씬 더 길었다.

그는 4명의 황제와 3명의 여제로부터 받은 사랑과 그들을 둘러싼 혼란 속에서 많은 행복을 누렸다. 아울러 그는 황제나 여제로부터 가능한 한 멀리 떨어진 곳에서도 행복을 추구했다. 우리는 그가 행복을 찾아냈는지 또는 끝내 완전한 행복에 도달했는지를 알 수 없다. 그러나 그는 행복의 역사에서 주목할 만한 인물이다. 그는 선택의 기로에서도 결단을 내리지 않고, 양립할 수 없는 것을 일치시켜 버렸기 때문이다.

9장

행복해지기 위해 사색하는 스피노자

전쟁과 전염병 그리고 광기

네덜란드의 유대인 스피노자가 행복한 삶으로 가는 길을 찾다가 마침내 발견한 시대는 역사책을 펼쳐보면 곧바로 알 수 있듯이 불행으로 널리 알려진 때였다.

그의 생애의 첫 16년 동안, 즉 1632년부터 1648년까지는 30년 전쟁의 후반기에 해당한다. 스피노자가 30세 때 가장 기독교도다운 기독교도들, 즉 온건한 두세 종파가 '악마의 종'으로 박해를 받았다. 그가 32세 때, 페스트가 네덜란드로 전염되었고 뮌스터 주교가 네덜란드로 침입했다. 그가 40세 때에는 프랑스인들이 네덜란드의 몇몇 중요한 도시를 점령했고 암스테르담까지 위협했다. 그가 산 44년 동안 그의 고향은 전쟁과 전염병과 광기에 지배되고 있었다. 이런 상황에서 그가 행복의 문제를 그렇게 절실하게 다룬 것은 놀라운 일이 아닌가?

우리는 이 시대와 나라를 다르게 설명할 수도 있다. 스피노자가 어렸을 때, 그의 집에서 얼마 떨어지지 않은 곳에 화가 렘브란트가 살고 있었다. 따라서 스피노자는 네덜란드 고전주의 회화의 동시대인이기도 했다. 당시의 그림을 보는 사람은 당시의 생활이 묵시록의 기사들에 의해 절망적인 분위기로 덮여 있다는 인상을 받지는 않을 것이다. 당시의 메노파*나 콜레히안파**의 교리를 담은 책을 읽어보면 참으로 인간적인 시대였다는 느낌을 받는다. 또 당시 암스테르담에서 출간된 책을 보면 상당히 계몽된 시대를 접할 수 있다.

예를 들어 1668년에 『꽃동산』이라는 책이 출판되었는데, 이 책에는 다음과 같은 구절이 있다. "정사情事라든가 첩을 두는 생활은 일부다처제와 마찬가지로 죄악이기 때문이 아니라 어떤 유익한 목적 때문에 국법에 의해 금지되었지만, 그 자체가 악은 아니다." 요컨대 스피노자가 살았던 시대의 네덜란드는 그렇게 암흑기만을 보냈던 것은 아니다. 어느 시대나 다양한 요소가 있기 마련이다. 스피노자가 살았던 때에는 암살도 있었고 전염병도 있었다. 하지만 이와 함께 데카르트와 루벤스도 있었고, 네덜란드 정부에는 자유주의적인 신념을 지닌 인간적인 인사들도 있었던 것이다. 문제는 항상 동일하다. 즉 '사람을 압박하는 것이 무엇인가?', '가장 가까운 이웃에 사는 사람이 누구인가?'

스피노자는 동시대 사람들과 함께 무엇 때문에 고통을 받았고 또 무엇 때문에 기쁨을 느꼈는가? 그는 망명자 집안 출신이었다. 그는 새

● 메노파: 16세기 네덜란드에서 전 가톨릭 사제였던 메노 시몬스(Menno Simons)에 의해 시작되었다. 종교 개혁기에 등장한 이 종파는 유아세례를 부정하는 재세례파로 분류되며 신약성서에 의거한 전통 교리와 생활, 절대 평화주의를 내세웠다. – 옮긴이

●● 콜레히안파: 1619년 네덜란드에서 시작된 자유주의적이고 합리주의적이며 반성직자 성향의 개신교 종파로서, '회합'이라는 뜻의 콜레헤스(colleges)에 모여 종교활동을 했기 때문에 이렇게 불린다. 이들의 모임에서는 목회자 없이 예배를 진행했고 성서에 대해 자유롭게 토론했다. – 옮긴이

로운 나라에서 자라난 제1세대였다. 그의 양친이나 친척이나 이들의 친구들은 네덜란드에서 살았으나, 과거에 에스파냐나 포르투갈에서 살았던 기간이 더 길었다. 소년 스피노자가 자라난 전통에는 추격자와 희생자가 있었다. 당시 암스테르담에 있었던 유대인 가족 가운데, 구성원이 에스파냐의 종교재판을 받지 않은 가족은 거의 없었다. 스피노자는 다행히 피난할 수 있었던 사람들 사이에서 성장했다. 그는 더 이상 추격당할 염려는 없었고, 오히려 추격당하는 삶에 대해 성찰할 수 있었다. 그러나 그는 이런 성찰 외에도 성찰할 거리가 많았다.

네덜란드는 에스파냐나 포르투갈에 비하면 자유의 나라였다. 그러나 그 밖의 나라에 비한다면 외국인에게 친절한 나라라고 생각할 수는 없었다. 유대인의 거주를 눈감아주긴 했으나 그저 눈감아주었을 따름이었다. 처음에는 유대인에게 공적인 예배 참석을 금지시켰다. 나중에 이 금지령이 풀렸으나, 이것은 특히 휘호 흐로티위스ʰᵘᵍᵒ ᴳʳᵒᵗⁱᵘˢ의 제안에 따른 결정이었다. 스피노자가 25세가 되었을 때야 비로소 네덜란드에 사는 유대인들이 국민으로 인정받았다. 유대인과 다른 민족과의 결혼을 금지한 법률은 계속 유지되었다. 또 유대인은 공직을 맡을 수가 없었다. 스피노자는 자유가 제한되고 차별당하는 사람들 속에서 성장한 것이다.

차별은 악을 낳는다. 노예가 자신도 노예를 부려보겠다고 나서는 것은 흔히 볼 수 있는 일이다. 억압은 피억압자를 낳을 뿐만 아니라, 미래의 억압자도 낳는다. 이것은 과거의 성공한 혁명을 보면 알 수 있다. 유대인은 기독교도로부터 받은 박해를 기회만 있으면 같은 유대인에게 가해왔다. 자신보다 강한 자에게는 할 수 없었던 복수를 자신보다 약한 자에게 한 셈이다.

우리엘 다 코스타는 17세기 네덜란드에서 이와 같은 복수의 가장 대표적인 희생자였다. 그는 유대인으로 태어나 포르투갈에서 가톨릭교도로 교육을 받았다. 그 후 그는 자신의 조상의 종교로 되돌아가기 위해 포르투에서 암스테르담으로 피신했다. 이곳에서 그는 유대인으로 지내다가 모세 5경은 신으로부터 비롯된 것이 아니라고 선언했다. 그러자 암스테르담의 유대인 공동체는 그를 추방했다. 그는 15년 후에 자신의 주장을 철회했지만, 곧 또다시 유혹에 빠졌다. 하지만 이번에는 7년 후에 유대교 교리를 다시 받아들였다. 처벌은 잔인했다. 처음에 그는 39회의 채찍질을 받았다. 그 후 그는 노예화의 의식에 따라 시나고그유대교 회당의 입구에 엎드렸다. 시나고그 안으로 들어가는 모든 신도들이 그를 밟고 지나갔다. 유대인들은 자신들이 평소 받았던 무시를 이런 식으로 복수한 것이다. 우리엘 다 코스타는 얼마 후 총으로 자살했다.

아마도 포르투갈에서 망명해온 자의 집안에서 태어난 스피노자는 8세 때 유대인들이 동족인 우리엘 다 코스타에게 수모를 주는 현장에 있었을 것이다. 16년 후, 이 잔인한 조직은 스피노자를 겨냥했다. 그는 랍비 협의체Rabbinats-Kollegium에 소환되었다. 그는 심문을 받았고, 비유대적인 사상을 지닌 혐의로 가벼운 파문, 즉 30일간의 제명을 선고받았다. 이윽고 두 번째 심문이 있었는데, 증인이 소환되었다. 죄인은 개심할 것을 강요받았다. 스피노자는 거부했다. 살인 도구를 사용해 그에게 제재를 가할 수는 없었다. 왜냐하면 유대인 공동체는 무시당하는 소수파로서 그런 권한이 없었기 때문이다. 따라서 유대인들의 무력감이 다음과 같은 저주로 폭발하게 된 것이다. "그는 낮에도 저주받을 것이며, 밤에도 저주받을 것이다. 누울 때 저주받을 것이며, 일어날 때 저주받을 것이다. 나갈 때 저주받을 것이며, 들어올 때 저주받을 것이다. 주께서 그를 용서하지 않을 것이다!" 이 저주는 이처럼 극심한 처벌을 내려달라고 신에게 요청할 뿐만 아니라, 다음과 같은 경고도 담고 있었다. "누구도 그와 교제를 나눌 수 없다. 말하거나 편지를 교환할 수 없고, 어떤 친절도 그에게 베풀어서는 안 되며, 같은 지붕 아래 그와 함께 머물 수 없고, 그와 4큐빗* 이내의 가까운 곳에 있어서는 안 된다. 그리고 그가 편찬하거나 쓴 논문을 읽어서도 안 된다." 스피노자는 이렇게 파문당했다.

그러나 암스테르담 유대인들의 복수욕을 유대의 복수신神 탓으로 돌린다면, 그들을 오해하는 일이 될 것이다. 당시 매우 온건한 기독교도로서 지상에 신의 나라를 억지로 건설하는 일을 반대하고 자비를 설교한 메노 시몬스는 파문을 "교회의 보배"라고 부르며, "이것이 없다면 공동체는 마치 성벽이나 성문이 없는 도시처럼 되어버리고 만다"고 말했다. 또 '사탄의 화신'인 스피노자를 방치하면 정부 당국이 유대인 공동체 전체를 탄압할 수도 있다는 집단 차원의 우려도 작용했을 것이다. 어쨌든 파문은 오늘날까지도 통제를 거부하는 모든 사람들에게 적용되고 있다. 물론 현대는 스피노자의 시대와 같이 극적인 시대는 아니므로 파문이라는 연극은 상연되지 않으며, 따라서 우리는 그 과정을 볼 수 없다.

분명 유대교 종교 재판관들이 범한 죄는 아무리 규탄해도 지나치지 않는다. 그러나 공정하기 위해서는 그들의 형제인 기독교 종교 재판관들이 범한 죄도 마찬가지로 규탄해야 한다. 그들은 유대인들을 억압했을 뿐 아니라, 특정 노선을 따르지 않는 기독교들도 억압했던 것이다. 시민으로서의 권리는 신앙과는 무관하게 존중받는다는 법률이 있긴 했

• 고대 이집트나 바빌로니아에서 썼던 길이의 단위로 대략 45센티미터 길이다. - 옮긴이

지만, 이 법은 서류상으로만 존재했다. 물론 서류상으로만 존재해도 존재하지 않는 것보다는 낫기 때문에 어쨌든 이런 법이라도 경멸해서는 안 된다. 당시 네덜란드의 관용을 별로 인정하지 않는 사람들이 많았다. 어떤 대담한 인쇄업자는 다음과 같은 시를 지었다.

내게 솔직하게 얘기해주게나, 오라녜가家의 명예를 위해서 말일세,
로테르담의 종교재판소와 에스파냐의 종교재판소는 무엇이 다른가?

이것은 단순히 재치 있는 시로 그치지는 않는다. 이 시의 이면에는 시로 표현할 수 없는 많은 부조리가 숨겨져 있다.

예를 들어 아드리안 쿠르바흐Adriaan Koerbagh라는 인물이 있었다. 그는 위트레흐트 대학과 레이던 대학에서 의학과 법학을 공부했고, 그 후 자신의 모국어인 네덜란드어의 법률이나 의료 분야 어휘에 퍼져 있는 라틴어를 밝혀내어 모국어를 정화하는 데 기여했다. 그는 라틴어 법전Corpus juris 대신 네덜란드어로 된 법전을 요구했다. 이처럼 그는 부조리한 법과 종교를 비판하고, 심지어 조롱하기조차 했다. 이 때문에 그는 심문을 받게 되었고 심문을 담당한 보안관으로부터 "오른손 엄지손가락을 자르고, 새빨갛게 달군 인두로 혀에 구멍을 뚫고, 그의 모든 재산을 몰수하고, 그의 모든 책을 불태우고, 30년 동안 옥살이를 시키는" 처벌을 위협받았다. 그 후 그는 '라스파위스Rasphuis'로 불리는 감옥에 갇혔다. 이 감옥의 이름은 죄수들에게 할당된 노역, 즉 브라질우드(적색 염료가 채취되는 열대산 나무)를 분말가루로 만드는 일raspen에서 유래했다. 자신에게 할당된 일을 마치지 못한 죄수는 지하 감방에 갇히게 된다. 그리고 이 감방 안으로 물이 계속 흘러 죄수는 익사하지 않으려면 물을 계속 퍼내

야 했다.

17세기는 이미 크게 계몽된 면모를 보이기도 했다. 암스테르담의 시장과 네덜란드 정부의 재무장관은 아주 급진적인 사상을 펼친 적도 있었다. 그러나 형벌은 아직 계몽의 세례를 받지 못했고 잔인한 모습을 적나라하게 보였다.

아주 조용한 삶

그다지 관대하지 않았던 이 시기에 일부 동시대인들과 많은 후세 사람들이 '사탄의 화신'이라고 매도한 스피노자는 가까스로 위험을 피했다.

큰 소리로 외치는 사람이 대체로 십자가에 못 박히게 된다. 아드리안 쿠르바흐는 당돌했다. 그는 책을 통해 나팔을 불듯이 자신의 생각을 떠벌였다. 게다가 그는 여자와 동거하며 아이까지 낳았다. 하지만 스피노자는 아주 조용하고 은밀하게 살았다.

그는 스캔들을 일으켜 시선을 끄는 일도 없었다. 여자관계도 없었고 다른 사람과 경쟁해 상대를 패배시키거나 네덜란드어로 글을 쓰지도 않았고 일반 대중을 파고들지도 않았다. 또 그는 대중이 진리를 받아들일 수 있도록 진리를 대중의 수준에 맞출 것을 요구했지만, 그 자신은 이러한 요구에 따르지 않았다. 그가 라틴어로 쓴 수학적으로 엄밀한 문장은 – 그가 살아 있을 때 『에티카』를 발표했다고 할지라도 – 일부 학자를 제외한다면 어느 누구에게도 충격을 주지 않았을 것이다. 그는 살아 있을 때 발표한 『신학정치론』으로 – 자신들이 신봉하는 신의 위신이 손상되었다고 생각한 - 일부 신학자를 제외한다면 어느 누구도 흥분시키지 않았다. 지배자들은 스피노자로 인해 대중이 더 현명해질지도 모른다고 두려워할 필요가 없었다. 바로 이 때문에 스피노자가 살아남았던 것이다.

구세주 같아 보이면 어김없이 십자가에 못 박는 일이 발생했다. 스피노자는 구세주가 될 만한 사람이 아니었다. 그는 젊었을 때 친구들을 위해 『신, 인간, 인간의 행복에 관한 소론』을 쓰면서 다음과 같은 말로 끝을 맺었다. "여러분은 우리가 살고 있는 이 시대의 상황을 잘 알고 있을 것이므로, 여기서 쓴 글을 남에게 전할 때는 각별히 조심하시기를 충심으로 부탁드립니다." 이후 『신학정치론』을 발표할 때는 저자의 이름이나 발행자의 이름을 밝히지 않았으며 발행지가 암스테르담이란 것도 밝히지 않았다. 인쇄업자로는 함부르크의 헨리쿠스 퀸라트라는 가공인물의 이름이 적혀 있었다. 이 책은 그 후의 판본에서는 프란시스코 엔리케스 데 비야코르타 박사의 외과의학서라든가, 다닐 헤인시위스의 역사논문집이라는 형태로 출간되었다. 이것은 물론 당시 흔히 쓰이던 안전책이었고, 스피노자가 서신을 주고받을 때 사용하던 인장에는 '조심하라'라는 의미의 'caute'라는 글자가 새겨져 있었다. 그러나 아무리 조심스러운 저술가라도 적敵은 있기 마련이다. 공명심이 바로 그것이다. 스피노자가 살아남을 수 있었던 것은 무엇보다도 공명심이 없었기 때문이다.

그는 글을 팔아 돈을 벌 생각이 없었다. 그래서 그는 동시대 사람들에게 자신의 글을 선전할 필요가 없었고, 같은 분야의 사람들을 깎아내리기 위해 시끄러운 논쟁을 벌일 필요도 없었던 것이다. 그는 명예를 바라지 않았고, 사후의 명성도 전혀 안중에 없었다. 그가 남겨놓은 『에

스피노자

티카』를 간행한 익명의 편찬자는 "저자는 그의 학설에 자신의 이름이 붙는 것을 바라지 않았다"라고 분명하게 밝히고 있다. 스피노자는 자신의 철학을 시장에서 외치며 팔 생각을 하지 않았다. 오히려 그는 정반대의 일을 했다. 그는 네덜란드의 조그만 마을에 은둔해 살며 자신의 신분이 드러나지 않는 문체로 글을 썼다.

그는 은둔해 살았지만, 자신의 진리를 숨긴 것은 아니었다. 보쉬에는 데카르트에 대해, "그는 '극단적으로' 교회를 배려했다"고 말했으나, 스피노자는 그와 같은 배려를 하지 않았다. 그러나 진리 그 자체는 이 진리를 주장함으로써 주목을 끄는 진리의 소유자만큼 도발적이지 않다. 스피노자는 주목을 끄는 사람이 아니었기에, 그를 죽이려고 나서는 사람이 없었다. 그는 은둔해 살았기 때문에, 기탄없이 말을 할 수 있었다.

그러나 결국 은둔하는 것도 쉽지 않았다. 그는 철학자의 관례에 따라 독신으로 살았다. 그에 앞서 플라톤과 에피쿠로스, 동시대에는 데카르트와 라이프니츠, 그의 이후에는 칸트, 쇼펜하우어, 니체가 독신으로 살았던 것처럼 말이다. 요컨대 그는 천성적으로 고독했다. 세월이 흘러가면서 몇몇 친구들이 생기기도 했다. 처음에는 친교를 나누는 사람들이 소수에 불과했다. 스피노자가 헤이그에서 멀리 떨어져 있지 않은 조그만 마을인 포르뷔르흐에서 자신의 사상을 적어 보내면, 암스테르담에 있는 젊은 친구들이 책상에 둘러앉아 멀리서 스승이 보낸 편지를 차례로 낭독하는 것이었다. 이들은 편지 내용을 이해하려고 애를 썼고, 명확하게 이해가 되지 않을 경우에는 다시 편지로 질문했다. 이들은 가르침을 바라고 있었다. 왜냐하면 이들은 스피노자의 '지도 아래, 미신가와 기독교도들에 대항해 진리를 수호하고, 또 나아가 온 세상에 도전할' 준비를 갖추려고 했기 때문이다. 플라톤이나 에피쿠로스 그리고 예수처럼 스승이 제자들과 함께 생활을 한 가부장적 시대에서 우편을 통해 철학을 하는 새로운 시대로 바뀐 것이다. 스피노자는 지도자라기보다는 오히려 편지의 발신인이었다.

스피노자는 매우 조심했음에도 불구하고 스스로 불러들인 공격 때문에 널리 알려져 마침내는 상류층 사람들이 만나고 싶어 하는 인물이 되었다. 헤이그를 찾아오는 지체 높은 여행자 가운데는 "진기한 동물을 볼 때 느끼는 호기심을 갖게 되었다"고 말한 알트도르프 대학의 교수 요한 크리스토프 슈투름과 같이 생각한 사람들도 많았을 것이다. 프랑스의 루이 2세 드 부르봉─콩데Louis II. de Bourbon, prince de Condé도 똑같은 호기심을 가졌는데, 그는 프랑스군을 이끌고 네덜란드에 진주해 위트레흐트에 사령부를 설치했다. 그는 스피노자에게 자신을 방문해줄 것을 요청했다. 아마 네덜란드의 외무 당국은 이 유대인이 국제적으로 매력을 끌고 있다는 사실을 이용하려고 생각했던 것 같다. 그래서 스피노자는 네덜란드와 프랑스 쌍방의 통행증을 가지고 적의 사령부로 갔던 것이다. 실제로 그는 사령관을 만나지 못했지만, 네덜란드 국민은 이 모험적인 여행을 신을 부인하는 악명 높은 사람의 비애국적인 책동으로 받아들였다. 이 철학자는 하마터면 목숨을 잃을 뻔한 것이다. 그의 신성

모독적인 사상 때문이 아니라, 권력자들이 그를 외교적으로 이용할 만큼 유명했기 때문에 생긴 일이었다.

죽기 4년 전에 그를 은신처에서 끌어내 고위직에 앉히려는 아주 명예스러운 제안이 있었다. 하이델베르크 대학의 교수이자 팔츠^Pfalz 선제후^選帝侯의 고문관이라는 인물이 그의 제후의 부탁을 받고 스피노자에게 편지를 보냈다. 이 편지는 "고명하신 선생께!"라는 서두로 시작되었다. 고명한 스피노자에게 고명한 하이델베르크 대학의 철학교수 자리가 제안된 것이다. "선생은 탁월한 인사들(제후께서는 선생이 이러한 인사들에 속한다고 생각하십니다)에게 이만큼 호의를 가지고 있는 제후를 다른 곳에서는 찾을 수 없을 것입니다. 선생은 철학적으로 사색하는 데 있어서 최대한의 자유를 누릴 것입니다. 제후께서는 선생이 공인된 종교를 방해할 목적으로 이 자유를 남용하지 않을 것을 믿으십니다." 끝으로 이 하이델베르크의 교수는 다음과 같은 말을 덧붙였다. "선생께서 이곳으로 온다면, 선생은 철학자에 어울리는 삶을 기쁘게 누릴 것입니다. 우리의 희망과 기대에 반하는 일이 생기지 않는다면 말입니다." 스피노자는 팔츠 선제후에게 신하의 예를 갖추며 당시의 문체로 답장을 썼다.

제가 공인된 종교를 방해하지 않는다는 것을 보여주기 위해, 철학적으로 사색하는 자유를 어느 정도로 제한해야 하는지를 저는 알지 못합니다. 불화는 종교에 대한 지나친 헌신에서 생긴다기보다는, 오히려 올바르게 말해진 것들조차 모두 왜곡하거나 비난하도록 이끄는 인간적인 열정과 모순적인 정신에서 생깁니다. 저는 개인적으로 고독한 삶을 살아왔음에도 이것을 이미 경험했기 때문에, 제가 이러한 중요한 자리를 제안받았지만 더욱 두려운 느낌이 듭니다. 그러므로 경애하는 선생님, 당신은 제가 주저하는 것이 더 좋은 운을 기대하기 때문이 아니라, 제가 평온을 사랑하기 때문임을 알 것입니다. 제가 공개적으로 강의하는 일을 하지 않는다면, 저는 어느 정도 이러한 평온을 누릴 수 있다고 믿습니다.

스피노자는 이보다 앞서, 그의 저서 하나를 루이 14세에게 헌정한다면 연금을 주겠다는 제안을 거절한 일이 있었다. 그리고 이번에는 독일의 한 제후가 그를 철학 교수로 맞이하겠다는 제안을 거절했다. 그가 이렇게 거절한 이유는 거리로 나가는 순간, 통제와 고난 사이에서 탈출구를 찾지 못했을 것이기 때문이다. 하지만 방에서 홀로 자신의 사상을 형성할 뿐, 투사가 되어 전장에 뛰어들지 않는다면, 자신의 사상을 완성할 수 있을 것이다. 폐결핵이 그때까지 기다려준다면 말이다.

요컨대 그가 살고 있는 사회는 그를 제거할 절박한 이유가 없었다. 그렇지만 그의 조용한 생활 태도에도 불구하고 그에게 인생의 쓴맛을 보게 할 근거는 충분했다. 같은 유대인들이 먼저 시작했다. 이미 유대인 공동체에서 파문당한 그를 기독교인들에게 밀고한 사람은 랍비 협의체의 의장이었다. 이 의장은 "기독교도도 이 사람에게 모욕당한 것이 아닐까요?"라고 질문했다. 네덜란드 기독교의 공식 교리였던 칼뱅주의는 구약성서를 신약성서와 동등하게 취급했다. 따라서 구약성서에 대한 비판은 유대인에게만 해당되는 것이 아니었다. 스피노자는 그의 글이 한 줄도 인쇄되기 전에 암스테르담의 유대교 공동체에서 뿐만 아니라, 기독교 사회로부터도 추방되었다. 그는 한동안 암스테르담을 떠나 있어야 했다.

그 후 그가 『신학정치론』을 출간했을 때 (저자 이름은 밝히지 않았지만, 대체로 그가 저자인지를 짐작할 수는 있었다), 그는 기독교 총회의 단골 의제가 되었다. 성직자들은 "모든 이단서異端書, 특히 하나님을 모독하는 나쁜 책인『신학정치론』을 압수해 판매금지 처분을 내리도록" 당국에 요청하는 것으로 의견의 일치를 보았다. 그 후 다시 스피노자가 '하나님과 인간정신에 관한 훨씬 더 위험한 책을 준비하고 있다'는 소문이 퍼졌다. 그래서 레이던 대학의 어떤 수사학 교수는 도르드레흐트시市의 유력한 참사회원 앞으로 "이 책이 출판되지 못하도록 조치를 취해야 한다"는 편지를 보냈다.

스피노자는 화형에 처해지지도 않았고 투옥된 일도 없었다. 그러나 그의 주위에는 통행금지선이 설치되었던 것이다. 그는 굳이 빠져나갈 생각이 없었기 때문에 압박감을 느끼지는 않았다. 그는 사회로부터 추방된 채 살아나갔다.

에렌프리트 발터 폰 치른하우스Ehrenfried Walther von Tschirnhaus와 같이 저명한 이름의 소유자조차도 스피노자에 대해 말할 때에는 그와 관계가 있다는 인상을 주지 않기 위해 '어떤 사람'이라고 말하지 않으면 안 되었다. 그리고 스피노자의 친구라는 소문이 나면, 혐의를 철저하게 벗기 위해 스피노자를 공격하는 글을 써야 했다. 독일의 철학자로 선제후 고문관이기도 했던 라이프니츠는 스피노자를 '아주 유명한 자연 연구자이자 심오한 철학자'라고 불렀고, 자신은 그의 '변치 않는 숭배자'라고 말했다. 그러나 다른 사람들 앞에서는 이 숭배하는 인물을 '터무니없는 견해'를 '염치없고 경악스러운 책'으로 써낸 '악명 높은 유대인'이라고 불렀다.

이와 반대로 스피노자는 누구에게도 피해를 주지 않으려고 세심한 주의를 기울이면서, 행복한 삶으로 가는 길을 모색했고 또 발견했다.

사색을 통한 행복 추구

가장 가혹한 운명에서 도망쳐온 유대인들 사이에서 성장한 한 유대인이 유대인들로부터는 파문당하고, 기독교도들로부터는 감시당하는 가운데, 치명적인 병에 걸렸다. 그런데도 그는 행복해지려면 어떻게 살아야 하는지에 대해 고민했다.

이런 스피노자를 생각하면 조금은 에피쿠로스가 떠오르게 된다. 이 두 사람은 똑같이 시대의 광기에 대해 급진적이지만 차분하게 반항했고, 순진무구하게 향락과 즐거운 삶을 추구했다. 스피노자는 이렇게 쓴 적이 있다. "나는 슬픔과 탄식으로 살아가는 삶이 아니라, 평화와 기쁨과 즐거움으로 살아가는 삶을 추구한다." 또 다음과 같이 쓰기도 했다. "암울하고 슬픈 미신만이 기쁨을 즐기는 것을 금지한다." 그가 기쁨을 주는 대상으로 지목한 것은 결코 책만이 아니다. 그는 좋은 향기, 푸른 식물, 멋진 옷, 음악, 경기, 연극, '그 밖에도 여러 가지 구경거리'를 기쁨의 대상으로 지목했다.

물론 그는 수천 년에 걸쳐 비방받아 온 '관능적 쾌락'에 대해 반드시 개방적인 생각을 가지고 있었던 것은 아니다. 그는 관능적 쾌락이 영혼을 흐리게 하고 다른 것은 생각하지 못하게 하며, 그러한 쾌락을 즐긴 후에는 심한 불쾌감을 느끼게 된다고 말한다. 그에 따르면 예를 들어 후회가 그러한 쾌락이 낳는 쓰디쓴 과실 중의 하나이며, 죽음을 초래하는 경우도 얼마든지 있다. 에피쿠로스는 이런 말을 하지 않았다. 에피쿠로스와 스피노자 사이에는 1,600년 동안 지속된 기독교 세계가 가로놓여 있는 것이다.

에피쿠로스는 72세까지 살았는데, 스피노자는 고작 44세로 세상을 떠났다. 그는 남쪽 나라의 정원에서 친구들과 함께 살았던 그리스 노인과는 달리, 북쪽 나라의 조그만 방에서 혼자 살았다. 그는 폐결핵을 앓으며 방 안에만 틀어박혀 산 고독한 사람이었다. 그의 모습을 탁발승같이 그려도 무리가 없을 것이다. 그의 식단표가 발견되었는데, 그는 우유수프와 버터, 혹은 건포도를 곁들인 오트밀만을 먹었다. 스피노자를 라 로슈푸코, 데카르트, 라이프니츠, 홉스, 로크 등 17세기의 동료 철학자들과 비교해보면 그는 마치 디오게네스처럼 통 속에서 산 것과 마찬가지이다. 그러나 그는 실제로는 온갖 제한을 거부하고 행복을 누릴 엄청난 권리를 주장했다. 이 때문에 그는 이러한 행복에 '신'이라는 광대한 이름을 붙인 것이다.

그의 냉철하고 엄밀한 저서에는 수학과 논리학과 성서의 인용 구절로 만들어낸 유명한 갑옷을 벗어던지고 발가벗은 모습을 드러낸 부분이 있다. 여기서는 '삶에서 실망한' 사람이 행복을 동경하며 '어떻게 행복의 길에 도달하기 위해 첫걸음을 내디디게 되었는지'를 알려준다. 따라서 우리는 『지성교정론』의 짧은 서문에서 그의 철학의 핵심을 엿볼 수 있다. 우리가 스피노자의 체계라고 부르는 이 장대한 학문적 구상의 근원은 무엇인가? 그는 "발견하고 획득하고 나면 변함없고 완전한 기쁨을 맛보게 해줄 어떤 것이 있는지"를 탐구했다.

스피노자는 스스로 말했듯이 행복을 아쉬워했다. 결국 그는 이러한 아쉬움을 더 이상 견딜 수 없게 되었다. 그래서 그는 "마침내" "행복으로 떠오르는 것, 즉 더는 바랄 것이 없게 하는 변함없는 행복에 어떻게 도달할 수 있는지"를 탐구하기로 결심한 것이다. 이러한 극단적인 요구가 제기되는 경우는 언제나 종래의 방법으로는 더 이상 아무것도 기대할 수 없다는 결론에 도달했을 때이다.

'행복'은 전통적으로 전해져 내려온 문제가 아니라, 자신의 삶이 격렬하게 제기하는 문제이다. 당시 스피노자의 삶이 행복의 문제를 격렬하게 제기하고 있었다.

그의 짧은 고백이 던진 최초의 말은 다음과 같았다. "삶에서 빈번히 일어나는 모든 일이 헛되고 부질없음을 경험이 나에게 가르쳐준 이후…" 거의 언제나 시작은 이렇다. 이제 '헛되다'는 말이나 '부질없다'는 말은 퇴색하고 말았다. 스피노자가 쓰기 이전에 다른 사람들이 수없이 많이 사용했기 때문이다. 그러나 이 말의 이면에는 완전히 공허한 감정과 또 이 공허를 완전하게 채우고자 하는 갈망이 숨어 있다. 어떻게 이 사실을 알 수 있는가? 그것은 스피노자가 공허한 감정을 숨기기 위해 세운 묘비의 크기에서 드러난다.

그는 이 퇴색한 말과 함께 적어도 소망으로나마 자신도 추구했음이 분명한 삶, 즉 '부와 명예와 관능적 쾌락'과 작별했다. 이 세 가지 상투적인 말은 '삶에서 가장 흔히 마주치며 사람들의 행위로 미루어 최고선으로 평가되는 것'을 의미한다. 왜 그는 이러한 것들과 작별했을까? 그는 쾌락을 적대시하지 않았다. 그는 부와 명예와 관능적 쾌락과 같이 멋진 것을 나쁘게 보지 않았다. 그가 이것들을 포기한 것은 내세의 낙원을 위해서도 아니고 현세의 의무를 위해서도 아니었다. 그가 이것들을 포기한 이유는 행복에 대한 동경이 너무도 커서 이렇게 흔하고 불투명한 행복의 혼합물로는 만족할 수 없었기 때문이다. 예를 들어 그는 명예욕을 비난했는데, '명예를 얻기 위해서는 사람들의 사고방식에 맞춰서 살아갈 수밖에 없기 때문이다.' 갈채는 멋이 있다. 그러나 갈채를 받는 자는 갈채를 보내는 사람들의 변덕에 따라 기분이 좌우된다.

누구도 일상의 행복이나 부나 다른 사람들로부터 인정을 받는 일을 쉽게 포기하지 못한다. 글이나 확성기로는 얼마든지 포기한다고 말할 수 있지만 말이다. 그러한 것들을 한번 맛본 사람이나, 혹은 남이 맛보는 것을 본 사람은 손에 넣으려고 애쓰게 된다. 스피노자도 모든 사람들이 열망하는 것은 존중할 줄 알았다. 그는 다음과 같이 말했다. "분명 나는 명예와 부를 통해 얻을 수 있는 이득을 알고 있었다." 그가 스스로 말하고 있듯이, 최종적으로 그런 행복의 추구를 포기할 때까지 오랜 시간이 걸렸다면, 그의 망설임은 포기한 것을 그만큼 높이 평가하고 있었다는 사실을 증명한다. 게다가 포기한 대가로 얻을 수 있는 것도 불확실했다. "얼핏 봐도 불확실한 것을 위해 확실한 것을 포기하는 일은 현명하지 않았다." 이러한 망설임으로 인해 그는 관능적인 쾌락과 성공과 부를 무조건 경멸하는 모든 전문가들과 구별된다.

결국 그는 좋은 행복을 위해 검증되긴 했지만 불충분한 행복이라는 확실한 기반을 버릴 수밖에 없었다. 그는 다음과 같이 말했다. "사실 나는 내가 최고의 위험에 빠져 있음을 알았다. 따라서 나는 불확실한 치유책이라고 할지라도 온 힘을 다해 찾아야만 했다. 마치 치명적인 병으로 고통받는 병자가 치유책을 쓰지 않을 경우에 확실한 죽음이 예견될 때, 모든 희망이 걸려 있는 이 치유책을 찾을 수밖에 없듯이 말이다." 행복은 그에게 기분 좋게 주어지는 덤이 아니었다. 그것은 삶의 중대한 문제였다. 이러한 행복이 없는 사람은 "치명적인 병으로 고통받는 병자"이다. 스피노자가 행복에 대해 철학한 것은 자신을 구제하기 위해서였다.

그런데 그는 자신이 행복하지 않다는 것을 의식하고 나서도 한동안 관능적 쾌락이나 부의 세계를 포기하지 않았다. 또 그 세계를 마지못해 포기했을 때에도 그는 그 세계로부터 반걸음 정도만 밖으로 나왔을 뿐이었다. "왜냐하면 나는 마음속으로는 명확하게 깨달았지만, 그렇다고 모든 탐욕과 관능적 쾌락, 그리고 명예욕을 버릴 수가 없었기 때문이다." 분명히 그는 어떻게 하면 자신의 행복을 좀 더 견고한 기반 위에 세울 수 있는지에 대해 성찰하기로 결심했다. 그러나 당장은 사유를 통해서만 지금까지의 삶과 작별함으로써 퇴로를 열어두었다. 이를 철학과는 무관한 말로 표현하자면, 속담에 나오듯이 확실하게 맑은 물을 얻을 때까지는 더러운 물을 버리지 않으려 했던 것이다. 그의 인생에서 사유와 삶이 일치하지 않았던 시기가 있었음에 틀림없다. 그리고 그는 이러한 사실을 알고 있었다.

이때부터 시작된 성찰은 이를테면 교사가 숙제로 던지거나 독서를 통해 알게 된 학문적인 문제에 대한 성찰과는 달랐다. 이 문제의 해결에 그의 인생이 걸려 있었던 것이다. 그는 명확하게 자기 자신에 대해 말한다. 그는 몇 번이나 반복해서 '나'라는 말로 글을 시작한다. 이 '나'라는 말은 그의 다른 저서에서는 아주 드물게 나타난다. "'나'는 어쩔 수 없이 무엇이 나에게 더 유용할지 물을 수밖에 없었다." 다시 말해 무엇이 행복한 삶에 도달하는 데 더 유용할지를 물어야 했던 것이다. 그는 쾌락주의자였다. 왜냐하면 그의 철학은 행복에 대한 동경에서 비롯되었기 때문이다. 그리고 그는 행복에 대한 동경이 너무도 커서 흔히 접할 수 있는 행복으로는 만족할 수가 없었다. 스피노자의 동시대인으로서 프랑스의 장군이었던 샤를 드 생 테브르몽은 스피노자를 지극히 겸손한 인물로 여겼다. 그러나 행복의 탐구자 스피노자만큼 삶에 대해 과도할 정도로 많은 행복을 요구한 사람은 없었다.

그는 성찰을 통해 무엇을 발견했는가? 처음에 그는 – 그 이전이나 이후의 많은 사상가들과 마찬가지로 – 유익과 행복을 주는 사유의 효과를 발견했다. 사유는 마음을 억누르는 것을 제거할 수 있다. 사유는 관찰하기 위해 고통이나 고뇌를 자신 앞으로 끌어넘음으로써 – 다시 말해 자신에게서 떼어냄으로써 – 그것들을 완화시킬 수 있다. 그는 "사유가 나에게 큰 위안을 주었다. 왜냐하면 나는 저런 해악害惡들이 – 탐욕과 관능적 쾌락, 그리고 명예욕이 – 어떤 해독제도 효과가 없는 그런 것은 아니라는 사실을 깨달았기 때문이다"라고 말했다. 사유에는 마취 효과도 있다. 스피노자는 비록 그가 처음은 아니었으나, '사유'라는 진통제를 발견한 것이다.

이처럼 그는 사유를 통해 정신적 평온을 얻었는데, 그가 이런 방식으로 찾고 있었던 행복을 발견했다고 생각한 사람들이 있을 정도였다. 그러나 이렇게 생각하는 것은 잘못이다. 평온은 아직 행복이 아니다. 사람들은 길쭉한 얼굴을 가진 가냘픈 유대인에게서 완전히 기념비적인 인물을 만들어내고 말았던 것이다. 고수머리와 길고 까만 눈썹은 세상과 동떨어져 존재하는 엄청나게 고상한 사상가라는 만들어진 이미지 앞에서 퇴색되고 말았다. 책으로 비유하자면, 이와 같은 호화장정판 옆에는 이보다 다루기 쉬운 문고판도 있는 법이다. 스피노자는 책벌레였다.

책벌레 스피노자는 때때로 3개월 동안이나 조그만 방 안에서 두문불출했다. 그는 신선한 공기와 접촉하지 않아 마치 낡은 종이처럼 누런 얼굴을 하고 있었다. 그는 초라한 방이 두 개 있었는데, 그중 유일한 보배인 책장이 있는 방에서 웅크리고 앉아 책을 읽었다. 책장에는 히브리어, 칼데아어, 그리스어, 라틴어, 에스파냐어, 이탈리아어, 프랑스어, 네덜란드어로 쓰인 책이 잔뜩 꽂혀 있었다. 여기에는 신학, 철학, 문헌학, 수학, 물리학, 역학, 천문학, 의학, 정치학, 유대 역사 등 온갖 분야의 지식이 모여 있었다. 그는 무엇 때문에 이와 같이 수많은 것에 대해 성찰했을까? 책벌레였기 때문에? 아니면 '사상가'였기 때문에?

성찰하는 이유는 여러 가지가 있을 것이다. 스피노자는 성찰이 절실하게 필요했기 때문에 성찰했다. 그가 찾아낸 철학이 비로소 그에게 삶과 행복한 삶을 가능하게 한 것이다. 그가 이렇게 단언했기 때문에 우리는 이 사실을 알고 있다. 그러나 얼핏 보기에는 전혀 그렇지 않은 것 같다. 그는 철학할 때 자기 자신을 완전히 도외시하는 것처럼 보인다. 정말 그는 개인적인 것을 완전히 도외시했을까? 그는 인간의 삶에 대해 "마치 선線이나 면面이나 물체에 대해 이야기하는 것처럼" 말한 것은 아닐까?

그는 자신에 대해 말할 때, 스스로를 행복한 삶에 대한 예감이 엄청나게 끓어오르는 불행한 피조물로 여겼다. 이 예감이 그의 행복을 만든 것이다. 그는 사유를 아편으로 이용하지 않았다. 따라서 그는 자신의 철학을 찬양할 때, 단순히 '철학이 마음에 완벽한 평화를 준다'고 말하지 않았다. 그의 철학은 그의 마음에 평화를 주었을 뿐만 아니라, 행복도 준 것이다. 이와 관련해 그는 다음과 같이 말한다. "이 가르침이 마음에 완벽한 평화를 주는 것을 도외시하더라도, 우리의 최고 행복이나 우리의 지복至福이 어디에 있는지를 알려주는 이점이 있다." 행복은 영혼의 평화 이상이다. 그렇다면 그의 행복은 무엇이었는가?

그가 내세운 세 마디 말은 매우 유명해졌다. 그러나 세월이 흘러감에 따라 이 말은 유명무실한 상투어가 되어버리고 말았다. 이것은 철학자들이 만든 유명한 문구가 겪는 운명이다. 아무리 고상한 사상이라도 딱딱한 공식으로 굳어지면 더 이상 주목을 끌지 못한다. 스피노자의 행복은 존경받으면서도 이미 보잘것없이 퇴색되어버린 이러한 숭고한 사상 속에 숨겨져 있다. 따라서 우리는 이 낡은 공식을 말하기 전에 독자에게 '이미 다 알고 있다고 생각하지 말라!'는 주의를 주고자 한다. 스피노자가 추구한 행복의 공식은 '신에 대한 사랑amor dei'이다. 그런데 어떤 신을 말하는가? 어떤 사랑인가? 또 이 신에 대한 사랑은 어떤 행복을 가져다주는가? 이 행복은 '물질적인' 것인가, 아니면 '정신적인' 것인가? 학교에서 배운 공식에서 벗어나지 못한 사람들은 언제나 이런 식으로 질문했다.

스피노자는 다음과 같이 말했다. "영원하고 무한한 것에 대한 사랑은 마음을 오직 기쁨으로 살찌우며, 어떠한 불쾌감도 느끼지 않게 한다." 그런데 이 '영원하고 무한한 것'은 윤곽이 없으므로, 이를 구체적으로 묘사할 수가 없다. 그것은 여기에도 있고 저기에도 있으며, 오늘에도 있고 몇백만 년 후에도 있다. 그것은 돌이고 식물이고 동물이고 인간이다. 그것은 원시적이기도 하고 문명화된 것이기도 하다. 그것은 선하기도 하고 악하기도 하다. 이 때문에 볼테르처럼 다음과 같은 결론을 내린 사람도 있다. "여기서 '신'이라는 말을 사용한 것은 무지한 독자에게 두려움을 주지 않고, 소심한 저자를 불편한 일에 말려들게 하지 않기 위해서이다." 그리고 18세기의 위대한 회의주의자 피에르 벨은 이 '신'에 대해 마음껏 빈정거렸다. "독일인들이 수만 명의 튀르크인을 죽였다고 가정해보자. 이를 스피노자 식으로 말하면, 독일인으로 모습을 바꾼 신이 튀르크인으로 모습을 바꾼 신을 죽인 것이다."

사실 스피노자의 '신'은 주어가 아니라 술어이다. 따라서 모든 것은 신적인 것이 된다. 그러나 이 '신'이라는 말이 지칭하는 것이 그토록 광범위하다면, 우리는 그렇게 광범위한 신을 어떻게 사랑할 수 있는가? 또 우리는 어떻게 그와 같은 사랑을 통해 행복해질 수 있는가? 우리는 그와 같은 '신'을 사랑할 수 있다. 하지만 그러기 위해서는 '나'를 끊임없이 넓혀가야 한다. 다시 말해 끊임없이 '신'에 가까이 가야 하는 것이다. 우리는 '신'을 사랑할 수 있다. 하지만 그러기 위해서는 자신의 밖에 있는 것을 끊임없이 자신의 마음속으로 끌어들여야 한다. 다시 말해 마음을 점점 넓혀야 하는 것이다. 우리는 '신'을 사랑할 수 있다. 하지만 그러기 위해서는 모든 간격, 모든 낯선 것을 극복해나가야 한다. 그런 일이 가능할까?

스피노자는 사유 속에서는 가능하다고 생각했다. 왜냐하면 사유에서는 자신을 벗어날 수도 있고 또 자신의 밖에 있는 것을 끌어들일 수도 있기 때문이다. 물론 여기서 사유는 지각하고 느끼고 상상하는 행위도 포함한다. 사유에서 나는 낯선 것, 즉 가상의 것을 나와 혼합시키고, 그렇게 함으로써 그것과 친밀해지게 된다. 내 마음 속에 들어와 있지만 '내가 아닌 것'과 친밀해지는 일이 이러한 사유의 의미이다. 사유는 이처럼 친밀해지는 일을 위한 도구에 불과하다. 우리는 별이나 대지나 동물이나 인간을 사유함으로써 이것들과 친밀해진다. 행복하게 만드는 것은 사유가 아니라, 사유를 통해 모든 사물과 갖게 되는 친밀함이다. '신에 대한 사랑'이라는 말로 표현된 것은 모든 인간에게 공통된 이성이 아니라, 존재와 존재 사이의 간격을 지양하려는 모든 사람에게 공통된 충동이다. 행복은 자신을 열어놓는 데에 있다. 스피노자에게 행복을 준 것은 무엇이었는가? 네덜란드의 초라하고 조그만 방에서 사는 외롭고 궁핍한 유대인이 우주로 확장된 일이었다.

그리고 이러한 행복은 누구에게나 가능하기 때문에 스피노자는 다른 사람들에게 자신의 철학을 전파하려고 했다. 즉 다른 사람들에게 자신의 행복을 전파하려고 한 것이다. "내가 진리로 여기는 것을 많은 다른 사람들도 똑같이 진리로 여기도록 만드는 일이 나의 행복이다"라고 그는 고백했다. 이 소망은 결코 '지적인 일치'를 원하는 것이 아니었다. 이 소망에는 – 그의 생각에 따르면 – 그와 같은 일치의 결과로 사람들 사이에서 생길 상태에 대한 동경이 담겨 있었다. 그는 자신의 사상을 전파하는 데 있어서는 조심스럽고 신중했으나, 모든 사람을 행복하게 만들고자 하는 진정으로 행복한 사람들이 지닌 충동을 가지고 있었다. 스피노자는 이 목적을 위해서는 "가능한 한 많은 사람들이 가능한 한 쉽고 확실하게 행복에 도달할 수 있도록 하는 사회를 만들어야 한다"고 말했다. 이것이 그의 정치론의 기초이다. 사회와 국가와 민족은 그것이 어떻게 불리든 간에 모든 사람의 행복을 위해 존재한다.

이 '신에 대한 사랑'으로 아주 신나게 천국으로 날아오를 수 있지만, 반드시 비참한 피조물로 다시 전락하고 만다. 많은 신비주의자들이 이러한 천국행과 또 이어지는 지옥으로의 전락을 묘사했다. 스피노자는 열광적인 광신자가 아니었다. 그는 글을 통해서도 자기의 능력 이상의 '신에 대한 사랑'을 말한 적이 없었다. 몸집이 작고 허약했던 그는 신의 분신으로서 신의 큰 부분, 예를 들어 군중을 전혀 사랑하지 않았다. "천박한 대중은 공포를 느끼지 않을 때에는 스스로 공포를 불러일으킨다"라고 스피노자는 말했다. 그리고 『신학정치론』의 서문에는 다음과 같은 구절이 있다. "나는 대중에게서 공포와 마찬가지로 미신을 제거하는 것이 불가능하다는 것을 알았다. 나는 그들의 완고함이 변하지 않는다는 것을 알았다." 천박한 대중에 관한 그러한 구절은 『에티카』라는 제목의 책보다도 오히려 허무주의적인 선동가의 책에 어울리는 말이 아닐까? 스피노자는 신을 사랑하는 사람으로서 사유했을 뿐만 아니라, 천박한 대중을 싫어한 네덜란드의 품위 있는 시민으로서 사유했다.

이 허약하고 가난한 사람은 높은 지위에 올라 거드름을 피우는 네덜란드인이 아니었다. 아버지가 남겨준 유산 가운데 그가 차지한 것은 하찮은 것에 지나지 않았다. 고작 침대와 커튼이 전부였다. 그는 렌즈를 세공하면서 생계를 유지하려고 했다. 안경이나 현미경이나 망원경에 쓰이는 렌즈를 세공하는 일은 당시에는 직공이 하는 일이 아니었다. 많은 학식 있는 사람들이 수학이나 물리학에 대한 관심 때문에 아마추어로서 이 일을 했다. 그러한 사람 가운데는 예를 들어 철학자 데카르트, 자연과학자 하위헌스, 학자이기도 했던 암스테르담의 시장 등이 있었다. 그러나 스피노자가 렌즈를 세공한 것은 돈을 벌기 위해서였다. 그런데 렌즈를 가공할 때 생기는 유리가루가 그의 허약한 폐를 망가뜨린 것이다. 그는 렌즈를 가공하는 솜씨가 대단했고, 그가 세공한 렌즈는 잘 팔렸다고 한다. 그러나 이 작업으로 대단한 수입을 얻지는 못했던 것 같고, 친구들이 그를 도와주었다. 그러나 친구들의 도움 역시 그를 부자로 만들지는 못했다. 그가 유산으로 남긴 것은 금화 하나와 잔돈 몇 푼과 약간의 빚이었다. 그는 적어도 가난이라는 점에서는 비천한 민중과 하나였다.

그에게는 돈 많은 후원자가 있었다. 그런데 그는 돈을 받는 데 있어서 몹시 신중했다. 친구인 더프리스Simon de Vries가 그에게 2,000굴덴을 주려고 했을 때, 그는 자신에게는 그렇게 많은 돈이 필요치 않다는 이유로 사양했다. 그리고 더프리스가 사망한 후, 상속인이 500굴덴의 연금을 주겠다고 제안하자 가난한 렌즈공은 300굴덴만 받았다. 그는 권력이나 돈은 없었지만, 네덜란드에서 권력이나 돈을 가진 계층의 사람들과 친밀한 관계를 맺었다. 그중에서도 특히 중요한 인물은 스피노자의 후원자이자 국정의 최고 책임자였던 더빗Johan de Witt이다. 1672년 8

월 20일에 더빗은 무고를 당해 감옥에 갇혀 있던 자신의 형을 구출하려다 한 무리의 민중에 의해 살해되었다. 살인자들은 더빗의 반대당인 오라녜파의 지지자들로부터 보상을 받았다. 헤이그의 성직자 시모니데스는 이 살인을 '하나님의 정의가 내린 당연한 벌'이라고 찬양했다.

스피노자는 오라녜파와는 반대의 입장에 섰다. 그는 더빗을 살해한 헤이그의 시민을 '비열하기 그지없는 야만인'이라고 비난하는 플래카드를 만들었다. 만약 더빗이 살해당한 그날 밤에 분별 있는 집주인이 스피노자가 플래카드를 들고 밖으로 나가는 것을 막기 위해 집의 문을 잠그지 않았다면, 아마도 스피노자는 반反오라녜파의 선전가로서 목숨을 잃었을 것이다. 그는 '신에 대한 사랑'에도 불구하고 이처럼 한 당파의 일원으로 열성적인 면모를 보이기도 했다. 그는 글을 쓸 때는 냉정한 거리를 유지했지만, 일상생활과 열정적으로 연결되기도 한 것이다. 그리고 이러한 연결은 그가 '천박한 대중'이라고 경멸했던 계층의 사람들을 판단할 때 분별력을 잃게 했다.

그는 동물에 대해서는 천박한 대중을 대할 때보다 더욱 냉담했다. 그의 말에 따르면, 우리는 동물을 "마음대로 이용하고, 우리들에게 가장 쓸모 있는 방식으로 다루어도 된다. 이에 반대하는 것은 어리석은 미신이며, 여자에게나 어울리는 감상주의다." 요컨대 그는 이론적으로는 정신과 자연 전체가 결합되는 '통일성'을 인식했지만, 실천적으로는 이 인식에 정면으로 대립되는 지침을 내렸다. 게다가 이러한 지침은 신중한 성찰에서 나온 것이 아니라, 철학적인 태도와는 무관한 일종의 무관심에서 나왔다. 그러나 이와 같이 일관되지 않은 사유와 다른 것을 받아들이지 못하는 생활태도를 근거로, 그가 어쩌면 완전히는 행복하지 못했을 것이라고 결론을 내려도 될까?

이 훌륭한 저서에는 이미 부분적으로 전해지는 에피쿠로스의 단편斷片들에서 나타나는 모순이 더욱 분명해진다. 에피쿠로스와 마찬가지로 스피노자도 인류는 영원한 옛날부터 경쟁하는 개체로 이루어졌으며, 앞으로도 그럴 것이라는 점에 대해서는 의심을 품지 않았다. 그는 이를 영원한 진리로 여겼기 때문에 "인간은 누구나 자기 자신을 사랑한다"는 사실, – 같은 말이긴 하지만 – 인간은 누구나 "자신의 이익을 추구한다"는 사실을 시인하지 않을 수 없었다. 심지어 그는 다음과 같이 분명하게 말하기도 했다. "미덕의 기초는 바로 자신의 존재를 보존하려는 노력이며, 행복은 인간이 자신의 존재를 보존할 수 있을 때 누릴 수 있다." 이는 '신에 대한 사랑'과 정반대가 아닌가? 따라서 그의 저서에는 두 가지 핵심이 있다는 사실이 드러난다. 즉 하나는 신에 대한 사랑이고, 또 다른 하나는 자기 존재의 보존이다. 게다가 신에 대한 사랑은 결국 자기 존재의 보존보다 하위에 놓인다. 이웃 사랑은 이제 '유익한 행위'로 탈바꿈한다. 『에티카』에는 다음과 같은 구절이 있다. "자연에서 인간에게 인간 이상으로 유익한 개체는 존재하지 않는다." 이렇게 해서 자기 자신에 대한 배려와 타인에 대한 배려는 조화를 이루게 된다. 하지만 이러한 배려는 '신에 대한 사랑'이나 아우구스티누스의 '신의 나라神國'나, 미국 독립·프랑스 혁명·러시아 혁명의 이상을 바탕으로 건설하고자 했던 사회와는 조화를 이루기가 어렵다. "인간이 자신의 존재를 보존할 수 있을 때 – 이는 경쟁자로서의 인간을 말한다 – 누릴 수 있는 행복은 기껏해야 약간의 '신에 대한 사랑', 약간의 행복과 조화를 이룰 수 있을 뿐이다."

아마도 이러한 스피노자의 사상이 오류인 경우에만, 또 서로 경쟁하는 개체가 영원히 인간 사회를 구성하는 원자原子가 아닌 경우에만, 인간은 스피노자가 '신에 대한 사랑'에서 멋지게 예감한 행복에 도달할 수 있을 것이다.

'행복한 사회'의 시조始祖

스피노자가 비교적 일찍 죽자, 다음과 같이 말하는 사람들이 있었다. "그는 어리석은 광기에 사로잡혀 '하나님이시여, 이 죄인에게 은총을!'이라는 말을 남기고 쓰러졌다."

나중에 책에 실리기도 한 어떤 이야기는 더욱 자세하게 상황을 설명했다. 이 이야기에 따르면 스피노자는 신분이 높은 두 명의 프랑스인의 초청을 받아 파리로 갔다. 그러나 매우 경건했던 프랑스의 재상 퐁폰느는 신을 모독한 스피노자가 도착했다는 말을 듣자, 그가 프랑스 전국에 끼칠 해독을 두려워한 나머지 체포하려고 했다. 자신이 바스티유 감옥에 갇히게 될지도 모른다는 소문을 들은 스피노자는 당황해하며 프란체스코파의 수도사로 변장해 황급히 고향으로 도망쳤다. 이때의 흥분이 원인이 되어 그가 사망했다는 것이다.

스피노자의 저서는 18세기에는 단 한 번도 새롭게 출판된 적이 없다. 그러나 신앙을 수호하려는 취지로 꾸며낸 이야기들이 그에 대한 기억을 되살렸다. '악명 높은 소책자인 「세 사람의 대 사기꾼」이 출간된 것도 그런 취지 때문이었다. 여기서 말하는 세 사람은 셰르베리 남작 Edward Herbert, 1st Baron Herbert of Cherburry과 홉스 그리고 스피노자였다. 이 소책자에는 다음과 같은 구절이 있다. "마지막에 말한 사람의 몸뚱이에 옴이 온통 번지기를! 그런데 이 자는 도대체 누구인가? 이 자는 베네딕투스(축복받은) 스피노자였던 것이다. 물론 마레딕투스(저주받은) 스피노자라고 해야 맞다. 왜냐하면 신의 저주로 가시가 덮여 있는 이 대지(스피노자가 살고 있는 땅)가 이 이상 더 저주받은 인간, 이 이상 더 가시가 있는 작품을 쓴 인간을 만들어낸 적은 없었기 때문이다." 불안에 떠는 사람들에게는 스피노자라는 말이 나중에 '자코뱅 당원'이라든지, '민주주의자' 또는 '볼셰비키'라는 말과 같은 효과를 발휘한 시대가 있었던 것이다.

그리고 그 후 또 하나의 스피노자 전설이 퍼졌는데, 이 전설은 오늘날까지 남아 있다. 이 전설에 따르면, 스피노자는 현실과 동떨어진 사상가로서 냉철한 수학적 연역법을 사용해 행복에 도달했고, 열정과는 거리가 먼 사람이었다. 열정은 가정, 증명, 결론 등에 밀려 이미 질식해 버렸다는 것이다. 또 조그만 문제에 열중한 끝에 어딜 가나 우산을 잃어버리고, 또 아내의 생일 축하도 잊어버리는 대학 교수들이 있는데, 이들은 스스로를 스피노자의 후손으로 여긴다. 그러나 스피노자는 그런 기이한 사람은 아니었고, 열정이 없는 사람도 아니었다. 그는 때로는 분노 때문에 자제력을 잃는 경우도 있었다. 그럴 때면 이렇게 외치기도 했다. "랍비들은 미치광이이다. 이 성서주석가들은 꿈속에서 잘못된 것을 제멋대로 지어내고, 성서의 말을 엉망으로 만들어버렸다." 스피노자는 유령이 아니었다. 그는 실제 삶을 살았다.

우리는 스피노자에게 집요하게 따라다니는 두 가지 기념비, 즉 상상할 수 없을 만큼 불행했던 사람이자 실체 없는 유령 같은 존재라는 두 가지 기념비를 제거한다면, 실제로 44년 동안 살아가며 행복이라는 수수께끼를 어느 정도 해명한 사람을 만날 수 있다. 그는 일관되지는 않지만, 고대나 중세 사람들의 관념을 넘어섰다. 즉 개인은 - 키 169센티미터, 체중 160파운드, 또 혈연과 우정과 시장이 되고 싶어 하는 평생의 소망이 어우러진 내면을 가진 개인은 – 고립된 존재로서 행복해질 수 있다는 관념을 넘어선 것이다. 스피노자는 그와 같이 지엽적이며 덧없는 행복은 믿지 않았다. 이렇게 해서 그는 행복을 상당한 정치적인 문제로, 즉 '행복한 사회'의 문제로 본 새로운 시대의 개척자가 되었다. 근대가 열리게 된 것이다.

스피노자는 이러한 행복에 – 비록 아주 가까이는 아니지만 – 다가갔다. 그에게는 타인을 희생시키고 얻는 행복이란 있을 수 없었다. 그는 "운명이 다른 사람보다도 더 밝은 미소를 보낸다고 해서 행복하다고 생각하는 사람은 아직 참된 행복이 무엇인지를 전혀 모른다"라고 말했다. 나아가 그에게는 행복의 이념으로 주변 사람들과 결합되지 않으면 행복은 존재할 수 없었다. 그런데 행복한 사람은 자신의 고립을 깨뜨리고 나오는 사람이다. 스피노자는 관용을 옹호한 위대한 선구자 중 한 사람이었다. 그는 주변 사람들의 삶과 이념에 무관심하지 않았다. 그는 다음과 같이 말했다. "다른 많은 사람들이 나와 같은 인식을 가지고, 그들의 지식과 욕구가 나의 지식과 욕구와 완전히 일치하도록 노력하는 것이 내 자신의 행복이었다." 스피노자는 너무도 인간적이어서, 무관심할 정도로 관용적인 태도를 취할 수 없었다. 다시 말해 중립적인 사람이 될 수 없었던 것이다.

그는 사람들이 타인에 대해 무관심한 중립적인 사회를 지향하지 않았다. 그는 오히려 사람들이 하나로 결합된 행복을 누리는 인간적인 사회를 추구했다. 그는 결코 선동가는 아니었고, 대중과 거리가 먼 학자였다. 하지만 그는 행복을 전파하려는 의도로 다음과 같이 요구했다. "대중에게는 그들의 이해력에 알맞게 이야기해야 한다." 그러나 대중의 말로 대중에게 무엇을 이야기해야 한단 말인가? 인간은 "타인에게 바라지 않는 것을 자신을 위해서도 추구하지 않는다." 이것은 스피노자식式의 정언명령으로 칸트보다도 1세기 정도 앞섰다. 다만 두 사람의 차이점은 스피노자는 사람들과 공동으로 누리는 행복을 체험했지만, 칸트는 그런 행복을 누리지 못했다는 것이다.

스피노자는 인간이라는 개체가 서로 상대편을 법적인 인격체로 존중하도록 강요받는 시민 사회의 시조는 아니었다. 오히려 그는 '행복한 사회'를 지향하며 정치적이고 경제적인 문제를 해결하려고 시도한 생 시몽이나 로버트 오언의 시조였다.

10장

행복한 사회주의자

'행복한 사회'의 역사

1824년에 영국에서 『인간의 행복에 가장 유익한 부의 분배 원리에 대한 연구』라는 제목의 책이 출간되었다.

에피쿠로스나 세네카, 아우구스티누스가 자신들이 고심했던 문제를 이렇게 기묘한 방식으로 다룬 것을 보았더라면 정말 의아해했을 것이다. 이런 방식이라면 행복의 안내자인 현자는 분명 회계 감사원의 직원이 되고 말기 때문이다. 이제 청중은 아테네나 밀라노 근교의 정원이나 로마의 강당에 모인 개인이 아니라, 익명의 추상적인 존재이다. 그리고 행복은 더 이상 쾌락이나 불안과는 연관성이 사라지고, 그 대신 수수께끼 같은 행정과 연관된다. 19세기 초에 '행복한 인간'은 '행복한 사회' 때문에 뒷전으로 내몰리게 된 것이다.

이러한 '행복한 사회'의 역사는 오래되었고, 저명한 인물과 흥미진진한 모험담으로 가득 차 있다. 문헌에 나타난 그 역사는 예언자 이사야까지 거슬러 올라간다. 이사야는 다음과 같이 약속하고 있다. "늑대가 새끼 양과 어울리고 표범이 숫염소와 함께 뒹굴며 새끼 사자와 송아지가 함께 풀을 뜯으리니 어린아이가 그들을 몰고 다니리라." 이 말은 '계급 없는 사회'를 묘사한 글 가운데 가장 오래된 것이다.

비록 '마르크스주의자' 이사야로부터 '예언자' 카를 마르크스에 이르는 사이에 계급 없는 사회를 꿈꾸는 구상이 아무리 많이 변했다고 할지라도, 그러한 구상을 세운 사람들은 주변 세상에서 공공연하게 벌어지는 전쟁과 은밀한 전쟁을 자명한 것으로 받아들이지 않았다. 그리고 그들이 보여준 대응책은 결코 부분적인 수정으로 그치지 않았다. 그들은 늘 자신들의 문화의 뿌리를 이루는 몇 가지 관념에 대해 가차 없이 의문을 제기했다. 이를테면 2세기의 에피파네스라는 인물은 다음과 같이 말했다. "유대의 율법서에 나오는 '욕망하지 말라'라는 말은 우스꽝스럽다. 행복의 길은 결핍을 제거하는 데 있는 것이지, 궁핍한 자에게 '욕망하지 말라'고 요구하는 데 있는 것이 아니다." 에피파네스는 '행복한 사회'를 예감했다.

행복한 사회의 도래를 포고하는 사람들 모두에게 공통된 점은, 인류가 더 이상 신의 손짓이나 자연의 법칙에 따라 유사 이래 수천 년 동안 해왔던 것과 똑같은 걸음걸이로 영원히 느릿느릿 걸어가서는 안 된다고 하는 확신이었다. 다른 한편으로 그들의 뚜렷한 차이점은 무엇보다도 두 가지 질문에 대한 대답이었다. 첫 번째는 '현재의 비참한 상황이 천국에서 어느 정도 유지될 것인가?' 하는 질문이다. 아주 보수적인 유토피아주의자들이 있었던 것이다! 두 번째는 '누가 변혁을 일으킬 것인가?', '누가 인류를 현재의 비참한 상황에서 행복한 삶으로 이끌어갈 것인가?' 하는 질문이다. 귀족적인 유토피아주의자들과 프롤레타리아적인 유토피아주의자들이 있었던 것이다.

바로 이러한 두 가지 질문 앞에서 각자의 길이 갈렸다. 우선 플라톤의 경우이다. 우리가 그의 '행복한 사회'의 구상을 역사적으로 알려진 온갖 구상들과 비교해보면 알 수 있듯이, 그는 매우 급진적인 변혁가였다. 그가 그린 국가에서는 전권을 장악한 자들은 복종하는 자들과는 반대로 사유재산이나 자유가 없다. 이와 같은 국가는 아직 존재한 적이 없다. 지금까지 밝혀진 인간 본성에 관한 심리학적 연구에 따르면, 권력과 단념은 결코 양립할 수 없다. 그러나 이와 같은 급진적인 구상에도 불구하고 플라톤은 농민과 군인과 철학자로 짜인 신분제도는 자연의 소산이라고 보는 점에서 극도로 보수적이었다. 그가 살던 시대에는 실제로 '태어나면서부터'의 자유 시민과 노예가 있었다. 이처럼 그는 자신이 살던 시대에 얽매여 오직 현자들의 총칼 아래에서만 기능할 수 있는 천국을 고안하게 된 것이다. 이 때문에 버트런드 러셀은 1945년에 철학적인 태도와는 거리가 멀긴 하지만, 플라톤을 마치 전체주의 국가를 변호한 동시대의 영국인 혹은 미국인처럼 불명예스럽게 다루기로 작정하기도 했다.

'행복한 사회'를 선전하는 사람들은 단번에 모든 편견과 단절할 수 없었다. 일부의 편견과 단절한다고 할지라도 또 다른 편견이 남아 있는 것이다. 영국인 토머스 모어도 매우

토머스 모어

대담한 비전을 제시했지만, 그 속에는 아주 시대에 뒤떨어진 관념도 섞여 있었다. 그는 유토피아에서 일부일처제가 필수적이긴 하지만, 부자연스럽다고 생각했다. 이 때문에 그의 '행복한 공동체'에서는 다음과 같이 별로 행복을 약속하지 않는 법이 있었다.

"결혼하기 전에 정욕을 참지 못하고 성관계를 맺은 것이 드러나면 남자든 여자든 모두 중벌을 받습니다. 이 죄목으로 유죄판결을 받은 사람은 평생 결혼이 금지되고, 오직 시장이 사면할 때만 결혼할 수 있습니다. 그런 범죄를 저지른 사람의 부모는 자녀를 훈육하는 의무를 제대로 이행하지 못했다는 이유로 공개적으로 망신을 당하고 큰 곤욕을 치릅니다. 유토피아 사람들이 혼전 순결을 지키지 않는 죄를 이토록 엄중하게 처벌하는 이유가 있습니다. 그것은 이 사람 저 사람과 성관계 맺는 것을 엄격하게 금하지 않는다면, 한 사람과 결혼해서 일생 동고동락하면서 결혼 생활에 따르는 온갖 어렵고 힘든 일을 감내하려는 사람이 별로 없다는 것을 잘 알고 있었기 때문입니다."

그러나 이 불행한 결혼 생활을 조금이라도 유토피아적인 것으로 만들기 위해 그의 '행복한 사회'의 구성원은 배우자를 선택할 때 다음과 같은 절차를 따른다.

"신부 후보자는 처녀든 과부든 명망 있는 기혼 부인의 입회 아래 신랑 후보자에게 자신의 벌거벗은 몸을 선보입니다. 그런 후에는 마찬가지로 신랑 후보자도 명망 있는 기혼 남자의 입회 아래 신부 후보자에게 자신의 벌거벗은 몸을 선보입니다."

‘행복한 사회’가 실현된 나라에 대해 설명하는 보고자는 다시 다음과 같이 덧붙인다.

"우리는 그 이야기를 듣고 너무 황당해서 실소를 금치 못하며 어떻게 그럴 수 있느냐는 반응을 보였습니다. 그러자 그들은 도리어 다른 모든 나라 사람이 그렇게 하지 않는 것은 참으로 어리석은 일이라며 놀라면서 이렇게 말했습니다. "사람들이 망아지 한 마리를 사려 할 때, 잘못 샀다면 돈 얼마를 손해 보는 것이 전부인데도 모든 주의를 다 기울입니다. 그래서 시장에 나와 있는 망아지는 거의 벌거벗은 것이나 다름없는데도, 혹시라도 찾아내지 못한 상처나 흠집이 있을지도 모른다는 생각에, 안장을 비롯한 마구들을 다 제거하고 나서 샅샅이 살펴보고 아무 이상이 없음을 직접 확인한 후에야 구매를 결정합니다. 반면에, 좋든 싫든 평생을 함께 살아가야 할 배우자를 선택할 때는 너무나 부주의합니다. 신부 후보자는 한 뼘밖에 안 되는 부분을 제외하고는 자기 신체의 다른 모든 부분을 옷으로 감싼 채로 신랑 후보자 앞에 나타나므로, 신랑 후보자는 다른 부분은 전혀 볼 수 없어 오직 얼굴만 보고는 결혼 여부를 결정합니다.""

달에 성을 세울 정도로 탁월하기 그지없는 건축가라 할지라도 상상 속에서조차 당대의 사고방식을 뛰어넘지 못한다. 이렇게 진부한 인상을 주는 것은 유토피아의 유토피아적인 요소 때문이 아니라, 그 배후에 숨어 있는 순응주의 때문이다.

행복을 더 많이 기대할수록, 현재와 ‘행복한 사회’와의 거리가 더 멀어질수록, 행복한 미래를 자세하게 그리기가 더 어려워진다. 그도 그럴

『유토피아』(1516년) 초판에 수록된
삽화

것이, 이러한 그림을 그리기 위해서는 미래의 물감이 아니라 지금 가지고 있는 물감을 사용할 수밖에 없기 때문이다. 그 결과 신을 신의 모습이 아닌 형태로 그리는 부정적인 신학神學과 함께, 낙원을 실제의 낙원과는 다른 형태로 그리는 부정적인 유토피아가 존재하는 것이다. '초인超人'과 '계급 없는 사회'는 이와 같은 부정적인 유토피아였다. 마르크스의 저서에는 부정과 짝을 이루는 긍정이 존재하지 않는다. 즉 플라톤이나 토머스 모어가 그린 것과 같은 미래의 선취先取가 없는 것이다. 그리고 니체가 '초인'에 대해 말한 긍정은 상징적인 의미였지만, 문자 그대로 받아들여지고 말았다. 따라서 오늘날까지 그 진리는 숨겨져 있다.

여러 '행복한 사회들'의 차이점은 우선 그 사회들이 '현재의 비참한 상황을 천국에서 어느 정도 유지하고 있을 것인가?' 하는 데 있다. 그리고 – 두 번째로 – 다음과 같은 질문으로 그 차이점이 드러난다. '누가 이 세계의 비참한 상황을 끝내고 행복의 시대를 이끌어낼 것인가?' 이 물음에 플라톤은 지배자들이라고 대답했다. 이들이 지智와 덕德을 갖춘 이후이긴 하지만 말이다. 플라톤의 구상은 지금까지 바로 이 '이후' 라는 대목에 걸려 좌초하고 말았다. 마르크스는 승리한 프롤레타리아라고 대답했다. 프롤레타리아가 정당성을 획득한 이후이긴 하지만 말이다. 원래 마르크스는 정확하게 이런 말을 하지는 않았다. 오히려 그는 지배적인 지위에 오른 프롤레타리아는 더 이상 억압당하지 않고 억압하지도 않을 것이라고 전제했다.

이 전제는 플라톤의 '이후'와 마찬가지로 문제가 있다는 것이 드러났다.

'행복한 사회'에 대한 동경은 책으로만 그친 것은 아니다. 유토피아 사상이 몽상적인 이야기나 재미삼아 즐기는 가벼운 이야기에 불과한 것은 아주 드물다.

유토피아는 대개 제안이자 요구이며 선언인 동시에 낙원으로 가자는 선동이었다. 물론 반주 음악에 불과한 적도 종종 있었다. 예를 들어 순결파Katharer, 자유정신회, 과격파 후스교도, 롤라르드파Lollards, 재세례파, 평등파Leveller 등이 세계사의 일상을 뒤흔들 때 그러했다. 이와 같은 유토피아 정신의 분출은 '자유·평등·박애'라는 말에도 살아 숨 쉬고 있었다. 나중에는 이 말이 어느 유명하고 견실한 회사의 세 명의 공동 경영자 이름처럼 들리게 되었지만 말이다. 위대한 말이 초라하게 퇴색해 버렸다고 해서 그 고귀한 유래를 무시해서는 안 된다.

모든 대혁명에서는 유토피아 사상, 즉 '행복한 사회'에 대한 상상은 언제나 가장 강력한 추진력이었다. 이러한 역동적인 혁명은 두 개의 서로 무관하고, 경우에 따라서는 적대적이기도 한 추진력이 결합될 때 일어났다. 즉 역사적인 제약을 받는 권력 투쟁과 초역사적이며 대단히 오래되었으나 아직도 승리해본 적이 없는 행복을 위한 투쟁이 결합될 때 혁명이 일어나는 것이다. 때로는 동일한 인물이 이 두 가지 투쟁을 펼치기도 했다. 이 때문에 많은 혁명가들이 양면성을 보이는 것이다. 권력 투쟁에서 지배자는 계속 지배하려고 하고, 피지배자는 (첫째) 지배당하지 않으려고 하고, (둘째) 스스로 지배자가 되려고 한다. 그런데 이 미래의 억압자는 – 이후 어떤 인생 경로를 거치든 상관없이 – 언제나 '행복한 사회'에 대한 동경을 간직하고 있다. 왜냐하면 고통을 겪는 사람은 그렇지 않는 사람보다 더욱 절실하게 행복에 관심을 가지기 때문이다.

따라서 자유·평등·박애에 열광한 자가 처음에는 분별력이 없고, 다음에는 교활한 사기꾼이 되고, 결국 지루한 축사 낭독자로 전락했다는 이유만으로 자유·평등·박애를 혼란스러운 구호라든가, 위선이라든가, 무의미한 미사여구로 여기며 무시할 수는 없다. 혁명은 어떤 것이든 행복에 대한 동경을 키운 만큼만은 가치를 인정해야 한다. 어쨌든 언제나 낡은 야만 대신에 새로운 야만이 등장했을 뿐이었다. 시민사회가 봉건 사회보다도 훌륭했다든지, 사회주의가 자유주의보다도 훌륭하다고 생각하는 것은 미신이다.

'행복한 사회'는 지금까지 실현된 적이 없었는가? 고대 그리스에는 피타고라스학파의 공동체가 있었고, 고대 팔레스타인에는 에센파의 공동체가 있었으며, 아시아와 유럽에는 어느 시대에나 수도원 공동체가 있었다. 이들은 파격적인 작은 모임으로서 주변의 험한 세상에 편입된 행복한 지역 동맹체였다. 그 구성원들은 전혀 두려워할 필요가 없어서 그들에게 해를 가하는 사람도 없었다. 지역적인 낙원은 언제나 가능했고 앞으로도 가능할 것이다. 부자가 자금을 대고, 힘 있는 자가 돌봐주며, 구성원들을 결속시키는 이념이나 열정이 충분히 강하면 지역 차원의 낙원은 얼마든지 가능한 것이다. 예전부터 지옥이라고 알려진 곳이라 할지라도 잠시 동안 조촐한 낙원이 꽃피지 말라는 법이 있는가? 물론 이처럼 한정된 낙원이 낙원을 누리지 못하는 사람들의 운명을 바꿀수 있을지는 모르겠지만 말이다. 요컨대 이미 태어나면서부터 혈연관계로 맺어지고 은둔해서 번창한 많은 '행복한 사회'가 있었다. 이들은 대개 역사책에 기록되지도 않았다. 과거나 현재의 몇 쌍의 부부나 가족, 친구들이 이와 같은 조촐한 낙원을 실현했다. 그러나 보편적인 이념을 내세우며 기존의 세계에 도전하는 낙원은 지금까지 실현할 기회를 갖지 못했다. 왜일까? 그러한 낙원을 저지하기 위해 모든 수단이 강구되었기 때문이다. 디오뉘시오스 1세는 플라톤을 엘레우시스의 시장에서 노예로 팔았다. 또 디오뉘시오스 2세는 이 '행복한 사회'의 선전가를 – 그의 행복은 정말 조촐했는데도 불구하고 – 시라쿠사의 용병들에게 맡겼다.

근대에 들어서도 행복의 선전가들은 좋은 대우를 받지 못했다. 그들은 별 소란도 없이 활동이 봉쇄되었다. 시대의 흐름에 따라 피를 흘리기도 하고 흘리지 않기도 했지만 말이다.

인간의 영혼을 속박하는 법칙이 사라진 세계를 상상하는 것은 언제나 가장 어려운 일이었다. 다이달로스 이래로 인간의 몸이 하늘을 나는 세계에 대해서는 수없이 상상해왔다. 그러나 사람들이 서로 싸우지 않는 세계에 대해서는 별로 상상하지 않았다. 틀에 박힌 사고방식에 길들여진 사람들, 너무나도 지치고 게으르고 편협해져 주어진 세상을 자명한 것으로 받아들이는 사람들은 행복한 세상에 대한 이야기를 들을 때마다 '그건 불가능한 일이야!'라고 말했다. 그리고 이 불가능한 일은 언제나 핑계가 있었다.

핑계는 조잡한 경우도 있었고, 우아한 경우도 있었다. 그러나 결국 말하고자 하는 것은 언제나 창조주가 아름다운 피조물과 추한 피조물, 부유한 피조물과 가난한 피조물, 진보한 피조물과 미개한 피조물, 이렇게 두 종류의 피조물을 이 세상에 창조해 놓았다는 사실이다. 따라서 신의 뜻에 따른다면 '행복한 사회'는 있을 수 없다. 이전에는 이러한 이론이 오늘날보다도 훨씬 뻔뻔하고 다채롭게 선전되었다. 취리히의 수도 참사회원 펠릭스 헤멀린은 15세기 전반기에 『귀족과 서민의 대화』라는 책에서 농부를 다음과 같이 묘사하고 있다. "그는 인간이라고 생각되지 않는 끔찍하고, 반쯤은 우스꽝스럽고 반쯤은 무서운 유령과 같은 모습으로 귀족에게 다가왔다. 등에는 산처럼 솟은 혹이 있었고, 더럽고 일그러진 얼굴은 노새처럼 얼빠진 표정을 짓고 이마는 주름투성이고, 거친 수염에 하얀 머리카락은 제멋대로 자라 헝클어졌고, 벌레 같은 눈썹에 눈은 축 늘어졌으며 큰 혹이 달려 있고, 보기에 흉한 부스럼 딱지에다 온통 털로 덮여 있는 몸뚱이가 휘어진 다리 위에 얹혀 있다. 남루하고 더러운 옷은 앞이 터져서 혈색 나쁜 짐승과 같은 가슴을 드러내 놓고 있다." 만약 고상한 귀족과 함께 그와 같은 인간이 이 세상에 창조된다면, 어떻게 '행복한 사회'가 가능할 수 있단 말인가? '행복한 사회'를 불가능하게 한 것은 창조주 자신이 아닐까?

이후의 시대에서는 노동자가 이 농부처럼, 즉 타고난 괴물로 묘사되었다. 그리고 어느 시대에서나 사회의 엄청난 압박으로 인해 조롱의 대상이 된 사람들이 그와 같이 묘사되었다. 이러한 묘사는 모두 정확했다.

다만 인간이 해놓은 일을 신이나 자연의 탓으로 돌린 것은 결코 옳지 않다. 하지만 인간은 자연과 협력해 인간을 만들어낸다. 그리고 전체적으로 보면 인간은 이 분야에서 아주 가련한 공장장이다.

이것이 19세기에 이루어진 커다란 통찰이었다. 그리고 이러한 통찰을 아주 열정적으로 알린 사람인 영국의 공장주 로버트 오언은 다음과 같이 말했다. "나는 아주 진지한 태도로 인류를 행복하게 만들기 위해 일찍이 시도된 것 중에서 가장 위대한 실험에 착수했다." 19세기는 영웅시대였다.

사회주의 – 행복으로 가는 길

19세기 초에 탄생한 사회주의는 현재로서는 '행복한 사회'를 기획하고 건설하려 한 일련의 청사진과 실험의 마지막 부분이다.

사회주의는 제4신분과 기계와 대중문화를 고려한 최근의 유토피아 사상이다. 사회주의는 그 이전의 모든 '행복한 사회'보다도 더 과학적이다. 왜냐하면 사회주의는 변혁하려는 사회를 그 이전의 유토피아 사상가들이 자신의 사회에 대해 안 것보다도 더 많이 알고 있기 때문이다. 천문학자가 이전의 점성술사와 비교하면 억측이 줄어들고 그 대신 더 많은 연구 기계를 만든 것처럼, 예를 들어 생시몽은 토머스 모어보다 억측을 적게 하고 그 대신 자신이 변혁하고자 한 조직에 대해서는 더 철저하게 연구했다.

또 이 사회주의는 이전의 유토피아 사상보다도 더 과학적이었을 뿐만 아니라, 더 유토피아적이기도 했다. 이것은 모순이 아니다. 18세기와 19세기의 여러 학문은 그때까지 볼 수 없었던 규모로 주어진 사실을 해체해 그 원인과 결과까지 철저하게 분석했다. 따라서 엄정하고 확고부동한 사실도 유토피아적인 의지 앞에서는 더 이상 '그건 불가능한 일이야!'라고 외칠 수 없게 되었다. 사회주의는 지금까지의 모든 유토피아 사상 가운데서 가장 과학적이면서도 가장 유토피아적이다. 이런 점에서 '유토피아적 사회주의'라는 표현은 예를 들어 '촉촉한 물'이라고 말하는 것처럼 일종의 동어반복이다.

물론 오늘날 흔히 '사회주의'라고 불리는 것에서는 이미 그와 같은 고귀한 유래를 더 이상 찾아볼 수 없다. 사회주의라는 방법의 기술적인 세부 사항만 전면에 부각되었고, 원래 추구했던 목표는 점점 더 은폐된 것이다. 사회주의를 탄생시킨 태곳적부터 면면히 이어져온 열광이 오늘날의 사회주의에 ─ 추진된 사회주의와 계획된 사회주의에 ─ 얼마나 살아 있는지는 의문스럽다. 이제 사회주의는 왜소화되어 목적에 부합하는지 그렇지 않은지 하는 것만 문제가 되고 있다. 다른 한편으로 사회주의라는 말은 여전히 예부터 지니고 있었던 행복의 빛을 발산하고 있다. 따라서 이러한 사회주의는 근대에 있어서 사상적 혼란의 최대 진원지 중의 하나가 되었다.

우리가 충분한 관심을 갖는다면 이러한 혼란을 극복하는 것은 어려운 일이 아니다. 사회주의를 망치와 비교해보자. 우리는 망치로 못을 박을 수도 있고, 사람을 죽일 수도 있다. 즉 망치에는 그 나름의 고유한 가치는 없고, 사용가치만 있을 뿐이다. 그 가치는 수행하는 일의 양에 따라 측정된다. 이와 마찬가지로 사회주의는 '집단을 위한 계획'이라는 의미에서는 아무런 절대적인 가치도 갖지 못한다. 망치로 암살할 수 있는 것처럼 생산수단의 국유화로 억압을 강화할 수도 있다. 모든 것은 망치를 가진 사람의 의지와 사회주의를 실행하는 국가의 의지에 달려 있다. 망치를 사용하는 일 그 자체가 살인은 아니고, 계획하는 일 그 자체가 억압은 아니다. 그 반대도 역시 마찬가지이다.

다방면으로 이용할 수 있는 도구는 어느 것이나 의미가 다양하다. 사회주의는 오늘날에는 특히 기술로서 논란이 되고 있지만, 사실은 – 우리는 이 점을 잊고 있다 – 무엇보다도 목표, 즉 행복론이다. 이 행복론에 따르면, 행복은 인간과 인간 사이의 연대를 통해서만 얻을 수 있는데, 이 연대는 기초적인 제도의 개혁 없이는 이룰 수 없다. 이것을 실현하는 최상의 방법은 무엇인가 하는 것은 기술적인 문제에 지나지 않는다. 하지만 이러한 (사회주의를 위해 마련된) 기술이 사회주의에 의미를 부여하는 것이 아니라, 기술이 사회주의로부터 의미를 부여받는다. 계획 그 자체는 아직 사회주의가 아니다. 지금까지 사적인 것으로 통해온 분야에 개입하는 일만으로는 아직 사회주의가 아니다. 따라서 (슈펭글러와 같이) 예전의 프로이센 군대를 사회주의라고 부른 것은 (하이에크와 같이) 트러스트^{기업합동}를 사회주의라고 부르고, (영국의 철학자 러셀처럼) 플라톤을 권위적인 사회주의자라고 부르는 것과 마찬가지로 잘못이다. 같은 논법으로 말하면, 부탁을 받지 않았는데도 불 속에서 여자를 끌어낸 남자는 납치범이 되는 것이다.

계획이 사회주의를 만드는 것이 아니다. 자유를 배제하는 것이 사회주의를 만드는 것도 아니다. 또 사회주의자들이 적용한 개개의 기술이 사회주의를 만드는 것도 아니다. 어떠한 기술이든 그것이 '과연 가장 유용한가?' 하는 질문을 피할 수 없다. 사회주의를 만드는 것은 무엇인가? 유용성에 대한 질문을 피할 수 있는 것은 무엇인가? 그것은 행복에 대한 의지이다. 바로 초기의 사회주의자들, 즉 영국의 로버트 오언,

프랑스의 생시몽, 독일의 시인 게오르크 뷔히너나 하인리히 하이네 등이 말한 행복에 대한 의지인 것이다. 러시아의 혁명가 바쿠닌은 사회주의는 '삶을 사랑하고 즐기고자 한다'고 말했다. 독일의 노동자 바이트링이 그의 저서 『조화와 자유의 보증』에 내세운 모토는 "우리는 하늘을 나는 새처럼 자유롭고 싶고 새처럼 즐겁게 줄을 지어 유연하게 삶의 하늘을 날고 싶다"는 것이었다. 달력 따위에 씌어 있는 격언 같은 이 말은, 19세기가 출현시킨 자본주의 사회에 대한 냉정한 분석을 하진 않지만, 사회주의에 대해서 '잉여가치' 이론 이상의 것을 말해준다. 그리고 잉여가치 이론의 정확성이나 불충분함은 사실상 사회주의와는 아무런 관계가 없다. 사회주의는 ─ 그 이상理想에 따르면 ─ 현재의 사회를 행복한 사회로 바꾸어 놓으려는 목적을 가진 현재의 사회에 대한 엄밀한 분석이다.

19세기 초에 행복에의 의지에서 출발해 사회를 연구해 나간 학문은 사회학이라는 이름을 얻었다. 이 원래의 사회학은 나중에 두 개의 사회학으로 나누어졌다. 하나는 사회주의를 극복하기 위한 사회학이고, 또 다른 하나는 어떠한 실용성도 추구하지 않는 사회학이다. 여기서 어떠한 실용성도 추구하지 않는다는 것은 예를 들어 내가 책상의 무늬를 헤아리는 일이 아무런 실용성이 없다고 하는 것과 같은 뜻이다.

그런데 사회학에 의해서 양성된 유토피아 사상가들이 이들의 선배들과 구별되는 차이점은 이들이 개혁할 것을 인식하는 데 필요한 더 나은 학문적 장비와 건설해야 할 것을 건설하는 데 필요한 더 나은 기술적 장비를 갖추고 있다는 사실이다. 그러나 19세기 초의 사회주의자들이 이후의 많은 사회주의자들과 구별되는 것은 그들의 모태母胎인 행복론과 밀접하게 결합되어 있다는 점이다.

마르크스나 엥겔스는 집필할 때부터 이미 감상적인 웅변가에 불과하다고 여긴 부르주아 '몽상가들'과 치열한 투쟁을 벌여야 했다. 이 때문에 그들은 자신들의 '행복에 대한 의지'를 자못 부끄럽다는 듯이 우회적으로 표현했을 뿐이었다. 예를 들어 시인 하인리히 하이네에게 찬사를 표시하는 방식으로 말이다. 하이네는 마르크스주의자가 아니라 생시몽주의자였으므로 행복이라는 말을 거리낌 없이 입에 담을 수 있었다.

그 후 많은 마르크스주의자들은 부끄러움을 느끼는 몽상가에서 부끄러움을 모르는 현실주의자로 변모했다.

1825년에 출간된 소책자 『인간의 행복에 관한 강의』에서는 사회주의의 원래 의미가 아직 변질되지 않은 채로 표현되었다. 즉 개인의 행복은 사회의 근본적인 변화를 통해 실현되는 것으로 서술되고 있는 것이다.

이 『인간의 행복에 관한 강의』의 저자인 존 그레이John Gray는 개혁가가 아니라 유토피아 사상가였다. 즉 그는 단순히 이러저러한 개선만을 염두에 두지 않았다. 그는 독자들에게 "당신들이 어떤 사람이며, 어떤 사람이 될 수 있는지?"를 생각하도록 촉구했다. 이 '… 될 수 있는지'에 대한 선례는 없다. 존 그레이는 100명 중에 99명은 '선례'의 범주로 생각한다는 사실을 잘 알고 있었다. 그러나 그는 아직 존재한 적이 없는 인류를 목표로 삼았다. 이것이 유토피아 사상가들의 특징이다. 유토피아 사상가는 선례가 없는 일을 감행하는 사람이다.

사회주의자 존 그레이는 이전에 '행복한 사회'를 계획한 모든 사람들과 마찬가지로 행복은 전부가 아니면 무無라는 것, 즉 불행이 지배하고 있는 곳에서는 홀로 행복해질 수 없다는 점을 깨달았다. 그래서 그는 1825년에 이 오랜 통찰을 영국의 '상류층'에게 전하려고 했다. 이것은 처음에는 진부한 도덕적인 설교로 들렸다. 그러나 진리가 웅변가의 수중에 들어갔다고 해서 그 진리를 두려워하면 안 된다. 가능하다면 웅변가의 손에서 진리를 빼앗아야 하는 것이다.

이렇게 한 사람이 바로 『인간의 행복에 관한 강의』의 저자였다. 그는 1825년에 이렇게 질문했다. 부의 5분의 4를 지닌 '상류층'은 과연 바라는 모든 것을 얻었는가? 그리고 그는 다음과 같이 대답했다. "우리가 생각하기로는 그렇지 않다. 그들은 각자가 행복의 가능성을 배제할 수밖에 없는 상황에서 살아야만 하기 때문이다." 그는 이처럼 분명하지 않은 대답을 다음과 같이 보충한다. "그들은 의식주 걱정이 없다. 사실 그렇다. 그러나 그들은 자신의 옷이 가장 좋은 옷감으로 가장 멋지게 지어졌다고 해서 만족할까? 그렇지 않을 것이다! 습관이 그들을 과시와 경쟁심의 도구로 만들어버렸다." 그는 다음과 같이 결론을 내린다. "이렇게 해서 상류층은 거의 행복하지 않다는 것이 드러났다. 그들은 진심 어린 온정과 내면의 만족과 이성적 향락 대신에 냉담한 형식주의, 겉치레의 사치, 부질없는 경쟁을 추구함으로써 행복의 가능성을 없애버리고 말았다."

그런데 부자들이 행복하지 않다는 것은 아주 오래전부터 들어온 지겨운 멜로디이다. 그것은 가난한 사람들의 시기심을 잠재우기 위한 자장가로 이용된다. 하지만 존 그레이는 그렇게 하지 않는다. 요컨대 그는 양지바른 곳에서 살든 그늘에서 살든 그것이 중요하지 않다는 증거로서 부자도 불행하다고 말하지 않는다. 그렇게 말하는 사람은 사회주의자가 아니다.

반대로 그는 다음과 같이 요구한다. "분명 사회 구조가 사회가 추구하는 목적에 도저히 적합하지 않다. 사회의 목표는 인간의 행복을 증진시키는 것인데, 결과는 영원히 계속되는 불행뿐이다." 따라서 사회주의자는 다음과 같이 결론을 내린다. '모든 것을 가진 사람들조차 행복하지 않다. 상류층이나 하류층 사람들을 행복하게 만들기 위해서는 무엇인가 더 철저한 대책을 세워야 한다.' 상류층 사람들조차 행복하지 않다는 사실은 인간의 공동생활에서 기존의 관행이 계속되어서는 안 된다는 논거가 더 생긴 것을 의미한다.

이와 같이 급진적인 개혁을 추진하는 계획이 몽상인지 아닌지의 여부를 결정하는 것은 다음과 같은 두 가지 점이다. 첫째는 우리가 행복을 동경하는 사람이 행복해지지 못하는 원인이 되는 해악을 인식하고 있는지의 여부이고, 둘째는 그 해악이 인간의 통제 범위 안에 있는지의 여부이다.

그레이는 다음과 같이 진단했다. 한 나라의 수입에는 언제나 두 가지 한계가 있을 수밖에 없다. 그것은 생산력의 고갈과 수요의 충족이다. 그런데 불행하게도 우리는 그 외에 '경쟁'이라는 제3의 인위적인 한계를 만들었다.

사회주의는 '경쟁'을 변화시킬 수 없는 자연에 뿌리를 내리고 있지 않은 모든 해악의 근원이라고 생각한다. 그래서 『인간의 행복에 관한 강의』는 이렇게 설명한다. "인간의 이해관계를 자본의 운영과 노동 생산물의 분배로 나누는 것이 모든 가난과 궁핍의 원인이다." 그리고 다음과 같이 예언했다. "인간은 가난 때문에 생긴 여러 가지 결과 때문에 삶을 가치 있게 하는 모든 것을 빼앗겨왔으나, 이해관계를 통일시키면 모든 가난은 그 무수한 결과와 함께 사라질 것이다." 그는 이 무수한 결과 중의 하나로 공포를 들고 있다. 모든 쾌락주의자들이 어느 시대에나 맞서 싸운 바로 그 공포 말이다. 가난한 자와 마찬가지로 부유한 자도 '경쟁 상대로부터 추월당할지도 모른다'는 '끊임없는 공포에 시달리고 있다.' 공포에서 벗어나는 것은 경쟁에서 벗어나는 것을 뜻한다.

사회주의는 그 가장 화려했던 시기에는 단순히 일련의 임금 문제에만 그치지 않고, 실험에 대한 열정적인 의지를 불태웠다. 사회주의 실험가들은 지금까지 행복한 삶을 가로막은 병원체는 '경쟁'이라는 가설을 세웠다. "이 병원체를 제거하라. 그 후에도 세상 사람들이 행복해지기를 거부한다면 인간의 본성을 비난해도 좋다!" 그러나 시도도 해보기 전에 인간의 본성을 비난하지 말라! 왜냐하면 경쟁의 법칙이 지배하는 한, "행복을 기대한다는 것은 눈 덮인 들판에 꽃이 피기를 기다리는 것만큼 어리석은 일이기 때문이다."

사회주의는 그 위대한 시기에는 미신이 아니라, 명확하게 범위를 정하고 열정적으로 추진한 '행복의 실험'이었다. 영국의 공장주 로버트 오언이 이 실험을 감행했다.

로버트 오언

의식을 가진 모든 존재는 행복을 추구하도록 창조되었다.

그의 청춘 시절은 18세기의 마지막 사반세기에 해당한다.

그는 웨일스의 가난한 농가에서 태어나 어릴 때부터 도제徒弟 생활을 해야 했다. 도제는 단정한 몸차림을 하기 위해 아침에는 아주 일찍 일어나야 했다. 이발사가 그의 머리에 분가루를 뿌리고 포마드를 바르

로버트 오언

고 좌우로 가른 뒤, 마지막으로 목 쪽에서 묶어 꼬리처럼 꼬아 변발을 만드는 것이었다. 그렇게 하는 동안에 첫 손님이 왔다. 그리고 마지막 손님이 떠나는 것은 밤 열한 시로, 그 후에도 계속 세 시간은 그날 손님들이 어질러놓은 물건을 정돈해야 했다. 그는 바닥에서부터 경력을 쌓아갔다.

그는 모든 계층의 사람들과 알고 지냈다. 그의 손님 중에는 봉건 귀족도 있었고 부자가 된 공장주들도 있었다. 그는 얼마 지나지 않아 자신도 그러한 공장주가 되었지만, 평생 몰락해가는 봉건 귀족을 이들을 몰락시킨 자들보다도 높이 평가했다. 그는 자신이 성장한 배경인 산업혁명을 전체적 규모로 파악한 최초의 영국 저술가들 중 하나가 되었다.

그는 아주 젊은 나이로 영국 최초의 면직물 공장주 중의 하나가 되었다. 그럴 생각만 있었다면, 그는 87년의 생애 동안 오늘날에도 그의 이름을 모르는 사람이 없을 정도의 회사를 만드는 일도 어렵지 않았을 것이다. 그러나 그는 이와 같은 경력에 어울리는 인생관을 가진 사람이 아니었다. 그는 30대 초반에 스코틀랜드의 뉴래너크에서 공장 주인이 되었지만, 단순히 성공한 실업가만으로는 만족할 수 없었다. 그가 유능한 사업가였던 것은 분명한 사실이다. 또 그는 실제로 자신이 경영하는 공장을 확대하려고도 했다. 그러나 그는 그 이상의 것을 원했다. '그 이상'의 것이란 무엇인가? 첫째, 그는 더 행복한 뉴래너크를 목표로 했다. 둘째로는 더 행복한 인류를 목표로 삼았던 것이다.

수십 년 후에 젊은 프리드리히 엥겔스는 산업혁명이 영국에 어떠한 피해를 초래했는지를 실감나게 묘사했지만, 이 피해를 미사여구로 은폐하지 않았던 최초의 인물이 바로 공장주인 로버트 오언이었다. 그는 면직물의 생산에만 관심을 가진 것이 아니라, 생산자에 대해서도 관심을 가졌다. 그리고 그는 여기서 다시 한 걸음 더 나아가, 누가 혹은 무엇이 이 생산자들을 비참하게 만들었는지를 질문했다. 다시 말해, 누가 혹은 무엇이 공장 노동자들을 현재와 같이 비인간적인 상황으로 몰아넣었는지를 질문한 것이다. 그리고 다음과 같이 대답했다. 하나님도 아니고 자연도 아닌 바로 인간 사회라고 말이다. 그는 행복에 이르는 길에서 불행을 만들어내는 강력한 존재, 즉 사회와 부딪친 것이다.

그가 인간 사회에 대해 비난한 것은 무엇이었나? 로버트 오언이 어렸을 때, 부모의 친구들이 내기를 한 적이 있었다. 로버트가 두 살 연상인 형보다도 글씨를 더 잘 쓴다는 것이다. 그래서 두 형제에게 받아쓰기 경쟁을 시켰다. 로버트가 이겼고, 이날부터 형은 그에게 이전처럼 살갑게 대하지 않았다.

어른이 된 로버트 오언은 이 일을 마음속에 간직했을 뿐만 아니라, 머릿속으로도 깊이 생각했다. 그는 이 일을 증오와 질투와 오만의 뿌리를 폭로하는 계기로 삼았다. 그는 모든 악은 경쟁에서 남을 이기도록 부추기는 데서 생긴다고 생각했다. 이러한 체제에서는 - 경쟁 때문에 매일 수천 명의 적이 생기는 사회에서는 - 행복이 꽃필 수 없다. 이것이 로버트 오언의 삶의 통찰이었다.

그리고 그는 개인들의 이해를 서로 대립시키고, 국가들의 이해를 서로 대립시키는 이 불합리하고 잔인하며 불행을 낳은 사회에 맞서 개인과 집단 사이의 조화를 내세웠다. 그는 이런 조화만이 행복을 이룰 수 있다고 말했다.

이는 우리가 잘 알고 있는 사랑스럽긴 하지만 무기력한 이상주의를 반복하고 있지 않은가? 또 이는 우리가 잘 알고 있는 선의의 소망과 나쁜 현실 사이의 대립을 반복하고 있지 않은가? 로버트 오언은 아름다운 이상만이 아니라 추한 현실에도 관심을 가졌다. 그리고 그는 이러한 추한 현실을 추하다고 인정하면서도 전혀 희망이 없다고는 생각하지 않았다.

로버트 오언은 '단 하나의 이념을 가진 사람'으로 통한다. 그는 이 이념을 다음과 같이 짧은 문장으로 표현했다. 인간은 "자연과 사회의 산물"이다. 혹은 "자연은 인간에게 특성을 주었고, 사회는 방향을 정해 주었다." 이것이 그토록 강력한 이념이었을까? 이 이념은 엄청난 결과를 초래했다.

인간은 '천성적으로' 현재와 같은 모습이 된 것은 아니다. 예를 들어 인간이 어떠한 확신을 가지는지는 당사자에 의해 좌우되는 것이 아니라, 사회가 미친 가장 강한 압력에 의해 좌우된다. 감정이나 이념을 낳는 것은 자연이 아닌 인간이라는 대리인이다. 인간을 정도의 차이는 있지만 소외된 늑대처럼 만드는 것은 인간이라는 대리인이다. 왜냐하면 "인간의 본성은 원래 선하기 때문이다." 하지만 성장하면서 늑대의 본성이 주입되어 천성적으로 그 능력을 갖추고 있는데도 행복에 이르지 못하는 것이다.

'사회'가 만드는 인간은 자신을 만드는 생산자인 사회를 행복하게 할 때만 행복해질 수 있다. 그러기 위해서는 경쟁을 없애야 한다. 그 대신 협력하며 – 서로 적대하지 않으며 – 일하는 인간 사회를 만들어야 한다. 로버트 오언은 면직물 대신에 이 '행복한 사회'를 만드는 데서 자신의 사명을 발견했다.

아주 많은 사람들이 아주 많은 이유 때문에 그에게 반대했다. 그의 반대자들을 연구하면, '행복한 사회'를 반대하는 사람들의 모든 유형을 파악할 수 있을 것이다. 우선 뉴래너크의 사업 동업자들이 반대하고 나섰다. 공장은 돈벌이를 위해서 있는 것이지 구류병을 앓는 아이들에게 행복을 주기 위해서 있는 것이 아니라고 그들은 주장했다. 다음에는 그의 공장 노동자들이 반대했다. 첫째, 그들은 스코틀랜드인이어서 잉글랜드인인 오언을 신뢰할 수 없었기 때문이고, 게다가 자본가가 베푸는 선행의 배후에 선한 뜻이 있으리라고 믿을 수 없었기 때문이다. 그리고 그의 아내 캐롤라인이 반대했다. 아내는 그가 전진해 나갈수록 인류에게 보내는 그의 사랑이 가족에 대한 모든 사랑을 빼앗아가 버릴 것이라고 불평했다. – 톨스토이 부인도 100년 후에 같은 말을 했다. 또 모든 지배층 인사들도 그에게 반대했다. 한편으로는 그가 그들에게 불리한 법률을 제안해서 직접적인 손해를 끼쳤기 때문이며, 또 다른 한편으로는 그가 나아가는 방향 전체가 자신들에게 맞지 않았기 때문이다. 메테르니히의 비서였던 정치 저술가 프리드리히 겐츠는 프랑크푸르트에서 오언과 만나 다음과 같이 명확하게 말했다. "우리는 대중이 부유해지고 독립심을 갖는 것을 바라지 않습니다. 그렇게 된다면 우리가 그들을 어떻게 다스릴 수 있겠습니까?"

같은 말을 많은 성직자들도 했다. 맬서스를 추종하는 사람들도 같은 말을 했지만, 이들의 표현은 훨씬 더 세련되었다. 우선 성직자들의 말에 따르면, 인간에게는 신이 하신 일을 고칠 권리가 없으며, 하늘과 땅을 지배하시는 분에 의해 짧은 일생을 교양 없는 노동자로서 살도록 창조된 인간에게 공장주라 할지라도 다른 인생을 부여할 권리는 없다. 또 맬서스를 추종하는 사람들도 – 겉으로는 학문적으로 보이지만 – 같은 말을 했다. 이들에 따르면, 지구는 일정한 수의 인간만을 부양할 수 있다. 따라서 전쟁과 가난은 하늘이 만든 경제학의 좋은 수단이다. 어리석은 공장주 오언이 이 현명한 경제 법칙에 반기를 든단 말인가?

나아가 자유주의자들까지 반대의 행렬에 가담했다. 그들은 "오언 씨, 우리를 내버려 두시오!"라는 제목의 기사를 썼다. 영어로는 "Let us alone, Mr. Owen."이었는데, 이것은 앞뒤가 맞지 않는 말이었지만, 운율을 맞춘 표현이었다. 그들은 오언을 조롱하는 말을 늘어놓았다. "오언은 모든 인간 한 사람 한 사람이 다 모종의 식물이며, 몇천 년 동안이나 뿌리 뽑힌 상태로 있었기에 다시 땅에 심어야 한다는 생각을 한다. 따라서 그는 모종삽으로 흙을 파서 한 사람 한 사람을 아주 새로운 방식으로 광장에 심기로 결심한다." 또 그들은 다음과 같이 큰 소리로 외쳤다. "오언은 영국을 감옥으로 만들려고 한다!" 가장 고상한 공격자는 매콜리였다. 그는 오언을 "춤추고 싶은 사람을 마음대로 춤추지 못하게 하는 재미없는 놈"이라고 불렀다. 그러나 매콜리가 춤 타령을 할 때, 오언은 전쟁과 가난이 만드는 죽음의 춤을 보고 있었다.

이와 같이 수많은 적대자들을 상대하면서 이 반항하는 공장주는 국제적으로 유명해졌다. 여러 나라의 국왕이나 교회는 그의 시범 거주지인 뉴래너크에 사절단을 보냈다. 복지 제도에 대한 그들의 관심을 보여줄 목적도 있었지만, 오언의 약점을 염탐해 비난거리를 찾아낼 의도도 있었다. 또 많은 외교관이나 은행가나 소설가들이 단순한 호기심으로 방문하기도 했다. 공감을 보여준 사람들 중에서 가장 저명한 인물은 빅

토리아 여왕의 아버지인 켄트 공작이었다.

영국의 가장 위험한 적 나폴레옹이 라이프치히 근교에서 패배한 해에, 오언은 그의 저서『사회에 대한 새로운 관점: 인간의 성격 형성에 대한 소론』을 출간했다. 이 책은 세 가지 이념을 제시했다. 이 이념들은 결코 새로운 것은 아니었으나 그의 열정에 의해 새로운 생명력을 얻었다. 첫째, 기존의 방법으로는 더 이상 안 된다는 것이다. 둘째, 사회는 － 최선의 경우 － 이기주의자들 사이의 계약과는 완전히 다른 형태가 될 수 있다는 것이다. 셋째, 인간 문화의 유일한 목표는 행복이라는 것이다. 로버트 오언은 고대 세계와 기독교 세계의 쾌락주의를 '개인의 행복은 그 사회의 행복에 달려 있다'는 통찰을 통해 보완했다.

그는 모든 수단을 동원해 이 이념을 전파했다. 런던의 신문들이 그의 강연을 보도하면, 그는 30,000부를 구입해 몇백 명의 성직자와 상, 하원의 모든 의원, 장관이나 은행가나 그 밖의 저명한 인사들에게 보냈다. 마침내 관계 당국이 불평을 털어놓기 시작했다. 오언 씨가 또다시 신문을 엄청나게 보내왔기 때문에 왕국 우편마차는 정해진 출발 시각보다 20분이 지난 뒤에야 겨우 런던을 출발할 수가 있었다고 말이다. 아마 많은 수취인들도 거기 실린 계산 때문에 불만을 품었을 것이다. 왜냐하면 오언의 계산에 따르면, 피라미드형 사회에서 비참한 밑바닥 층은 31×56의 넓은 면적을 이루는 반면, 화려한 꼭대기 층(왕가와 귀족과 그 밖의 세속의 고위층과 고위 성직자들)은 3/16이라는 아주 작은 면적을 이루고 있기 때문이다.

그는 자기 저서의 특별 장정본을 40부 별도로 만들어 그것을 유럽의 모든 군주와 유력한 대신들에게 보냈다. 당시 영국 주재 미국대사 존 퀸시 애덤스는 자기 나라 각 주의 주지사에게 배포하기 위해 주의 수만큼 책을 미국으로 가지고 갔다. 엘바섬으로 가는 도중에 들른 한 장교는 외로운 나폴레옹을 위해서 한 권을 요청했다. 모든 황제나 국왕, 대통령이나 장관, 그 외 많은 상류층 사람들이 그에 관해 알게 되었다. 1815년부터 1825년까지 거의 2만 명의 사람들이 뉴래너크의 시범 공장을 찾아와 방명록에 서명했다. 그중에는 이후에 러시아의 차르가 된 니콜라이의 이름도 있었다. 그러나 부르주아의 평온을 누리다가 늘어나는 산업 프롤레타리아에 놀란 오언은 형성 중에 있는 노동자 계급과는 아무런 관계도 맺지 않고 있었다.

그는 노동자의 지도자는 아니었다! 또 그는 부르주아의 몽상가도 아니었다! 그렇다면 그는 어떤 사람이었는가? 그를 제대로 알려면, 고대의 위대한 종교적인 인물들과 비교해야 한다. 그것도 성경에 정통한 종교인이 아니라, 역사적인 흐름의 궤도를 이탈하려고 했으며 정통 종교와는 다소 거리가 있는 사람들과 말이다. 부처와 예수는 경건한 문화 후원자는 아니었다. 그들의 후계자들은 그들을 기반으로 예술과 학문을 만들어냈지만, 그들 자신은 이 후계자들과는 달리 예술이나 학문에 공적을 남기지는 않았다. 부처와 예수는 오히려 조짐이었다. 즉 인류가 언젠가는 전혀 딴 방향으로 나아갈는지도 모른다는 조짐, 그 결과를 알 수 없는 조짐이었던 것이다. 오언도 이와 같은 조짐이었다.

이와 같은 비교를 부당하다고 생각하는 사람들이 많을 것이다. 이해할 수 있는 일이다. 우리는 19세기 사람들에 대해서는 2천 년에서 3천 년 전의 사람들에 대해서보다 훨씬 자세하게 알고 있다. 아주 옛날 사람들에 대해서는 그들이 기억에 남는 극단적인 방법으로 일상 세계로부터 벗어난 일 말고는 별로 알려져 있지 않다. 그러나 근대의 인간에 대해서는 사소한 의견이나 행동까지도 낱낱이 알고 있다. 이것이 시간적으로 현격한 차이가 있는 사람들이 우리의 눈에 그만큼 위대하게 보이는 원인이다. 독자 중에는 평범한 야회복을 입은 영국의 공장주를 종교 창시자라는 칭호를 가지고 고색창연한 상상의 의상을 걸친 지고의 존재와 비교하는 데 불쾌감을 느끼는 사람도 있을 것이다. 그러나 이 과거의 초인들의 모습도 세월이 흘러감에 따라 화려하게 양식화되어 우리의 기억속에 새겨진 것에 불과할지도 모른다.

따라서 로버트 오언이 사업도 잘 했고, 언론을 부지런히 이용했으며 자식도 낳았고, 또 만년에 이르러서는 심령술에 빠질 만큼 제정신이 아니었다는 사실 따위는 제발 잠깐 잊어주기를 바란다. 그리고 그가 자신의 삶을 바쳐가며 진지하고 열정적으로 역사의 궤도에서 뛰쳐나와 인류를 새로운 방향으로 끌고 가려고 했던 것만을 기억해주기 바란다. 영국이 위협적인 나폴레옹에 맞서 모든 활동과 사상을 투입해가며 투쟁하고 있었을 때, 오언은 그의 모든 활동과 사상을 기존의 인간 사회에 대항하는 데, 즉 에덴동산의 추방에서부터 조지 3세 치하의 현재에 이르기까지 펼쳐진 인간 사회에 대항하는 데 쏟아 부었다.

1816년 1월 1일 '성격 형성을 위한 연구소'의 개설 축하식에서 뉴 래너크의 주민을 상대로 한 연설에서 그는 다음과 같이 말했다. "사람들이 어떤 이념을 '천년왕국'이라는 개념과 결부시키는지 나는 알지 못합니다. 그러나 나는 범죄와 가난이 없는 사회를 만들어낼 수 있다는 사실을 알고 있습니다. 이 사회에서는 인간의 건강은 크게 향상될 것이며, 고통은 최소한도로 줄어들 것입니다. 그렇게만 되면 이성과 행복은 몇백 배나 확대될 것입니다."

여러 명의 연사가 나와서 과장된 찬사를 늘어놓는 기념식이라서 이런 말을 한 것은 아니다. 또 잠깐 도취해서 이런 말을 한 것도 아니다.

그의 말은 평생 지켜온 신념의 표현이었다. 자신의 열정을 위해 훌륭한 지위를 포기하고 이 말을 한 것이다. 그런 다음, 그는 자신의 말을 실현하려고 시도했다. 그는 실체가 없는 역사의 진보를 믿지 않았다. 그리고 그는 실패한 후에도 '지금 당장!'이라는 요청을 철회하지 않았다. 좌절로 점철된 긴 인생을 마감할 무렵인 1857년에 그는 다음과 같이 고백했다. "86세가 되려는 지금, 많은 나라의 모든 계급·신앙·인종과 인상 깊고 이례적인 경험을 한 인생을 회고하며 나는 확고한 신념으로 단언한다. 여러 정파와 종파가 시도하는 사소한 개혁은 무가치할 뿐만 아니라, 전 인류를 위해 선과 지혜와 행복을 당장 실현하는 데 큰 장애가 된다. 왜냐하면 개혁으로는 이론과 실천의 급진적인 변화를 이룰 수 없고, 모든 점에서 이론과 일치하는 비타협적인 실천을 행할 수 없기 때문이다."

단조로운 역사의 궤도에서 뛰쳐나오려고 하는 이러한 의지는 그에게 미치광이나 예언자에게서 볼 수 있는 것과 같은 엄청난 사명감을 주었다. 그는 다음과 같이 말했다. "인류의 중개자인 나를 통해 새로운 삶이 실현된다." 그는 이렇게 변화된 상태를 모두가 행복해지는 '천년왕국' 또는 '인류 동맹'이라고 불렀다. 그리고 그는 '행복한 사회'를 건설하기 위해 '승리 아니면 죽음'을 택할 것이라고 결심했다.

그는 인류의 행복을 위해 지금까지 세계 어디서도 시도한 적이 없는 굉장한 실험을 감행한다고 알린 다음, 두 가지 행동을 했다. 첫 번째 행동은 규모가 더 큰 두 번째 행동을 위한 준비였다. 그는 먼저 자신이 존경받는 구성원이었던 사회에 도전장을 내밀었다. 그런 다음, 그는 불행하다고 단정한 현실 세계에서 또 하나의 현실 세계를 세웠다. 이 세계는 '행복한 사회'가 실제로 구현된 모습을 보여주려고 했다.

1817년 한여름 어느 날, 영국인 오언은 궁전과 처자식을 버리고 떠난 부처와 같은 행동을 했다. 우리에게는 이 공장주가 그렇게 놀라운 인물로 생각되지 않는다. 그도 역시 19세기 부르주아 사회의 인간이었다. 그러나 그가 이날을 결정적인 날로 평생 기억한 것은 당연한 일이었다.

다소 과장되긴 했지만, 그의 말에 따르면 그는 당시 문명사회에서 가장 인기 있는 사람이었다. 어쨌든 그는 존경받는 자산가였고, 봉건 귀족이나 부르주아 귀족들과도 아주 친밀한 관계를 맺었으며, 자신의 일로 구설수에 올랐을 뿐만 아니라 세상을 떠들썩하게 만든 공적인 인물이었다.

많은 칭찬과 비난을 한꺼번에 받은 바 있는 오언은 8월의 어느 날 정오에, 런던의 주점시티 오브 런던 터번에서 가장 큰 홀의 연단 위에 서서 청중에게 다음과 같이 말했다. "친구들이여! 여러분은 지금까지 무엇이 진정한 행복인지를 알지 못하도록 눈가림을 당해왔습니다." 그가 말하려고 한 것은 무서운 일임에 틀림없었다. 왜냐하면 그는 다음과 같이 덧붙였기 때문이다. "이제부터 말씀드리고자 하는 것이 나의 인생에 어떤 결과를 초래하게 될 것인지를 생각하면 등골이 오싹해집니다." 홀은 쥐죽은 듯 조용해졌고 청중은 기대에 부풀어 가만히 다음 말을 기다리고 있었다. 이날로부터 40년이 지난 후에도 늙은 오언은 이때 그의 마음속에서 숨 쉬고 있던 순교자적 각오를 여전히 느꼈다.

사람들이 진정한 행복을 알지 못하도록 가로막는 폭군은 누구인가? 그것은 조직화된 종교이다! 종교는 항상 개인과 개인 사이, 국민과 국민 사이에 적대감을 불어넣는 원흉이다. 인간의 능력을 잘못된 방향으로 이끌어 행복에 이르는 길을 가로막은 것은 성직자들이었다. 이처럼 성직자를 실제 이상으로 과장해 단순화시키는 것은 계몽가들의 오랜 전통이었다.

오언은 앞일을 생각하지 않고 이 강력한 적에 맞선 것은 아니었다. 그는 적의 인맥이 얼마나 넓은지를 잘 알고 있었다. 또 그는 학교에서 배운 것과는 다른 길을 걸으려고 하는 사람이 얼마나 적은지도 잘 알고 있었다. 그는 적이 얼마나 강력한지를 알고 있으면서도 모든 것을 각오하고 홀로 공격을 개시한 것이다. 그는 자신의 위험한 모험에 아무도 끌어들이려고 하지 않았다.

성공한 실업가의 이와 같은 공격을 너그럽게 봐줄 사람은 없었다. 그러나 19세기의 첫 사반세기에는 영국의 부유하고 인기 있는 상인이 그와 같은 이단 사상 때문에 화형을 당하는 일은 없었다. 그리고 오늘날 그의 열정이 많은 독자에게 우스꽝스러운 인상을 주는 것은 아마도 나중에 화형의 장작더미가 그의 열정에 정당성을 부여하는 일이 생기지 않았기 때문일지도 모른다. 혹은 그가 당시에 악의 근원이라고 생각한 것을 오늘날 우리는 원인이라기보다도 오히려 조짐으로 해석하기 때문일지도 모른다.

교회는 인간이 '한 번' 태어나는 것이 아니라, '두 번' 태어난다고 하는 그의 위대한 통찰을 얼마나 숨겨왔는가? 인간은 처음에 신 혹은 자연에 의해 창조된 다음에 사회에 의해 다시 한번 창조된다. 사회에 의해 언어와 종교와 습관이 인간에게 주입되는 것이다. 인간이 행복에 도달하지 못하는 것은 인간의 본성 탓이 아니라 인간의 사회 때문이다.

1817년 8월 21일에 오언은 인간이 종교에 의해 약하고 어리석은 짐승, 즉 분노하는 맹신자 혹은 가엾은 위선자가 되었다고 선언했다. 그리고 그는 다음과 같이 맹세했다. "나, 로버트 오언은 이 불행을 바꿀 것이다. 내가 1만 개의 목숨을 가지고 있고, 그 하나하나가 고통에 찬 죽음을 맞이한다 할지라도 나는 그 목숨을 전부 기꺼이 바칠 것이다. 내 가엾은 친구들, 즉 각 세대에 걸친 수억의 인간들의 정신과 행복을 제물로 받아먹고 있는 저 괴물을 없애기 위해서 말이다."

그러나 그가 이런 맹세에 그쳤다면, 오늘날 그는 수많은 패배자 중의 한 사람에 지나지 않았을 것이다. 그는 다시 한 걸음 더 나아가 '행복한 사회'를 건설했다.

행복의 실험

이 공동체의 유일한 목적은 참가자 전원에게 최대의 행복을 주고,
이 행복을 확보해 그 후손들에게 전하는 것이다.

－「뉴하모니 가제트」, 1826년

'행복한 사회'를 계획할 때 중대한 문제는 완전히 새로운 것, 아직 존재한 적이 없는 것을 작은 개선책 밖에 적용된 적이 없는 인간 세계로 어떻게 전달할 수 있는가이다.

가장 유명한 대답은 플라톤의 제안이었다. 그는 황제나 국왕, 대통령이나 독재자, 혹은 지배자라 불리는 사람들이 철학자가 되거나, 철학자에 복종해야 한다고 말했다. 이렇게 되면 지혜와 권력이 하나가 되는 것이다. 다음으로 유명한 것은 마르크스의 대답이다. 마르크스에 따르면 피억압자는 불행한 사회 구조를 무너뜨리고, 행복한 질서를 세워야 한다. 세 번째로 유명한 대답을 한 사람은 톨스토이이다. 그에 따르면

로버트 오언이 만든 뉴하모니

개인은 국가나 교회 등 모든 권력 기구에 대한 협력을 거부하고 본보기
가 될 만한 행동을 주변 사람들에게 전파해야 한다. 그렇게 되면 권력
기구와 함께 행복을 방해하는 모든 요소도 사라지게 되는 것이다.

19세기 전반기에 영국인 로버트 오언은 '행복한 사회'를 건설하려
고 시도했는데, 그 방법은 대체로 플라톤과 카를 마르크스의 중간 형태
였다. 때는 마침 실험의 시대여서, 그는 실험을 했고, 행복한 사회를 건
설하기 위한 실험실을 만들었다. 이런 시도에는 그때까지 행복이 꽃피
는 것을 가로막았던 적대적인 세력에 대한 통찰이 바탕이 되었다. 이
실험에는 18세기의 합리주의적인 요소와 19세기와 20세기의 기술지
상주의적인 요소가 혼합되어 있었다. 즉 이 실험은 비현실적인 이상주
의에서 비이상주의적인 현실주의로 옮겨가는 과도기적 성격을 띠었다.

오언은 스코틀랜드 뉴래너크의 모델 공장에서 선풍을 불러일으켰으나 충분한 성과를 거두지 못한 관계로 실험실을 미국으로 옮겼다. 그가 겪은 경험 때문에 구세계는 거의 신뢰하지 않았다. 그는 구세계의 습관과 선입견이 자신의 시도에 해롭다고 판단했다. 그러나 그는 미국에서 – 프랑스의 장교 라파예트로부터 독일의 낭만파 시인 레나우에 이르기까지 많은 동시대인들과 마찬가지로 – 처녀지, 즉 '다가올 자유의 요람'을 발견했다. 오언은 미국에 대해 악의를 품고 있는 유럽의 환상가들과는 달랐다. 그는 오히려 미국인들도 자신의 땅에서 이루어지고 있는 새로운 일을 충분히 이해하지 못한다고 생각했다. 그러나 오언은 이것을 잘 이해하고 있었다. 그리고 그는 미국 이외에는 어느 곳에서도 자신의 실험이 기회를 얻기 어렵다고 확신했다.

1825년 2월 25일에 (그리고 3월 17일에 또 한 번) 그는 미합중국 대통령 존 퀸시 애덤스와 그가 거느리는 미국 정부의 각 장관, 의회 의원 및 몇 사람의 판사들에게 자신이 어떤 의도를 가지고 신대륙의 땅을 밟았는지를 설명했다. "나는 지금까지 존재한 적이 없는 '평화와 인간 연대의 국가'를 건설하려고 합니다." 그리고 그는 이 새로운 국가의 건설에 (그의 표현을 그대로 사용한다면) 모든 나라에서 가장 부지런하고 가장 재능이 풍부한 사람들이 참가하기를 희망한다고 호소했다. 인류의 행복한 미래는 인디애나주의 오하이오강의 지류인 워배시강 기슭에서 열리기로 결정되었다. 그는 이 행복의 거주지를 뉴하모니로 이름지었다. 그러자 많은 미국인이 "개인에게 무한한 가능성이 열려 있는 시대에 누가 그런 구석진 땅으로 가려고 하겠는가?"라고 의문을 제기하며 "게으름뱅이들뿐이겠지"라고 비아냥거렸다.

처음 몇 달 동안에 약 천 명쯤 찾아왔다. 다양한 계층의 사람들이 각기 다른 의도를 가지고 찾아온 것이다. 학식 있는 박애주의자들도 있었고, '행복한 사회'에 감동한 사람들, 그리고 이상주의자 오언에 더 감동한 사람들도 있었다. 또 문화와 단절된 곳에서의 삶에 매력을 느낀 사람들과 새로운 모험에 매력을 느낀 사람들도 있었다. 무엇보다도 아주 가난한 사람들이 많았다.

뉴하모니의 창립일인 1825년 4월 27일에 오언은 다음과 같은 개회식 연설을 했다. "나는 새롭고 행복한 인류를 창조하기 위해 이 나라에 왔습니다. 나는 무지와 뻔뻔한 이기심의 체제를 지혜와 연대의 체제로 바꾸려고 합니다. 나는 많은 이해관계를 하나로 융합시켜, 개인들이 다투는 원인을 모두 제거할 것입니다." 이 열정에 불타는 인물은 열광적인 연설을 하면서도 조심스러운 행보를 보였다. 그는 우선 '임시 거주지'를 건설하려고 했다. 여기서 낙원으로 가는 선구자들을 3년 동안 훈련시키고 난 뒤 '평등한 인류 동맹'을 탄생시킬 계획이었다.

따라서 그는 우선 여러 가지로 쓰라린 타협을 할 수밖에 없었다. 인종 편견을 없애는 것이 주요 목표 중의 하나였음에도 불구하고, 유색 인종은 이 '행복의 거주지'로 들어갈 수 없었다, 이와 대조적으로 오언이 금지시키고 싶어 했던 위스키는 허용되었다. 그리고 이 거주지에 꼭 필요한 일부 사람들은 평등 분배의 원칙에 따르려고 하지 않아서 각자가 일한 양에 따라, 다시 말해 대략 과거의 덜 행복했던 사회에 있었을 때와 같은 액수의 돈을 받았다. 거주지의 신문은 창간호에 다소 기죽은 모토를 실었다. "각기 다른 머리를 조화시킬 수는 없다 할지라도 마음만은 하나가 되자." 이러한 머리와 마음의 분리는 행복을 약속하는 것과는 거리가 멀었다. 그러나 이 모든 것은 기껏해야 3년만 지나면 해결될 일시적인 문제일 뿐이라고 누구나 생각했다. 그런데 이 일시적인 문제, 즉 이 '임시 거주지'는 이미 엉망이 되어버리고 만 것이다.

플라톤은 이와 같은 일은 철학자에게만 기대했을 뿐이었다. 그러나 오언은 분명히 거기까지 생각이 미치지 못했다. 즉 집과 집 사이에 밧줄을 매고, 아무런 준비도 없이 줄을 타고 건너가라고 한다면 줄타기의 달인을 제외하고는 모두 목이 부러지고 만다는 사실을 생각하지 못했던 것이다. 그는 인간의 가능성과 실제 현실을 혼동한 값비싼 대가를 치러야 했다.

현실은 어떠했던가? 예를 들면 다음과 같았다! 1825년 5월에 토머스 피어스와 그의 아내 사라는 '행복한 사회'의 건설에 참가하기 위해서 일곱 명의 자녀를 데리고 펜실베이니아주 피츠버그에 있는 자신의 집을 떠났다. 나이가 가장 어린 아이는 한 살이었고, 나이가 가장 많은 아이는 열여덟 살이었다. 피어스 부부는 많은 편지를 고향에 있는 큰아버지인 베이크웰과 그 부인에게 보냈다.

6월에 보낸 첫 편지에 이미 그들이 지금 건설하려고 하는 '행복한 사회'에 대한 감격보다도 그들이 떠나온 '불행한 사회'에 대한 그리움이 더 많이 담겨 있었다. 그러나 아직은 모두 희망에 부풀어 있었다. 이를 악물고 버텨 나가고 있는 것이다.

7월에 피츠버그에서 보낸 답장이 뉴하모니에 도착했다. 가까이 있는 사람들에게는 좋아 보이지 않는데도, 멀리 있는 사람들이 감탄하는 경우가 있다. 게다가 피츠버그에서는 오언의 이념을 전파하는 협회까지 만든 사람이 있었다. 그러나 피츠버그의 큰아버지 내외는 모든 것을 곧이곧대로 믿지만은 않았다. 그들은 근본적인 질문을 했다. "뉴하모니에서는 자기 주머니를 채우기 위해 일할 때와 마찬가지로 열심히 일하는지?"

당시 세계가 – 12년 전에 – 나폴레옹과 라이프치히를 지켜보고 있었을 때와 같이 긴장된 기분으로 오언과 뉴하모니를 지켜보고 있었다고는 말할 수 없다. 앞으로의 인간의 역사가 워배시강 기슭의 실험에 달려 있다고 느낀 사람들은 당시 그렇게 많지 않았을 것이다. 그러나 그렇게 느낀 사람이 없진 않았다. 어쨌든 피츠버그의 베이크웰 가족과 그 주변 사람들은 뉴하모니로부터 소식이 오면, 마치 (그들 자신의 말에 따르면) 목성이나 토성에서 오기라도 한 것처럼 흥분했다. 그들은 뉴하모니에서 생겨날 행복은 지금까지 알려진 세상의 행복과는 전혀 다를 것이라고 예감했다.

하지만 막상 뉴하모니에서 온 소식은 너무나도 잘 알고 있는 세상의 모습을 전했다. 도무지 행복이라는 말을 꺼낼 수 없는 지경이었다. 농부들은 자신들이야말로 창조의 선두에 선 자라고 생각하고 있었다. 젊은이들은 왜 자신들이 나이 많은 사람들과 동등한 대우를 받지 못하는지 알지 못하고 있었다. 피어스 부부는 쓰라린 마음으로 다음과 같이 썼다. "외부 사람들은 쉽게 감격하지만, 그들은 겉치레만 볼 뿐입니다. 하지만 우리들에게는 아직 희망이 있어요. 로버트 오언은 또다시 영국으로 갔습니다. 그가 돌아오면 모든 일이 좋아질 겁니다. 물론 우리가 생각했던 것보다는 훨씬 오래 걸리겠지요. 그리고 여러분의 질문에 대답하자면, "여기 사람들은 자신의 이익을 위해 일할 때와 같이 열심히 일하지는 않아요."

피어스 씨는 상황을 냉정하게 평가하고 있었지만, 부인은 그렇게 차분한 태도를 보이지 않았다. 그녀는 큰어머니에게 다음과 같이 단호하게 썼다. "저는 절망하고 있어요! 함께 오시지 않은 것이 천만다행이었습니다! 우리가 그곳에 포기하고 온 것을 보상해줄 만한 것이 이곳에는 하나도 없습니다!" 결국 피어스 씨도 점차 명확하게 상황을 파악하게 되었다. 그는 이렇게 썼다. "우리는 새로운 세상에서 살기 위해 이곳에 왔습니다. 하지만 이곳 사람들은 아담의 모습도 탈피하지 못한 형편입니다. 스캔들이 다반사이고, 우리는 귀족 정치에 의해 지배되고 있답니다. 이러한 상황은 오언 씨가 돌아올 때까지 변하지 않을 것입니다."

이런 식의 말은 아직 점잖은 편이라고 피어스 부인은 덧붙였다. "귀족 정치가 아니라 전제 정치입니다. 우리는 노예예요. 조금만 거역해도 쫓아낸다고 위협합니다. 저는 피츠버그를 떠난 것을 얼마나 후회하고 있는지 모르겠어요! 제가 다시 한번 문명사회로 되돌아갈 수만 있다면, 다시는 이런 어리석은 짓을 하지 않도록 조심할 겁니다."

11월이 되자 피어스 부인은 마침내 분노를 터뜨리며 다음과 같이 썼다. "이곳은 인간 사회가 아닙니다! 나는 새장에 갇힌 새입니다!" 그녀의 편지는 점점 갇힌 자가 구원을 요청하는 절규로 바뀌었다. 분명히 그녀는 어느 정도 운명을 함께하는 동료들과의 연대감을 키우고 있었다. 그녀는 이웃 사람들이 뉴하모니에 대해 험담을 하면 변호하기도 했다. 하지만 그녀는 속치마가 드러나 보이지 않도록 하라는 공식적인 지시에 강하게 반발했다.

이런 상황에서 오언이 영국에서 돌아왔다. 그는 '미국 지질학의 아버지'이자 필라델피아 자연과학 학술원의 창설자인 매클루어를 동반했다. 매클루어는 페스탈로치의 이념을 미국에 도입한 최초의 인물이었다. 그는 자녀들을 모두 제화공으로 만들고, 자아를 – 자신의 말에 따르면 – 사회라는 대양에 익사시키려고 한 박애주의자였다. 또 오언은 미국 동물학의 아버지인 토머스 세이와, 5대호의 물고기를 최초로 분류한 르쉬외르도 동반했다. 그는 그 밖에 누구를 동반했는가? 그것은 다름 아닌 그 자신이었다.

오언이 여행을 하며 한 강연을 들은 피츠버그 사람들은 큰 용기를 얻었다. 지금까지 그들은 피어스 부인의 한탄에 충격을 받아 피어스 부부에게 이 실험에 동참하라고 조언한 것을 후회하고 있었다. 그러나 직접 오언의 모습을 보고 그의 강연을 듣고 보니 앞으로는 뉴하모니의 상황이 개선되리라는 것을 의심치 않게 되었다.

오언이 아직 뉴하모니에 도착하기도 전에, 그가 짧은 기간 피츠버그에 머물면서 사람들에게 용기를 불어넣는 좋은 인상을 주었다는 소식이 뉴하모니에 계속 전해졌다. 사람들은 그가 아주 확신에 찬 태도를 가지고 있으며, 그가 없을 때 일어난 불미스러운 일들은 모두 행복의 거주지의 앞날에 유익하리라는 말도 들었다. 그러나 먼 피츠버그에 있던 큰아버지 베이크웰조차도 이 계획 전체에 혐오감을 느꼈다. 그는 다음과 같이 썼다. "훌륭한 뉴하모니 거주자는 동시에 훌륭한 회의주의자가 되어야 한다는 말을 들었다. 그러나 사회주의와 기독교가 하나가 될 수 있을까?"

오언이 돌아오기 전에는 소심한 피어스 부인조차도 오언이 돌아오면 모든 일을 행복하게 바꿀 것이라고 믿었다. 어쨌든 그가 돌아왔지만, 그녀는 그의 장황한 말을 차분하게 듣고 있을 수가 없었다. 한편 오언은 뉴하모니 참가자들의 분위기에 대해서는 신경 쓰지 않았다. 그는 '행복한 사회'를 준비하는 데 3년의 시간을 바칠 계획을 세웠다. 아직 3분의 1도 되지 않았고, 게다가 그는 오랫동안 부재중이었다가 이제야 겨우 뉴하모니로 돌아왔을 뿐이었다. 그런데도 그는 벌써 '평등한 인류동맹'의 헌법을 제정했다. 그 헌법의 제2조는 다음과 같다. "모든 구성원은 오직 하나의 가족으로 간주된다. 누구도 그가 하는 일 때문에 다른 사람보다 높이 평가받거나 낮게 평가받아서는 안 된다. 모두에게 나이에 따라 가능한 한 동일한 식사·옷·교육이 주어져야 한다. 모두가 같은 집에 살며 같은 쾌적함을 누려야 한다."

그 후 1826년 7월 4일에는 '정신의 독립선언문'이 발표되었다. 그리고 이 선언문과 함께 세계는 A. M. I. 원년, 즉 정신의 독립 이후 첫 해에 접어든 것이다. 그러나 피어스 부인은 도저히 이 새로운 달력에 따라 살아갈 수가 없었다. 그녀는 자기 주변의 무례한 사람들을 동료로 여길 수가 없었던 것이다. 그녀는 곤경에 빠져 외쳤다. "안식은 무덤 속에서만 바랄 수 있습니다!" 이 세계를 벗어날 수만 있다면, 오언에게 내 머리를 총으로 쏘아달라고 하는 것이 나의 유일한 소망이라고 그녀는 호소했다.

'평등한 인류 동맹'이 발족한 지 두 달 후, 작센-바이마르-아이제나흐 대공大公 카를 베른하르트가 뉴하모니를 방문했다. 그의 눈길을 끈 것은 사교 모임 때 상류층 자녀들이 한데 몰려 있고, 젊은 아가씨가 사회적으로 동등한 신분이 아닌 젊은이의 춤 신청을 거절한 일이었다. 이처럼 계급적 편견이 극심했다. 예를 들어 필라델피아에서 온 버지니아라는 젊은 여자가 있었는데, 그녀는 실연의 아픔을 피해 이곳으로 도피해왔다. 어느 날 그녀가 때마침 피아노를 치며 노래를 부르고 있을 때 그녀에게 환심을 사려는 많은 남자들이 둘러 서 있는 앞에서, 젖 짜는 일은 어떻게 되었느냐고 그녀에게 묻는 자가 있었다. 그녀는 울음을 터뜨리며 '평등한 인류 동맹' 전체를, 특히 평등을 저주했다. 대가족 체제인 '뉴하모니'에 관한 모든 보고에서 일치하는 것은 한 가족으로 단합이 이루어지지 않았다는 점이다.

'평등한 인류 동맹'을 여러 당파로 분열시킨 것은 무엇보다도 종교에 대한 오언의 급진적인 태도였다. 그를 따르는 많은 사람들은 결코 종교에 적대적이지 않았지만, 종교에 대한 반감을 부추기는 외부 사람들이 많았다. 예를 들어 엘러게니 타운 출신의 벤저민 페이지라는 여성이 피어스 부인에게 분노의 편지를 보낸 적이 있었다. 이 편지에서 경건한 페이지 부인은 "도대체 이 변화무쌍하고 병들어 죽어가는 세상에서 행복해질 수 있을까요?"라고 질문했다. 페이지 부인은 뉴하모니 거주자들이 얼마나 행복한지 혹은 행복하지 않은지에 대해서는 전혀 관심이 없었다. 그 대신 그들이 안식일을 지키는지의 여부에 대해서만 비상한 관심이 있었던 것이다.

'행복한 사회'의 일부 사람들은 분명히 현세의 행복을 단념하고 싶어 하지는 않았지만, 그렇다고 영원한 행복을 단념할 생각도 없었다. 그래서 첫 번째 그룹이 분리되었다. 즉 종교계의 '평등한 인류 동맹'이 그것이었다. 그리고 이러한 분열은 이제 겨우 시작에 불과했다. 이윽고 영국 출신 사람들이 결속을 다지게 됨에 따라 영국계의 '평등한 인류 동맹'이 결성된 것이다. 이러한 움직임이 계속 이어져, 순식간에 네 그룹이 만들어졌다. 그리고 두 달 후에는 열 개로 늘어났다. 개인주의와 분리주의와 고립주의가 승리했고, 불평등이 승리했다. 오언의 말에 따르면 행복의 출현을 가로막는 세력이 승리한 것이다. 1827년 5월의 어느 일요일에 로버트 오언은 작별 연설을 했다.

그는 이 실험을 하느라 상당한 재산을 잃었다.[*] 그러나 '행복한 사회'에 대한 신념은 잃지 않았으며 (이것은 좋은 일이었다), 순진함도 잃지 않았다 (이것은 그렇게 좋은 일이 아니었다). 뉴하모니가 와해되고 얼마 지나

---

[*] 전 재산의 5분의 4에 해당하는 약 4만 파운드를 잃었다. – 옮긴이

지 않아 그는 새로운 실험을 위해 멕시코 정부와 교섭에 들어갔는데, 그의 열정은 이전과 다르지 않았다. 그의 열정은 전염성이 강했다. 그의 추종자들은 — 이들의 말에 따르면 — 위대한 정복자나 사기꾼들은 잊히더라도 오언의 명성은 계속 빛날 것이라고 확신했다.

행복의 실험은 실패로 끝났다. 그런데 실험이 실패로 끝나면, 언제나 두 가지 결론을 도출할 수 있다. 즉 실험을 통해 증명하려고 한 주장이 잘못이라는 결론, 아니면 실험자가 실험을 잘못했다는 결론이 그것이다. 그런데 실패는 말이 없다. 따라서 한편으로 사람들은 '플라톤이 좌절하고 오언이 좌절한 데서 드러났듯이, 인간은 본성상 '행복한 사회'에서 행복해질 수가 없도록 창조되었다고 말한다. 하지만 다른 한편으로 '플라톤이나 오언, 그리고 이 두 사람 사이의 시대나 오언 이후 시대의 많은 사람들도 실험가로서 너무 졸렬했다. 따라서 실험이 실패한 것은 그들 탓이지 인간 본성 때문은 아니다'라고 말하는 사람들이 있다. 그러나 인간이 반드시 해야 하는 실험을 시도해 조금이라도 발전을 이룬 것은 그들의 공적이다. 어떤 새로운 발명을 하기 위해서는 얼마나 많은 시행착오가 필요한지를 아는 사람이라면 '행복한 사회'의 시도가 몇 번 실패했다고 해서 곧바로 너무 비관적인 결론을 내리면 안 되는 것이다.

오언이 범한 근본적인 실수는, 피어스 부인과 같은 여성에게 얼마 전까지 피츠버그에서 보냈던 생활을 하루아침에 더 이상 되풀이할 수 없다는 것이 얼마나 괴로운 일인지를 헤아리지 못한 것이다. 피어스 부인이나 그녀와 운명을 같이 한 사람들을 다독여 낯선 삶으로 끌어들이려면 사람을 휘어잡는 강력한 지도자가 필요하다. 왜냐하면 아주 오래 전부터 몸에 밴 습관을 버린다는 것은 당장 행복을 주기는커녕 심한 고통을 주기 때문이다. 어느 나라 출신이건 피어스 부인과 같은 모든 여성들에게 예를 들어 다음과 같은 말을 이해시키려면 사람을 휘어잡는 강력한 지도자가 필요한 것이다. "개성은 인간의 행복에는 해롭다." 왜냐하면 이 말에는 상당한 진리가 숨어 있으나 일단 완전히 틀린 것으로 인식되기 때문이다. 따라서 이 말을 곧이곧대로 신뢰할 사람은 없다. 억지로 이 말을 믿게 해서 언젠가는 이 말에 숨어 있는 진리를 깨닫게 하는 수밖에 없는 것이다.

우리가 역사 속에서 만나는 사람을 휘어잡는 지도자는 대부분이 선동가이다. 그들은 사람을 현혹시켰다. 오언에게는 거의 악인만이 갖고 있는 것처럼 보이는 사람을 휘어잡는 재능이 없었다. 그는 바로 이러한 재능이 성패의 관건이 된다는 사실을 꿈에도 생각하지 못했을 것이다. 그렇지 않았다면 그는 뉴하모니를 설립한 직후에 영국으로 돌아가지 않았을 것이다. 마치 한 무리의 사람에게 몇 개의 훌륭한 원칙을 세워주기만 하면 지금까지 존재한 적이 없었던 '행복한 사회'를 만들어낼 수 있기라도 한 것처럼 말이다.

어쨌든 행복의 생산자 오언의 가장 중대한 실수에 대해서는 이미 그의 추종자들도 완전히 파악하고 있었다. 그의 아들들이 만든 신문인 「뉴하모니 가제트」의 1827년 3월 28일자 논설은 그를 다음과 같이 비난했다. '그는 무분별하게 끌어 모은 떼거리의 반사회적 충동을 과소평가했고, 이상이 지닌 매력을 과대평가했다.' 오언은 계몽의 시대라고 불리는 자신의 시대와 마찬가지로 통찰과 의도의 힘을 과대평가했고, 습관의 힘인 전통의 중력을 과소평가했다. 우리는 원하는 대로 살아갈 수 없다. 살아갈 능력이 있어야 하는 것이다. 이 '능력' 중에서 이성과 선의에 의해 생기는 부분은 아주 적다. 이 능력은 – 우리가 선천적인 정신 태도와 후천적인 정신 태도를 어떻게 부르든 간에 – 활력과 기백과 직관과 의욕에 따라 좌우된다.

오언이 실험실을 세웠을 때 미국은 더 이상 미개척지가 아니었다. 그런데 어떻게 해서 그는 피어스 부부와 같은 사람들을 '행복한 사회'의 초석으로 변화시킬 수 있다고 기대했던 것일까? 단지 이들에게 '당신들은 태어나면서부터 이기적인 사람이 아닙니다. 그러니 제발 원래대로 행동해 주십시오!'라고 호소하기만 하면 되는 것처럼 말이다. 이 엄청난 요구는 피츠버그나 그 밖의 지역에서 이미 타성에 젖은 가엾은 사람들에게 레프 톨스토이와 같은 사람도 감당할 수 없는 무거운 짐을 지웠다.

오언은 행복에 이르는 길을 – 아직 통행 불가능하다고 입증되지 않은 길을 – 찾아 나선 순진한 사도使徒였다. 그는 특히 행복 실험에 나선 제1세대들을 불행하게 만들었다. 그러나 그는 동시대인들과 후세 사람들에게 전염성이 강한 행복에의 열광을 심어 주었고, 자신처럼 훌륭한 원칙이라는 낙원에 빠져들면 낙원의 행복은커녕 불행이 찾아올 뿐이라는 중대한 경험을 전해 주었다.

이 교훈에서 자기 나름의 결론을 얻은 사람들 가운데 가장 위대한 인물은 레프 톨스토이였다. 그는 '행복한 사회'를 거쳐 행복에 도달하는 우회로를 거부했다. 고대의 쾌락주의는 이미 아우구스티누스를 통해 기독교적인 색채를 띠려고 했지만, 톨스토이를 통해 가장 기독교적으로 각인되었다. 즉 '행복한 구세주'가 바로 그것이었다. 횔덜린으로부터 니체에 이르기까지 19세기의 가장 뛰어난 사람들을 행복하게 해준 비밀의 상징인 행복한 구세주야말로 톨스토이에게는 인생의 지침이 되는 빛나는 행복의 모습이었다.

11장

'행복한 구세주'의 후계자
레프 톨스토이

푸른 지팡이의 전설

레프 톨스토이의 무덤은 톨스토이 가문의 영지인 야스나야 폴랴나에서 멀리 떨어지지 않은 작은 숲속에 있다. 나무에 둘러싸인 조그만 무덤이 그것이다. 이곳과 관련된 비밀을 알지 못하는 사람은 수많은 다른 장소와 차이점을 느낄 수 없을 것이다. 하지만 이곳에는 특별한 사연이 있다. 이 사연은 이곳에 잠든 사람과 또 그의 내면에서 끊임없이 울려 퍼지던 행복과 가장 밀접한 관련이 있다.

죽기 2년 전 그는 비서에게 다음과 같이 받아쓰게 했다. "내 시신을 나무 관에 넣어 자카스의 산골짜기에 '푸른 지팡이'가 있는 곳에 묻어다오. 어떠한 장례 절차도 없이 땅에 매장하도록!" 비서는 '푸른 지팡이'라고 말했을 때 그의 눈에 눈물이 가득 고였다고 전했다.

약 75년 전에 어린 레프가 형제들과 함께 푸른 지팡이를 파묻은 곳에 톨스토이가 1910년에 묻혔다. 생애의 마지막에 이르러 그의 소원은 축성祝聖된 곳에 묻히는 것이 아니었다. 고향 땅에 묻히는 것도 아니었다. 그의 소원은 '푸른 지팡이' 옆에 묻히는 것이었다. 그것은 처음에는 푸른 지팡이에 불과했으나 나중에는 그의 삶의 상징이 되었다. 그가 이 지팡이를 어떤 상징으로 생각했을까? 그것은 그의 삶을 이끈 동경, 즉 행복에 대한 꿈이었다.

아직 모두 어렸을 때, 맏형 니콜라이가 푸른 지팡이의 전설을 동생들에게 들려주었다. '나는 특별한 비밀을 알고 있단다. 어떻게 하면 모든 사람이 행복해질 수 있는지를 말이야. 이 비밀이 세상에 알려지면 황금시대가 오게 돼. 질병도 고통도 없고 온 세상에 사랑이 넘치게 되지.'

톨스토이네 아이들은 이처럼 미래의 낙원을 놀이 속에서 이미 얼마쯤은 경험했다. 의자 위에 천을 씌운 천막이 아이들의 천국이었다. 이 천국의 비호 아래, 아이들은 황홀감으로 가득 차서 서로 몸을 바짝 붙인 채 하나가 되어 웅크리고 앉아 있었다. 그런데 어떻게 하면 온 인류가 행복해하며 웅크리고 앉아 있을 수 있을까? 그것이 바로 이 푸른 지팡이에 적혀 자카스 숲속의 산골짜기에 묻혀 있었다.

톨스토이가 82세라는 긴 일생을 마치고 영원히 잠들 곳으로 정한 장소가 그곳이었다. 왜냐하면 그는 영원히 함께할 대상으로 신비로운 행복 계획을 지니고 있는 곳보다 더 나은 것을 찾아내지 못했기 때문이다.

니콜라이는 푸른 지팡이에 무엇이라고 썼을까? 인간은 어떻게 하면 자신과 세계를 행복하게 만들 수 있을까? 그들이 푸른 지팡이에 새긴 것은 톨스토이의 삶에도 새겨졌다. 평생 그는 어릴 때 형제들과 함께 의자 위에 천을 씌운 천막으로 만든 천국에 웅크리고 앉아 마음의 유대를 다졌던 일을 동경했고 인류도 이와 같이 행복하고 친밀한 유대 관계로 변화시키려고 노력했다.

행복을 찾는 재능

단순히 불가피한 일이나 살아가는 데 있어 중요한 일만을 보도록 훈련된 사람들이 있는가 하면 이 수준을 뛰어넘는 사람들도 있다. 이들의 눈에는 이례적인 일과 무익한 일도 보이는 것이다. 이처럼 무익한 일도 보는 사람들은 기계적으로 행동하지 않는다. 자유롭게 보고, 듣고, 냄새 맡고, 생각하는 행위가 예술가나 철학자를 탄생시키고, 식물적인 삶을 인간적인 삶으로 바꾸며, 고작 음식물을 찾아 헤매며 외부의 적으로부터 자신을 지키는 데 급급한 존재를 유용성이라는 편협한 지각과 사고의 틀에 갇혀 있는 좁은 생활공간에서 벗어나게 한다.

통제된 이성이 있듯이 통제된 행복도 있다. 복권 당첨과 좋은 배우자를 만나는 일이 동시에 일어나지 않는 것은 행복의 관행이다. 눈이나 귀가 색깔이나 소리의 질서에 얽매이지 않고 다양한 능력을 발휘하는 재능을 지닌 사람이 있는 것처럼 행복한 삶을 누리는 재능을 지닌 사람도 있다. 이들은 이례적으로 많은 이유로, 또한 이례적인 이유로 행복해질 수 있는 능력을 지니고 있다. 그리고 이들은 보기 드문 열정으로 행복을 누린다. 바로 이러한 재능이 레프 톨스토이에게 엄청나게 주어진 것이다. 다만 그의 비극이 더 많이 알려져서 이러한 재능이 세상 사람들의 눈에 띄지 않았을 뿐이다.

어디에서나 행복한 광경을 보고 그로부터 행복한 감동을 느끼는 재능은 아주 일찍부터 나타났다. 그가 아직 어렸을 때인 어느 여름 날, 아버지의 영지에서 그리 멀지 않은 쾌적한 곳으로 소풍을 갔을 때의 일이다. 이 사소한 사건은 삶의 기쁨을 드러내는 한 폭의 그림이 되어 그의 기억에 남았다. 마부들은 선선한 나무 그늘 아래 서 있었다. 빛과 그림자가 즐거워하는 아이들의 사랑스럽고 행복한 얼굴에 아른거리며 무늬를 그렸다. 남루한 옷을 입은 소치기의 아내인 마트료나가 달려와서 다음과 같이 말했다. "정말 오랫동안 기다렸습니다. 이

군복무 시절의 톨스토이

렇게 찾아와주셔서 기뻐요." 톨스토이는 자서전에서 이 말에 이어 자신은 온 세상이 행복하다고 생각했고 또 이렇게 생각할 수밖에 없었다고 썼다. 큰어머니, 개, 암탉, 수탉, 농부의 아이들, 그리고 말, 송아지, 연못 속의 물고기, 나뭇가지에 앉아 있는 새 … 모두가 행복하다고 생각한 것이다. 톨스토이는 이처럼 폭넓게 행복을 느낄 능력이 있었다.

사관 후보생 시절에 톨스토이는 캅카스^{카프카스}에서 마부들과 물고기처럼 순진무구하게 행복을 누리고 있는 한 노인을 알게 되었다. ― 물론 이 노인은 행복에 대한 자신만의 철학적 견해를 가지고 있었다. 레프와 형 니콜라이는 에피슈카라는 이름을 가진 80세의 이 노인의 오두막에 묵었는데, 이 사람은 균형 잡힌 거구에 곱슬곱슬한 붉은 수염을 기른 건장한 사냥꾼으로 대단한 술꾼이기도 했다. 그는 자연 그대로의 삶을 살아가는 지혜를 지니고 있었다. 그가 에피쿠로스나 그의 정원에 대해

들었을 리는 없을 것이다. 이 노인의 확신에 따르면, 신은 인간에게 기쁨을 주기 위해 만물을 창조했고, 지옥에서는 행복의 죗값을 치를 필요가 없으며 만물은 흙더미 위의 한 포기 풀처럼 사라지고 만다. 이러한 지혜는 소박하게 변형되어 젊은 레프의 마음속에 자리 잡았다.

자연의 행복

톨스토이의 쾌락주의는 에피쿠로스라면 반기지 않았을 독특한 뉘앙스의 행복을 피력한다. 어쨌든 우리에게 전해진 에피쿠로스의 단편에는 이러한 행복이 나타나지 않는다. 이 행복은 자연의 행복이라는 차가운 이름으로 불리지만, 사실은 더 따뜻하고 더 다채롭고 더 향기롭고 더 감각적인 이름으로 불러야 마땅하다. 톨스토이는 행복을 가져다주는 이러한 자연에 대해, 마치 자연의 온갖 아름다움이 눈을 통해 영혼 속으로 흘러들어 오는 듯한 느낌을 받는다고 말한 적이 있다. 이것은 에로틱하면서도 종교적인 여러 가지 — 사랑의 고백을 받는 장면으로부터 피를 담은 성배聖杯를 받는 장면에 이르기까지 — 연상을 불러일으키는 아주 방탕한 상징이다.

그러나 이러한 자연의 행복은 살벌한 도심에서 멀리 떨어진 왕궁의 고요한 정원에 대한 감상적인 애착과는 아무런 관계가 없다. 톨스토이를 행복하게 만든 자연은 전투 후에 피투성이의 전사戰士를 눈처럼 흰 자신의 앞가슴에 기대 코골며 잠들게 하는 그 유명한 여자는 아니다. 톨스토이의 자연은 매우 개성적인 여러 가지 몸짓으로 그를 황홀경에 빠지게 하는 매우 개성적인 피조물이다. 우리가 갑자기 여자의 거동이나 아이의 소리에 마음이 사로잡히는 경우가 있는 것처럼, 톨스토이는 일정한 시간에 단 한 번 드러내는 그 피조물의 삶의 표현에 마음이 사로잡혔다. 이 피조물을 우리가 추상적으로 자연이라고 부르는 이유는 정말 부당하게도 아직 각기 고유한 이름을 붙여주지 못했기 때문이다.

하지만 그는 소음을 일으키지 않고 악취를 풍기지 않는 것을 '자연'이라고 부르는 대도시의 시인으로서가 아니라, 아름다움에 도취한 연인으로서 자연에 화답했다. 자연의 매력은 때때로 '사랑하고 싶다는 소망'을 그의 마음속에 불러일으키기에 충분했다. 그는 이와 같은 황홀경 속에서 심지어 "내 자신에 대한 사랑을 느낀다. 나는 '이 세상에 살고 있으니 행복하다'. 나는 영원히 살고 싶다"라고 말하기도 했다. 그러나 이러한 과도한 소망은 존재의 기쁨이 줄 수 있는 최대한의 것이다. 왜냐하면 이 소망은 죽음에 대한 소심한 불안과는 완전히 다른 것이기 때문이다.

자연이 그에게 준 것은 평화가 아니라 쾌락이었다.

가정의 행복

행복한 사람은 행복에 대해 생각하지 않는다. 행복하기보다는 불행한 경우가 더 많은 사람이 행복에 대해 말한다. 마치 혀와 목이 타도록 목마른 사람이 포도주에 대해, 즉 갈증이 해소되는 천국 같은 만족에 대해 말하듯이 말이다.

톨스토이의 행복을 느끼는 남다른 능력과 이 행복을 위협하는 모든 것에 대한 남다른 취약성 사이에는 엄청난 긴장이 있었다. 이러한 긴장이 행복의 문제를 계속해서 중대한 쟁점으로 부각시켰다.

처음에 그는 개인적인 문제로 고통을 겪었다. 예를 들어 자신이 못생겼다고 생각하며 괴로워했다. 그의 청춘 시절에는 어느 날 아침 눈을 뜨면 넓적한 코, 두툼한 입술, 조그만 회색 눈, 고수머리 등이 사라지고 잘 생긴 얼굴로 변해 있는 것을 행복으로 삼고 꿈꾸었던 때가 있었던 것 같다. 그러나 이것은 아직 최대의 고민거리가 아니었다.

이보다 더 큰 고민은 인간의 행복을 위협하는 아주 오래되고 널리 알려진 적敵인 죽음에 대한 상념에 의해 야기되었다. 압도적인 공포는 불가피한 최대의 위험, 즉 죽음에 대한 공포이다. 우리는 머지않아 죽을 수밖에 없다는 사실을 모른다면, 전혀 다른 존재가 되었을 것이다. 일찍부터 이런 사실에 사로잡힌 사람도 있고, 나이가 들어서 절실하게 생각하는 사람도 있다. 완전히 잊어버리고 사는 사람도 있고, 거의 잊지 못하고 사는 사람도 있다. 그리고 누구나 죽음의 공포에 대항하는 수단을 가지고 있다. 이 수단은 빈약한 것에서부터 비교적 강한 것, 그리고 매우 강력한 것에 이르기까지 다양하다. 우리를 위협하는 이 참을 수 없는 훼방꾼에 저항한 사람은 톨스토이가 처음은 아니었다. 그는 무기창고에서 가장 믿을 수 있는 무기를 꺼냈다. 그는 완강하게 죽음을 없는 것으로 생각하려고 했다. '내일 일은 생각하지 말자! 오늘 하루를 멋지게 살자!' 이것이 죽음의 공포에 대해 그가 외친 최초의 함성이었다. 그는 하루하루를 멋지게 보냈다. 그는 내일 가야 할 학교 일은 생각하지 않았다. 그는 예습도 복습도 하지 않았다. 그는 사흘 내내 침대에서 뒹굴며 재미있는 소설을 읽었고 꿀이 든 과자를 먹었다. 정말 행복했다. 죽음에 대한 생각은 행복에 대한 생각과 결부되면 이 세상에서 가장 강력한 다이너마이트가 된다. 그것은 모든 혁명의 가장 깊은 근원이다.

톨스토이의 삶은 이렇게 3일 동안은 완전히 바뀌었지만, 그 후에는 평생 불안에 시달렸다. 이러한 불안은 그렇지 않아도 이미 그의 삶을 위협하고 있었던 차르나 그리스 정교회보다도 훨씬 더 큰 위협을 주었다. 그러나 고대 그리스의 아리스티포스가 말한 '그날그날을 살아가라'는 가르침을 제자 톨스토이는 단지 3일 동안만 실천했을 뿐이었다.

그는 죽음에 대한 공포가 차단된 생활을 꾸려가려고 했다. 절망감을 느낀 그에게 빛을 발하며 나타난 행복을 그는 '가정의 행복'이라고 불렀다. 30세 때 그는 이 제목의 단편소설을 쓰기도 했다. 이는 이후 10년 동안의 그의 삶에 붙일 수 있는 제목이기도 했다. 한동안 넓적한 코나 죽음을 잊게 한 이 행복은 아내와 많은 자녀라는 모습으로 나타났다.

그가 성인이 되자 여성들이 그를 매우 행복하게 만들었다. 그는 자유분방한 연애에 빠져 있으면서도, 자신을 지켜주고 감싸줄 사랑을 갈망했다. 그는 정력을 마음대로 발산하고 즐기면서도, 서로 사랑하면서 천국의 평화를 누리는 행복을 추구했다. 그는 욕망의 충족에서 행복을 느꼈지만, 마음의 평화에서 더 큰 행복을 느꼈다. 형들이 젊은 레프를 처음으로 여자에게 데리고 갔을 때, 그는 일을 마치고 나서 – 그의 말에 따르면 – 울먹이며 여자의 침대 옆에 서 있었다. 이 눈물은 죽음을 눈앞에 두고 '푸른 지팡이'를 말했을 때 흘린 것과 같은 눈물이었다. 인간과 인간 사이의 벽이 허물어지는 것만큼 그에게 강한 감동을 주는 일은 없었다. 이보다 더 큰 행복을 주는 일은 결코 없었던 것이다.

여성들이 그에게 준 행복은 언제나 에피소드로서의 행복에 지나지 않았다. 이러한 사실이 그를 몹시 괴롭혔다. 그가 생각한 '가정의 행복'에는 하나로 융합되어 더 이상 되돌릴 수 없는 사랑에 대한 소망도 들어 있었다. 그가 결혼 후 터뜨린 엄청난 환호성에서 – 이것은 일기나 편지, 그리고 소설 『전쟁과 평화』에 기록되어 지금까지 전해오고 있다 – 마침내 고립된 상태에서 구제된 승리의 기쁨을 느낄 수 있다. "나는 태어나 오늘에 이르기까지 이렇게 행복한 적이 없다! 나는 서른넷이 되었다. 그리고 이런 행복이 가능하리라고는 예감조차 해본 적이 없다!" 무슨 일이 일어났는가? 소피야 베르스는 그가 마음을 불태운 첫 여성은 아니었다. 그러나 그가 포용력이 더 큰 사람으로서, 또 가족으로서 계속 살아가기 위해 이전의 레프 톨스토이와 작별할 결심을 하게 한 여성으로는 그녀가 처음이었다. 이제 독신으로 사는 것이 아닌데 못생겼다는 것이 무슨 문제란 말인가? 이제 독신으로 사는 것이 아닌데 죽음 따위가 무슨 문제란 말인가? "사랑은 죽음을 떨쳐낸다." 이것이 죽음을 앞둔 안드레이 공작(『전쟁과 평화』)의 중심 사상이었다.

톨스토이 가족의 비극은 세상에 널리 알려져 있다. 성자聖者가 되려고 결심한 남편과 점점 늘어나는 가족이라는 현실적인 문제에 부딪힌 아내가 부부로 결합된 것 자체가 비극이었다. 그러나 이 비극이 일단 세상에 알려지게 되자, 한 가정의 가장으로서 10년 동안 누려온 행복은 부당하게도 사람들의 눈에서 가려졌다. 결혼 후 10년이 지난 뒤에 그는 이렇게 썼다. "별로 말할 게 없다. 행복한 사람은 이야깃거리가 없이 평온하게 살기 때문이다." 이러한 가정생활의 행복은 수많은 일기와 편지에 기록되어 있다. 이는 일상의 행복이라고 말할 수 있는 것으로, 아마 톨스토이는 그것이 자신을 무엇으로부터 지켜주는지를 결코 잊지 않았기 때문에 그만큼 더 열심히 이 행복을 즐겼을 것이다.

독자에게 행복을 선사하는 그의 소설 『전쟁과 평화』의 구상을 무르익게 한 것은 바로 이러한 편안하고 행복한 일상의 분위기였다. 이 작품에는 톨스토이에게 생기를 불어넣은 엄청난 삶의 기쁨이 넘치고 있다.

1872년에 쓴 다음의 글은 이 작품에 덧붙여도 좋을 것이다. "커다란 행복은 대단히 행복한 가정에 존재한다." 그렇다면 이 커다란 행복은 언제 사라졌는가?

예컨대 우리는 그가 6세 때 키가 얼마였고, 10세 때는 얼마였으며, 16세 때는 얼마였다는 식으로 말할 수 있다. 그런데 영혼의 성장을 이와 마찬가지로 정확하게 기록하려고 시도한 사람들이 있다. 이들은 사람의 변화를 이야기하면서 시기별로 나눈다. 마치 사람이 보초 근무와 같이 시기별로 교대되기라도 하는 것처럼 말이다. 그러나 톨스토이와 같은 인물의 일생을 서술하는 데는 더욱 적절한 상징이 있다. 그것은 음악적인 흐름으로서 하나나 둘, 혹은 세 개의 주제를 표면에 드러냈다가 다시 표면 밑으로 숨게 하고, 곧 변화시켜서 다시 표면에 나타나게 한다. 표면 (또는 표면 가까운 곳)에서는, 35세에서 45세까지의 톨스토이는 행복한 대지주였고, 그에게는 사랑하는 아내와 기쁨을 주는 많은 아이들, 친척, 친구, 농노, 그리고 말과 밭이 있었다. 그는 땅을 갈고, 글을 쓰고, 사랑하고, 집을 짓고, 물건을 사고, 돈을 벌었으며, 시간을 보내기 위한 갖가지 놀이를 즐겼다. 그는 농장 경영자로서, 사교 모임의 주최자로서, 또 작가로서 성공했다. 그러나 이렇게 평온한 삶을 누리는 가운데서도 그가 사랑하는 형 니콜라이가 30세에 죽었을 때 쓴 모든 것을 폭로하는 끔찍한 글이 연기를 내며 타오르고 있었다. "한때 니콜라이 니콜라예비치 톨스토이였던 사람에게서 이렇게 아무것도 남은 게 없는데, 목표를 세우는 일이 무슨 가치가 있단 말인가?" 그는 아내와 자식, 종, 가축, 게다가 세계적인 명성을 지닌 존경받는 귀족이었다. 그러나 이렇게 좋은 처지도 저 짧은 글 속에서 계속 불타고 있는 작은 불씨를 잠시 억제할 수 있었겠지만 완전히 끌 수는 없었다.

40세가 지나고 얼마 후 그는 이 작은 불씨를 활활 타오르게 하고, 가족의 행복을 몽땅 불길 속에 던져 넣게 하는 철학을 알게 되었다. 이 철학을 창조한 사람은 독일 사람으로서 그의 긴 생애의 마지막 10년 동안에 겨우 세상의 주목을 받았으며, 톨스토이가 알기 15년쯤 전부터 뛰어난 정신을 가진 사람들을 매료시켰다. 이 철학자의 이름은 쇼펜하우어이다. 1869년 여름에 톨스토이는 다음과 같이 썼다. "지금까지 나는 이와 같은 정신적인 행복을 누려본 적이 없었다. 쇼펜하우어는 인류의 가장 위대한 천재이다."

두 사람은 닮은 데가 전혀 없었다. 한 사람은 세상을 비관적으로 보며 살아가는 독일의 소시민으로 조국의 한 구석에 숨어서 세상을 향해 가시를 내뻗고 있었다. 또 한 사람은 생명력이 넘치는 러시아의 백작으로서 정열이 용솟음칠 때도 있었고 또 때로는 인류와의 결합을 겸허하게 동경하고 있었다. 그러나 쇼펜하우어의 중심 사상은 톨스토이가 마음속에서 경험한 것과 일치했다. 즉 인간은 정복자로서는 결코 행복해질 수 없고, 동물과 인간의 주인으로서, 혹은 자기 자신의 감독자로서 인간은 결코 천국으로 들어갈 수 없다. 이러한 사실은 톨스토이도 잘 알고 있었다. 왜냐하면 그는 동물과 인간의 주인이었고, 자기 자신을 지배하고 있었으며 자신이 참여한 인간 집단에서는 주역을 맡고 있었기 때문이다. 그러면서도 행복에는 도달하지 못했던 것이다.

행복한 거미

그 무렵 톨스토이는 삶에 어떻게 대처하는지에 따라 인간을 네 가지 집단으로 구분했다. 첫 번째 집단은 잠자면서 인생을 보내는 무지몽매한 사람들이다. 그는 당시의 – 러시아 봉건시대 말기의 – 대부분의 여자들과 많은 젊은이들, 그리고 모든 어리석은 자들을 이 집단에 포함시켰다.

그는 두 번째 집단에 '쾌락주의자'라는 – 천 년 전부터 이 명칭에 붙어 다니는 나쁜 의미의 – 이름을 붙였다. 이 집단으로 그가 생각한 것은 그가 아주 잘 알고 있던 귀족의 자제들이었다. 이들은 쾌락을 즐기며 호화롭게 살고, 마음대로 먹고 마시며 여자를 유혹하고 오만불손하며, 맹목적으로 늙음과 병과 죽음을 향해 돌진하고 있었다.

그도 역시 예전에는 이 집단에 속해 있었다. 오만불손한 태도를 취한 적도 많았다. 젊은 장교 시절에 장갑을 끼지 않고 옆을 지나가는 사람을 보고 톨스토이는 같이 있던 형 니콜라이에게 저 녀석은 악당임에 틀림없다고 말했다. 왜 그렇게 생각하느냐고 형이 묻자, 점잖은 사람이라면 장갑정도는 끼고 있을 거라고 대답했다. 그는 오만한 건달패에 대해서는 그 자신도 한때 그러한 부류에 속했기 때문에 잘 알고 있었다. 그들도 그도 똑같은 명문 귀족의 자제였던 것이다.

그러나 그는 이처럼 탐욕과 거드름을 피우는 생활을 더 이상 견딜 수가 없었다. 그렇다면 어떤 다른 길이 있었을까? 그는 고통에 찬 실험을 수없이 되풀이한 끝에, 세상에서 인정하는 가치를 모두 철저하게 부정할 수밖에 없다는 결론에 도달했다. 쇼펜하우어는 철학자와 예술가와 성자를 염두에 두고 아주 먼 옛날 부처가 산 삶을 모범으로 고귀한 '부정자否定者'의 모습을 그려냈다. 그러나 톨스토이는 이 세 번째 집단, 즉 행복하고 신성한 현자 속에 자신을 끼워 넣을 수 없었다. 그는 오히려 자신을 네 번째 집단인 약자들의 무리 속에 끼워 넣었다. 이 집단의

톨스토이와 아내 소피야 안드레예브나 톨스토이

사람들은 진리를 알고 있을 뿐만 아니라 무엇이 필요한지도 알고 있으며, 톨스토이가 살고 있는 인생은 결코 행복해질 수 없다는 것도 인식하고 있다. 그러나 이들은 자신들이 잘 알고 있는 대로 자신들의 삶을 바꿀 힘이 없다. 이러한 사실이 분명해진 순간부터 톨스토이는 통찰과 삶의 일치에 행복이 있다는 것을 깨달았다. 그가 지옥 같은 불행을 겪는 이유는 바로 그가 행복해지기 위해 마음속으로부터 원하는 대로 살지 않기 때문이다.

그는 계속해서 대가족의 신분에 걸맞은 생활을 보장해준 백작으로 살았고 또 앞으로도 40년 동안이나 그렇게 살아갈 수도 있었다. 하지만 그는 이제 백작이라는 칭호를 사용하지 않았다. 가족을 위해 자신이 소유한 재산을 포기하고 자신의 저작권도 포기했다. 그는 언제나 떠나려고 했지만, 제자리걸음이었다. 그는 자신이 어디로 가고 싶어 하는지를 잘 알고 있었다. 그를 유혹하는 행복은 자신이 소설 속에서 잊을 수 없을 만큼 정확한 필치로 그린 자신과 같은 계층의 사람들의 행복과 마찬가지로 명확하게 모습을 드러내고 있었다. 그는 농노를 부리는 일이나 이와 관련된 일은 하지 않고 살고 싶었다. 이런 생활을 생각하면 그의 가슴은 뜨거워졌다. 이렇게 살 수 있었다면 그는 행복했을 것이다.

그는 그렇게 살려고 했다. 그는 가정이 장애물임을 깨달았다. 그에게 처음에는 커다란 행복을 주고 나중에는 커다란 불행을 맛보게 한 가정은 처음부터 끝까지 동일했다. 가정은 처음에는 이기적이고 방탕하고 죽음을 두려워하며 떨던 허무주의자를 구제해준 낙원이었지만, 이제는 그러한 기능이 없어졌다. 왜일까?

1881년 5월 5일에 53세의 톨스토이는 일기장에 "가정은 살덩어리이다"라고 적었다. 가정은 개인을 고독으로부터 구원하는 장소는 아니다. 가정은 규모가 더 크고 더 야생적이며 생명력이 강한 맹수 같은 자아가 사는 곳이다. 가정은 욕망을 해소시키는 곳이 아니라, 욕망을 축적하는 장소이다. 가정은 그를 해방시킨 것이 아니라, 더 심한 이기주의 속에 그를 가두고 말았다. 그의 행복한 가정은 불행한 가정으로 바뀌었을 뿐만 아니라, 그로 하여금 가정의 본질에 대해 끔찍한 실망을 느끼게 했다. 그는 가정은 '살덩어리'이지 천국으로 가는 수레가 아니라는 사실을 깨닫고 자신의 가정을 원망했다. 하지만 거꾸로 가족들은 그를 무기력한 기독교도라고 원망했다. 그가 67세 때, 즉 결혼 후 33년째가 되는 1895년에 톨스토이 부인은 일기장에 이렇게 썼다. "인간을 행복하게 만들기 위해서라는 남편의 설교는 모두 우리의 생활을 몹시 불편하게 해서 나로서는 살아가기가 점점 힘들어진다. 남편의 채식 때문에 우리는 요리사도 두 사람, 음식도 두 종류가 필요하며, 그만큼 돈을 더 지출해야 하고 또 그만큼 하인들이 해야 할 일이 늘어난다." 톨스토이는 가정도 농장도 아내도 아이도 버리지 않았다. 그러나 그를 유혹하는 행복은 이 모두를 버리도록 손짓했다. 그는 모든 것을, 혹은 거의 모든 것을 그대로 방치했다. 그리고 이렇게 함으로써 가족을 완전히 배신하게 되었다. 그는 자신의 새로운 행복과 타협한 것이다.

이 배신은 예를 들어 야스나야 폴랴나의 시골 아이들에 대한 열정으로 나타났는데, 가족들은 이를 배신으로 여겼다. 한 집안의 가장이 그럴 필요도 없는데, 자신의 단정한 아이들은 내버려두고 농노의 더러운 아이들을 돌보는 일은 엄청난 배신이며 가정의 도덕에 대한 중대한 위반이라는 것이다.

그러나 톨스토이는 세계적으로 유명한 작가이고 부유한 영주인 자신이 지금까지 버림받았던 아이들에게 글을 가르칠 때처럼 행복했던 적이 없었다고 고백했다. 그런데 이것은 도대체 어떤 행복이었을까?

학교 입구에는 "들어오고 싶으면 들어오고, 나가고 싶으면 나가라"라는 문구가 적혀 있었다. 이러한 '학생들의 천국'에서 시행된 규칙은 얼마든지 열거할 수 있다. 숙제는 할 필요가 없다! 어제 배운 것을 복습할 필요가 없다! 절대 벌을 받지 않는다! 오늘도 어제와 마찬가지로 배우는 즐거움을 갖기 바란다! 이곳에서의 교육은 '인간을 행복하게 만든다'라는 확고한 목표가 있었기 때문에 교육의 길이 고통의 길이어서는 안 되었다.

무식한 농부의 자녀들에게 읽고 쓰고 계산하는 비밀을 가르쳐준 톨스토이는 아마도 매우 행복한 교사였을 것이다. 이때로부터 몇십 년이 지난 1904년에도 그는 다음과 같이 말했다. "나는 여자에 대한 사랑이 아니라 민중에 대한 사랑, 특히 아이들에 대한 사랑 덕분에 내 생애 중 가장 빛나는 시절을 보낼 수 있었다." 그는 러시아의 천진난만한 시골 아이들과 보낸 시간을 가장 행복했던 시간으로 꼽았다. 그리고 그의 행복은 전염성이 강해서 당시 그가 가르친 페트카라는 학생은 반세기 후에 다음과 같이 증언했다. "내 삶에서 행복했고 가장 빛났던 시절에 대한 기억은 사라지지 않았고 앞으로도 결코 사라지지 않을 것이다."

시골 학교의 교실에서 꽃핀 이러한 행복은 도대체 어떤 행복인가? 한때 가정의 행복이 이기적이고 죽음을 두려워하며 고립되어 있던 그가 도피해간 천국이었듯이, 이제 민중과의 행복한 공동생활이 가정이라는 고립에서 벗어나 도피해간 천국이 되었다. 그는 레프 톨스토이의 이해관계에 마음을 쓰고 있는 한 행복하지 않았다. 또 그는 '톨스토이 일가'의 이해관계에 마음을 쓰고 있는 한 행복하지 않았던 것이다. 그러나 그는 페지아나 드미트리나 니콜라이 등과 같은 아이들이 인간다운 삶을 향해 첫걸음을 내딛도록 이끌었을 때 엄청나게 행복했다. 이때 이기적이고 죽음을 두려워하며 고립되어 있던 레프 톨스토이의 폐가 일찍이 느껴보지 못한 큰 숨결이 강력하게 그의 몸을 뚫고 지나가며 그를 행복하게 만들어주는 것을 느꼈다.

주변 사람들에 대한 봉사가 행복하게 만들어준다는 말은 가장 값싼 상투어에 지나지 않는다. 이런 말은 위조지폐처럼 값쌀 뿐만 아니라 가짜라는 것이 쉽게 드러나기 때문에, 이 낡은 상투어에 여전히 남아 있는 근본적이고 강력한 진리를 찾아내려고 노력하는 사람은 더 이상 없다. '인간에 대한 봉사'라는 거창한 플래카드는 분명 슬픈 운명을 다채롭고 즐겁게 보이도록 하는 깃발이긴 하지만, 삶이라는 큰 물줄기에 합류하는 것을 뜻할 수도 있다. 이런 합류는 어려움에 처해 있는 개인에게는 무한한 행복이 된다.

1892년, 레프 톨스토이가 63세 때 러시아 제국의 일부 지방에 끔찍한 대기근이 발생했다. 톨스토이는 현지로 달려가, 공공 급식소를 차리고 의연금을 모으고 자원봉사자들을 모집하고 유럽 여러 나라와 미국에 지원을 호소했다. 그는 246개의 급식소를 만들어 매일 13,000명에게 식사를 제공했고, 124개의 특별 급식소에서 매일 3,000명의 아이들에게 식사를 제공했다. 그는 구조 위원회의 책임자로서 이런 일을 한 것이 아니라, 개척자로서 기쁜 마음으로 재난 지역의 구조 활동을 이끌었다.

일이 늘어나 너무도 바빴던 당시에 그는 이 구조 활동을 한 시절이야말로 가장 행복했다고 말했다. 생산에 종사하는 사람들은 생산의 기쁨에 대해서는 누구보다도 잘 알기 마련이다. 이러한 생산의 기쁨을 톨스토이는 무엇보다도 남을 돕는 일에서 - 이제 막 글을 배우는 아이들을 가르치는 일이든 굶주린 농민들의 배를 채워주는 일이든 - 발견한 것처럼 보인다. 그는 자신에게 맡겨진 가정이라는 작은 울타리에 둘러싸여 인류를 잊어버리고 있었지만, 아직은 인류의 삶과 단절되지 않았다. 그는 인류의 삶을 피부로 느낄 때마다 커다란 쾌감을 느꼈다. 아마도 그는 당대의 교양인이라면 사용하지 않았을 '인류'라는 말을 단순히 닳고 닳은 종種 개념 이상으로 생각한 몇 안 되는 사람 중 하나였을 것이다. 그는 아무나 입에 담을 수 없는 다음과 같은 말을 조금씩 바꿔가며 기회 있을 때마다 반복했다. "영원히 행복하기 위해서는 남을 위해 살아가야 한다." 그러나 앞의 말을 잘라버리고 단지 "남을 위해 살아가야 한다"고 말하면 완전히 다른 뜻이 된다.

톨스토이는 규율을 통해 나쁜 질서를 바로잡는 이데올로기적인 군기 반장이 아니었다. 그가 바란 것은 개인이 자신을 희생하는 일이 아니라, 행복에 도달하는 일이었다. 그리고 그는 이러한 행복을 - 그 이전의 스피노자처럼 - 자신을 확대해가는 과정에서, 다시 말해 레프와 다른 레프, 이반과 표트르 사이의 벽을 모두 허무는 과정에서 발견한 것이다. 그는 이를 다음과 같은 비유로 표현한 적이 있다. "삶에서 진정한 행복에 도달하는 가장 좋은 길은, 너에게서 벗어나 거미처럼 눈치를 보지 않고 사방팔방으로 뻗어가는 것이다. 사랑의 실로 튼튼한 망을 짜서 네가 만나는 모든 것을 그 망으로 붙잡는 것이다. 노파든 아이든, 아가

씨든, 경찰관이든 상관없이 말이다."

이와 같은 사랑의 망을 스피노자는 개념이란 실로 짰지만, 소설가 톨스토이는 등장인물로 짰다. 행복을 스피노자는 '신에 대한 지적인 사랑'이라고 불렀지만, 톨스토이는 '사랑의 정신적인 행복'이라고 불렀다. 그러나 두 사람 사이에는 결정적인 차이가 있었는데, 톨스토이의 손을 들어주는 사람이 있을지도 모른다. 스피노자는 개념화된 세계로 자신을 확대해가는 과정에서 자신의 행복을 발견했지만, 톨스토이는 허구의 세계로 자신을 확대하는 과정에서 자신의 행복을 발견하지 못했다. 한동안 그는 소설로 그린 나폴레옹과 러시아의 전쟁에, 그리고 작가의 심금을 울린 수많은 러시아인들의 운명에 완전히 몰입했다. 여기서 레프 톨스토이라는 특별한 존재가 설 자리는 없었다. 그의 삶은 한동안 크게 확대되었지만, 그에게는 작가와 등장인물 사이의 이러한 사랑의 결합만으로는 충분하지 않았다. 허구적인 세계에서는 너무도 좁은 삶의 공간을 넓혀줄 노파 한 사람조차도 붙잡을 수 없었던 것이다. 그래서 그는 허구적인 세계를 현실에서 구현하려 했고, 살아 있는 사람들을 작가의 마음속으로 받아들였다.

그러나 이것도 거미와 같이 사랑하는 톨스토이를 진정으로 행복하게 해주지 못했다. 한동안 이 거미는 마을의 개구쟁이들을 사로잡았다. 또 한동안 이 거미는 마을 전체를 사랑의 망 속으로 끌어들이고 많은 행복을 손에 넣은 착한 사마리아 사람이었다. 하지만 어디까지나 한동안에 불과했다. 이러한 방식으로는 갇혀 있는 독방에서 이 한동안보다 더 오래는 벗어날 수 없었다.

그는 행복에 접근하려고 시도할 때마다 매번 행복으로부터 멀어져 갔다.

톨스토이의 길은 마르크스로도, 바이로이트로도 이어지지 않았다

그는 작중 인물인 나타샤를 묘사하고 실제 학생들을 가르치고, 또 트베리 지방의 굶주림으로 고생하는 사람들을 위해 구제 활동을 하다가 언제나 비좁고 누추한 레프 톨스토이라는 감옥으로 되돌아왔다. 그리고 이곳에서 몹시 불행했다.

왜냐하면 이곳에서 그는 다시 영주였고 야스나야 폴랴나 지구의 경찰서장이었기 때문이다. 아울러 그는 병아리를 심하게 질투하며 지켜보고 있는 암탉의 남편이었고, 결국은 원치 않았지만 알렉산드르 2세와 알렉산드르 3세 그리고 니콜라이 2세를 정점으로 하는 질서의 공범자이기도 했다. 평온하고 즐거운 사람이 되기 위해 이러한 이중생활에 종지부를 찍는 것이 생애의 마지막까지 그의 행복, 그의 이룰 수 없는 행복의 전부였다.

이 행복이라는 말에 '기독교적인'이라는 형용사를 덧붙여도 잘못은 아니지만, 그렇다고 나아지는 것은 없다. 그 자신이 이 '기독교적인'이라는 말에 대해서는 이미 1855년 4월 4일의 일기에서 다음과 같이 명확하게 규정했다. "그리스도의 종교는 – 모든 도그마나 신비스러운 첨가물을 제외한다면 – 내세의 행복을 약속하는 것이 아니라, 현세에서 행복을 실현하는 것이다." 그의 의식에는 '유물론적 복음', 즉 '유물론자 그리스도의 삶'이 맴돌고 있었다. '기독교적인'이라는 말의 이러한 해석은 그의 일생 동안 달라지지 않았다. 그는 거의 40년이 지난 후에도 여전히 '현세의 행복'에 의해 꽃피는 기독교를 다음과 같이 설명했다. "이 세상은 위트도 아니고, 시련의 골짜기도 아니며 더 나은 영원한 세상으로 가는 중간 단계도 아니다. 이 세상은 아름답고 즐겁고 영원한 곳 중의 하나로서, 우리가 우리의 동시대인과 후손을 위해서 더 아름답고 더 즐거운 곳으로 만들 수 있고 또 만들어야 하는 곳이다." 아우구스티누스로부터 니체와 톨스토이에 이르는 기독교적인 쾌락주의, 이 지상의 천국, 현세에서 꽃피는 내세 (하지만 천국과 내세를 너무 가볍게 여겨서는 안 된다), 이런 현세에서의 초월이야말로 아마 우리가 생각할 수 있는 행복의 마지막 모습일 것이다.

톨스토이는 이러한 쾌락주의적인 그리스도를 본받아 살고, 또 모범을 보이며 살고자 했다. 그는 그리스도의 모방자가 되려고 했고, '행복한 그리스도'의 후계자가 되려고 했다. 즉 그는 자신과 주변 사람들에게 이 즐거운 무정부주의자의 행복을 전염시키려고 했다. 톨스토이는 자신의 모범을 책으로 찬양하는 것만으로는 만족하지 않았다. 또 그는 작은 골방에 박혀 있는 고독한 기독교도가 되고 싶지도 않았다. 그는 고독한 행복이란 것을 알지 못했다. 따라서 그는 사람들 속에서 그리스도를 따르고자 했고, 먼저 자신이 행복한 사람이 되어 사람들을 행복한 후계자로 만들고자 했던 것이다.

톨스토이에게 '행복한 그리스도'는 신이 아니었다. 그에게 신의 아들은 에피쿠로스의 신들의 사회와 마찬가지로 낯선 존재였다. 아담의 타락이나 삼위일체나 구원은 그에게 아무런 의미도 없었다. 또 이 '행복한 그리스도'는 순교자도 아니었고, 당시 등장하기 시작했던 열렬한 계급투쟁의 투사도 아니었다. 그가 좋아한 모범은 산상수훈을 설교했을 뿐만 아니라 자명하게 받아들여 생활화한 온화하고 쾌활하며 품위 있는 방랑자였다. 레프 톨스토이는 확신에 차서 "원수를 사랑하라"고 설교했지만, 자신의 농부가 산더미 같이 쌓여 있는 그의 장작더미에서 약간의 장작을 훔쳤다는 이유로 감옥에 보내는 데 반대하지 않았다. 그와 그의 '행복한 그리스도'의 조용한 행복 사이의 간격을 뛰어넘을 힘은 1900년의 무기력한 그리스도에게는 없었다. 하지만 이와 같이 뛰어넘지 못하는 한계를 오히려 독자를 매료시키는 작가로서의 재능보다도 더 높이 평가하는 사람이 있을지도 모른다.

그는 말없이 평온하게 하루 일을 하다가, 말없이 평온하게 죽음을 맞이하는 러시아 농민을 찬양했다. 그는 트베리 지방의 어떤 농부를 찬양한 적이 있는데, 이 농부는 지저분하고 색이 바란 성긴 수염을 기르고 기름기 밴 양가죽 검정 상의를 입고 있었다. 이 농부는 톨스토이와 비슷한 생각을 가지고 있었고 또 실제로 그 생각대로 살고 있었다. 이 신타예프가※의 사람들은 톨스토이의 마음을 기쁘게 했지만, 그 이상으로 슬픔을 안겨주기도 했다. 왜 그는 어떻게 하면 행복해질 수 있는지를 잘 알고 있는데도 이렇게 행복에서 멀어지는 일을 고집했을까?

그는 벗어나려고 시도했다. 수십 년 동안에 걸쳐 벗어나려고 시도한 것이다. 때때로 그는 어처구니없을 만큼 우스꽝스럽게 보였다. 그러나 돈키호테처럼 우스꽝스러운 꼴은 아니었다. 다시 말해 톨스토이는 과거에 산 것이 아니라, 너무 앞서서 살았을 뿐이다. 결국 그는 벌어진 간격을 만회할 수 없었던 것이다. 그의 우스꽝스러운 꼴은 그리스도가 되기 위해서는 이 고통스러운 짐이 꼭 필요했는데도, 용병들로부터 십자가의 짐을 받을 수 없었던 그리스도의 우스꽝스러움이었다.

톨스토이는 무척 노력했지만, 자신의 십자가에 도달할 수는 없었다. 그는 당국에 복종을 거부했고, 배심원으로 정의롭지 못한 체제의 '법'에 가담하는 것을 거부했다. 그는 병역에 반대하도록 호소한 자신의 선전문을 배포한 사람들을 체포한 법무장관과 내무장관에게 다음과 같이 외치며 자수했다. "선전문을 쓴 내가 배포한 사람들보다 더 죄가 많다.

그러니 나를 체포하라! 나를 잡아가라! 나를 구속하라!" 그러나 그는 구속당하지 않았다.

만일 결과를 예상했더라면, 빌라도라도 더 조심했을 것이다. 차르는 예상했다. 그는 역사적인 의미가 중요시되는 세기에 아무런 생각 없이 살지 않았다. 그는 세계적으로 유명한 작가를 세계적으로 유명한 순교자로 만들기에는 너무나도 앞을 내다보고 있었다. 그는 자신도 모르게 행복의 탐구자 레프 톨스토이의 가장 성공적인 적이 되었다. 차르는 그의 행복을, 다시 말해 그의 동경과 그의 운명이 조화를 이루는 것을 방해했다. 그리스도도 최후에 피를 흘리지 않았더라면 이와 같이 동경과 운명이 행복하게 조화를 이루었을 것이다. 톨스토이는 십자가 없이 행복하기에는 너무도 무기력했다. 끝내 그에게 십자가는 주어지지 않았다.

교회도 처음에는 그를 피했다. 그는 기도를 미신이라고 단언함으로써 교회의 토대를 무너뜨렸다. 그는 사람은 스스로의 힘으로 성취할 수 있는 일을 위해서만 기도해야 한다고 말했다. 그는 동시대인 니체와 비슷하게 다음과 같이 도발적으로 말했다. "나는 '그리스도'라는 이름이 붙은 것은 모두 두려워한다." 교회는 톨스토이라는 이름이 붙은 것은 모두 두려워했다. 결국 교회는 톨스토이를 파문할 수밖에 없었지만 그렇다고 화형에 처하지는 않았다. 오히려 교회는 그의 환심을 사려고 했고, 그의 인생의 마지막 날까지 이 유력한 사람을 교회의 품안으로 끌어들이려고 노력했다. 그렇다고 교회는 그가 원하면서도 혼자 힘으로는 할 수 없었던 일, 즉 집과 영지와 처자식을 버리고 행복한 무정부주의자로서 자유를 누리는 일을 도와줄 수는 없었다.

이렇게 해서 톨스토이는 인생의 절정기에 뛰어난 소설을 쓰는 대신

구두 수선공으로 일했다는 고상하면서도 우스꽝스러운 전설이 탄생한 것이다. 그의 생애에는 희극적인 요소가 많다. 그러나 이러한 희극은 그의 조상인 부처나 그리스도의 단순한 파토스보다도 더 감동적이다. 왜냐하면 우리는 미완성인 존재에게 친밀감을 느끼기 때문이다. 그는 행복해질 수 없었다. 따라서 그는 행복의 모범이 될 수 없었던 것이다.

그러나 모든 사람들의 주목을 받으며 선두에 서서 나아갈 운명을 타고난 차르가 있었다. 만약 차르가 '드높은 왕좌에서' 광대한 러시아 제국과 이보다 더 광대한 인간 세계를 호령하며 본보기를 보여준다면, 얼마나 멋진 일이 되겠는가! 만약 차르가 그리스도의 계율을 지킨다면, 이 또한 얼마나 멋진 일이 되겠는가! 권력자가 정의롭고 행복한 세상을 만들기 위해 자신의 권력을 사용하는 것은 오래된 꿈이었다. 기원전 4세기에 플라톤은 바로 이것을 당시의 시라쿠사의 전제 군주인 디오뉘시오스에게 기대했다. 톨스토이는 이것을 1881년에 차르 알렉산드르 3세에게 기대했다.

1881년 3월 1일에 테러리스트들은 알렉산드르 2세가 타고 있던 마차를 폭파했다. 그는 공포 정치를 펼친 차르는 아니었고, 농노해방을 실시하는 등 개혁 군주의 모습을 보였다. 그러나 그는 황제의 독재권을 포기하지 않았는데, 반대파들은 이를 응징하려고 했다. 이러한 시도는 결코 성공하지 못했다. 테러에 가담한 여섯 명이 체포되었는데 그중 한 명은 여자였다. 그들은 사형선고를 받았다.

톨스토이는 테러에 강하게 반대했다. 또 그는 6명의 범인들을 교수형에 처하는 합법적인 테러에 대해서도 마찬가지로 강하게 반대했다. 그는 형 집행에 반대했을 뿐만 아니라 자신도 이에 대해 공동책임이 있다고 느꼈다. 그는 사형 집행을 제지할 의무가 있다고 생각했다. 그래서 그는 새 차르에게 편지를 보냈다.

초안만 남아 있는 이 편지는 다음과 같이 시작한다. "보잘것없고 아무런 자격도 없으며, 약하고 가엾은 인간인 저는 황제 폐하에게 청원서를 보내 매우 복잡하고 곤란한 이 상황에서 폐하께서 어떻게 대처해야 하는지를 감히 조언드리고자 합니다. …" 그러고는 톨스토이는 알렉산드르 3세에게 아주 단순하고 전혀 새롭지 않은 '원수를 사랑하라'는 조언을 했다. 그리고 그는 적어도 이 조언에 결코 반박할 수 없는 논거를 제시할 수 있었다. "이 밖에 적에 대처하는 두 가지 방법이 있습니다. 하나는 양보이고, 다른 하나는 가차 없는 탄압입니다. 그러나 이는 어느 것이나 합당한 방법이 아닐 것입니다. 따라서 그리스도가 말한 대로 용서할 도리밖에 없습니다."

"황제 폐하! 폐하께서 사형수를 불러 돈을 주어 미국으로 보내시고, '원수를 사랑하라'는 말로 시작되는 칙서를 천하에 공포하신다면 … 황제 폐하! 다른 사람들은 이를 어떻게 받아들일지 알 수 없습니다만, 가엾은 신하인 저는 폐하의 충견이며, 폐하의 노예가 될 것입니다. 그렇게 해주신다면, 저는 폐하의 자비에 눈물을 흘릴 것입니다. 현재도 폐하의 존함을 들을 때마다 눈물을 흘리지만, 앞으로도 매번 눈물을 금할 수 없을 것입니다. 그러나 말씀드린 바와 같이 다른 사람들이 어떤 반응을 보일지는 알 수 없습니다만, 자비와 사랑이 러시아 전역에 강물처럼 흘러넘치리라는 것을 저는 확신하고 있습니다. …" 차르는 '원수를 사랑하라'는 말은 하지 않고, 자신의 아버지를 죽인 자들을 교수형에 처하고, 1905년의 러일전쟁, 1914년의 세계대전, 그리고 1917년에는 왕가의 멸망으로 이어지는 길을 계속 걸어갔다.

요컨대 톨스토이는 스스로 그리스도가 될 수 없었고, 또 그리스도들을 만들어낼 수도 없었다. 그러나 그는 국가와 교회에 대립하면서도 결코 폭력을 행사하는 진영에 가담하는 일은 없었다. 폭력을 통해 '행복한 사회'를 이룰 수는 없는 것이다!

그는 자신이 사회주의자나 마르크스주의자와 공통점이 얼마나 많은지를 인정했다. 예를 들어 그는 마르크스처럼 국가가 소멸하기를 바라고 있었다. 또 그는 "사회주의는 무의식적인 기독교이다"라고 말하기도 했다. 그는 기독교의 탄생이나 사회주의의 탄생이 모두 행복에 대한 의지에서 비롯된 것이라는 사실을 알고 있는 사람 중의 하나였다.

그러나 그는 프롤레타리아 독재는 전혀 좋아하지 않았다. 그는 독재라면 어떠한 것이든 모두 부당하게 여기며 거부했다. 그리고 그는 마르크스주의에 대해 다음과 같이 예견했다. "마르크스의 예언이 실현되더라도 전제 정치의 계속이라는 결과를 초래할 뿐일 것이다. 그때에는 현재 자본가들이 노동자들을 지배하는 것처럼, 지도자들이 노동자 계급을 지배할 것이다." 그리고 1898년의 일기에는 다음과 같이 썼다. "사회주의자가 개인적인 자질의 불평등으로 인해 생기는 가난과 불의를 근절할 수는 없을 것이다."

그는 '행복한 사회'를 계획하거나 조직하는 일을 믿지 않았다. 그가 믿은 것은 개인의 조용한 혁명이었다. 어떠한 맹세도 하지 말라! 세금을 내지 말라! 병역을 거부하라! 박해를 받더라도 저항을 하지 말라! 모두 악과 단절하라. 당파를 만들지 말라! 그는 무정부주의자 그리스도를 모방함으로써만이 '행복한 사회'가 탄생할 수 있다고 생각했다. 그 자신은 이러한 모방을 할 힘이 없었지만, 그렇다고 폭력을 휘두르는 관리 체제에서 행복을 기대하는 것과 같은 잘못된 길로 빠져들지도 않았다.

그는 강제로 낙원을 건설하려는 사람들과 극심한 논쟁을 벌였다. 그 중 한 사람인 시베리아로 유배된 혁명가 문차노프는 톨스토이에게 다음과 같이 말했다. "레프 니콜라예비치, 나를 바꾸기는 어려울 겁니다. 이 사회주의는 나의 신앙이며 나의 신입니다. 당신이 우리와 같은 것을 지향하고 있다는 사실은 의심할 여지가 없습니다. 그러나 당신의 전술은 사랑이고, 우리의 전술은 당신의 말씀처럼 폭력을 사용하는 것입니다." 세월이 흘러 이 편지를 주고받은 지 37년 후, 사랑의 전술도 폭력의 전술도 실패를 맛볼 수밖에 없었다. 그런데 산상수훈에 따라 살라는 톨스토이의 호소에 대한 가장 강력한 반론은, 그 자신이 동시대인들 중에서는 가장 은총 받은 입장에 있으면서도 이를 실행하지 못했다는 사실이다.

그렇다면 행복에 이르는 기회를 가졌던 사람은 누구인가?

톨스토이는 프롤레타리아 독재와 마찬가지로 당시 유례가 없을 정도로 각광을 받았던 또 다른 행복에 이르는 길까지도 거부했다. 그것은 아름다운 가상假象의 독재였다. 수백만 명의 독자를 행복하게 해준 19세기의 가장 위대한 소설가가 스스로는 아름다운 가상으로 이루어진 넓은 세계에서 행복하지 못했다는 사실, 그뿐 아니라 그가 이 아름다운 가상이 자신에게는 구원이 되지 않기 때문에 이 가상을 추한 기만이라고 노골적으로 증오했다는 사실은 아마 그의 행복의 역사에서 가장 흥미로운 특징일 것이다. 톨스토이는 자신의 의지와는 다르게 예술가가 된 사람이었을 뿐만 아니라, 우리 시대에서 '예술가라는 존재'에 대해 가장 큰 적대감을 느낀 사람이었다.

실용성을 앞세우는 사람들은 톨스토이가 '무엇을 해야 하는가?'라는 문제에 몰두하지 않았더라면, 훌륭한 소설을 더 많이 쓸 수 있었을 것이라고 탄식하며 말한다. 이들의 판단이 옳을 수도 있다. 누구나 자신이 가장 잘 할 수 있는 일을 완수해야 한다는 말이 옳다면 말이다. 그런데 톨스토이는 탁월한 소설가였으나 시대 문제를 분석하는 데 있어서는 매우 취약했다. 실용성을 앞세우는 사람들은 살아 있는 존재에 대해서는 무관심하고 오직 멋진 상품에 대해서만 관심을 가지기 때문에 톨스토이의 동경과 행복 그리고 구원의 문제에 대해서는 전혀 알지 못한다. 이들은 안다고 할지라도 이러한 이른바 개인적인 일들을 상품 생산에 방해되는 요소로 여길 것이다. 그러나 톨스토이는 자신의 위대한 예술 작품에 기쁨을 느끼지 못했다. 그의 작품이 그의 요구를 만족시키지 못했기 때문이다.

그의 인생에는 다음과 같은 요구를 내세운 시기가 있었다. "예술가의 목표는 어떤 문제를 반론의 여지없이 해결하는 것이 아니라, 사람들로 하여금 삶을 드러나는 모습대로 모두 사랑하도록 촉구하는 것이다." 당시에 그는 사회 문제에 대한 자신의 입장을 밝히기 위해서라면, 비록 자신이 해결할 수 없는 경우라도 소설 한 편에 두 시간도 사용하지 않을 것이며, 이와 반대로 지금은 어린아이이지만 20년 후에는 어른이 될 사람들을 위해 웃음과 눈물과 삶에 대한 사랑을 불러일으킬 수 있는 소설을 쓰기 위해서라면, 자신의 생명과 힘을 모두 바칠 것이라고 선언했다. 그는 이렇게 행복한 사랑에 빠진 적도 있었다. 이처럼 그는 행복을 묘사하면서 자신의 행복을 발견한 적도 있었던 것이다.

19세기 후반에 아름다운 가상을 통해 행복에 이르는 길을 실제로 끝까지 걸어간 예술가가 있었다. 그는 리하르트 바그너였다. 그도 톨스토이와 마찬가지로 스쳐 지나가는 사람을 불과 몇 시간 동안 행복한 환상의 세계로 도피시키는 것만으로는 충분치 않다는 것을 알고 있었다.

그러나 그렇다고 해서 그는 예술가의 사명을 포기하지 않았다. 그는 정반대의 방향으로 나아갔다. 즉 결코 아름다운 현실이라고 말할 수 없는 비스마르크 제국의 한가운데에 아주 과격한 아름다운 가상의 독재를 세운 것이다. 독일에서, 더 정확하게는 바이에른 지방에서, 조금 더 정확하게는 바이로이트에서 아름다운 가상은 완전히 이 세상에 실현되었다. 바이로이트는 바그너의 작품을 상연하기에는 특별히 좋은 장소는 아니었지만, 병영과 공장이 들어선 사막 속의 행복한 오아시스였다. 바그너는 분업이라는 범주로 말하자면 분명 음악가이고 시인이며 철학자이고 사회개혁가이며, 그 밖에도 여러 역할을 했다. 그러나 이 모든 것은 그가 맡은 역할 중의 하나일 뿐이다. 무엇보다도 그는 '행복한 사회'의 창시자였다. 바이로이트는 또 다른 뉴하모니, 다른 수단과 다른 구원 체제를 갖춘 뉴하모니였다. 뉴하모니의 구원 체제는 헌법이었으나 바이로이트의 구원 체제는 종합예술작품이었다. 이 둘의 공통점은 둘 다 일찍 파탄을 맞이했을 뿐만 아니라, 일상을 배제하려고 했던 것이다.

그런데 바이로이트는 그렇게 급진적이지 않았다. 이념적으로도 그랬다. 바이로이트는 불행이라는 바다에 둘러싸인 행복의 섬 이상의 것이 되기를 요구하지 않았지만, 그래도 유토피아 이상의 것이기는 했다. 바이로이트는 실제로 지도상에 존재했다. 바이로이트라고 불리는 지도상의 조그만 점에서 아름다운 가상이 현란한 색깔로 참을 수 없는 잿빛 일상을 감추었고, 거역할 수 없을 정도로 당당한 조화를 뽐내며 일상의 단조로운 부조화를 압도했다. 바이로이트는 이념상으로는 매우 관능적인 수도원이었는데, 이 수도원은 폭력적인 예술가가 자신의 예술을 무기로 현실이라는 낯선 제국으로 밀고 들어가, 공략하기가 매우 쉬운 황무지에 세운 것이었다. 삶을 물놀이나 이와 유사한 놀이로 아름답게 장식한 르네상스의 예술 행사는 바이로이트와 비교한다면 순진한 사교계의 유희에 불과했다. 이러한 예술 행사는 결코 현실의 삶을 부정하는 것이 아니라, 오히려 화려하게 장식했다.

바이로이트는 독재적인 시인이 시를 통해 시간과 공간의 현실성을 배제하려한 시도였다. 하지만 이 과감하기 이를 데 없는 시도는 결국 인간은 오페라에서건 신화에서건 또 신화적인 오페라에서건 그 속에 갇혀 행복할 수는 없다는 사실을 보여주었다. 인간은 정신적인 창작물에 안주해 현실의 불행을 차단할 수는 없는 것이다. 이러한 창작물이 모든 예술 요소를 다 동원한다고 할지라도 결과는 마찬가지이다. 비스마르크의 제국은 바그너의 '종합예술작품'보다 더 강력했다. 게다가 소란하고 다채로우며 재기발랄한 그의 작품은 대개 겉으로는 화려하지만 실상은 제국의 반영에 지나지 않았다. 지크프리트는 황금과의 투쟁에서 패배했다. 왜냐하면 매우 도발적이긴 했지만 그 자신이 황금의 아들이었기 때문이다. 심미적이고 철학적인 구원은 비행기를 타고 비상하는 것과 같다. 즉 그래도 법칙을 지배하는 것은 지상이기 때문에 언젠가는 지상으로 돌아올 수밖에 없는 것이다.

톨스토이의 길은 바이로이트로, 즉 아름다운 가상의 독재로 이어지지는 않았다. 그는 바이로이트에 반대하는 산 증인이자 최대의 적이었다. 그는 아름다운 가상을 부유한 한량들을 위한 오락이라고 비난했다. 그는 위대한 작품을 쓰기 훨씬 전에 다음과 같이 말했다. "예술은 거짓이다. 나는 더 이상 거짓 속에서 살아갈 수가 없다." 그리고 『안나 카레니나』를 집필할 때는 "허구적인 인물로 골머리를 앓기 위해 살아 있는 인간을 멀리 할 수는 없다"라고 말한 적이 있었다. 바그너는 지크프리트나 파르치팔을 내세워 독일의 속물들을 은폐했지만, 톨스토이는 쿠투조프 장군이나 마리야 공주나 신비적인 프리메이슨 회원 피예르보다도 이웃의 개구쟁이들을 더 중시했다. 그는 자신이 쓴 최고의 작품조차도 『햄릿』이나 베토벤의 「교향곡 제9번」과 마찬가지로 나쁜 예술이고 무위도식꾼들의 욕망을 자극하는 작품일 뿐이라고 경멸했다.

이미 동시대인들이 이러한 판단을 방관하고 있을 수 없어서 『전쟁과 평화』를 쓴 존경스러운 작가를 열렬히 옹호하고 나섰고, 우상 파괴자를 자처한 '구두 수선공' 톨스토이에게 항의했다. 선두에 선 사람은 투르게네프였다. 그는 1883년 6월에 죽음을 앞두고 병상에서 톨스토이에게 마지막 편지를 썼다. "톨스토이여, 나는 건강을 되찾을 수가 없을 것 같네. 이런 소리를 한다 해서 무슨 의미가 있겠나. ⋯ 나는 누구보다도 당신에게 편지를 쓰고 있다네. 내가 당신과 동시대인이 되어 얼마나 행복한지를 전하고 싶다네. 그러나 당신에게 이런 편지를 쓰는 것은 진심어린 내 마지막 부탁을 하기 위해서라네. 친구여, 제발 문학으로 되돌아와 주게나! 당신의 타고난 재능은 만인을 위해서 부여받은 것이라네. 아, 내 소원을 들어준다면 나는 얼마나 행복하겠는가."

투르게네프의 소원은 이루어지지 않았다. 톨스토이는 자신의 예술가 재능을 경탄하는 사람들을 옛날의 프랑스 창녀를 경탄한 사람들과 비교했다. 이들이 원하는 것은 언제나 다음과 같다고 여기면서 말이다. "아, 당신의 노래는 정말 멋지고, 치마를 걷어 올리는 솜씨도 정말 기막히다네!" 그는 소설 집필과는 다른 고민이 있었는데, 소설 집필로 이 고민을 해결할 수 없었던 것이다.

예술은, 그의 강력한 예술도 마찬가지로 그의 고민에 대해서는 무기력했다. 톨스토이는 바그너가 비밀로 하려고 했던 것을 시인했다. "피비린내 나는 잿빛 세계는 쇼펜하우어의 철학에 의해 해체되어 조화가 넘치는 폭포수 속으로 휩쓸려 사라지기에는 너무도 견고하다." 톨스토이는 예술을, 자신의 강력한 예술도 마찬가지로 증오했다. 예술이 예술가와 예술을 찬양하는 자들로 하여금 절실한 일로부터 눈을 돌리게 한다는 것이 그 이유였다.

친구여! 문학으로 되돌아오라! 이렇게 호소한 지 두 달 후에 투르게네프는 세상을 떠났다. 톨스토이는 그 후 30년 동안 가끔 펜을 들기는 했지만 투르게네프가 말하는 문학으로는 되돌아가지 않았다.

이 30년 동안 그는 '행복한 무정부주의자'가 산상수훈에서 설교한 편안한 행복을 추구하려고 노력했다. 불행한 제자는 스승이 누린 행복을 얻지 못하고 결국 영원히 '푸른 지팡이' 곁에서 잠들었다. 이곳이 그에게 허락된 행복에 제일 가까운 장소였던 것이다. 그의 동시대인들 중 한 사람은 유서에 다음과 같이 장엄하게 썼다. "톨스토이는 나를 행복하게 해주었다." 우리에게 행복을 주고 떠난 위대한 사람들은 모두 행복하게 보이지 않는다. 그런데 어떻게 이들은 영향력을 가지게 된 것일까? 근심으로 주름진 얼굴을 보면 이러한 영향력을 가진다는 게 전혀 믿어지지 않는데도 말이다. 심지어 행복을 베푼 위대한 사람들이 그들을 따르던 사람들에게 엄청난 불행을 안겨준 경우도 종종 있었다. 차르와 그의 경찰은 러시아의 구세주에게 감히 접근하려고 하지 않은 대신, 그를 추종하는 사람들을 표적으로 삼았다. 톨스토이가 옥중에 있는 추종자들에게 "그대들이 아니라 내가 투옥되었더라면 나는 행복했을 것이다"라고 편지를 보낸 것도 아무런 소용이 없었다. 그들은 젊은 나이로 목숨을 잃었고, 톨스토이는 자신의 영지에서 아주 오랫동안 살았다.

그런데 그는 어떻게 그들을 행복하게 했는가? 불행한 톨스토이는

푸른 지팡이가 묻힌 곳에 마련된 톨스토이의 무덤

© A. Savin, Wikipedia

희망이 없는 자들에게 '행복을 바라는 인간의 힘은 아직 고갈되지 않았다'는 복음을 전했다. 톨스토이는 자신을 추종하는 자들에게 행복한 삶에의 용기를 주었다.

물론 용기 이상의 것이 필요하다. 행복한 삶을 살 수 있는 '능력'이 있어야 한다. 만인이 열망하는 행복한 삶을 사는 기술을 염두에 둔다면, 행복을 예측한 지금까지의 모든 사상과 행복을 선취한 모든 실험은 겨우 첫 번째 초안일 뿐이다.

12장

에피쿠로스의 친구와 적

첫 번째 적 – 행복의 소극적인 성격에 관한 이론

불행을 창조하는 행복한 사람들

불행이 전면에 부각되는 것처럼 보이는 곳, 즉 행복이 무시되고 과소평가되고 경시되고 경멸받는 곳에서도 행복에 대한 근심은 여전히 존재한다. 아마도 행복에 대한 근심이 존재한다는 비밀에 가장 정통한 증인은 행복에 대해 냉담하거나 적대적인 입장을 가진 아리스토텔레스에서 칸트와 헤겔에 이르는 철학자들일 것이다. 이들은 마지못해 행복을 인정하거나, 그렇지 않을 경우 가장 강력한 적들을 불러들였다.

이 책에서는 이미 불행에 대해서도 여러 차례 언급이 있었다. 행복은 불행을 이겨내더라도 항상 불행의 독특한 여운을 지니고 있다.

'불행'은 각기 특별한 이름을 가진 다양한 불행으로 짜인 모자이크는 아니다. 치통에다 실연 그리고 인간 세계의 야만적인 상태에 대한 슬픔까지 합쳐 신화적인 크기로 확대할 수밖에 없다는 강박관념을 느낀 사람들이 '불행'을 창조했다. 그렇다면 이런 강박관념을 느낀 사람은 누구인가?

불행한 사람들 가운데에는 특별히 불행한 사람들, 그리고 특별히 멋지게 한탄할 줄 아는 사람들이 있었다. 이들은 고난을 겪으면서도 이 고난을 토로하는 뛰어난 재능을 지니고 있었다. 이들은 수천 년에 걸친 불행을 한데 모아 감동적인 멜로디로 외쳤다. 이들이야말로 진정한 불행의 창조자였던 것이다. 이들은 자신의 고통과 불안 그리고 동시대의 재난에서 불행을 창조했다. 이들은 게오르크 뷔히너처럼 다음과 같이 말했다. "아무리 작은 고통의 경련이라도 한 원자 속에서 생기면, 머리부터 발끝까지 천지창조에 균열을 일으킨다." 또 이들은 시인 보들레르처럼 "그리스도는 결코 웃은 적이 없다"라고 말했다. 절대로 웃지 않는 그리스도와 셰익스피어의 비극, 그리고 쇼펜하우어의 탐욕스러운 세계 의지가 '불행'을 창조한 것이다. 불행은 신화이며, 많은 나쁜 사건들이 불러일으키는 끔찍한 반응이다.

이 신화적인 불행은 무슨 일을 하는가? 불행한 사람들의 마음을 달래준다. 불행한 사람들은 예를 들어 자신의 불행을 극도로 과장함으로써 마음을 달랬다. 필요 이상으로 큰 신음소리를 내는 것이 도움이 된다. 실제보다 더 크게 고통을 호소하면 고통을 지배하게 되어 실제로 느끼고 있으면서도 지배하지 못하는 약한 고통을 뒷전으로 내몰 수 있는 것이다. ─ 이 때문에 호메로스의 영웅들이 그렇게 큰 소리로 외친 것일까?

불행한 사람들은 현실에서 상상의 세계나 허구의 세계, 즉 가공의 세계로 도피함으로써 마음을 달랜다. 이러한 세계에서는 고통이나 고뇌가 실제보다 더 크다. 그러나 불행한 사람들은 이를 시나 철학의 언어로 표현함으로써 그 압박에서 벗어난다. 고통을 말하면 고통을 침묵할 때보다 고통이 줄어든다. 고통에 빠진 위대한 사람들은 마음의 평온을 얻기 위해 고통을 토로했다.

고통 속에서 침묵할 때,
신은 내가 얼마나 고통을 겪는지 말하도록 해주었다.

고통을 겪는 피조물 괴테는 고통을 표현함으로써 고통을 형상화하는 창조자로 변신했다. 이와 같은 방식으로 미켈란젤로도 자유를 얻었을 뿐만 아니라 행복해졌다. 그는 다음과 같이 고백했다.

나는 죽음을 먹고 산다. 내가 올바르게 이해했다면,
나는 내 불행을 통해 행복하게 살고 있는 것이다.

불행한 사람들은 사상가가 됨으로써 자신의 마음을 달래기도 했다. 이들은 고통과 고뇌를 성찰함으로써 고통받는 사람에서 성찰하는 사람으로, 즉 불행을 성찰하는 사람으로 변신한 것이다. 불행을 독자적으로 해명하는 것보다도 적당한 거리를 둔 성찰 속에서 평온을 얻는 경우가 많았다. 토마스 아퀴나스의 말에 따르면 행복한 사람은, 다시 말해 불행으로부터 구원된 사람은 기독교도가 아니라 신학자이다.

신을 인식하는 것은 모든 지적인 존재의 목표이다.
그런데 인간과 모든 지적인 존재의 목표는

행복이나 지복이라고 불린다.

따라서 모든 지적인 존재의 최고 지복과 최고 행복은

신을 인식하는 일이다.

인식은 비참한 피조물을 고통으로 가득 찬 피조물의 세계에서 해방시키는 위대한 방법 중의 하나이다. 인식은 효과적인 부적符籍인 것이다. 쇼펜하우어는 이러한 사실을 아주 일찍부터 알고 있었다. 불행한 쇼펜하우어는 젊은 시절에 노시인 빌란트와 대화하면서 다음과 같이 말했다. "삶은 골치 아픈 문제입니다. 저는 인생에 대해 성찰하며 살기로 결심했습니다." 그는 성찰을 거듭 했고, 나이가 들어갈수록 점점 더 행복해졌다. 그는 72세 때 100세까지 살기를 바랐다. 성찰은 불행이라는 화살을 막는 쓸모 있는 갑옷이라는 사실이 분명해졌다.

요컨대 '불행'은 시적이고 철학적인 신화로서 세상에 나타난 것이다. 이 신화는 현실의 불행을 실제보다 크게 과장함으로써 불행의 힘을 약화시켜 왔다. 기념비적으로 부풀려진 모사물이 이보다 작은 실물의 힘을 빼앗은 것이다. 그리고 무엇보다도 불행에 도전하는 과격한 십자군 기사들이 있었다. 이들은 복수형, 즉 여러 가지 불행이라는 표현을 사용할 줄 몰랐다. 그도 그럴 것이 불행은 원초적 동인, 원초적 사건, 혹은 원초적 인물이라는 형태로 파악되지 않으면 결정적인 타격을 가할 수 없기 때문이다. 따라서 그들은 즐겨 원형을, 즉 모든 악의 근원을 탐구했다. 악은 시간의 흐름 속에서 언젠가 시작되었을 것임에 틀림없다. 왜냐하면 영원한 것이 아닌 경우에만 파괴할 수 있기 때문이다. 부처는 불행의 근원을 묻는 이 질문에 '현자의 고귀한 침묵'으로 대답했다. 또 우파니샤드도 아주 조심스럽게 "이전에 존재했던 것에서 욕망이 싹텄다"라고 표현했다. 후세의 제자 쇼펜하우어는 다음과 같이 말했다. "우리는 우리의 삶을 무無라는 축복받은 안정된 상태를 쓸데없이 방해하는 조그만 에피소드로 파악할 수 있다."

유대교적이고 그리스적이며 기독교적인 세계는 불행의 유래를 그렇게 조심스럽게 설명하지 않고, 뱀이나 판도라의 상자 그리고 악마라는 표현을 통해 입체적으로 설명했다. 성서의 원죄 이야기는 원래 '불행'이 언제 어디서 어떻게 시작되었는지를 전해준다. 즉 낙원에는 불행을 키운 세 가지 근원이 있었다. 하나는 식물계(지혜의 나무)이고, 다른 하나는 동물계(뱀)이며, 그리고 또 하나는 인간계(아담과 이브)이다. 다시 말해, 불행의 근원은 모두 생명의 영역에 있는 것이다. 이 세 가지가 상호 작용해 세계가 탄생했는데, 이 세계에서 여자는 산고産苦를 겪으며 남편에 의존해 살게 되었다. 그리고 남자는 고생하지 않으면 빵을 얻을 수 없다. 불행에 도전하는 과격한 십자군 기사들이 항상 염두에 두고 있는 관념은 일찍이 우주에서 모든 불행의 원천이 되는 끔찍한 사건이 일어났다고 하는 것이다. 이는 불행의 형이상학자들이 신봉하는 일신교이다. 여기서는 하나의 악마와 하나의 신이 짝을 이루어 중요한 기능을 수행한다.

불행의 탄생에 대한 성찰의 배후에는 목적이 아주 분명한 의지가 숨어 있었다. 내가 전염병을 치료하거나 학교를 개혁하는 일에 만족하지 못한다면, 내가 세계의 불행에 두려움을 느껴 이러한 불행을 하나도 남김없이 제거하려고 결심한다면 나는 그 불행의 공통분모를, 즉 예를 들어 인격체로는 악마라는 공통분모를, 개념으로는 욕망이라는 공통분모를 찾아야만 할 것이다. 단지 불행에 머리가 하나만 있을 경우에만 나는 결정적으로 명중시킬 수 있다. 불행이 히드라라면 이길 수 없는 것이다. 그런데 이 불행의 머리는 이미 여러 가지 이름을 가지고 있었다. 예를 들어 페르시아의 악의 신인 '아리만'이나 '이성', '무지', 또는 '유물론', '계급투쟁' 등이 그것이다. 과격하고 철저한 십자군 기사들은 이러한 모든 것을 망라해 불행의 다신교를 불행의 일신교로 바꾸고, 불행을 조작 가능한 것으로 만들려고 시도했다. 그들은 불행에 치명적인 일격을 가하기 위해 확실하고 한정된 목표를 찾았던 것이다.

그러나 그들은 불행의 신화와 함께 행복까지도 어둠에 휩싸이게 했다. 이러한 '암흑화'가 이 장章의 주제이다.

행복의 소극적인 성질에 관한 이론

행복과 불행의 관계는 특히 매우 유명해진 두 이론에 의해 분석되었다.

하나의 이론은 '행복Glück'과 '비非행복Un-Glück'이라고 표현하는 언어 속에 남아 있다. 즉 행복은 적극적인 것이고, 비행복은 소극적인 것이다. 비행복은 행복과 관련해서만 의미가 있다. 행복은 자명한 것이지만, 불행의 존재는 설명을 필요로 한다. 천지창조의 이야기에서 에덴동산은 자세하게 설명되어 있지 않지만, 원죄는 그렇지 않다. 행복은 행복이고, 비행복은 부재不在이며 방해와 박탈인 것이다. 이것이 하나의 이론이다. 이것은 언어 자체가 은밀하게 암시를 주는 소박한 이론이라고 말할 수 있을 것이다.

또 하나의 이론은 비행복을 중심에 놓고, 행복은 이차적인 것으로서 비행복으로부터 이끌어내려고 한다. 행복은 이를테면 – 언어적으로 평행을 유지하려고 하면 – 비불행Un-Unglück이다. 이 이론이 생긴 유래는 사소한 일이었다. 플라톤이 전한 바에 따르면, 소크라테스는 생애의 마지막 날에 매우 놀라운 경험을 했다. 간수가 그의 발을 묶은 쇠사슬을 풀어주자, 그는 일어나서 쇠사슬이 깊이 파고들어간 다리를 문질렀다. 그때 그는 대단한 쾌감을 느끼고는 다음과 같이 말했다. '고통과 쾌락은 얼마나 기묘하게 결부되어 있는가. 고통은 쾌락의 반대라고 말하지만, 쇠사슬이 풀린 지금 나는 쾌락은 고통의 소멸로부터 생기는 것이라고 느낀다.' 소크라테스의 이 체험에는 위대한 미래가 있었다.

톨스토이의 『전쟁과 평화』에서 주인공인 부유한 러시아 귀족 피예르는 프랑스군의 포로가 되었다. "이제야 비로소 피예르는 먹고 싶을 때 먹고, 마시고 싶을 때 마시고, 자고 싶을 때 자고, 추울 때 따뜻하게 있고, 말을 하고 싶거나 사람의 목소리가 듣고 싶을 때 누군가와 이야기하는 기쁨의 가치를 사무치게 느꼈다. 욕구의 충족, 즉 좋은 음식, 청결, 자유 등은 이 모든 것을 완전히 박탈당한 지금의 그에게는 완전한 행복으로 여겨졌다."

결핍으로부터의 해방이 완전한 행복이다. 이것은 이미 소크라테스를 뛰어넘고 있다. 톨스토이가 이 글을 쓸 무렵 쇼펜하우어는 이미 불행의 형이상학을 완성했다. 『소품과 부록』에서 쇼펜하우어는 다음과 같이 말한다. "우리는 몸 전체의 건강은 느끼지 못하고 신발이 작아서 꼭 끼는 것 같은 작은 부위의 고통만 느낀다. 그처럼 우리는 모든 일이 무척 잘되어 가는 것은 생각하지 않으면서 우리를 성가시게 하는 하찮고 자질구레한 일만 생각한다. 그 이유는 내가 자주 강조하듯이 고통이 적극적인 성질을 띠는 것과 달리 쾌감과 행복은 소극적인 성질을 띠기 때문이다." 이처럼 쇼펜하우어는 삶의 행복을 '삶의 즐거움과 향락'이 아니라 '적극적인 성질을 띤 고통의 부재'에서 찾고 있는 것이다.

쇼펜하우어

그의 이전과 이후에 많은 상처 받은 사람들이 삶을 이와 같이 생각했다. 행복의 정점이란 무엇인가? 무수한 부정을 합친 것이다. 즉 전쟁이 없는 것, 내전이 없는 것, 암이 없는 것, 실업이 없는 것 등이다. 에피쿠로스의 친구들은 '쾌감과 행복이 소극적인 성질을 띤다'는 이론, 즉 자신들의 앞길을 가로막는 최대의 장애물을 어떻게 극복했는가?

19세기의 에피쿠로스의 친구들은 이 이론을 생물학적으로 또 사회학적으로 논파하려고 했다. 불행만을 보고 행복은 보지 않는 이론, 즉 행복을 적대시하는 이론은 항상 약자와 병자와 노인과 추한 자와 실패자와 좌절한 자를 빌미로 명맥을 유지해온 것은 아닐까? 니체는 이들을 '실패자Schlechtweggekommenen'로 불렀으나, 이들에게서 우울의 형이상학의 발명자와 선전가와 수혜자를 발견해냈다. 그리고 그는 다음과 같은 질문을 던졌다. 비관주의를 선포하는 많은 사람들은 자신들의 가문의 마지막 인간, 즉 비니, 뮈세, 툴루즈 로트렉, 드 릴, 레오파르디, 에두아르트 폰 카이절링 그리고 릴케 등과 같은 퇴화된 인간이 아닌가? 생명력이 약화되고 불행을 극복할 수 없는 토양에서 형성된 행복의 해석이 무슨 가치가 있단 말인가?

그리고 사회학자들이 이 말을 보충해, 이러한 사람들은 항상 불안정한 사회에서 성장했다고 지적했다. 여러 민족의 역사에는 죽음의 불안에 사로잡힌 시대가 있다. 이럴 때면 위대한 비관론자들이 소리를 낸다. 코헬렛이 소리 높여 외친 것은 기원전 2세기의 유대 왕국 시기, 즉 자신의 민족이 생존의 위기에 처했을 때였다. 그리고 아우구스티누스는 기원후 4세기에 야만인들이 로마 제국으로 밀려들 때 제국의 모든 불안을 빠짐없이 기록했다. 한 집단의 지배층이 자신의 종말이 오고 있다는 사실을 깨닫게 되면, 라 로슈푸코나 하인리히 하이네 같은 사람은 자신이 속한 계층의 종말을 세계의 종말로 묘사하는 것이다.

몰락하는 계급의 원한Ressentiment의 심리학과 우울의 심리학은 불교와 기독교와 루소와 쇼펜하우어가 지닌 우울의 원천을 다양하게 해명해준다. 그러나 이 심리학은 '쾌감과 행복이 소극적인 성질을 띤다'는 이론'을 반박할 수 있을까? 이 심리학은 한 인간의 생명력의 결핍과 그의 민족이 처한 비참한 상황, 자신이 속한 계층의 몰락, 그리고 그가 선포하거나 고백하는 비관적인 형이상학 사이의 일련의 흥미로운 연관관계만을 밝힐 수 있을 뿐이지, 그 이상은 아니다.

그러나 에피쿠로스의 친구들은 '쾌감과 행복이 소극적인 성질을 띤다'는 강력한 이론에 맞서는 확실한 논거를 가지고 있다. 논거는 부처도 기독교도 그리고 기원후의 문화 비관주의도 행복의 적극성을 인정하고 있다는 것이다. 다만 이러한 행복의 적극성이 은폐되는 이유는 그들이 불행에 대해 묘사하는 이미지가 잊을 수 없을 정도로 너무도 강렬하기 때문이다.

행복한 부처

불행에 빠진 부처의 많은 호칭 중의 하나는 '행복한 자'이다. 무엇이 그를 행복하게 만들었는가? 그는 '구원의 지복을 누리며' 행복했다.

우리는 무엇으로부터 구원받을 수 있고 또 무엇에로 구원받을 수 있다. 이 두 가지 구원이 부처를 행복하게 만들었다. 부처는 불행으로부터 구원받았고, 불행으로부터 자유로워진 다음에 비로소 길이 열린 그 무엇에로 구원을 받은 것이다. 불행의 현란한 색깔로 요란하게 채색된 부처의 소극적인 행복은 자신의 적극적인 행복을 은폐했다.

우리는 고통과 고뇌의 소멸이라는 지복의 상태를 평생 누릴 수는 없다. 소크라테스도 쇠사슬이 더 이상 발목을 파고들지 않은 것만으로는 온종일 행복할 수 없었을 것이다. 쇠사슬로 인한 고통과 쾌락에 대해 말한 지 30분 뒤에는 벌써 행복한 발목 따위는 까맣게 잊었을 것이다. 행복한 부처가 구원의 지복을 누린 것은 무엇인가의 부재 때문만이 아니라 무엇인가가 존재하기 때문이었다. 이는 제자인 쇼펜하우어에게도 해당된다. 비록 이러한 사실이 그의 철학 체계에 수용될 수 없긴 하지만 말이다.

부처의 행복에 붙여진 인도 고유의 이름은 열반이다. 열반은 무無, 즉 모든 불행의 소멸일 뿐만 아니라, 동시에 특별한 존재자이기도 하다. 이는 충일에 이르는 구원이 살아 있는 존재에게 주는 특별한 행복이다. 이 충일에 이르는 구원은 많은 사람들이 하루를 마감하며 마지막 등불을 끌 때 체험한다. 등불이 꺼지면서 충일을 차단했던 하루라는 무대배경도 사라지는 것이다. 열반은 현세의 존재가 체험하는 것이며, 모든 신비주의자가 각기 고유한 이름을 붙이고 있는 현세의 체험이다. 신비주의자의 행복인 열반은 신비적인 것이 아니다. 이는 등산가라면 누구나 경험할 수 있는 사실이다. 헐떡이며 산의 정상에 섰을 때 갑자기 온몸이 힘찬 숨결로 가득 찬다. 이 숨결은 별이나 만년설이 지켜보는 가운데 그의 몸 안을 뚫고 지나간다. 그리고 그는 - 부처처럼 - 구원의 지복을 누리는 것이다. 이 지복한 감정에는 눈과 귀와 코와 그 밖의 온갖 감각이 받아들이는 모든 것이 관여한다. 이러한 구원은 산에 오르지 않아도 경험할 수 있다. 꽃피는 들에 서서 북쪽으로 이어지는 언덕의 능선을 바라보라. 구원의 행복이 바람이 되어 불어올 것이다. 위대한 신비주의자들은 구원받기 위해 산꼭대기나 붉게 물든 들을 필요로 하지 않았다. 그들은 행복으로의 도약을 연습해 별다른 소도구 없이도 도약에 성공했다. 그들은 위대한 시인들과 마찬가지로 삶의 충일을 자신 속에 간직하고 있었다. 이 때문에 그들은 때때로 대지나 감각이 자신의 행복에 관여하지 않고 있다고 생각하기도 했다.

바로 이런 행복을 부처는 배울 만한 가치가 있다고 여겼다. 부처의 가르침에 따르면, 우리는 모두 코끼리를 만지고 있는 장님과 같다. 한 사람은 머리를, 또 한 사람은 코를, 또 한 사람은 꼬리를 만지며 "코끼리는 이런 모양이다!" "아니야, 코끼리는 이런 모양이라니까!"라고 우기는 것이다. 그러나 무엇보다도 부처는 코끼리의 외모에 대해서는 아무것도 가르치지 않았다. 그것은 전혀 중요하지 않다고 생각했기 때문이다.

그렇다면 무엇이 중요한가? 전해온 바에 따르면 부처는 코삼비의 싱사파 동산에 머물렀을 때, 싱사파 나뭇잎을 한 움큼 쥐고 제자들에게 물었다.

"제자들아, 내가 손에 들고 있는 싱사파 잎과 저 동산을 덮고 있는 싱사파 잎은 어느 것이 더 많다고 생각하느냐?"

"손에 들고 계시는 잎보다 동산에 있는 잎들이 훨씬 많습니다."

"그렇다. 내 손에 있는 잎보다 저 동산에 있는 싱사파 잎이 훨씬 더 많듯이 내가 알고 있으나 말하지 않은 것이 더 많다. 내가 너희들에게 말한 것은 얼마 되지 않는다. 그렇다면 내가 왜 말하지 않겠느냐? 그것은 말해보았자 이익이 될 것이 없기 때문이고, 수행에 보탬이 되지 않기 때문이며, 마음의 평온이나 고통의 소멸이나 완전한 지혜나 열반으로 인도하지 않기 때문이다. 이것이 내가 말하지 않는 이유이다."

그러고는 부처는 다시 질문을 계속했다.

"내가 너희들에게 무엇을 말했느냐? 내가 너희들에게 말한 것은 어떻게 해서 고통이 생기는지와 어떻게 하면 고통을 소멸시킬 수 있는가이다."

이 마지막 두 문장은 에피쿠로스나 마르크스나 프로이트의 말이라고 하더라도 조금도 이상하지 않을 것이다. 이들은 예를 들어 신들에 대한 공포의 소멸, 착취의 소멸 그리고 불안과 노이로제의 소멸에 대해 말했다. 부처의 말씀을 모은 『법구경』은 다음과 같이 말한다. "세상과 친하지 말라!" 어리석음도 족쇄이고, 욕망도 족쇄이며, 개인에 대한 잘못된 믿음도 족쇄이니까 모든 족쇄를 끊어라. 이는 에피쿠로스로부터 니체에 이르는 유럽의 계몽사상을 선취한 것이 아닐까? 니체는 – 부처와 마찬가지로 – 개인에게서 '소박한 형태이긴 하지만 무의식적인 힘에의 의지'를 발견했다.

부처는 위대한 계몽가였지만, 결코 삶에 등을 돌린 허무주의자는 아니었다. '행복한 자' 부처는 발을 물에 담근 채 추위에 떨고 있는 불행한 고행자들에 대해서는 아랑곳하지 않았다. "그렇다면 개구리나 거북이, 뱀이나 악어나 그 밖의 수중 생물들은 전부 극락으로 갈 것이다!" 이 행복한 자는 모든 자기 학대를 거부했다. 그것은 학대받는 피조물을 불행으로 인도할 뿐, 열반의 행복으로 인도하지 않기 때문이다.

부처는 에피쿠로스의 적은 아니었다. 물론 그는 행복의 길을 개척하지도 않았다. 왜냐하면 그는 모든 속박에서 벗어나려면 어떻게 하면 되는지, 어떻게 하면 사는 동안 구원받을 수 있는지에 대해서는 대답하지 않았기 때문이다. 어떻게 하면 사는 동안 단지 순간적 환상이 아닌 절대적 자유를 누릴 수 있는가? 어떻게 하면 열반의 행복한 상태가 평생의 상태가 될 수 있는가? 어떻게 하면 삶을 부정하면서도 동시에 영속적인 행복 속에서 살 수가 있는가?

이 역설은 부처가 불행을 (따라서 삶도) 부정했을 뿐만 아니라, 행복을 (따라서 삶도) 긍정했다는 사실을 보여준다. 그는 유럽의 어느 누구보다도 시종일관했다. 즉 그는 불행으로부터 어떠한 현세의 삶의 영역도 제외하지 않았다. 또 그는 자신의 일관성을 지키기 위해서 희생의 제물이 되지는 않았다. 왜냐하면 그는 행복한 자였기 때문이다.

행복에 열광하는 자들은 부처를 적으로 생각하지 않는다. 오히려 행복을 어둡게 만든 문제점을 솔직하게 지적하지 못하는 많은 공상가들보다 더 나은 친구로 여길 것이다.

그리스도와 에피쿠로스

성인聖人인 아우구스티누스와 성인이라고 부를 수 없는 마르크스는 적어도 하나의 사랑을 공유하고 있었다. 에피쿠로스가 그 대상이다. 아마도 에피쿠로스의 행복에 대한 열정은 '실패자'의 원한보다 기독교의 감정과 사상에 더 큰 영향을 미쳤을 것이다.

기독교의 감정과 사상에서도 불행이 전면에 부각되며 압도했다. 탄식의 골짜기에 살며 무수한 고통을 겪는 것이 운명처럼 이야기되었다. 교부 암브로시우스 때가 되어서야 민중이 지나친 슬픔 때문에 살아가는 힘을 잃지 않도록 하기 위해 – 동방의 관습에 따라 – 찬미가와 성가가 도입되었다. 교황 이노센트 3세가 쓴 삶을 부정하는 고전적인 기독교 책 『속세의 멸시와 인간의 비참함에 대하여』는 비탄의 재고 목록이다. 또 부당하게도 걱정 없이 삶을 향락한 시기로 간주되는 르네상스 시대도 기독교적인 불안에 지배되었다. 페트라르카는 자신의 고백문인 「내 소망의 은밀한 갈등」에서 인간 삶을 극단적으로 슬프게 묘사했다. 그리고 이 극단적으로 슬퍼한 기독교도들은 아주 명랑한 시대를 살아가기도 했다. 키르케고르가 살았던 시기에 캉캉 춤이 유행했다.

그러나 기독교인들의 의식을 지배한 탄식의 골짜기에서는 불행에 대해서만 가차 없이 공감하고 성찰한 것은 아니었다. 여기서도 행복이 싹트고 있었는데, 이러한 적극적인 행복을 향한 열정은 일찍이 에피쿠로스나 세네카도 알지 못했던 것이었다. 이 행복은 내세의 행복에 대한 확신 속에서 현실성을 획득했다. 행복한 부처의 매우 취약하고 누구도 또 무엇도 보증해주지 않는 행복은 항상 해탈한 사람들만 누릴 수 있었다. 하지만 기독교의 내세는 견고하고 광대한 행복의 요새이며, 가는 길이 잘 닦여 있어 손발이 마비된 사람도 도달할 수 있었다. 기독교도가 얼마나 많은 관능적인 행복과 비관능적인 행복을 누릴 수 있었는지를 알고 싶은 사람은 아우구스티누스의 『신국론』의 마지막 장을 읽어보면 된다. 또 르네상스 시대의 군주 로렌초 데 메디치에게 보낸 「행복에 관한 편지」에서 마르실리우스 피치누스는 행복의 근원으로 미켈란젤로의 작품이나 행복을 주는 창부가 아니라, 내세의 낙원을 들고 있다. 그러나 기독교가 불행을 부정하는 것이 다가오는 내세가 현재에 주는 적극적인 행복과 어떻게 융합되는지는 『그리스도를 본받아』라는 책에서 매우 생생하게 묘사되어 있다.

이 책에서 토마스 아 켐피스Thomas von Kempen는 다음과 같이 말했다. "그와 같이 온갖 고뇌를 짊어진 자도 편안함이나 위안이 없었던 것은 아니다. 왜냐하면 그는 십자가를 견뎌냄으로써 자신의 가장 좋은 과일이 무르익어간다는 사실을 느끼기 때문이다. 그는 헌신을 통해 시련의 무거운 짐 전체가 하나님의 위로라는 확신을 가지게 된다. 육체가 학대받을수록 그만큼 더 정신은 내면의 은총에 의해 강해지는 것이다." 불행은 소멸되지 않는다. 여기서는 소크라테스가 생애의 마지막 날에 말한 '풀려남'의 행복은 존재하지 않는다. 오히려 불행은 나름대로의 기능을 가지고 있는데, 바로 불행한 인간을 행복의 길로 이끄는 기능이 그것이다.

이것은 빛바랜 변명이 아니다. 사실을 있는 그대로 인정하지 않으려고 하는 경솔한 말도 아니다. 불행은 존재한다. 이는 참을 수 없긴 하지만 엄연한 사실이다. 토마스 아 켐피스는 다음과 같이 말했다. "십자가를 사랑하고 육체를 학대해 복종하고, 명예를 버리고 모욕을 견디며 자신을 경멸하고 또 경멸당하기를 바라며 모든 종류의 끔찍한 일과 함께 손해를 감수하고, 이 세상에서 행복을 구하지 않는 것은 인간의 본성에 어울리는 일이 아니다." 이것은 인간의 본성에 어울리지 않는다. 그리스도를 본받는 자는 그런 일을 찬양하지 않는다. 그는 고통이 어떤 것인지, 고뇌가 어떤 것인지 잘 알고 있고 그런 것을 좋아하지 않는다. 그는 올바른 판단력을 지니고 있다. 그럼에도 불구하고 그는 기독교도들에게 '고통을 주는 가시가 있으면 그것을 심장에까지 찔러라!'고 충고한다. 무엇 때문에? 행복을 위해서! 왜? 그렇게 하면 고통만이 아니라, (여기에 강조점이 있다) 미래의 지복을 미리 맛보는 데 있어서도 하나님과 하나가 되기 때문이다. 이후에 톨스토이는 '하나님과 하나가 되어 현세의 지복을 누려라'라고 말했다. 행복한 자 부처가 불교의 중심인 것처럼, 행복한 자 그리스도가 기독교의 중심이다.

그런데 본론과는 관계가 없지만, 다음의 사실은 알고 있어야 한다. 즉 불행이 소멸되어야 하는 대상에서 행복의 길로 이끄는 수단으로 기능이 바뀌는 것은 또 다른 측면을 지니고 있다. 행복을 위해서가 아니라 포기함으로써 생기는 권력을 위해서 그리스도를 본받으라고 설교하는 매우 현세적인 교황들만 있었던 것이 아니었다. 금욕에는 세 가지 종류가 있다. 행복을 위해 속박에서 해방되기, 자기 증오, 그리고 세계 지배의 첫 단계로서 자신의 폭군화이다. 이러한 길을 연 사람은 엄격한 로욜라가 처음은 아니었다. 감성이 풍부한 신비주의자 토마스 아 켐피스는 다음과 같이 말했다. "주님을 믿으면, 그대는 하늘로부터 힘을 얻을 것이다. 그리고 그대는 세계와 육체를 지배하게 될 것이다." 이것은 구약성서와 예수회와 칼뱅파의 입장과 일치하는 말이다. 하지만 행복한 자 부처나 행복한 그리스도의 후계자인 톨스토이에게는 소름이 끼치는 말이다.

기독교의 쇠퇴는 인간 세계의 어둠을 제거하기도 했다. 그리스도나 부처와 같은 이들을 불안하게 한 것이 무엇이었는지 예감조차 할 수 없을 정도로 어둠이 제거된 것이다. 1945년에 어떤 보험회사가 다음과 같은 광고를 냈다. "황태자로 태어난 부처는 마음의 안정을 얻기 위해 이름과 왕좌와 상속권을 포기했습니다. 그러나 우리는 세계를 포기할 필요가 없습니다. 우리는 생명보험 외무사원을 만나기만 하면 됩니다." 이제 '마음의 안정'이라는 말은 본래의 의미를 완전히 상실했다. 어둠은 모두 가상의 빛에 의해, 즉 조명등의 빛에 의해 제거된 것이다.

어둠의 일부를 이루고 있던 지복은 영혼을 잃고 말았다. 사람들은 홍수를 버텨내지 못한 댐을 한탄하듯이, 기독교의 쇠퇴를 한탄한다. 그렇다면 마찬가지로 – 기독교를 존중하는 마음이 있다면 – 행복의 소멸에 대해서도 한탄할 수 있을 것이다. 왜냐하면 아우구스티누스는 에피쿠로스의 위대한 친구이기 때문이다. 그리고 기독교를 재건하려 했으나 실패로 끝난 세기에 기독교도로 살았던 두 사람, 즉 니체와 톨스토이도 쾌락주의자였다.

행복한 자연, 행복한 동물, 행복한 미개인

내세의 행복은 현세의 불행에 대한 지배력을 잃기 시작하자, 현세의 행복임에도 불구하고 초월적인 – 인간의 관점에서 초월적이라고 여긴 – 행복에서 대용품을 발견했다. 즉 사람들은 불행을 인간 삶의 영역에 한정하고, – 비불교적으로 또 비기독교적으로! – '동물은 행복하다'고 말한 것이다.

동물의 행복에 대해 말한 지는 오래되었다. 그것이 16세기와 17세기에 다시 부활한 것이다. 이 말은 원래 두 가지 기능을 수행했다. 즉 인간의 비참함을 강조하는 것과 인간 이외의 삶을 불행에서 제외하는 것이다.

이전에는 내세가 맡았던 일이 여기서 - 불충분하지만 - 다시 한번 시도되었다. 즉 불행은 부인되는 것이 아니라 아주 절실하게 의식되었다. 그래도 불행한 사람은 행복의 나라와의 끈이 유지되고 있다는 위안을 받았다. '행복한 자연'이 행복한 그리스도를 대신했으며, 인간의 불행을 막아주는 역할을 맡은 것이다. 인간은 행복하지는 않지만, 그렇다고 희망이 없는 것은 아니다. 왜냐하면 인간도 자연이라는 거대하고 평화롭고 행복한 나라의 일부이기 때문이다. 횔덜린과 같은 낭만주의 시인들은 이러한 행복을 믿으며 살았다.

'행복한 동물'은 16세기에 오르텐시오 란도의 『역설』이나 몽테뉴의 『에세』에서 내세의 행복을 대신하게 되었을 때 이미 오랜 역사를 가지고 있었다. 고대 로마의 학자 플리니우스는 그의 『자연의 역사』에서, 자연은 인간을 종종 의붓어머니 같이 다루었다고 말했다. 플루타르코스는 「그릴로스」라는 글에서 동물이 비교적 높은 수준의 도덕을 지니고 있을 뿐만 아니라 비교적 큰 행복을 누리고 있다고 찬양했다. 그에 따르면 마법을 부리는 요정 키르케는 오뒷세우스에게 자신이 돼지로 변신시킨 그의 부하와, '인간이 동물보다 더 행복한가?'에 대해 토론하도록 허락했다. 결론은 동물이 인간보다 너그럽고 용감하며, 교활하지도 않을 뿐만 아니라 더 행복하다는 것이었다. 그로부터 1,500년 후에 몽테뉴는 '사자가 다른 사자를 섬기거나 말이 다른 말을 섬기는 것을 본 사람이 있는가?'라고 말했다.

이와 같은 말을 하는 것은 인간의 과대망상을 비난하기 위한 목적인 경우가 많았다. 동물 예찬은 오만한 인간에 가하는 일침이었다. 이러한 가치의 전도는 동물의 유산을 바탕으로 인간 문화를 혁신하고 행복을 발견하려는 것이었다.

동물 예찬은 비유대교적이고 비기독교적이며, 신플라톤주의의 전통이나 유럽의 계몽주의 정신에 대립된다. 데카르트는 동물을 자동기계로 보았다. 그러나 그에게 반기를 드는 사람들도 있었다. 퐁트넬은 동물과 기계를 동일시하는 사고방식을 비웃었다. 부알로는『풍자시집』의 8번째 풍자에서 "지상의 모든 동물 가운데서 인간이 가장 어리석다"고 반격했다. 마담 드 세비네는 1672년에 여동생에게 다음과 같은 편지를 썼다. "서로 사랑하는 기계, 편애하는 기계, 질투하는 기계, 두려워하는 기계! 그런 얘기는 이제 싫증이 난다! 나를 놀리는 거야! 데카르트가 우리더러 그런 일을 믿게 했을라구!" 몽테뉴에서 니체에 이르기까지 '행복한 동물'은 기독교의 천국이 황폐해져서 새로운 거주자를 찾고 있다는 사실을 폭로하는 징표 중의 하나였다. 그러나 몽테뉴든 그와 동시대인이든 또는 손자대의 그 누구든 인간과 동물 사이의 벽을 헐어버리라고 충고한 것은 아니었다. 어느 누구도 동물로 돌아가라고 외친 자는 없었다. 그와 같은 충고 대신에 특히 16세기와 17세기에는 동물에 가장 가까운 인간, 즉 미개인이 누리는 행복을 찬양했다.

'행복한 미개인'은 이미 고대에도 존재했다. 스키타이인, 휘페르보레아인, 에티오피아인이 그들이다. 16세기와 17세기의 유럽에서는 아메리카 인디언이 행복한 미개인으로 통했다. 당시 유럽인들은 아메리카 인디언을 행복의 화신으로 여기며 불행한 문명인에 대립시켰다. 그리고 '행복한 동물'을 찬양하는 자가 인류를 불행한 길로 잘못 들어섰다고 여긴 것처럼, 미개인을 찬양하는 자는 문명인이 불행한 길로 잘못 들어섰다고 여겼다.

몽테뉴

몽테뉴는 『에세』의 제1권에 수록된 「식인종에 대하여」에서 당대의 행복한 미개인들의 행복에 대해 상세하게 서술했다. 당시는 아메리카 대륙이 발견된 지 약 100년이 지난 무렵이었다. 10년 이상 신세계에서 살았던 여행객이 몽테뉴를 방문해 대서양 건너편에 사는 야생의 인간에 대해 이야기하며 그들은 행복한 사람들이라고 말했다. 몽테뉴는 '야생'이라는 말을 새롭게 해석했다. "그들은 야생적이다. 우리가 자연이 저절로 일상적인 과정을 통해 이룩한 성과를 '야생'이라고 말할 때와 같은 의미에서의 '야생'이다. 그러나 사실 우리가 야생이라고 불러야 할 대상은 오히려 우리가 인공적으로 변질시키고 일상의 질서에서 벗어나게 한 것들이다. 전자에는 진실하고 유익하며 자연스러운 효력과 특성이 생생하고 힘차게 살아 있는 반면, 후자에는 우리의 부패한 취향을 만족시키려고 적당히 다듬느라 퇴화한 모습으로 남아 있다." 성숙한 문화 속에서 살아가고 있는 불행한 사람 앞에 '자연'의 행복이 그림처럼 펼쳐진 것이다. 바다 건너편의 자연인들이 사는 나라는 "어떤 종류의 상거래도 없고, 문자에 대한 이해도, 수의 개념도 전혀 없다. 관리라는 말도, 서열이라는 말도 없다. 사람을 부리는 제도와 빈부를 가리는 제도도 없다. 어떤 계약도 없고, 어떤 상속도, 재산 분할도 없다. 유 유자적한 것 말고는 일이라는 것이 없으며, 모두가 모두를 보살피는 것 말고는 따로 친족을 따지지도 않고, 옷도 없고, 농사도 없고, 금속도 없 고, 포도주나 밀도 없다. 거짓말, 배신, 속임수, 탐욕, 시기, 비방, 용서를 의미하는 언어 자체가 없다." 몽테뉴는 자신이 누리지 못하는 행복을 이와 같이 그렸다.

물론 이와 같은 미개인이 식인종이라는 사실은 곤혹스러운 일이었 다. 몽테뉴는 이 점에 대해서도 침묵하지 않았다. 그러나 "이런 행위의 야만적인 잔혹함을 지적하는 것에는 유감이 없다. 그러나 그들의 잘못 은 잘 판단하면서 우리 자신의 잘못은 눈이 멀어 보지 못하는 걸 나는 한탄한다. 내 생각에는 죽은 자를 먹는 것보다 살아 있는 인간을 먹는 것이 더 야만스러우며, 아직 감각이 온전히 살아 있는 육체를 잡아 빼 고 짓이기고 갈기갈기 찢고, 서서히 불에 태우고, 개와 돼지들이 물어 죽이게 하는 것이 – 이런 일을 우리는 책에서 읽었을 뿐만 아니라 바로 얼마 전 생생하게 보기도 했으며, 옛날 적들 사이에서가 아니라 이웃과 같은 동족 사이에서 벌어지는 것을 보았다. 더 개탄스러운 것은 경건함 과 종교의 이름으로 이런 일이 벌어진다는 사실이다 – 다 죽은 뒤에 불에 구워먹는 것보다 더 야만적이다." 따라서 몽테뉴는 주저하지 않고 수천 마일 저편에 있는 인간의 행복을 좋게 평가할 수 있었다. 그리고 육체적인 고통도 우리의 문화가 낳은 부작용이므로, 몽테뉴는 "그곳에 서 아픈 사람을 보기가 힘들다"는 말을 들어도 놀라지 않았다. 여행객 은 "노쇠해진 탓에 몸을 덜덜 떨거나, 눈곱이 끼고, 이가 빠지고, 허리가 굽은 이도 본 적이 없다"고 말했다. 게다가 그곳에서는 결혼 생활도 괴 롭지가 않다. 이것은 결혼했으면서도 독신 생활을 그리워하는 사람의 마음이 드러나는 말이다. "그곳 남편들은 아내를 여럿 거느리는데, 용맹하다는 명성이 높으면 높을수록 더 많은 여자를 갖게 된다. 우리 쪽 여인네들은 남자들이 다른 여자의 우정과 호의를 받아들이지 못하도록 질투하는 데 비해, 그곳 여자들은 남편들에게 그런 일이 가능하도록 애를 쓴다는 것은 그들의 결혼 생활에서 주목할 만한 아름다운 점이다." 또 그가 "그들은 춤을 추며 하루를 보낸다"고 말하는 것은 꾸란이나 행복한 내세에 관한 이와 유사한 언급을 떠올리게 한다. 이 아메리카 인디언들은 "우리의 시詩가 황금시대를 아름답게 꾸미기 위해 동원했던 모든 매력"을 지니고 있다.

이 불행한 유럽의 사상가는 "인간이 스스로 무엇인가를 알고 있다고 생각하는 일은 페스트와 같은 것이다"라고 말했다. 그는 대서양 건너 체로키족族의 낙원을 바라보았던 것이다

행복을 모르는 부처들의 시대

부처나 아우구스티누스나 몽테뉴가 산 세계는 어두웠다. 이들의 세계는 행복에 겨워 환하게 빛을 발한 세계가 아니라, 불행으로 뒤덮인 세계였다. 이 세계에 발을 들여놓은 사람들은 슬픈 진리를 알고자 했을 뿐, 명랑한 빛을 바라지는 않았다. 그들은 현세를 견뎌낼 수 있는 방법을 알고자 했고, 또 기대 이상으로 많은 것을 경험했다. 급진적인 각성의 종교, 십자가의 종교, '문명 속의 불만'의 형이상학은 위장된 행복론이기도 하다. 행복은 ─이러한 행복론 덕분에 명확해지는 사실이지만─ 온갖 불행의 부재와 적극적인 행복을 합친 것이다. 쇼펜하우어는 이런

적극적인 행복을 인정하지 않았지만 스스로는 이런 행복을 누렸다. 그리고 에피쿠로스의 친구들은 철학의 역사 속에만 존재하는 견해의 차이를 확대하는 대신에 비관주의자들이 신나게 전하는 메시지를 인정해야만 했다.

　이런 인정은 결코 쉬운 일은 아니었다. 환상의 폐허에서 꽃핀 몇 가지 행복은 환상이 깨어지면서 함께 사라졌다. 행복했던 '숲으로 돌아가라!'는 루소의 유혹의 외침은 그와 같은 환상이었다. 그와 동시대인이었던 영국이나 프랑스, 그리고 독일의 개척 이민들은 숲으로, 심지어 원시림으로 갔다. 하지만 '돌아간' 것이 아니라, 전진해갔다. 그들은 문명세계로부터 멀리 떨어져 목가적인 행복을 추구한 것이 아니라, 사악한 문명을 더욱 확산시킨 것이다. 그리고 루소 자신이 그의 저서 『인간 불평등 기원론』에서 다음과 같이 고백했다. "나와 같은 인간들에 관해 말하자면, 우리는 이제 우리의 정념이 원초적인 순박한 도시를 영원히 파괴해버려 더 이상 풀이나 도토리로 양식을 삼을 수도, 법이나 지도자 없이 살아갈 수도 없게 되어버렸다." 이것은 1754년의 일이었다. 그 후 19세기가 열리면서 극단적으로 환상을 배척하고 불행을 공공연히 표명하는, 행복을 모르는 부처들의 시대가 시작되었다. 아미엘은 다음과 같이 말했다. "나는 부처처럼 거대한 수레바퀴, 전 세계적 환상이라는 수레바퀴가 돌고 있다는 것을 느낀다. 그리고 이 심신 상실 속에는 참된 불안이 간직되어 있는 것이다. 이시스가 그 엷은 옷자락을 들춘다. 그러자 관조觀照의 현기증 나는 감정이 크나큰 신비를 목격한 인간을 넘어뜨린다. 나는 숨도 제대로 쉴 수가 없다. 마치 내가 실에 묶여 운명의 헤아릴 수 없는 심연 위에 매달려 있는 것 같은 기분이다." 행복을 모르는 부처들은 마야의 베일을 찢었으나 열반에는 도달하지 못했다. 그들은 여전히 불안에 사로잡혀 있었다. 그들은 구원받지 못했고 또 구원을 믿으려고 하지 않았다. "나는 악이 무엇인지도 모르고, 또 악에서 구원받는 치료제도 알지 못한다"라고 아미엘은 한탄했다. 그리고 플로베르의 『서간집』에는 이런 구절이 있다. "우리와 같은 사람은 절망이라는 종교에 귀의해야 합니다. 우리는 자신의 운명에 당당하게 맞서야 합니다. 다시 말해 우리는 운명과 같이 의연한 태도를 지녀야 하는 것입니다. 스스로의 운명과 대항할 수 있는 힘을 가져야 합니다. 그것은 운명과 마찬가지로 흔들리지 않는 존재가 되는 일입니다." 이 절망한 사람들은 압도적인 힘을 가진 불행에 꼼짝 못하게 묶인 채 마비되고 말았다. 그들은 굴복했다. 그들은 수수께끼처럼 자신을 위협하는 것을 기껏해야 말로 표현할 수 있을 뿐이었다. 그들이 가장 많이 사용한 말은 무無, 죽음, 심연, 절망, 공허, 권태, 우울 등이었다. 보들레르는 시집 『악의 꽃』에 실린 시 「우울」에서 다음과 같이 말했다. "눈 많이 내리는 해들의 무거운 눈송이 아래 / 우울한 무관심의 결과인 권태가 / 불멸의 크기로까지 커질 때, / 절뚝이며 가는 날들에 비길 지루한 것이 세상에 있으랴." 그리고 플로베르는 다음과 같이 질문한다. "권태를 아십니까? 이 일상적이고 진부한 지루함을 말하는 것은 아닙니다. 인간의 오장육부를 갉아먹으며, 현명한 인간을 이러저리 떠도는 그림자로, 생각하는 유령으로 만드는 권태를 말입니다." 그러나 이처럼 행복을 모르는 부처들은 아직 행복을 모르는 사람들 중에서 정상의 자리에 오른 것은 아니었다. 그들은 자신들이 행복하지 않다고 느꼈기 때문에 절망했다. 이러한 절망은 그들을 행복과 연결시켜주는 끈이었다. 그들은 더욱 더 행복과 거리가 먼 손자들을 낳았다. 이 손자들은 더 이상 압생트˙를 마시지도 않았고 몽마르트르나 덴마크의 문인들이 모이는 카페에도 얼씬거리지 않았다. 그들은 하루에 열 시간씩 일했다. 일은 권태의 감옥이며, 이 감옥은 그들을 자물쇠와 빗장으로 가두었다. 그들은 '고독'하지 않았다. 그들은 아버지의 날에는 아버지에게, 어머니의 날에는 어머니에게 무언가 선물을 보냈고, 새 조카나 조카딸이 태어날 때마다 사진을 받았다. 그들은 많은 친구가 있었고, 우정의 표시로 그들의 어깨를 두드렸다. 그들은 절망이나 행복을 '낭만주의'라고 불리는 노아의 홍수 이전의 관념으로 여겼다. 그리고 그들이 죽으면 빈틈도 남기지 않았다. 남는 것은 화장化粧한 시신뿐이다.

그들은 에피쿠로스와 단절된 첫 세대였다. 왜냐하면 그들은 시들어버렸기 때문이다. 그들은 자신들이 행복하지 않다고 더 이상 느끼지도 못한다. 그들에게는 이미 동경도 사라져버렸다. 그들은 두 차례의 세계대전에서 총알받이가 되었다. 에피쿠로스의 친구들에게는 그들이야말로 진정한 적이었다.

불행을 먹잇감으로 생각해 떼 지어 몰려드는 독수리

에피쿠로스의 친구들은 종종 불행에 도전하는 십자군과 불행을 먹잇감으로 생각해 떼 지어 몰려드는 독수리를 혼동한다. 그리고 이러한 혼동은 쉽게 이해할 수 있다. 왜냐하면 현세의 억압자들의 철학이라는 무기고에는 과거나 현재나 행복을 환상이라고 여기는 철학이 가장 중요한 무기이기 때문이다. 어느 시대에나 철학은 사람들에게 세계사의

● 프랑스가 주산지인 독하고 쓴 녹색의 양주 – 옮긴이

현재 상황에 만족하도록 설득하는 임무를 맡아왔다. 불행과 반동은 아주 오래전부터 잘 어울리는 한 쌍이었다.

어떠한 진리이든 사기에 이용당할 수 있다. 사기꾼의 손에 놀아나는 진리는 엄청난 거짓말이 된다. 우리는 비열한 반진보주의자의 책에서 더없이 고상한 통찰을 발견할 수도 있다. 인색해서 거지에게 동냥을 주기를 거절하는 사람은 거지에게 "집착에서 벗어날 때 행복해진다"는 『법구경』의 구절을 인용해 들려줄 수 있다. 이 말은 진리를 담고 있지만, 이를 인용하는 옹졸한 인간은 이 진리를 이용해 거짓말을 하는 셈이다. 영화 산업의 대부호가 새해 인사말로 부처의 말을 인쇄해 배포한다면, 부처는 번창하는 영화사의 보잘것없는 고용인이 되고 마는 것이다.

쾌락주의자들은 행복이 때로는 십자가를 짊어진 자를 부추겨 불행에 화려한 명성을 안겨준 사실을 간과해왔다. 그러나 그들은 사람들이 지옥을 이용해 얼마나 교묘하게 테러를 가할 수 있는지를 잘 알고 있었다. 지옥은 예부터 압제자의 도구였다. 이 때문에 지옥이라는 말이 자주 거론되었다. 권력자들이 기독교에 강한 매력을 느끼는 이유는 기독교의 다음과 같은 질문 때문이었다. 즉 '가능한 한 경건하게 탄식의 골짜기에서 살아남는 일이 중요한데 현세의 운명을 개선하는 일이 무슨 소용이 있는가?' 그리고 권력자들이 불교에 강한 매력을 느낀 이유는 『법구경』의 지혜 때문이었다. "이 세상에서 원한은 원한으로는 결코 풀어지지 않는다. 원한을 버릴 때에만 원한이 사라진다." 이것은 깊은 통찰이고, 경찰의 역할을 대신할 수도 있다.

이윽고 위대한 부처의 매우 위대한 제자가 등장했다. 그는 부처의 행복과 불행을 우리 시대에 새롭게 전했을 뿐만 아니라, 그것을 반동적으로 방향을 바꾸었다. 이 수상한 제자의 이름은 아르투어 쇼펜하우어이다. 그는 다음과 같이 말했다. "나는 열일곱 살 때 학교에서 배운 지식과는 상관없이 삶의 비참함에 충격을 받았다. 그것은 마치 부처가 젊어서 병과 늙음과 고통과 죽음을 보았을 때와 같았다." 그러나 부처의 통찰은 그의 삶을 형성했지만, 쇼펜하우어의 통찰은 그의 삶의 하녀였다. 부처의 윤회는 쇼펜하우어에 와서는 생존투쟁이 되었다. 이 생존투쟁에 19세기의 부처도 격렬하게 가담했다. 예전에 "세상과 친하지 말라"고 한 것이 이제는 불신감으로 가득차고 고립된 부르주아의 냉담한 경계심이 되었다.

『법구경』은 다음과 같이 가르쳤다. "변방에 있는 성을 안팎으로 잘 지키듯이 한순간도 놓치지 말고 자신을 잘 지켜라." 쇼펜하우어는 여자와 도둑과 전염병 균과 귀찮게 구는 동시대인들에 맞서 자신을 잘 지켰다. 이 19세기의 부르주아가 지킨 것은 모든 소유로부터의 자유가 아니라, 연금이었다. 그는 이 연금 덕분에 헤겔 일당으로부터 자유로울 수 있었다. 쇼펜하우어는 부처를 개념으로서 파악했을 뿐이었고, 그 밖에는 독일의 소심한 연금생활자로 살았다. 그 후 바그너는 쇼펜하우어를 음악으로 파악했을 뿐이었고, 그 밖에는 허풍을 떨며 독일의 지방 전제 군주 같은 삶을 살았다. 결국 부처는 더 이상 불행한 왕자가 아니라 '행복한 자'가 되었지만, 쇼펜하우어와 바그너는 평생 불행한 시민으로 머물렀다. 비록 이들이 세계적인 성공을 거두어 자신들의 불행이 미화되긴 했지만 말이다.

무엇인가를 통찰한다는 것만으로는 아직 대단한 일이 아니다. 무엇인가로부터 감동을 받는다는 것만으로는 아직 대단한 일이 아니다. 무엇인가에 의해 고무된다는 것만으로는 아직 대단한 일이 아니다. 그렇게 되면 단지 개념이나 조화, 그리고 일상생활의 세계가 분리될 뿐이다.

책상 모서리에서 시작된 생활이 책상에서 시간을 보내며 극복되지 않으면, 책상에서 만들어낸 행복은 아무런 힘도 발휘하지 못한다. 쇼펜하우어가 만들어낸 강력한 철학은 독일의 보잘것없는 연금생활자 쇼펜하우어의 생활을 변화시킬 수 없었다. 리하르트 바그너가 만들어낸 강력한 종합예술작품은 지방 전제군주 같은 선동가 바그너의 생활을 변화시킬 수 없었다. 그들의 구원은 그들을 해방시킨 것이 아니라 예속의 도구가 된 것이다.

부처와 함께 살았던 백성들은 불평이 많았다고 전해진다. 그들은 분노해 다음과 같이 외쳤다. '고행자 고타마는 출산을 막기 위해 찾아왔다. 고행자 고타마는 과부를 만들기 위해서 찾아왔다. 고행자 고타마는 종족을 몰락시키기 위해 찾아왔다. …' 그들은 고타마의 사명을 깨달았든 그렇지 않았든 고타마가 모든 것을 이전대로 두지는 않을 것이라고 느꼈다. 쇼펜하우어와 함께 살았던 백성들은 존재의 허무를 설파한 예언자에 대해 얼마나 다른 태도를 보였던가! 아르투어의 누이동생 아델레는 바이마르에서 사람들이 그의 불행의 형이상학에 대해 얼마나 태연한 반응을 보였는지를 다음과 같이 전한다. "내가 예를 들어 대공大公의 상속자에게 오빠의 이론에 대해 이야기했을 때 그렇게 끔찍한 인상을 받지 않았어요. 그 분은 정말 흥미로워했습니다. 지난 10년간 사람들은 그런 말에 익숙해진 거예요." 여기서 '그런 말'이라고 한 것은 '삶에 대한 의지의 부정'을 가리킨다. 그러고는 그녀는 다음과 같이 덧붙였다. "그런 말을 들어도 사람들은 불안해하지 않았습니다. 학문적인 형식으로 말할 때는 특히 그래요. 그렇다고 감동을 받는 것도 아니었습니다. 왜냐하면 사람들은 그런 말을 들을 때 다른 모든 철학 체계와 마찬가지로 생각하기 때문입니다. 그러니까 자신들 개인과는 아무런 관계가 없는 논증일 뿐이라고 생각하는 것이지요."

실제로 쇼펜하우어는 그들과 아무런 관계가 없었다. 왜냐하면 그의 주장은 가능한 한 모든 것이 있는 그대로 유지되어야 한다는 것이었기 때문이다. 혁명의 해인 1848년에 '삶에 대한 의지로부터의 구원'을 선언한 쇼펜하우어는 다음과 같이 말했다. "이 넉 달 동안 나는 불안과 근심 때문에 끔찍한 고통을 겪어야만 했다. 모든 재산과 적법한 지위가 위협받았다." 같은 해인 1848년에 시인 프리드리히 헵벨은 마찬가지로 모든 것을 다시 시작해야 한다는 위험에 절망한 나머지 "잠자는 세계를 결코 깨우지 말라"는 내용의 쇼펜하우어적인 시를 썼다. 기존의 상태를 유지하는 데 대한 그들의 관심은 그들의 형이상학과 조화를 이루었다. 그들의 형이상학에 따르면, 행복은 소극적이므로 적극적인 행복을 위해 이 세계를 변혁하려는 것은 무의미한 일이다. 이 때문에 에피쿠로스의 친구들은 불행을 강력하게 외치는 자들을 불신하는 것이다.

그러나 불행에 도전하는 십자군과 불행을 먹잇감으로 생각해 떼 지어 몰려드는 독수리의 공생 관계를 너무도 저급하게 혼동하는 것은 파렴치한 일일 것이다. 쇼펜하우어는 부처처럼 "삶의 비참함에 충격을 받았다." 그리고 자신이 받은 충격을 감동적으로 표현했다. 그러고도 그는 아주 은밀하게 그리고 이론적인 해명도 없이 부처의 행복을 누렸다. 그러나 이것도 독일의 심술 사나운 꽁생원을 변화시킬 수는 없었다. 바그너가 북유럽 인종에 속하지 않은 다른 모든 인종의 열등성을 설교하는 선동가였듯이, 해탈한 불교도인 쇼펜하우어는 1848년에 민중을 정확하게 맞출 수 있도록 자신의 오페라 용 안경을 프로이센의 장교에게 빌려주었다.

고통의 복음을 설교하는 사람들이 이처럼 무기력한 모습을 보였기 때문에 에피쿠로스의 친구들은 잘못된 판단을 내리기도 했다. 그러나 이 심술 사나운 기인 쇼펜하우어가 자신의 재산을 탕진한 파산자에게 맞서 싸우지 않았다면, 자신을 협박한 못된 재봉사에 대한 고소장을 쓰지 않았다면, 요컨대 아침에 책상에 앉아 불행을 떨쳐내고 번뇌 없이 지복한 기분을 느꼈다면, 에피쿠로스조차도 그의 행복을 부러워했을 것이다.

그렇게 되었다면 에피쿠로스도 행복의 소극적인 성격에 관한 이론이 행복에 적대적인 태도를 지닌 사람이 아니라, 행복에 대한 열정을 지닌 사람에게서 나왔다는 사실을 인정했을 것이다. 하지만 쇼펜하우어는 자신의 존재의 근원인 행복에 대한 동경을 완강히 부인했다.

두 번째 적 – 행복을 중요시하지 않거나 대단치 않게 여기는 사람들

마르크스와 니체는 행복을 무시했는가?

위대한 비관주의자들은 행복이 찬란하게 보이지 않았다면 그렇게 불행하지 않았을 것이다. 이들의 음울한 이론은 일상의 방법으로는 도달할 수 없는 행복에 대한 동경에서 탄생했다. 그러나 이들이 도달할 수 있었던 것은 그러한 동경의 실현은 아니었다. 따라서 이들은 차라리 부분적으로 눈에 들어오는 행복을 단념하게 되었다. 이제 이들은 눈앞에서 반짝거리며 떠다니는 행복을 붙잡을 수 없게 되어 적어도 불행에서는 벗어나려고 시도했고, 이 과정에서 이들 나름의 '행복'을 발견했다. 이들은 불행을 막는 수단을 행복을 찾는 처방으로 내세운다. 행복을

아주 간단하게 '일체의 소망을 갖지 않은 상태'라고 규정한 철학 사전
도 있다.

이 불행한 행복의 탐구자들은 모든 삶을 부정하라고 권고하거나 (쇼
펜하우어), 혹은 이렇게 극단적이지는 않더라도 인간의 삶을 부정하거나
('행복한 동물'의 예찬자들), 적어도 문명인의 삶을 부정하기에 (몽테뉴와 루소)
이른 것이다. 그러나 이렇게 부정하는 사람들이 삶에 적대적이었다면,
즉 먹고 마시고 함께 자는 행복에 반대했다면, 극단적인 경우에 어머니
와 자식 사이의 행복까지 반대했다면, 그 이유는 결코 행복에 대한 적
대감이 아니라 오히려 그 반대였을 것이다. 요컨대 순수하고 완전한 행
복에 대한 과도한 동경과 현세의 불행에 심하게 마음의 상처를 받은 열
정이 그 이유이다.

지금부터 언급하는 한 무리의 사람은 위에서 말한 부정하는 사람들
과는 명확하게 구별된다. 이들은 행복을 부정하지 않는다. 단지 "행복
과 불행은 핵심적인 가치나 무가치가 아니다"라고 말할 뿐이다. 즉 이
런 '행복'에 호의적인 태도나 경시하는 태도로 어깨를 두드리거나 혹은
완전히 무관심한 태도로 행복을 무시하거나, 심지어 경멸하고 조소하
며 적대시하는 이유는 수없이 많다. 행복을 중요시하지 않거나 대단치
않게 여기는 사람들은 다양하지만, 이들의 공통점은 행복에 대한 무관
심이다.

이들의 동기를 살펴보기 전에 이들의 무리에 속하는 듯하지만 실제
로는 그렇지 않은 사람들에 대해 말해두어야 한다.

우리는 행복에 대한 냉담한 태도와 냉담한 인상을 주지만 실제로는
전혀 그렇지 않은 태도를 혼동해서는 안 된다. 일부 발언을 보면 마치
행복을 경멸하는 것 같지만 실제로는 행복의 편협함과 천박함과 빈약

함에 반기를 드는 데 지나지 않는 사람도 있다.

니체

19세기에 '행복'은 포식한 부르주아가 흐뭇해하며 내뱉는 말이라는 뉘앙스를 얻게 되었다. 영국의 많은 철학자들이 행복에 대해 이런 뉘앙스로 말했다. 니체도 "인간이 추구하는 것은 행복이 아니다. 오직 영국인들만이 그럴 뿐이다"라고 말했을 때, 그런 뉘앙스를 염두에 두었다. 니체는 19세기에 '안락과 유행과 쾌적을 내세우는 영국인의 행복'을 비판한 것이다. 오늘날이라면 그는 '즐거운 시간을 보내세요Have a good time'라는 미국인들의 태도를 비판했을 것이다. 그렇다고 니체는 행복의 적은 아니었다. 오히려 우리 시대의 고전적인 쾌락주의자라고 말할 수 있다.

우리는 그가 말한 "내가 행복을 얻으려고 애쓰기라도 한단 말인가? 나는 나의 과업을 이루길 원한다!"를 인용한다. 하지만 이렇게 단순히 인용한다고 해서 니체의 의도가 드러나는 것은 아니다. 니체가 말하는 과업은 무엇보다도 노래였다. 즉 인간의 행복에 바치는 아주 열정적인 노래이자 더 많은 행복, 더 깊은 행복에의 서곡이었던 것이다. 니체는 행복한 삶을 살 재능이 있었고, 지금까지 누구도 예감하지 못한 행복의 가능성에 대해 상상의 나래를 펼친 것이다. 그는 동시대인들의 너무나도 편협한 행복을 보잘것없는 것으로 거부함으로써 행복에 만족하는 그들의 태도를 비판했다.

니체보다 나이가 많았던 동시대인 마르크스는 니체와는 거리가 아주 먼 사람이었지만 이러한 편협한 행복에 적대적인 입장을 취한 점에 있어서는 니체와 아주 가까운 사이였다. 우리는 니체와 마르크스를 개인주의자 대 집단주의자라는 대립적인 관계로만 생각하는 데 익숙해 있다. 그러나 이와 같은 상투적인 대비는 이들을 결부시키는 강한 연결 고리인 19세기의 부르주아지와 부르주아 이데올로기에 대한 투쟁을 은폐하고 만다. 이 부르주아지가 '행복'이라는 말을 기치로 내걸었기 때문에 마르크스주의자들은 행복을 반혁명적인 어휘로 취급했다.

마르크스 – 엥겔스 전집의 찾아보기에는 '행복'이라는 말이 전혀 등장하지 않는다. 그리고 마르크스와 엥겔스가 '계급 없는 사회', 즉 '행복한 사회'에 대해 쓴 것은 아주 부정적이다. 게다가 엥겔스는 불행한 역사가 결국 낙원으로 이어진다는 관념을 타파하는 데 역점을 두었다. 이런 명예가 실추된 말에 대한 그들의 반감이 그만큼 컸던 것이다. 행복과 사회주의를 결합시키는 것이 자명한 일이었던 부르주아 이전 시대에서는 분위기가 달랐다.

하지만 편협하고 소시민적인 편안함에 젖은 동시대인들을 일깨워 '초인Übermensch'의 행복을 추구하도록 내몬 니체가 결코 행복을 경멸한 사람이 아니었듯이, 편협하고 소시민적인 편안함에 젖은 동시대인들을 일깨워 '계급 없는 사회'의 행복을 추구하도록 내몬 마르크스와 엥겔스도 행복을 경멸한 사람들이 아니었다. '초인'과 '계급 없는 사회'는 19세기에는 다가올 인간 존재를 가리키는 상징이었다. 이 인간 존재가 추구한 행복의 내용은 에피쿠로스가 '행복'이라는 말로 생각한 모든 것보다도 한없이 풍요로웠다. 마르크스나 니체와 같은 사상가들은 행복을 중요시하지 않거나 대단치 않게 여긴 사람들과는 아무런 관계가 없다.

물론 스승이 '행복'이라는 말을 경멸적으로 강조한 것을 그대로 받아들인 제자들은 잘못된 인식을 가질 수도 있다.

편협한 인식을 가진 니체 숭배자나 마르크스주의자들이 행복을 중요시하지 않거나 대단치 않게 여기는 사람들에 섞여 방황하고 있는 것이다.

불행한 여우

요컨대 '행복'이라는 말을 듣고 얼굴을 찌푸리는 사람이 반드시 행복의 경멸자는 아니다.

그렇지만 행복을 중요시하지 않거나 대단치 않게 여기는 사람은 상당히 많다. 또 이런 사람이 생기는 배경도 다양하다. 선천적인 행복 불감증이라는 이상 증세가 있는지 분명하지 않다. 그러나 자연이 행복에 관심이 없는 사람을 만들어낼 수는 있다. 그렇다면 행복에 냉담한 반응을 보이는 것은 자연의 장난이며 기형적인 일이다.

좀 더 확고한 기반에서 이야기하자면, 이처럼 행복에 냉담한 반응을 보이는 것은 사회에 불고 있는 차가운 바람 탓으로 돌릴 수도 있다. 진리와 정의에 대한 불감증을 야기한 것은 자연이 아니라 실증주의라는 사상적 풍토였다. 그리고 많은 사람들이 진리나 정의는 그 내용이 무엇보다도 역사와 더불어 변화하는 관습에 좌우되는 추상 명사에 지나지 않는다고 생각하는 것처럼, 행복을 인간에게 기분 좋은 모든 일 - 예를 들어 애플파이나 나비의 표본이나 유명인사와의 교제나 우표 수집 등의 전부를 포괄하는 집합명사로 생각하는 사람이 많다.

행복을 이와 같이 형해화形骸化하는 것, 즉 내용은 없애고 기분 좋게 하는 모든 가능한 일을 포괄하는 그릇으로 만드는 것은 자연에 의한 기형이 아니라 문명에 의한 실명失明이다. 위대한 사상가들은 행복을 자신의 사상 세계의 중심에 놓았다. 실증주의는 삶을 잡동사니로 가득 찬 고물상으로, 인간을 사재기를 하는 동물로 여기는 천박한 사상이며, 진리나 정의나 행복을 허황된 말로밖엔 보지 않는다.

실증주의에 사로잡힌 동시대인들이 행복이라는 말에 반감을 가지는 것은 이 말 대신에 좀 더 문학적인 말, 즉 비교적 품위 있는 사람들 사이에서 유행하는 '유토피아'라는 말을 사용하면 더욱 분명하게 알 수 있다. 사람들은 오늘날 무엇을 생각하고 무엇을 바라든 간에 서둘러 자신이 유토피아주의자가 아니라고 밝힌다. 자본주의를 좋게 생각하는 사람도 있고 나쁘게 생각하는 사람도 있다. 또 사회주의를 좋게 생각하는 사람도 있고 나쁘게 생각하는 사람도 있다. 단지 일치하는 것은 유토피아적인 것을 거부한다는 점이다. 사람들은 '행복'이라는 말에서 – 정당하게도! – 유토피아적인 것, 즉 아직 존재한 적이 없고 어느 문서실에서도 찾아볼 수 없는 것을 감지한다.

엄청나게 멋진 일이 일어날 가능성을 믿으면서도, 행복을 적대시하는 요소에 늘 속박되어온 인간성의 해방이나 행복을 그 질곡에서 해방하는 일 따위는 믿으려고 하지 않는다.

현대의 사상적 풍토는 행복을 진지하게 생각하는 데는 별로 적합하지 않다. 게다가 아득한 옛날부터 행복을 폄하하는 것이 매우 효과적이라는 사실이 드러난 것이다. 바로 악명 높은 여우가 이러한 전략을 발견했다. 이 여우는 먹고 싶어 안달이 나는 데도 손에 넣을 수 없는 포도를 신 포도라고 단정해버린 것이다.

고대 그리스의 우화작가 이솝은 다음과 같이 이야기한다. 어느 무더운 여름날 이 여우는 과수원 주변을 어슬렁거리고 있었다. 높다란 나뭇가지에 매달린 잘 익은 포도송이 아래에 온 여우는 이 포도라면 자신의 갈증을 말끔히 가시게 할 것이라고 환성을 질렀다. 그래서 몇 걸음 떨어진 곳에서 달려 나가 훌쩍 뛰어올랐다. 그러나 포도에는 닿지 못했다. 여우는 여러 번 같은 행동을 반복했다. 유혹이 강했기 때문이었다. 그러나 결국 여우는 포기할 수밖에 없었다. 여우는 고개를 들고 오만하게 코를 내밀며 거드름을 피우고는 그 자리를 떠나면서 말했다. "저 포도는 신 포도가 틀림없어!"

이 여우는 어떻게든 포도를 먹고 싶었다. 포도가 얼마나 달콤한지 여우는 잘 알고 있었다. 그러나 여우는 포도를 딸 수 없었다. 너무 높은 곳에 매달려 있었던 것이다. 그래서 여우는 딜레마에 빠졌다. 여우는 한편으로는 포도를 딸 수가 없었고, 또 다른 한편으로는 포도 생각을 머릿속에서 털어버릴 수가 없었다. 그때 여우는 탈출구를 발견했다. 바로 욕망의 대상을 없애는 것이다.

그런데 방법은 두 가지가 있다. 즉 객관적 방법과 주관적 방법이 그것이다. 하나는 포도를 실제로 없애거나 적어도 먹지 못하도록 만드는 방법과 다른 하나는 포도를 있는 그대로 두지만 자신의 상상 속에서 말로 가치 없게 만들어버리는 방법이다. 포도가 없어졌을 때에도, 내가 포도를 시다고 생각했을 때에도 포도는 이미 내 마음을 끌지는 못하기 때문이다.

남의 손해나 불행을 보고 기뻐하는 마음을 뜻하는 말Schadenfreude은 바로 여기에, 즉 손에 넣을 수 없는 포도를 없애버리는 행위에 그 뿌리가 있다. 생각할 수 있는 가장 큰 규모의 손해란 세계를 파멸시키는 일일 것이다. 언제나 반복되는 세계 멸망의 관념은 무엇보다도 행복이 좌절된 세계가 멸망하기를 바라는 소망일 것이다. 현대 심리학이 크게 주목하고 있는 파괴 충동은 손에 넣을 수 없는 달콤한 포도를 없애버리려는 충동이라고 해도 지나친 말이 아니다.

결핍을 충분히 보상받을 만큼 만족스러운 파괴에 성공한 사람은 권력을 누렸던 세계적으로 유명한 방화범들뿐이었다. 그들만이 자신을 만족시켜주지 않는 세계를 불태워버림으로써 안도감을 느낄 수 있었다. 네로 황제가 로마를 불태웠다면, 그가 다른 방법으로는 기독교도들을 처치할 수 없었기 때문일 것이다. 아마도 나치들은 처음부터 자신들의 상황을 절망적이라고 판단했더라도 전쟁을 일으켰을 것이다. 왜냐하면 전쟁이 벌어지면 그들이 두 번째 기회를 가질 수 있기 때문이다. 즉 독일이 세계를 지배하지 못한다면 전쟁으로 세계가 파괴되어 어느 나라도 세계를 지배할 수 없게 되는 것이다. 히틀러를 찬양하는 문학 작품에서 나타나는 세계 멸망의 풍조는 무無에 대한 쾌감이었다. 이러한 무無에서는 분명 독일인들은 더 이상 존재하지 않겠지만, 러시아와 영국과 미국의 세계사적인 주역들도 이미 존재하지 않을 것이다. 모든 혁명에서는 이와 같은 방화범들이 일익을 담당했다. 혁명의 성격을 그들에 따라 규정한다는 것이 심술궂은 일이긴 하지만 말이다.

탐욕스럽긴 하지만 세계사의 주역들보다 체급이 떨어지는 사람들은 항상 손에 넣을 수 없는 것을 폄하하면서 먹고 싶어 안달이 난 달콤한 포도를 시다고 자신을 타이르는 것으로 만족해야만 했다. 하지만 이것만으로는 대부분의 경우 별로 도움이 되지 않는다. 누구나 자신보다 더 행복한 이웃이 달콤한 포도를 먹으며 입맛을 다시는 것을 매일 보게 된다. 이럴 때면 포도가 먹을 수 없을 정도로 시다고 하는 관념을 고집할 수가 없다. 개인적인 망상에 사로잡힌 미치광이들은 탐탁치 않는 현실에 대해 개의치 않는다. 그들은 이러한 현실을 보지 못하기 때문이다.

이들보다 정상적인 사람들에게는 집단적 광기가 도움이 된다. 집단적 광기는 신학자나 철학자가 만들어낸다. 그들만이 광기를 진리로 승화시키고 경험을 확고하게 차단할 수 있었다. 그들은 필요하면 언제라도 달콤한 포도를 손도 대지 않고 신 포도로 바꾸어버렸다. 요컨대 그들은 유혹의 대상에서 매력을 빼앗고, 먹고 싶어서 안달이 난 사람들에게 결핍의 고통을 제거한 것이다. 이렇게 본다면 포도가 시다고 말한 여우는 인류에게 최대의 선행을 베푼 자의 대열에 끼일 수 있다. 이 여우는 마법을 부려 수많은 결핍을 제거해 고전적인 「행복한 한스」와 더불어 고전적인 「불행한 여우」로서 기념비에 남을 공적을 세운 것이다.

그러나 이 여우는 꼭 선행만 베푼 주인공으로 입증된 것은 아니다. 물론 여우는 많은 점에서 삶의 무거운 짐을 덜어주었다. 그러나 전체적으로 본다면 인간으로 하여금 자신이 처한 비참한 상태에 적응하게 한 것이다. 이 여우는 크고 작은 무수한 결핍에 대해 무감각하게 해주었지만, 동시에 행복과 불행에 대해서도 자신의 것이든 타인의 것이든 무디게 만들어버린 것이다. 이 여우는 사람을 주어진 상황 속에 가두고 동경과 모든 가능성을 차단했다. 이 여우는 결핍으로 시달리는 사람들을 바보로 만들거나 불구자로 만들었다. 이 여우는 행복이 없는 상태를 고정시켜버리고 만 것이다. 결국 이 여우는 신 포도를 통해 가련한 체념의 고전적 존재가 되었다.

사실 가장 열정적인 행복의 적은 이 여우에게 공감하는 사람들에서 발견할 수 있다. 행복에의 동경을 상실하고 삶에 적응한 사람은 삶에 어떤 가능성이 있는지를 기억하려고 하지 않는다. 행복에 대해 생각하면 불안해지고, 행복이 없는 일상생활이 진부해지며 한 해에 몇 번 있는 축제일까지도 시시해지고 만다. 또 행복에 대해 생각하면 자신의 운명에 대해서 분개하게 되고 심지어 영화의 스타들마저도 당혹감을 느낀다. 이들은 최고의 연기를 펼치기 위해 얼굴을 온갖 화장품으로 치장하고 머릿속에는 온갖 대사를 채워 넣으며 분주하게 지내고 있는 데도 말이다. 요컨대 행복에 대한 생각은 누구에게든 자신의 결핍을 상기시키는 훼방꾼이 되는 것이다.

따라서 가난한 사람들뿐만 아니라 부자들도 이러한 행복에 대해 분노를 터뜨리는 경우가 많다. 행복이 스크린에 비치면 누구나 재미있게 구경한다. 그렇게 함으로써 자신의 은밀한 욕망을 충족시키는 것이다. 부끄러워하거나 불안해할 필요는 없다. 결국 모든 게 영화일 뿐이고 누구나 동의한 사실에 지나지 않는다. 그리고 영화관 안은 어둡다. 어두우면 아무도 보이지 않는다.

품위 있는 사람이라면 행복과 은밀한 관계를 맺을 수 있을 뿐이다. 사람들은 행복을 정부情婦처럼 다룬다. 끌리기는 하지만 정체를 알 수 없는 정부 말이다. 이 정부의 이름은 에피쿠로스이다.

행복과 의무

행복을 경멸하는 사람들은 행복과 의무를 부르주아적으로 대립시킴으로써 사회적인 권력을 얻게 되었다. 그리고 이러한 대립은 거의 언제나 무가치한 개인과 중요한 가족, 국민, 인류, 신의 문화의 대립과 일치했다.

행복을 적대시하는 수많은 냉정한 말과 격정적인 말에서 드러나는 것은 개인을 사회 질서의 수호자들의 의지에 예속시키려고 하는 의도이다. 행복에 반대하는 철학은 대부분 가족의 규율과 국가의 이성 그리고 교회의 지배를 추종한다. 이러한 철학은 교육을 통해 자명하게 받아들여진다.

이렇게 해서 과거나 현재나 수많은 사람들이 X씨나 Y부인의 행복을 진지하게 생각하지 않는 것이다. 그리고 이 수많은 사람 중에는 아리스토텔레스와 칸트와 같은 위대한 사상가도 있다. 이들은 현세의 행복이 존재한다는 사실을 부인하지는 않지만, 이 행복에 대해 야단법석을 떠는 것은 지나치다고 여겼다. 행복은 특별히 중요한 문제는 아니라는 것이 그들의 의견이었다.

X씨나 Y부인의 행복보다 더 중요한 – '특별히 중요한' – 문제란 도대체 무엇인가 하고 물으면 보통 다음과 같은 대답이 돌아온다. '더 중요한 문제는 부모를 위해, 자녀를 위해, 국가를 위해, 예술과 학문과 산업을 위해 하는 것이다.' 한 개인이 수학문제를 풀었을 때나 아기의 산더미 같은 세탁물을 빨았을 때 행복도 느낀다면 더욱 좋은 일이다. 행복은 참으로 멋진 덤인 것이다. 덤이라고 해서 가릴 필요는 없다. 우리가 먹거리를 찾는 존재로서, 혹은 제16선거구의 투표자로서 행하는 몇 가지 중요한 일에서 동시에 행복도 느낀다면 그것은 경멸할 일이 아니다. 하지만 이러한 행복은 산업 시대에 가장 어울리는 표현을 쓴다면 어디까지나 부산물에 불과하다.

도대체 누가 주산물과 부산물을 결정하는가? 기업에서는 기업가의 의도이다. 인간이란 산물에서는 창조주의 의도이다. 그리고 창조주의 의도를 모르는 한, 행복을 부산물로 여기는 이론은 많은 사상가들로 하여금 행복을 중요시하지 않거나 혹은 대단치 않게 여기게 하는 결과를 초래할 뿐이다. 그렇다면 그들이 행복 이상으로 중요시하는 것은 무엇인가?

그것은 삶을 일깨우기도 하고 파괴하기도 하면서 미지의 목표를 향해 질주하는 문화라는 기계를 데우기 위해 개인이 만들어내는 에너지이다. 지금 이야기하는 사상가들은 행복을 비방하는 광신자가 아니었다. 그들은 때로는 행복에 대해 오만한 태도를 보이기도 했지만 호의적인 태도를 취하기도 했다. 그들은 인간의 말 중에서 가장 아름다운 이 말을 결코 버리려고 하지 않았던 것이다. 고대 그리스의 학자 아리스토텔레스는 "인간의 모든 선善 중에서 행복이 최상의 선최고선이다"라고 단언했다. 다만 그는 진정으로 그렇게 믿고 말한 것은 아니었다. 행복한 알렉산드로스 대왕의 스승인 아리스토텔레스는 "도덕적인 행동을 하는 것과 행복은 동일하다"고 말함으로써 '행복'이라는 말을 행복과는 거의 관계가 없는 무엇인가를 위해 도용盜用한 사람들의 선두에 섰다. 이것은 철학사에서 매우 중대한 영향을 끼친 도용이었다.

이러한 혼동은 아리스토텔레스로부터 시작되었다. 그리고 방법은 언제나 같았다. 사회생활에서 '도덕적인 최고선'을 증류하여 그것을 단순히 '행복'이라고 부르는 것이다. 그러나 여기서 도덕과 행복으로 증류된 것은 역사를 돌이켜 보면 도덕도 아니고 행복도 아니며, 결코 도덕적이지도 않고 행복하지도 않은 사회를 결속시키는 접착제와 다름없다는 사실이 분명해진다. 아리스토텔레스의 '도덕적인 최고선'은 아테네 시민의 도덕이었다. 불평등한 재산권과 시민들만 누리는 평등한 정치적 권리를 지지하는 시민의 도덕, 즉 완전한 시민권을 가지고 동물이나 노예나 여자를 물건으로 여긴 시민의 도덕이었던 것이다. 이러한 사회 질서와 조화를 이루며 사는 사람은 – 아리스토텔레스에 따르면 – 행복했다.

그리고 공공 도덕과의 조화와 행복을 혼동하는 일은 오늘날까지도 계속되고 있다. 나는 어떤 종교윤리학 사전에서 '행복'이라는 항목을 조사해보았다. 거기에는 "이 개념은 심리학보다도 오히려 윤리학에 속한다"고 설명되어 있었다. 이것은 아리스토텔레스와 칸트가 미덕과 의무에 열중하면서 도달한 생각이다. 그러나 행복은 미덕이나 의무를 대신하는 경우에는 언제나 도용당하는 단어에 지나지 않는다.

도덕은 행복의 적이 되고 말았다. 그 이유는 '마땅히 해야 한다'는 도덕적 당위성 때문이 아니라, 도덕이 행복의 자리까지도 불법적으로 빼앗았기 때문이다. 오스카 와일드는 그 약탈자를 겨냥해 다음과 같은 말의 화살을 쏘았다. "나는 행복할 때는 언제나 선하지만, 선할 때는 행복한 경우가 드물다."

아리스토텔레스는 다음과 같은 말로 행복을 거의 유명무실하게 만들기도 했다. "각자는 자신이 가진 미덕과 지혜만큼, 그리고 이 미덕과 지혜에 따라 행동하는 만큼, 행복을 누린다." 하지만 결국 아리스토텔레스는 마술을 부리듯 행복을 사라지게 할 수 없다는 사실을 깨닫게 되었다. 그는 미덕만으로는 행복을 얻을 수 없다는 것을 예감했다. 그는 『니코마코스 윤리학』에서 분명하게 말했다. "용모가 아주 추하거나 천한 태생이거나, 자식 없이 혼자 사는 사람은 행복해질 수 없다." 이로써 그는 미덕론이 행복의 처방이 될 수 없다는 점을 스스로 시인한 셈이다.

요컨대 행복해지기 위해서는 미덕에다 다시 '외적인 것'이 추가되어야 하는 것이다. 아리스토텔레스는 이와 같이 '내적인 것'을 – 미덕은 이 내적인 것에 속한다 – 1차적인 것으로 생각하고, '외적인 것'에 2차적인 지위를 부여함으로써 행복을 미덕과 더불어 특별한 존재로 인정함과 동시에 그 지위를 낮추었다. 아리스토텔레스는 추한 사람은 미덕을 쌓을 수는 있지만 행복해질 수는 없다고 생각했다. 그러나 행복의 핵심은 여전히 미덕이다. 따라서 우리는 – 아리스토텔레스의 생각에 따르면 – 비유적인 뜻에서만 어린아이를 행복하다고 말할 수 있다.

요컨대 그는 '어떻게 하면 내가 행복해질 수 있는가?'라는 문제에 대해 조언할 수 없었다. 왜냐하면 외적인 것은 바란다고 손에 넣을 수 있는 것이 아니기 때문이다. 아리스토텔레스는 아마도 '어떻게 하면 우리가 미덕을 갖출 수 있는가?'라는 부분적인 질문에 대해서는 대답할 수 있었을 것이다. 그러나 미덕은 결코 완전한 행복이 아니다. 천한 태생이나 추한 외모에서 벗어날 수 있는 방법에 대해서는 조언할 수 없기 때문이다.

이후에 아리스토텔레스는 스토아학파로부터 심한 공격을 받았다. 스토아학파 사람들은 행복의 '외적인' 요소로 인해 생기는 난점을 인정하지 않았다. 세네카보다 약 한 세대 뒤의 사람으로 절름발이 노예였던 에픽테토스는 행복의 '외적인' 조건을 가볍게 제거해버렸다. 그의 행복의 학교는 즐거움이 아니라 고통만 있는 수술실과 같았다. 에픽테토스는 사람들을 행복으로 인도하기 위해 수술했다. 즉 그는 사람들을 '외계'와 연결해주는 신경을 절단한 것이다.

고대 그리스의 역사가로서 에픽테토스의 제자였던 아리아노스는 에픽테토스가 한 말을 전해주었다. 그 가운데 다음과 같은 간결한 대화가 있다.

"그의 아들이 죽었어."
"그게 어쨌단 말인가?"
"그의 아들이 죽었다니까."
"그것뿐이렸다."
"그것뿐이야."

"그의 배가 침몰했어."
"그게 어쨌단 거야?"
"그의 배가 침몰했다니까."

"그가 감옥에 갇혔어."
"그게 어쨌단 거야?"
"그가 감옥에 갇혔다니까."

에픽테토스는 동시대인들에게 아들의 죽음과 배의 침몰과 감옥에 갇히는 것은 외적인 일이며, 이러한 일로 신경을 쓰면 불행해질 뿐이라고 단언하고 있는 셈이다. 하지만 신은 무엇 때문에 인간에게 크나큰 영혼을 주었는가? 인간이 외면과 내면을 엄격히 구별하도록 하기 위해서이다! 인간이 외적인 일로부터 영향을 받지 않도록 하기 위해서다! 에픽테토스는 '행복'이라는 말을 이미 행복과는 전혀 관계가 없는 어떤 것을 위해, 더구나 완전히 무감각한 상태라고 부르는 것이 가장 합당한 어떤 것을 위해 도용했다는 점에서 아리스토텔레스보다 더 철저한 태도를 보였다.

아리스토텔레스도 행복해지기 위해 필요하다고 여긴 '외적인 것'을 마음속으로부터 경멸했다. 그러나 그는 – 비록 마지못해서이긴 하지만 – 행복을 위해서는 외계의 은총이 불가피하다는 사실을 부정하지 않았다. 그러나 고대 그리스인 에픽테토스는 그것을 부정했다. 로마의 전성기 때 꽃핀 행복의 처방은 다음과 같았다. "세상사는 영혼과는 관계가 없다. 그것은 외부의 일에 지나지 않기 때문이다." 이 말을 한 사람은 노예 에픽테토스가 아니라, 그와 같은 사상을 가졌고 서기 161년에 즉위한 로마 황제 마르쿠스 아우렐리우스였다. 당시 제국의 국경은 야만인 무리의 침략을 받고 있었고, 제국의 내부에서는 페스트가 맹위를 떨치고 있었다. 그런 가운데 스토아학파의 황제는 그리스어로 『명상록』을 썼다. 이 책에서 그는 더할 수 없는 냉철함과 더할 수 없는 강인함을 행복으로 권장했다. "언제나 파도가 치는 바위처럼 되라. 바위는 우뚝 서서 사납게 파도치는 바닷물의 노여움을 억누른다. 나에게 여러가지 사건이 생긴다고 해서 내가 불행해진단 말인가. 아니다! 그런 일이 내게 생긴다고 해도 나는 행복하다. 나는 어떤 일이 있어도 공포를 느끼지 않기 때문이다. 현재에 굴복하지도 않고 미래를 불안해하지도 않는다."

이처럼 '외면'이 없는 행복조차도 행복의 경멸자 칸트에게는 너무 지나친 일이었다. 그는 아리스토텔레스나 스토아학파와 마찬가지로 '내면'을 중시하고, 그들과 마찬가지로 '외면'을 경시했다. 그러나 칸트는 스토아학파의 방식에 따라 내면과 외면을 완전히 떼어놓을 수가 없었다. 또 아리스토텔레스처럼 행복의 탐구자를 아무런 위로도 없이 내버려둘 수도 없었다.

칸트는 어떻게 행복을 구제했는가?

어떻게 우리는 도덕과 행복을 일치시킬 수가 있는가? 이것은 무엇보다도 도덕을 중요시하면서도 행복에 대한 동경을 간과할 수 없었던 사람들의 문제였다. 도덕적인 사람이 행복하고, 비도덕적인 사람이 불행하다면 그들은 얼마나 기뻐했을 것인가? 그러나 그들은 욥 이래로 사실은 그렇지 않다는 것을 잘 알고 있었다.

아리스토텔레스는 다음과 같이 선언함으로써 활로를 열었다. 행복한 삶이란 "미덕에 따르는 삶이다. 이러한 삶에는 미덕이 주는 즐거움이 동반한다." 그러나 도대체 미덕이 어떤 즐거움을 준단 말인가?

이제 세계적으로 유명한 사상가는 이 정도로 해두고, 감탄스럽기도 하지만 의심스럽기도 한 교육으로 인해 가엾은 처지가 된 어린아이들에게 일어난 일에 대해 이야기해보자. 우선 한 남자아이에게 자신의 과자를 누이동생에게 억지로 나누어주게 하고, 그렇게 하면 행복해진다고 타이른다. 이 남자아이는 벌을 받을지도 모른다는 걱정 때문에, 혹은 어머니를 기쁘게 해주기 위해서, 혹은 그 밖의 무수한 이유 때문에 누이동생에게 과자를 나누어줄 수 있어서 행복하다고 말한다. 이 남자아이는 언젠가는 싫은 생각 없이 자신의 과자를 나누어주는 법을 배우게 될 것이다. 첫 훈련의 고통을 극복하고 나면 배운 것을 무리 없이 실행하는 데에서 어떤 만족감을 느낄 수도 있다. 심지어 이 남자아이는 '행복감'을 느낄 수도 있다. 뼈를 깎는 고통이 있더라도 결국 유희하듯 쉽게 할 수 있는 일은 사람들에게 '행복감'을 안겨주기도 하는 것처럼 말이다.

이러한 행복감은 자신이 고통을 극복하고 도달한 높은 경지에서 다른 사람들에게 고통을 극복하는 훈련을 시킬 때 즐거움을 느끼게 되면

칸트

더욱 커질 수 있다. 이렇게 되면 '미덕에 따르는 삶'이 특별한 즐거움을 주는 일도 실제로 가능할 수 있다. 하지만 행복에 반대되는 일을 행복이라고 부르기 시작한 때보다 더 효과적으로 행복으로 가는 길을 차단한 적은 없었다. 게다가 당시 사람들은 이런 잘못된 관행을 미사여구로 치장함으로써 고착화시키고 말았다.

칸트도 의무의 수행에 따르는 불쾌감이 마음에 걸려서, 그것은 그 동기가 관능이라는 저차원의 부류에 속하는 것이 아닌 쾌감이라고 말했다. 그러나 그는 이 쾌감을 곧바로 행복이라고 부르는 것만큼은 조심했다. 그는 그렇게 가볍게 생각하는 사람은 아니었다. 실제로 칸트는 '행복한 삶'이라는 이상에 대해 냉담한 반응을 보인 고전적인 사례다. 하필이면 이러한 이상에 합당한 처신을 하기 위해 많은 노력을 한 사람이 칸트인데도 말이다.

그는 어깨를 으쓱하거나 오만한 금언을 입에 담으면서 행복을 거부한 것은 아니다. 그는 『실천이성비판』에서 다음과 같이 말했다. "이성적이지만 유한한 존재라면 누구나 필연적으로 행복하기를 원한다." 그리고 그는 이 소망을 그의 철학적 성찰에 포함시켰다. 하지만 우리는 그가 이렇게 행복에 대한 동경을 말하면서도 인간의 이성보다는 유한한 존재라는 말에 중점을 두고 있다는 인상을 지울 수가 없다. 아리스토텔레스가 행복의 상당 부분을 2차적인 '외면'의 영역으로 내몬 것처럼, 칸트도 행복을 2차적인 유한성의 영역으로 내몰았다. 두 사람에게 중요한 것은 무엇보다도 '내면'과 절대적인 것, 즉 이성과 도덕이었다.

그럼에도 불구하고 칸트는 이 행복의 문제 때문에 굉장히 골머리를 앓았다. 행복이 그를 행복하지 않게 만든 것이다. 그는 행복을 아주 가볍게 다룬 사상가들을 신랄하게 비판하기도 했다. 그는 행복을 수행한 의무에서 나오는 내적인 빛으로 규정하는 옛 철학자들의 관행을 거부했다. 또 그는 미덕을 최고선으로 여기고, 행복은 오직 자신이 미덕을 의식할 때만 인정하는 스토아학파를 정면으로 반박했다. 칸트는 이 수수께끼 같은 행복 속에 의무를 수행한 후의 만족감 이상의 것이 숨어 있다는 사실을 알고 있었던 것이다.

그러나 무엇보다도 먼저 그의 관심을 끈 것은 역시 의무였다. 그는 의무와 행복을 동일시한 스토아학파를 거부했을 때보다도 더 강력하게 자신의 행복을 성취하는 것이 바로 '미덕'이라고 말하며 행복을 의무로 여긴 쾌락주의자들을 거부했다. 칸트의 의식을 지배한 것은 윤리성과 미덕과 의무와 도덕이라는 말이었다. 그가 적대시한 말은 관능성과 자기애와 이기주의와 경향성과 행복이었다. 그리고 그의 철학의 주요한 작업의 하나는 의무와 경향성, 미덕과 행복은 서로 일치시키기가 어렵기 때문에 경향성으로 의무를 수행하더라도 그 행위는 결코 도덕적이라고 부를 수 없다는 점을 사람들에게 각인시키는 것이었다. 이렇게 해서 그는 빗자루로 도덕의 성역을 단호하게 청소하고 행복이 설 자리를 없애버렸다. 칸트는 자신보다는 엄격하지 않았던 아리스토텔레스의 말, 즉 고귀한 행위에서 기쁨을 느끼지 않는 사람은 좋은 사람이 아니라는 말을 결코 받아들이지 않았을 것이다. 칸트는 윤리학이 더럽혀지지 않도록 행복을 윤리학에서 차단시켰다.

그럼에도 불구하고 그는 마지못해서이긴 하지만 "미덕과 행복을 최고선의 두 가지 다른 요소"로 인정했다. 요컨대 그는 – 마지못해서이긴 하지만 – 행복에 최고선을 구성하는 독자적인 한 요소가 되는 명예를 부여한 것이다. 물론 그렇다고 해서 행복에 대한 그의 애정이 더 커진 것은 아니었다.

세상이 도덕적으로 행동하는 – 요컨대 행복에 대해서는 조금도 생각하지 않고 – 사람은 누구나 행복해지도록 되어 있다면, 칸트의 행복에 대한 완고한 태도는 설득력이 아주 컸을 것이다. 그러나 세상은 그렇지 않다. 칸트는 이에 대해 스스로 다음과 같이 간결하게 말했다. "도덕적인 가치에 정확하게 부합하는 행복을 기대할 수 없고 이런 행복을 불가능한 것으로 간주해야 한다." 칸트와 같은 철학자는 철학을 잘 모르지만 행복에 집착하고 있는 사람들에게 어떤 위로의 말을 할 수 있었을까?

그는 철학사에서 서술되고 있는 것처럼 의무만을 내세우는 엄격하고 비인간적인 사람은 아니었다. 그는 사람들에게 다음과 같이 설교할 수는 없었던 것이다. '그대들은 이성理性의 원자로서 그대들의 엄격한 의무와 책임을 이행하라. 그 밖의 일에는 신경 쓰지 마라! 나는 그대들의 행복 따위에는 관심이 없다!' 그런데 이처럼 완고한 칸트가 양보의 태도를 보인 데서 행복에 대한 동경이 지닌 막강한 힘이 나타난다. 그는 인간에게는 도덕과 행복이라는 두 가지 목표가 있다고 말했다. 그런데 이 둘은 서로 멀리 떨어져 있다. 그렇다면 어떻게 이 두 가지 목표에 도달할 수 있는가? 신의 도움을 받는 길밖에 없다. 이것이 비종교적이라고 비난받은 이 철학자의 대답이었다.

신은 언제 나타나도 항상 기계신$^{Deus\ ex\ machina\ •}$이다. 기계신이라는 말 자체가 이미 동어반복이다. 칸트는 오랫동안 '신'에 대해 매우 냉담했다. 그는 모든 이성의 논증을 가차 없이 신의 옥좌에서 떼어냈다. 그러나 선과 행복의 균열 ─ 바로 욥의 문제이다 ─ 앞에서 한 치의 양보도 없던 이 완고한 사상가가 꼬리를 내린 것이다. 그는 자신이 그토록 엄격하게 떼어놓은 도덕과 행복을 다시 합쳐야만 했다. 이때 도움을 줄 수 있는 것은 신밖에 없었다. 칸트는 다음과 같이 말했다.

"행복이 필요하고 행복할 자격도 있는데 행복을 누리지 못하는 것은 어떤 이성적 존재의 완전한 의욕에 결코 부합할 수 없기 때문이다. 우리가 이러한 이성적 존재를 시험 삼아 생각해본다 하더라도 이 존재는 모든 권능을 지닌 존재일 것이다." 간단명료하면서도 비철학적으로 말하자면, 신은 ─ 칸트는 신에 대해 극도로 거리를 두고 말하고 있다 ─ 언젠가는 의무에 충실한 인간을 행복하게 만들어줌으로써 보상해준다는 것이다. 칸트가 여기서 냉정하면서도 무뚝뚝하게 옥좌에 앉힌 '도덕적인 세계 창시자', 즉 '모든 권능을 지닌 존재'는 옛날부터 인간의 행위에 보상을 해준 신의 역할을 하고 있다.

칸트도 행복한 삶에 대한 지침을 줄 수는 없었다. 오히려 그는 도덕적인 삶에 대한 지침에 더 관심이 있었다. 그러나 이 점에 있어서도 결국은 '도덕적으로 살아라, 그러면 반드시 행복해질 것이다'라는 결론에

• 고대극에서 기계 장치로 공중에서 내려와 문제를 해결해 주는 신을 말한다. ─ 옮긴이

도달하는 것이 아닐까?

그렇다. 이 약속된 행복은 결국 정언명령을 부드럽게 만들어 '어떻게 하면 행복할 자격을 갖출 수 있는지'를 가르치는 도덕으로 변화시켰다. 칸트가 중점을 두고 있는 것은 '행복'이 아니라, '행복할 자격'이다. 그러나 여기서도 행복의 경멸자 칸트에게서 행복이 비록 샛길로 빠지긴 했지만 다시 지고의 신이 된 것이 아닐까?

또 칸트의 유명한 '신 없는 관념론'에서도 결국은 종교가 언제나 – 기독교에서도 – 맡아왔던 역할, 즉 행복을 무시하라는 엄격한 요구의 보상으로서 인간에게 행복에 대한 희망을 주는 역할을 다시 맡고 있는 것이 아닐까? 『실천이성비판』은 다음과 같이 말한다. "도덕에 종교가 더해지는 오직 그때에만, 행복할 자격이 없지 않도록 유념하는 정도만큼 언젠가 행복을 나눠 가질 것이라는 희망도 등장한다."

이렇게 해서 칸트는 기독교의 퇴색한 반영에 불과하다는 사실이 드러났다. 기독교는 신자들에게 행복을 갈수록 더 화려하게 치장해 보여주었고 또 그만큼 더 확실하게 행복을 약속했다.

개인의 행복은 고려하지 않는다

아리스토텔레스와 칸트, 그리고 그들의 추종자들은 행복에 대해 아주 냉담했는데, 그것은 의무에 너무 치중했기 때문이다. 그들이 염두에 둔 것은 고대 그리스의 도시국가나 이성적인 존재의 공동체나 국가이었다. 개인의 행복은 언제나 평화의 훼방꾼에 불과했다. 행복에 대한 의지는 이기주의나 비이성적인 충동이나 무정부적인 반란으로 통했다.

이러한 악마가 행복을 에워싸고 있다고 여긴 것이다.

행복에 대한 강력한 동경을 모르는 사람은 없었다. 아리스토텔레스나 칸트조차도 행복을 다른 무엇으로 ─ 제아무리 매력적인 미덕으로도 ─ 대체할 수 있다고 생각하지 않았다. 최고선이라고 불리는 왕관에서 행복은 가장 뛰어나지는 못하다 하더라도 빛나는 보석이었던 것이다. 경향성이나 충동이나 행복이라는 말을 입에 담을 때에는 반드시 엄격한 재판관의 표정을 지은 칸트이지만, 세계 창시자가 의무에 충실한 인간을 행복하지 않게 내버려둔다는 것은 '도덕적인 세계 창시자'의 성격과 어울리지 않는다고 생각했다. 어쨌든 행복을 중요시하지 않거나 대단치 않게 여기는 사상가들도 이러한 경지까지는 도달했던 것이다.

그러나 그들은 이렇게 행복하도록 만드는 일을 운명이나 '도덕적인 세계 창시자'의 손에 맡겼다. 그들 자신은 이런 일을 맡지 않았던 것이다. 그들 자신은 철학적 통찰을 오히려 도덕을 위해 이용했다. 철학 논문을 무대에서 상연할 수가 있다면, 아리스토텔레스나 칸트 혹은 같은 성향의 사상가가 배우로서 행복이라는 말을 입에 올릴 때마다 어깨를 으쓱하는 동작을 하지 않을 수 없을 것이다.

헤겔은 칸트와 마찬가지로 개인과 그의 행복에 대해서는 냉담한 태도를 취했다. 그는 고대 그리스의 키레네학파를 설명하면서 다음과 같이 말했다. "기쁨은 우리에게는 진부한 말이다." 이것은 칸트가 한 말이라도 해도 무리가 없을 것이다. 헤겔은『철학사 강의』에서 칸트에게 다음과 같이 찬사를 보냈다. "그는 도덕을 수립하면서 행복에의 의지를 기반으로 하지 않은 최초의 사람이었다. 그 이전에는 동기에 대해서는 쾌감이나 불쾌감 이외에는 알지 못했다. 비극에서조차도 사람들은 '쾌감'을 불러일으키도록 요구했다." 그리고 헤겔은 모범이 된 칸트를 따라 행복이나 쾌감에 대해서는 경멸의 표시로 낯을 찡그렸다. 헤겔은 『철학입문Philosophische Propädeutik』에서 다음과 같이 말했다. "기쁨은 주관적인 것이며, 단지 특수자인 나에게 관계되는 것에 지나지 않는다." 이 짧막한 문장에서 '주관적'이나 '단지'나 '특수자'라는 말을 통해 '기쁨'에 대해 어느 정도로 경멸을 나타내고 있는지를 밝히기 위해서는 헤겔의 용어에 대해 상세하게 설명해야 할 것이다.

'행복'은 '기쁨'보다는 품격이 높은 말이다. 왜냐하면 "행복의 경우에 사색은 순간적으로 만족하는 데 있지 않고 신의 모든 것을 요구함으로써 이미 충동이라는 자연의 폭력을 제어하는 힘을 얻기 때문이다." 하지만 행복조차도 그렇게 대단한 것은 아니다. 결국 행복은 "모든 충동의 만족이라는 혼란스러운 관념"에 지나지 않기 때문이다.

그런데 여기서 '기쁨이나 행복보다 더 중요한 것은 무엇인가?'라고 질문한다면 행복에 대한 그의 냉담한 태도가 아주 명확하게 드러난다. 헤겔에게 더 중요한 것은 무엇이었던가? 『철학입문』에는 다음과 같은 구절이 있다. "인간이 기쁨을 목적으로 한다면 인간은 그 생각 때문에 그것을 넘어서서 더 높은 무엇인가를 하려는 충동을 지양할 것이다." 여기서 말하는 기쁨보다도 더 높은 것은 무엇인가? 헤겔은 플라톤과 토마스 아퀴나스의 계통을 잇는 사상가였다. 그는 플라톤에 대해 '신적인 대상'의 '고찰'에서 '행복한 삶'을 발견한 사람이라고 말했다. 행복은 일자*에 대한 고찰에 있다. 이것은 옛날 철학자들의 행복으로, 행복이란 존재하는 것을 의식하는 일이라고 말하기도 한다. 행복이란 아득한 옛

● 一者: 세상의 모든 것이 비롯하며 궁극적으로 돌아가는 것. 절대자를 말한다. - 옮긴이

날의 동방의 전제군주들과 18세기의 유럽의 기독교 국가 사이에서 일어난 다채로운 현상을 연결해주는 논리의 흐름 속에서 인류의 역사를 직관하는 것이다. 행복이란 신이 되는 것이다. 비록 창조해내는 능력은 없는 신이기는 하지만 말이다. 헤겔은 그가 검토한 몇천 년에 이르는 인간의 삶에서 행복을 발견한 것일까? 그의 답변은 이렇다. "세계사는 행복의 터전이 아니다. 행복한 시대란 세계사에서 빈

헤겔

칸으로 남아 있다." 행복은 고려의 대상이 아니고, 기록할 만한 가치도 없는 셈이다. 헤겔은 세계사를 보았지, 개인은 보지 않았다.

그리고 그가 개인을 보았을 때에는 알렉산드로스 대왕이나 카이사르, 혹은 나폴레옹 같이 언제나 세계사의 이정표가 되는 인물뿐이었다. 마치 우리가 현대식 공장에 들어가면, 무엇보다도 먼저 거대한 건물과 그 안에 있는 첨탑이나 원통이나 선로나 크레인 등과 같은 갖가지 설비에 마음이 쏠리듯이, 헤겔은 세계사를 바라보았을 때 무엇보다도 먼저 국가나 교회나 예술작품이나 책에 마음이 사로잡힌 것이다. 물론 자세히 보면 공장 안에는 노동자도 있지만, 노동자는 그가 섬기는 주인만큼 위엄 있게 보이지 않는 법이다. 헤겔은 세계사를 만든 사람들을 보기는 했다. 비록 그가 본 인물들은 '개성'이 뚜렷해 눈에 가장 잘 띄는 현장 감독들뿐이었지만 말이다. 그러나 이 현장 감독들조차도 그들이 수행

한 일만큼 위엄 있게 보이지 않았다.

개인은 기껏해야 세계사의 크고 작은 정거장에 지나지 않았다. 그것도 대체로 산속의 보잘것없는 간이역으로서 세계사의 중요한 분기점이 되지 못했다. 이러한 간이역에서는 진짜 목가적인 기분에 젖어들 수 있는 것이다. "행복한 인간이란 자기의 현존재를 자신의 특성과 의지와 자의에 적응시킴으로써 자신의 현존재 속에서 자족하고 있는 인간이다"라고 헤겔은 그의 『역사철학강의』에서 말했다. 이런 행복이라면 헤겔도 잘 알고 있었다. 그러나 정신의 대로의 저편에 피어 있는 행복이라는 하찮은 꽃은 이 철학자의 관심을 끌지 못했다. 개인과 개인의 행복은 세계사의 화젯거리를 만드는 데 뛰어난 전문가에게는 관심의 대상이 되지 못했다.

그리고 이 점에서는 철학계만 그를 추종한 것이 아니었다.

웅장한 공장을 보는 사람에게 일하는 노동자는 대단한 존재로 보이지 않는다. 분주히 움직이는 기계의 부품보다 나을 게 없는 것이다. 대도시의 역사를 간직한 거대한 문서실을 활보하는 사람에게는 제아무리 뛰어난 인물이라고 할지라도 개인의 공헌은 압도적인 인상을 주지 못한다. 개인이 문화에 기여하는 가장 위대한 공헌조차도 오랜 전통 속에서는 보잘것없는 부속물에 지나지 않는다. 세계라는 박물관 앞에서는 일개 작업장에서 만들어진 작품 따위는 아주 사소한 것으로 취급된다. 세계사적 전망은 개인을 누구나 하찮은 난쟁이로 만든다.

헤겔은 세계사적 전망을 좋아했다. 그리고 개인이 난쟁이가 되었듯이, 개인의 행복도 난쟁이 세계의 사건에 지나지 않았다. 헤겔과 그의 제자들은 세계정신의 성과에 열중했기 때문에 행복에 대해서는 알려고도 하지 않았다. 행복은 이 고상한 영역에서는 발붙일 곳이 없었다. 행복은 이른바 사적인 영역, 즉 철학자와는 아무런 관계가 없는 영역에 속하는 문제일 뿐이었다. 헤겔과 같은 철학자에게 중요한 것은 정신, 그것도 특수한 삶에서 특수한 기능을 가진 정신이 아니라, 객관 정신, 즉 절대 정신이었다.

죽은 자들이 깨어날 때

19세기에 헤겔에 대해 ─ 헤겔이 가장 강력한 대표자였던 관념론적 입장에 대해 ─ 반항한 것은 자신의 '삶', '존재', '안녕', '행복'이 (이 네 가지 말은 동의어였다!) 고려되지 않는다고 여긴 살아 있는 개인이었다. 낭만주의자들에서 슈티르너, 키르케고르, 니체, 입센, 톨스토이에 이르는 이 분노한 사람들은 '비합리주의'라는 이름으로 분류된다.

이들은 기존의 철학에 반항한 '생生철학'이나 '실존 철학'이라는 이름으로 분류되기도 했다. 이러한 반역의 배경이 된 것은 대중문화 시대가 열리기 시작한 초기에 많은 사람들이 점점 더 비대해져가는 객관 정신의 그늘에서 자신들이 얼마나 빈약한 삶을 살고 있는지를 고통스럽게 의식하게 되었다는 점이다. 개인은 기계 앞에서 뿐만 아니라, 문화 앞에서도 점점 더 초라해졌다. 그에 따른 고통이 줄어들긴 했지만, 고통이 줄어든다는 것은 흔히 유기체가 파괴되고 있다는 조짐이다.

우리는 행복을 동경하는 개인의 이러한 반항을 다양하게 묘사할 수 있다. 예를 들어 수공업자가 공장이 자신의 일을 빼앗았다고 반항할 수 있다. 혹은 마부는 철도가 부설되어 자신의 일이 사라졌다고 반항할 수 있고, 기업가는 주식회사가 자신을 파산시켰다고 반항할 수 있다. 혹은 사상가는 국민정신이 자신의 사상을 외면했다고 반항할 수 있고, 유명 인사는 통계가 자신을 평준화시켰다고 반항할 수 있다. 어쨌든 자신의 행복을 걱정하는 개인이 점점 더 자신을 무시하고 있는 상황에 대해 반항한 것이라는 사실은 분명하다.

우리는 실로 기묘한 현상을 초래한 이러한 반항을 많은 혼란스러운 논리와 시적으로 과장된 어휘에 가려져 있기는 하지만, 중요한 진리로 인식하지 않으면 안 된다. 이러한 반항에 대해 입센의 마지막 희곡작품인 『우리 죽은 자들이 깨어날 때』를 통해 살펴보기로 하자. 헤겔은 『철학입문』에서 조롱조로 다음과 같이 말했다. "많은 관심사와 일이 있는 사람은 즐거움을 모른다고, 다시 말해 우연적인 일이 아니라 과업만을 하면서 산다고 대중으로부터 동정을 받는다." 이에 대해 입센의 마지막 희곡의 주인공인 조각가 루베크는 주목할 만한 대답을 했다. '많은 관심사와 일이 있는' 사람인 입센은 헤겔이 그렇게도 경멸한 행복이라는 '우연성'을 위해 열정적으로 나선 것이다.

19세기의 마지막 해에 입센의 마지막 희곡 『우리 죽은 자들이 깨어날 때』가 발표되었다. 이 작품의 주요 모티프는 20세기에 들어와 떠들썩해진 말인 '삶'이다. 조각가인 루베크 교수는 헤겔에 따르면 '우연적인 일이 아니라 과업만을 하면서' 살아왔다. '과업'이란 그가 만든 유명하고 찬양받는 위대한 조각 작품 「부활의 날」이었다. 그런데 헤겔이 그렇게 경멸적으로 '우연성'이라고 부른 것, 그리고 조각가 루베크도 그의 창작 신조로 작품 창작에 있어 보잘것없는 반주음악에 불과하다고 오랫동안 무시해온 것은 「부활의 날」을 제작하는 그를 위해 포즈를 취해준 젊은 모델에 대한 그의 사랑이었다. 그는 '과업'을 위해 자유로워야 했기에 그녀에 대한 자신의 열정을 억눌렀다. 그러나 사랑은 언제나 '과업'을 방해하기 마련이다. 그를 마음속 깊이 사랑하고 있던 이레네는 절망 끝에 그의 곁을 떠나고 이별으로 인해 파탄을 겪는다. 두 사람은 오랜 세월이 지난 후에 잃어버린 행복을 탄식하는 죽은 자로서 다시 만난다.

이레네는 조각가에게 "응시하는 눈을 위해" 자신의 몸과 영혼을 훔쳤다고 비난한다. "작품이 우선이고, 아이는 그다음"이라는 것이 그의 도덕이다. 루베크는 다음과 같이 자신을 고발한다. "그때 난 눈먼 장님이나 다름없었지! 죽은 진흙 덩이로 만든 형상을, 삶의 그것보다… 사랑의 행복보다 우위에 두었으니까." 여기서 우리는 무의미하긴 하지만 얼마든지 이의를 제기할 수도 있을 것이다. 예를 들어 모델과 결혼하고도 위대한 작품을 창조할 수도 있다든지, 루베크는 렘브란트를 본보기로 삼았어야 했다든지 말이다. 설득력 없는 비유나 논리적이지 않은 점을 비판하기는 쉽다. 그러나 그럴 경우 그런 표현의 이면에 숨어 있는 진리를 놓칠 수 있다.

루베크 교수는 다음과 같이 말한다. "예술가의 소명이라든가, 예술 작품에 관련된 그 모든 일… 그리고 대충 그런 부류의 것들이… 공허하고, 허망하며 무의미해 보이기 시작했다는 거야." 그리고 "그러면 그 대신에 당신은 무엇을 원했나요?"라는 질문에 그는 "삶"이라고 대답한다. 그리고 이 대답을 다음과 같이 설명한다. "그래, 진흙 덩이와 돌조각 위에서 지쳐 죽을 때까지 기력을 탕진하는 것, 거칠고 축축한 동굴 속에서 자신의 생애가 다할 때까지 머물러 있는 것보다 햇살과 아름다움 속에서의 삶이 한결 고귀하지 않을까?"

여기서 중요한 것은 단지 예술가의 문제만은 아니다. '과업'에 대한

'삶'의 반항, '축축한 동굴 속에서' – 바그너는 『니벨룽의 반지』에서 이 동굴을 알베리히의 대장간으로 정확하게 묘사한 바 있다 – 식물과 같이 살아가는 삶에 대한 '햇살 속에서의' 행복의 반항에는 생산품만을 원하고 생산자에게는 무관심한 문화에 대한 반항이 담겨 있는 것이다. 19세기에는 많은 죽은 자들이 깨어나기 시작했다.

그 죽은 자들은 20세기에는 어떻게 되었을까?

에피쿠로스의 친구들

항상 신중해야 한단 말인가? 하지만 너무 늙어 열광할 힘이 없는 자라면, 젊은이들의 모임을 피하는 것이 좋다.

— 노발리스, 『단편斷片』

사기꾼, 지그문트 프로이트, 그리고 행복에 대한 용기

제2차 세계대전이 끝난 후 에피쿠로스의 친구들이 대도시 로스앤젤레스에서 100킬로미터쯤 떨어진 조그만 마을에 모였다. 그 마을은 산으로 둘러싸여 있었고 바다가 멀지 않았다. 그곳 주민들은 소액의 연금으로 생활하고 있었으며, 화가와 시인들도 있었다.

마을 앞 오른쪽에는 조그만 숲이 있고 그 속에는 광장처럼 빈터가 있었다. 어느 일요일 아침 그곳에 많은 사람들이 모인 것이다. 그들은 맨땅에 앉거나 담요나 매트리스, 또는 휴대용 의자를 가지고 나와 저마다 자리에 앉았다.

열한 시가 되자 기묘하게 뻗은 나뭇가지 사이에서 50세쯤 된 홀쭉

하고 품위 있는 까만 머리의 동양인이 나타나 사람들 무리 속에 끼였다. 그는 처음에는 아무 말 없이 미소만 짓고 있다가 조금씩 사이를 두고 조용히 앉아 있는 사람들에게 점잖은 말로 몇 마디 이야기를 했다. 그는 세계대전 시대에 등장한 에피쿠로스의 후계자였다. 시대의 폐허에서 멀리 떨어진 조그마한 마을이 그의 정원이었다. 그는 다음과 같이 말했다. "여러분은 행복의 왕국에 사는 습관을 널리 퍼뜨려야 합니다. 이 왕국이 얼마나 넓은지, 또 여러분은 국경을 넘자마자 이 행복의 왕국이 얼마나 확대되는지를 아직 모르고 있습니다." 땅에 앉은 사람들과 나무들 사이에 서 있는 사람들은 국경을 넘어 광대한 왕국을 그려보며 행복에 넋을 잃었다.

한 시간 후 사람들은 집으로 돌아가기 시작했다. 프랑스 출신의 젊은 여배우는 몇 분 더 행복한 몰아 상태에 도취해 있었다. 그러고는 신문기자에게 앞으로의 자신의 계획을 말했다. 또 면도를 하지 않아 수염이 제멋대로 자란 오스트리아 출신의 젊은 낭독가도 잠시 돌아가지 않고 남아 있었다. 그는 몇몇 지인들을 붙잡고 오늘밤 분수 앞에서 낭독회를 개최할 테니 와서 들어달라고 간청했다. 이와 같이 에피쿠로스의 후계자 말에 귀를 기울이던 사람들이 떠나가는 모습을 본 자는 그 사람들이 각기 행복의 왕국의 국경을 넘어 다시 세상으로 돌아가는 것을 자신의 눈으로 확인할 수 있었다.

에피쿠로스의 친구들은 남았다. 그리고 떠나가는 사람들을 쳐다보다가 어느 참나무 밑에 자리 잡고 앉았다. 그들은 강렬한 인상에 압도되었다. '행복'은 숲을 나가자마자 증발해버리는 것일까? 행복은 일요일 오전의 흥분에 지나지 않는 것일까? 에피쿠로스의 친구들은 이 문제를 놓고 토론했다.

한 사람이 다음과 같이 말했다. "그 이상도 가능하다. 그러나 그러기 위해서는 숲 너머 저쪽 세상의 습관을 근본적으로 타파해야 한다. 우리들을 황홀하게 해주는 새들의 지저귐이나 우리들의 귀를 열어주는 고요함이나 우리들을 일상생활에서 유혹하는 행복의 말이 자리 잡을 공간이 있어야 한다. 오늘 같은 이러한 휴식 시간은 행복이 아니라, 행복의 부재不在를 부각시킬 뿐이다. 일상을 타파해야 한다."

그러자 다른 사람이 말했다. "생각하는 사람은 화두가 던져지면 진지하게 받아들여야 한다. 우리들은 방금 들었던 생각을 진지하게 받아들일 수 있을까? 어떻게 하면 나는 내일 아침에 일상을 타파할 수 있을까? 내일 아침에 나는 수업을 해야 한다. 나는 10년 전부터 무슨 말을 해야 할지 더 이상 생각하지 않는다. 내가 할 말은 100년 전부터 정해져 있으니까 말이다. 내가 확신을 가지고 말하는 한 듣는 사람들은 그대로 받아들인다. 내 몫은 전달하는 것이고, 그들의 몫은 열심히 듣는 것이다. 이러한 비인간적인 과정이 행복과 무슨 관계가 있단 말인가? 오히려 불행과 관계가 있을 것 같다. 어떻게 하면 나는 이 과정에 종지부를 찍을 수 있을까?"

그러자 사람들은 그에게 행복한 교사 톨스토이를 상기시켰다. 그는 이렇게 대답했다. "톨스토이의 학교 규칙을 적용해, 배우는 것이 행복하지 않은 학생은 집으로 돌아가도 좋다고 말하더라도 나는 직장을 잃지 않을 것이다. 아마 웃음거리가 되겠지만 말이다. 사람들은 행복해지기 위해 공부하는 것이 아니라, 먹고 살고 출세하기 위해 공부한다. 어떻게 내가 이 일상을 타파한단 말인가? 어떻게 내가 행복을 해방시킬 수 있단 말인가?"

매일 들을 수 있는 대답은 뻔하다. 예를 들어 "일반 시민, 노동자, 민중이 행복이 없는 일상을 타파할 수 있다!"고 대답한다. 그러나 지금까지 그들은 일상을 타파한 적이 없다. 그리고 앞으로도 그런 일은 가능하지 않을 것이다. '민중' 자체가 일상의 산물이기 때문이다. 또 "종교가 일상을 타파할 수 있다!"고 대답한다. 그러나 지금까지 종교는 일상을 타파하기는커녕 더 강화시켰다. 일상은 자신을 타파했다고 호언장담하는 모든 사람들을 이겨냈다. 이겼다고 호언장담하는 사람들은 사기꾼에 지나지 않는다.

사기꾼의 호언장담은 철학적이고 조직적인 의상을 걸치고 등장하기도 하고, 발가벗은 채 등장하기도 한다. 그리고 후자의 경우가 가장 강력하게 사람들의 마음을 사로잡는다. 이 발가벗은 호언장담은 매혹적인 명령을 내린다. 무엇인가를 (예를 들어 고통을) 세계에서 없애라거나 무엇인가를 (예를 들어 세상의 논리를) 세계에 도입하라고 명령을 내리는데, 정신에는 아무런 부담도 주지 않는다. 또 행복해지기 위해서는 무엇을 해야 하고 무엇을 하지 말아야 한다고 명령하는데, 사기꾼들은 그것이 할 수 있는 일인지 할 수 없는 일인지에 대해서는 전혀 고려하지 않으며, 명령을 수행하면 정말 행복해질 수 있는지에 대해서도 아랑곳하지 않는다.

이 무책임한 명령을 받아들이는 사람들은 20세기의 맹신자들이다. 이들 중에는 여러 가지 유형이 있다. 즉 예로부터 알려진 어리석은 자들이거나 어리석은 자라고 믿어주기를 바라는 사람들도 있고, 어리석은 자가 되려고 힘껏 애를 쓰고 있으면서도 그렇게 되지 못하고 다만 어리석은 자의 흉내만 내고 있는 사람들도 있다. 그들은 모두 행복과는 거리가 멀다. 그들에게는 이미 기회가 없다. 사기꾼들이 이미 그들의 불행에 행복이라는 이름을 붙여버렸기 때문이다.

이렇게 다양한 속임수를 접하게 되면 많은 사람들은 행복을 두려워하게 된다. 그들은 행복이라는 말을 하기만 해도 사기꾼의 수법에 걸려들었다고 생각한다. 그들이 행복에 접근하기 위해서는 더없이 순진한, 좀 더 정확하게 말하면 더없이 무능한 방법, 즉 부정하는 방법뿐이다. 예를 들어 그들은 인간이 더욱더 확대되는 자유를 향해 발전하고 있다는 점을 크게 떠벌인다. 그런데 이 자유가 행복한 인간을 전제로 삼지 않는다면 단순한 망령에 지나지 않음을 그들은 간파하지 못한다. 그들은 사기꾼에 대한 불안 때문에 오히려 행복을 사기꾼의 손에 내맡기고 있는 것이다.

우리 시대의 에피쿠로스의 친구들은 허세를 부리는 자와 수줍은 자로 구분할 수 있다. 수줍은 자의 전형적인 인물은 위대한 계몽가 지그문트 프로이트이다. 그는 먼저 다음과 같은 질문을 던졌다. "인간이 자신의 행동을 통해 보여 주는 삶의 목적과 의도는 무엇인가?" 그리고 그는 쾌락주의적인 답변을 제시했다. "인간은 행복을 추구한다. 인간은 행복해지기를 원하고, 그 행복을 유지하고 싶어 한다." 이와 같은 출발점은 다른 모든 쾌락주의자들과 같다.

그러나 그는 지나친 희망은 모두 완강하게 거부했다. 욥에서 칸트에 이르기까지 사람들은 전지전능한 신이 인간의 행복에 대한 동경이 실현되도록 보살필지에 대해 고민해왔다. 프로이트는 이런 문제에 대해서는 아랑곳하지 않았다. 그는 회의론자들이 때때로 보여주는 독단적인 태도로 말했다. "인간을 '행복'하게 하려는 의도는 '천지창조'의 계획에 포함되어 있지 않다."

이러한 '행복'은 프로이트에게 상당히 어려운 문제였다. 그는 쾌락이나 리비도^{성적 충동}를 발견한 것이 아니다. 그는 쾌락을 둘러싼 두 가지

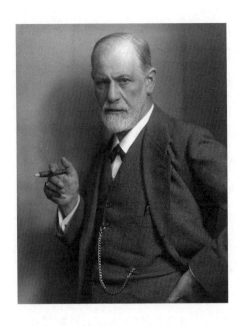

프로이트

비극을 발견했다. 젊은 프로이트가 말한 첫 번째의 비극은 그 범위가 좁은 것이지만, 지평선이 넓어짐에 따라 두 번째의 더 광범위한 비극의 일부가 되었다. 첫 번째 비극의 갈등에서 주인공은 '본능', '성욕', '리비도', '이드'이고 적수는 이기주의와 초자아이다. 이러한 이름은 등장할 때마다 동일한 분위기를 띠지는 않는다. 그러나 결국에는 언제나 비인격적인 욕망인 '본능'과 ‒ 그 적수로서 ‒ 이 본능을 단념하도록 설득하는 '자아', 이 두 근원적인 힘이 충돌하는 것이다. 여기서는 '쾌락이냐 삶이냐'가 문제이다. 프로이트 이전에 이와 같이 쾌락을 강력하게 여긴 사상가는 없었다.

과거의 쾌락주의자들에게는 즐거움을 위해 어느 정도로 즐기고 어느 정도로 단념할지가 문제였다. 이 문제에 대한 프로이트의 조심스러운 답은 위대한 에피쿠로스와 크게 다르지 않았다. 프로이트는 바로 위에서 말한 쾌락과 삶의 거대한 결투를 고찰하다가 그 답을 발견했다. 즉 "억압된 쾌락은 흔적도 없이 사라지는 것이 아니라 노이로제나 문화적인 활동에서 탈출구를 찾는다."

프로이트는 쾌락에서 생겨나 다시 쾌락을 ─ 쾌락의 대용품을 ─ 주는 종교와 형이상학과 예술을 찬양했다. 그는 사상가들의 총애를 잃고, 말을 파는 행상인들에 의해 제멋대로 이름 붙여진 행복을 다시 왕좌에 복귀시켰다. 또 그는 행복보다도 더욱 악명 높은 쾌락이라는 말을 사용하는 것도 피하지 않았다. 그는 다음과 같이 말했다. "삶의 목적을 결정하는 것은 쾌락 원칙의 프로그램이다."

프로이트는 악명 높은 '쾌락'을 강조할 정도로 대담했다. 이는 그의 선배인 몽테뉴가 쾌락에 대해 위대한 말을 한 것과 비슷하다. "세상 사람들에게 그들이 아주 싫어하는 이 '쾌락'이라는 말을 지겨울 정도로 되풀이해주고 싶다." 또 프로이트는 쾌락이 생기는 원천을 은폐하지 않았다. 그는 문화를 매우 존중했지만, 문화에서 쾌락이 온전하지는 않다는 사실, 즉 명상이나 창작, 그리고 인간의 위대한 창조 행위의 행복은 활력을 주는 행복보다 고상하고 수준 높은 것으로 통하지만, 사회 변화의 동력은 떨어진다는 사실을 잘 알고 있었다. 하이네와 니체와 프로이트는 지난 100년 동안에 나타난 독일의 위대한 쾌락주의자였다.

프로이트는 '행복한 사회'를 말하는 사람들에 대해서도 냉담한 태도를 취했다. 우리가 불행을 경험하기는 쉽다. 다음의 세 방향에서 오는 고통이 우리를 위협하고 있기 때문이다. 첫째는 우리 자신의 육체이고, 둘째는 외부 세계이다. 이 외부 세계로부터 오는 고통은 압도적이고 무자비한 파괴력으로 우리를 덮칠 수 있다. 셋째는 타인들과의 관계에서 오는 고통이다. 우리는 이 고통을 "불필요한 사족으로 생각하는 경향이 있지만, 사실은 다른 원인에서 오는 고통 못지않게 숙명적으로 불가피한 고통이다." 지그문트 프로이트에게는 위대한 쾌락주의자들의 열정이 살아 있지는 않았다.

프로이트는 희망을 갖는다는 점에서는 매우 조심스러웠으나 그래도 엄연한 쾌락주의자였다. 그는 같은 쾌락주의자로서 신들의 술넥타르과 음식암브로시아을 비유가 아니라 실제로 노래한 하이네의 시를 인용했지만, 자신은 노래하지 않았다. 그는 귀납법과 연역법을 구사해 신들의 술과 음식을 '쾌락 원칙'이라는 전문 용어로 바꾸어 놓았는데, 우리는 이 말을 얼핏 들으면 동경의 흔적은 더 이상 찾을 수 없다.

이제 행복은 이렇게 딱딱한 용어의 차원으로까지 떨어지고 말았다. 프로이트는 쾌락을 폄하하지 않았다. 쾌락은 건강이며, 이 건강을 위해 영혼의 의사가 행한 활동은 큰 성공을 거두었다. 그렇다면 '신의 나라'나 '신에 대한 지적인 사랑' 혹은 '행복한 사회'에서 볼 수 있었던 그 거침없던 쾌락은 도대체 어떻게 되었는가? '리비도의 경제학'이 되고 만 것이다!

욥에서 톨스토이에 이르기까지 각 세기가 20세기에 대해 알려고 한다면 이 수줍은 쾌락주의자 지그문트 프로이트의 다음과 같은 말을 들으면 된다. "신중한 사업가가 전 재산을 한 가지 사업에 묶어 놓기를 피하는 것과 마찬가지로, 삶의 지혜는 한 가지 목표에서 모든 만족을 찾으려 하지 말라고 우리에게 충고한다." 이 말에 다음과 같은 말을 덧붙일 수도 있을 것 같다. 아마도 우리 세기에는 무모한 살인자들이 신중한 사업가를 대신하고 말았다고 말이다.

그렇다면 어디에다 투자하면 좋을까? "그것은 개인의 리비도 경제학의 문제이다. 모든 사람에게 똑같이 적용되는 황금률은 존재하지 않는다. 사람들은 저마다 자신이 구원받을 수 있는 특정한 방식을 스스로 찾아내야 한다."

프로이트는 어떤 특정한 방식으로 행복해졌는가? 그는 한 외과의 사가 암에 걸린 뼈를 신의 왕좌에 내밀며 고발하려 한다는 것을 알고는 다음과 같이 말했다. "내가 전지전능한 신에게 할 수 있는 결정적인 비난은 왜 신은 나에게 더 뛰어난 두뇌를 주지 않았는가 하는 것이다." 이것은 인식을 통해 행복을 추구하는 회의적인 철학자의 말이다.

또 이것은 예술을 통해 행복을, 즉 '공상을 통해 만족Phantasiebefrie-digung'을 추구하는 사람의 말이기도 하다. 공상의 세계는 현세에 있으면서 내세를 꿈꾸는 유일하게 강대한 왕국이다. 현실이라는 매우 냉혹한 매체에서 성취될 수 없는 소망이 이 공상의 왕국에서는 조촐하게 실현된다. 그가 예술로 도피하는 것은 반동적이 아니라 인간적이다. 프로이트는 다음과 같은 두 가지 통찰에서 출발했다. 첫째, 현실은 누구에게든 감당할 수 없을 정도로 냉혹하기 때문에 현실에서 휴가를 얻는 것이 행복을 얻는 방법이다. 둘째, 예술은 쾌락의 원천이자 삶의 위안으로서 오직 이러한 공상적인 매체에서만 누릴 수 있는 행복을 준다.

우리는 먹고 마시는 일, 성생활, 호흡, 후각, 촉각, 그리고 모든 활동의 성취가 – 프로이트는 어떤 쾌락의 승화도 이러한 성취의 강도에 미치지 못한다고 분명하게 말했다 – 프로이트에게 준 쾌락에 대해서는 알지 못한다. 우리는 프로이트가 누린 행복에 대해서 거의 아는 바가 없다. 왜냐하면 이 20세기의 가장 위대한 쾌락주의자의 가족이나 제자들이 불멸의 '쾌락 원칙'을 영광스러운 자리에 앉힌 지그문트 프로이트라는 덧없는 존재의 덧없는 쾌락을 찬양하지 않기 때문이다.

쾌락주의자는 사기꾼이 되거나 아니면 쾌락에 너무 많게도 너무 적게도 투자하지 않는 조심스러운 기업가가 되어야 하는가? 쾌락과 행복은 인간을 구성하는 기본 요소이다. 우리는 인간이 돌이나 식물이나 동물과 공유하는 많은 것들에 대해 말할 수 있다. 또 인간은 사회학의 연구 대상이기도 하다. 즉 인간은 무리를 짓고, 이데올로기의 힘을 빌려 권력을 쟁취하기 위해 싸우는 존재인 것이다. 그러나 인간의 삶은 물리학, 화학, 생물학, 사회학 등에 의해 아직도 완전히 해명되지 않았다. 그 이유는 많겠지만 인간이 행복해지기를 원하는 존재라는 점도 그중에 포함된다.

인간이 바로 그런 존재이기 때문에 행복에의 의지가 욥에서 톨스토이에 이르기까지 점점 더 광범위해진 것이다. 그러나 이것이 유일한 결론은 아니다. 욥에서 톨스토이까지 이 책에서 언급한 사람들은 행복에 대한 동경도 키워왔다. 이들은 행복에 대한 용기에도 불을 붙였다. 아마도 이러한 용기는 언젠가는 저마다 자기 나름의 행복 속에서 천국의 상태를 선취해나가는 원동력이 될 것이다. 따라서 이 용기를 북돋아 주는 자는 - 오늘날 이러한 사람이 얼마나 필요한지 모른다! - 언젠가는 (아마도!) 행복에의 의지가 행복이 없는 일상보다 더 강해지는 데 기여할 것이다.

'아마도'라고 한 것은 경솔한 확신과 소심한 불신의 경계선에 있는 불안정한 입장임을 밝히고 싶어서이다.

맺는말

변함없이 평생 지속되는 행복은 두 가지 내세를 현실로 만들 때나 가능할 것이다. 천국에서의 행복과 유토피아의 행복 말이다. 현세에서의 삶은 바로 가련한 루디 두취케가 경험한 '제도권을 뚫고 대장정der lange Marsch durch die Institutionen'을 하는 것과 같이 험난하다. 영원한 행복은 이 두 가지 내세, 즉 천상의 내세와 지상의 내세 중에서 한 곳에서만 존재할 수 있다. 왜냐하면 인간의 눈으로 보면 인생에 의미가 없기 때문이다.

따라서 종교의 창시자나 철학자가 매혹적인 세계를 꾸며내도 겉만 번지르르할 뿐, 맹신에 불과하다.

개인이 얻을 수 있는 것은 순간적이고 아주 한정된 행복이다. 내가 어렸을 때, 부모님은 매년 우리를 데리고 북해로 여행을 갔다. 도착하자마자 나는 바닷가로 달려가 행복감에 흠뻑 빠져들었다. 또 다른 순간적인 행복의 예를 든다면 「아이다」에서 돌무덤에 갇힌 두 연인이 부르는 최후의 듀엣을 들었을 때이다. 그러나 행복의 순간이 지나면 – 이런 경우 종종 이야기되듯이 – 전락이 온다. 이는 마치 인간의 영혼이 신과

• 루디 두취케(Rudi Dutschke:1940~1979)는 독일 68학생운동의 기수로 단 한 번의 투쟁으로 모든 것을 해결해 승리하는 것이 아니라, 사회의 주도권을 쥔 제도권과의 끊임없는 투쟁을 강조했다. 두취케는 암살시도를 당해 오랫동안 재활 치료를 받다가 합병증으로 사망했다. – 옮긴이

하나가 되는 황홀경에 빠졌다가 다시 깨어나는 것과 같다. 사랑의 예는 이 정도로 해두자. 차를 타고 가다가 할리우드의 언덕에서 골짜기로 굴러 떨어졌을 때, 내 왼손은 가느다란 근육으로 간신히 붙어 있었다. 팔에 깁스를 해 간신히 버텨 나갔다. 그때 나는 마약의 일종인 판토폰을 투여 받았다. 나는 그 이전에도 또 그 이후에도 이때만큼 편안한 행복감을 느껴본 적이 없다. 그러나 약효가 사라지자 전락의 시간이 찾아왔다. 나는 마약 중독자들도 그때의 나와 같은 행복감을 느꼈으리라 생각한다. 물론 그들의 전락은 더 깊겠지만 말이다.

내 삶의 경험을 – 사랑의 경험은 논외로 하겠다 – 요약하자면, 인생에는 행복의 순간이 간간이 흩어져 있다고 말하고 싶다. 편안함•에서 행복의 의미를 찾는 사람은 헛수고를 하는 셈이다. 인간은 그와 같은 것에서 의미를 발견할 수는 없다.

쇼펜하우어에 이르기까지 위대한 종교 창시자들이나 철학자들은 종종 이 편안함을 행복으로 꼽았다. 하지만 이러한 상태는 오래 지속되지 않으며 점차 궁색한 해석으로 대체되었다. 무의미한 인생을 살아갈 수는 없다고 생각하는 사람은 자살할 길밖에 없다. 무의미란 지속적으로 자신을 지탱해나가는 의미가 없다는 것을 뜻한다. 하지만 지속적이지는 않지만 순간적인 행복의 조각들은 얼마든지 있다. 인간은 좀 더 겸손해지는 법을 배워야 한다.

• 독일어로 Geborgenheit인데, 아이가 부모 품에 안겨 있을 때처럼 따뜻한 보살핌을 받으며 믿음과 사랑을 나누는 상태 또는 따뜻한 보살핌 속에서 안전함을 느끼는 상태를 말한다. 이 말은 독일인들이 좋아하는 어휘로 손꼽힌다. – 옮긴이

지은이의 말

이 책을 다시 읽고 나서

　때로는 저자가 자신이 쓴 책의 독자가 되는 경우가 있다. 그런 경우 현재의 자신은 더 이상 그 책을 썼을 때의 그 사람이 아니라는 사실을 부정하는 것은 지나친 일이 될 것이다. 그렇다고 거리두기가 가능하다는 사실을 간과한다면 그것 역시 잘못일 것이다.

　이 책에서 기대할 수 없는 것을 충분히 밝히지 않았다는 점이 우선 눈에 띈다. 그러한 것은 이 책의 의도가 아니었기 때문이다. 이 책은 욥에서 프로이트에 이르기까지 온갖 행복을 완전히 망라하려고 하지 않았다. 이 책은 행복에 관한 백과사전이 아니다.

　또 이 책은 행복한 자와 불행한 자, 행복을 추구하는 자와 불행을 피해 도피하는 자들의 이론을 정리해 체계화하는 교수자격 취득 논문도 아니다. 이 책의 중심을 이루는 것은 이론이 아니라 삶이다. 이론은 삶을 추상적으로 공식화한 것에 지나지 않는다. 따라서 이 책은 여덟 편의 행복에 관한 전기傳記를 서술하면서 개개의 인물이 태어나 자란 뿌리를 자세하게 밝혔다.

　때때로 이처럼 세부 사항을 밝히는 것이 중심 주제를 다루는 데 불필요하지 않을까 하는 의문이 들었다. 그러나 그때마다 내가 내린 결론은 행복의 특수한 면모가 지닌 구체성을 떨어뜨리는 것보다는 세부적인 내용이 많은 편이 낫다는 것이었다. 개개인의 행복은 유형학적으로 서술할 수는 있지만, 비교할 수 없을 정도로 저마다 독특하다.

목적지로 인도하지 못하는 길은 잘못된 길이다. 이 책에서 말한 여덟 가지 행복의 길과 – 비록 대놓고 말하진 않았지만 은밀하게 독자들에게 전달하려고 한 – 행복의 이론들은 살아 있는 가능성이며, 행복을 보는 시각을 맑게 해줄 것이다.

독자 중에는 행운이 발현된 위대한 인물 중의 하나인 펠릭스 크룰,* 즉 운명의 신의 바퀴가 그의 문장(紋章)인 행운아이자 신들의 총아인 펠릭스 크룰이 이 책에 등장하지 않는 것을 아쉬워하는 사람이 있을지도 모르겠다.

하지만 펠릭스 크룰은 이 책에 등장하는 행복의 발견자들과는 다르다. 행운의 기수는 행운이라는 말을 탄 자이며 행운의 여신인 포르투나의 선택을 받은 자이다. 행운의 여신 포르투나의 정체는 신학이나 철학으로 명확하게 밝힐 수 없다. 우리는 이 여신에게 가까이 다가갈 수도 없고 정복할 수도 없다. 변덕이 매우 심한 포르투나는 손에 든 풍요의 뿔로 선택한 사람들에게 온갖 단비를 뿌린다. 우리는 '내가 어떻게 하면 행복해질 수 있을까?'라고 물을 수는 있지만, '내가 어떻게 하면 행운아가 될 수 있을까?'라고 물을 수는 없다. '행운'을 가진 사람이 '행복'에 대해 성찰하는 일은 거의 없기 때문이다. 행운과 행복은 독일어에서는 같은 말(Glück)로 표현되지만 의미는 전혀 다르다. 영어의 해피니스

• 토마스 만의 소설 『사기꾼 펠릭스 크룰의 고백』의 주인공이다. – 옮긴이

happiness는 어원을 따져 보면 행운과 행복의 의미가 중첩되고 있음이 드러나지만, 셰익스피어 시대에는 굿 해프Good hap가 '포르투나의 은총이 그대에게 있기를!'이라는 의미였다. 따라서 포르투나는 이 책에서 다룬 에피쿠로스로부터 프로이트에 이르는 행복의 대장장이들과는 아무런 연관이 없는 것이다.

또 독자들이 가장 관심을 많이 가지고 있는 "나는 어떻게 하면 행복해질 수 있는가?"라는 질문에 대해서도 언급이 없었다. 대답을 제시한 것은 항상 "그는 어떻게 해서 행복해졌는가?"라는 질문에 대해서만이었다. 그런데 우리는 어떻게 그의 사례를 나의 사례로 만들 수 있는가? 우리 시대에서 모방은 독창적으로 따라하는 것 이상일 수 없다. 시를 베껴 쓴다고 해서 시를 지었다고 말할 수는 없다. 행복을 모방하는 것은 행복해지는 일과는 다른 것이다. 낙원으로 가는 길에 안내자는 없다. 누구나 자신의 행복은 자기가 만든다. 누구도 남이 만들어낸 행복을 얻을 수는 없다. 게다가 재치 있는 표현을 빌리면, 거친 은을 만드는 대장장이와 금을 만드는 대장장이는 다른 법이다.

어떤 방법으로 행복해졌는지를 배울 수 있는 모범은 있다. 행복을 추구하는 독자라면 이런 모범적인 인물들과 친밀감을 느낄 수 있을 것이다. 이들은 독자에게 방향과 이념을 제시할 것이다. 그러나 독자는 이 모범을 자신에게 맞게 변화시켜야 한다. 독자 자신의 천성이나 개인적 상황, 소속된 그룹에 따라 변화가 필요하기 때문이다.

독자는 때로는 고통스럽게 또 때로는 즐겁게 그리고 또 때로는 예리한 통찰력으로 행복을 파고들었던 사람들의 숱한 경험을 통해 풍요로워질 것이다. 그럼에도 독자는 그들이 짊어졌던 것과 동일한 과제를 떠맡게 된다. 바로 비교할 수 없는 자신만의 행복을 찾는 과제 말이다.

따라서 저자가 자신의 경험을 이 책에 추가했다 하더라도 별 의미가 없었을 것이다. 물론 저자는 어떤 인물과 친밀감을 느끼는지, 어떤 인물과는 친밀감을 덜 느끼는지를 숨기지 않았다. 즉 말 그대로 천국으로 들어간 인물(아우구스티누스)이나, 멜로디와 개념의 집으로 숨은 인물(리하르트 바그너)에게는 친밀감을 별로 느끼지 못했고, 그보다는 니체처럼 기쁨을 큰소리로 노래하거나 프로이트처럼 아주 조심스럽게 쾌락을 찬양한 쾌락주의자에게 친밀감을 더 느낀 것이다. 또 니체는 이러한 행복이 추상적인 것이 아니라, 손을 뻗치면 닿을 만큼 바로 눈앞에 보이고 귀로 들을 수 있는 것이라는 사실을 보여주었다.

"나의 행복!"

산마르코 광장의 비둘기들을 다시 본다.
고요한 광장에는 아침이 찾아와 휴식을 취하고
나는 부드럽고 서늘한 바람 속에 한가롭게
창공으로 날아가는 비둘기들처럼 노래를 날려 보냈다가
다시 불러들여
시구 하나를 날개에 더 달아준다.
– 나의 행복이여, 나의 행운이여!

푸른 비단으로 덮인 고요한 하늘이여,
온갖 빛깔의 집들을 품고 떠돌고 있구나.
내가 그리도 – 무엇이라 말할까? – 사랑하고 두려워하고 부러워하는 …
그 영혼을 진정으로 한껏 들여 마시고 싶다!

언제 다시 그 영혼을 돌려줄까?

아니다, 그런 말 하지 말자, 그대 보기만 해도 정말 멋진 광경이여!

– 나의 행복이여, 나의 행운이여!

그대 장엄한 종탑이여, 사자 같은 힘으로

지칠 줄 모르는 승리의 영광을 자랑하며 솟아 있구나!

깊은 종소리로 광장을 뒤덮고 있는 그대는 –

프랑스어 악센트 부호로 말하자면 악상테귀와 같을 것 같다,

그대에게 되돌아오게 된다면

그 어떤 비단처럼 부드러운 힘이 끌어당겼는지 나는 안다.

– 나의 행복이여, 나의 행운이여!

가거라, 가거라, 음악이여! 짙은 그림자가 드리워지고

갈색의 부드러운 밤이 오기까지 자라거라!

가락을 울리기에는 아직 너무 이르고,

황금 장식이 아직 장밋빛으로 물들지 않았다.

낮 시간은 아직 많이 남아 있다.

시를 짓고, 산책하며, 홀로 소곤대는 낮 시간이.

– 나의 행복이여, 나의 행운이여!

이 책에서 소개한 열정적인 사람들과 집요한 사상가들의 모범적인 길과 탈출구와 성찰들을 오늘날과 연결하는 다리는 있는가? 일단 양자를 대면시켜 보아야 한다.

독자 여러분은 동급생이나 대학 친구, 사업 파트너를 떠올려보기 바

란다. 그리고 그 사람들에게 '행복한지?', 행복하다면 '어떤 의미에서 행복한지?'를 질문하는 장면을 상상해보기 바란다. 그들은 어떻게 대답할까? 아마 어깨를 으쓱할 것이다. 이는 '그런 일은 생각해본 적이 없다'에서 '그건 네가 참견할 일이 아니다'에 이르기까지 다양한 의미를 띨 수 있다.

그러나 예상과 달리 그들이 질문에 대답한다면, 그 대답은 얼마 전에 프랑스의 여론조사 기관이 발표한 결과와 비슷할 것이다. 이 여론조사의 질문은 '당신은 행복을 무엇이라고 생각하나요?'와 '당신은 행복하십니까?'였다.

오늘날의 엘리트들은 이러한 여론조사를 신뢰할 만한 일로 여기지 않는다. 행복을 고풍스럽고 감상적인 말로 여기면서 요사이 유행하고 있는 변증법이나 소외와 같은 깊이 있는 말과는 중요성의 면에서 비교할 수 없다고 생각하는 사람들은 다음과 같이 말하며 시대에 뒤떨어진 행복을 빈정거리며 무시해버릴 것이다. '행복은 주일학교에나 어울리는 말이 되었다. 통계의 문제점을 어떻게 다 늘어놓는단 말인가? 통계를 얼마라도 믿는다는 건 거의 혁명적인 일이다.'

그러나 여기서는 프랑스의 행복에 대한 여론조사를 진지하게 받아들이기로 하자. 비록 이 여론조사가 프랑스에 국한된 것이고 상당히 우연적으로 이루어진 것이긴 하지만 말이다. 그런데 동시대인들의 행복에 대한 관계가 이렇게 명확하게 나타난다면, 즉 아주 냉담하고, 소극적이며 신중한 관계를 보이고 있는 것으로 나타난다면 몇 퍼센트의 수치는 문제가 아니다.

여론조사에 응답한 사람들 가운데 8퍼센트는 매우 행복하다고 대답했고, 이와 거의 같은 비율로 약간 행복하다는 사람들과 별로 행복하지 않다고 말한 사람들이 있었다. 이것을 보면 현대인의 삶에서 행복은 주연이 아니고, 과거의 미미한 여운만이 간신히 이어지고 있다는 인상을 받게 된다. 그리고 행복과 도덕이라는 주제가 언급될 때야 비로소 관심이 생기고, 적어도 공식적으로는 도덕에 찬성표가 던져지는 것이다.

뉴욕에서는 장장 열다섯 시간에 걸친 마라톤 토론회가 열렸다. 이에 앞서 이 토론회를 준비하기 위한 예비회담도 네 번이나 열렸는데, 매회 저녁시간 내내 지속되었다. 주제는 제퍼슨이 미국의 헌법에 적어 넣은 문장으로서 미국 문헌사에서 가장 멋진 문장이었다. 그는 이 문장을 '양도할 수 없는 인간의 권리'로 규정했는데, 그것은 존 로크의 유명한 삼위일체인 '생명·자유·재산'이 아니라, '생명·자유·행복의 추구'였다.

오늘날의 국가 지도자 중에는 제퍼슨과 같은 인물이 없으며, 국민 가운데도 없다. 토론회에 참가한 회사 사장, 노동조합의 지도자, 성직자와 철학자는 제퍼슨이 말한 행복은 도덕으로 옮길 수 있다는 사실을 명확하게 하려고 시도했다. 처음부터 구호는 다음과 같았다. '머리나 마음속에서 가지각색으로 살아 있는 이 행복에 대해 그렇게 오랫동안 고민하는 것이 무슨 소용이 있단 말인가?' 토론 참가자들은 단호한 태도로 ― 결과적으로 잘못된 태도로 ― 다음과 같이 단정했다. '행복을 추구할 권리는 정치 문제이다. 누구나 저마다의 방식으로 행복해져야 한다. 하지만 독단적이거나 무정부적이어서는 안 되고 의무감을 가져야 한다. 그러고는 토론 참가자들은 더 이상 행복에 대해서는 말하지 않고 의무에 대해 말했다. 이것은 나라의 대표자들에게는 항상 합당한 일이었다. 이미 1768년에 영국의 철학자 프리스틀리는 다음과 같이 지적했다. '정의나 진리는 인간의 행복과의 관계를 도외시한다면, 그 자체로서는 조금도 훌륭한 것이 못된다.' 마찬가지로 의무도 행복과의 관계가 없어지면, 그 자체로서는 아무런 멋진 데가 없는 것이다.

이 토론회에 참석한 다른 불행한 사람들은 행복을 "나와 내 이웃이 주변 세계와 완전한 조화를 이루는 것"으로 규정했다. 이러한 행복을 누리는 자는 – 예를 들어 – 전쟁으로 이득을 얻는 사람들이다. 그러나 세계적인 척도로 생각한다면, 이러한 조화는 인류가 단 하나의 톱니바퀴 장치가 되었을 때 비로소 생길 것이다. 우리 각자가 작은 톱니바퀴로서 완벽하게 맞물려 있는 거대한 톱니바퀴 장치 말이다.

그렇다면 이러한 행복을 누리는 자는 누구인가? 결코 톱니바퀴는 아닐 것이다. 행복의 문제를 다루는 사람들은 언제나 행복에서 가장 본질적인 요소, 즉 '나'라는 덧없는 피조물이 현세의 삶에서 누리는 쾌락을 빼앗는 결과를 초래했다.

진보적인 입장을 내세우는 문화 비평가들은 미국인들이 즐겨 쓰는 '즐거운 시간을 보내세요have fun'라는 말을 조롱하며, 미국에서는 심지어 초등학생인 경우에도 '학교에서 즐거운 시간을 보내!'라고 말한다고 빈정거린다. 행복을 무시하는 시대의 사람들은 이렇게 만신창이가 되도록 비판받은 '즐거움'과 이 즐거움을 조롱하느라 만신창이가 되어버린 문화 비평가들의 서투른 농담이 공공연하게 행복을 적대시한 결과라는 사실을 깨닫지 못한다. 행복을 적대시하는 것은 아주 간단한 일이다. 행복을 납치해 위장한 다음, 그것을 의무라고 떠들어대면 되기 때문이다.

그러나 아마도 이 수상쩍은 국민적 슬로건인 '즐거움fun' 속에는 프랑스의 여론조사가 제시한 행복의 리스트보다는 행복에 대한 동경이 더 많이 살아 숨 쉬고 있을지도 모른다. 프랑스의 여론조사가 제시한 행복의 리스트 중에서 남녀 모두 다 같이 1위를 차지한 것은 살아가는 데 충분한 돈이었다. 이 보잘것없고 초라한 돈은 행복과 영광을 나타내는 것이 아니고 – 부富는 4위를 차지했다 – 물질적인 안정을 나타낸다. 압도적인 다수의 사람들이 물질적인 안정을 최고의 행복으로 생각하는 것이다.

이와는 반대로 사랑은 – 많은 성직자들과 사랑에 빠진 소수의 사람들이 찬양하는 사랑은 – 행복의 리스트에서 겨우 7위를 차지했다. 이것은 여론조사의 응답자들이 사랑을 통해 천국으로 가는 길을 작은 샛길로 밖에는 인정하지 않는다는 사실을 드러낸다. 사랑은 더 이상 인생의 중대사에 속하지 않는 것이다.

이보다는 덜 놀라운 일이지만, '지혜의 말'은 6위를 차지했다. 오랜 세월 동안 행복을 위해 노력해온 철학자들의 성과가 거의 인정받지 못한 것이다. 사람들은 스피노자나 마르크스가 행복으로 가는 길에서 도움을 줄 수 있다고는 믿지 않았다. 특히 마르크스가 그렇다. 통계를 신뢰한다면, 공산주의자 중에서 '매우 행복하다'고 답한 사람은 4퍼센트에 불과했다. 이 비율은 다른 정당의 당원들보다도 낮았다.

오랜 세월 동안 축적된 지혜나 행복에 대한 찬가를 알지 못하는 것은 아마도 현재 만연해 있는 불행, 더 정확하게 말하면 일반적으로 행복한 삶을 지향하는 소질을 계발하고 있지 않는 데도 책임이 있다. 이 소질은 이성이라는 재능과 마찬가지로 누구에게나 부여되어 있지만, 제대로 계발되고 있지 못하다. 이 때문에 사람들은 행복을 향한 길에서 유명한 지혜의 말을 어떻게 활용해야 할지 모른다. 그것을 자신의 삶으로 옮길 줄 몰라서 아무런 소용도 없다고 생각하는 것이다. 이처럼 속수무책의 상황에 빠진 이유는 인간이라는 아주 복잡한 존재를 위한 음식과 인간의 여러 영역 중의 하나인 육체를 위한 음식을 혼동하기 때문이다. 육체를 위한 음식은 눈앞에 있거나 혹은 조달하는 것이 어렵지 않다. 그러나 도서관이나 박물관에 쌓여 있는 것은 어느 정도 고생하지 않고는 자신의 것으로 만들 수 없다.

행복으로 향하는 길에서 발견된 지혜는 당장 행복해지려고 허겁지겁 삼키게 되면 탈이 생길 수밖에 없다. 따라서 아무런 노력을 하지 않아도 효과를 발휘할 뿐만 아니라 오만한 문화 분석가가 제일 좋아하는 주제인 행복의 알약까지 등장했다. 이는 우리가 말하는 행복과는 관계가 없다. 그러나 조롱의 대상이 된 행복의 알약이 현세의 행복을 억압하는 모든 경건한 조치들보다도 인간을 낙원에 더 가깝게 데려다준다. 이는 「브리티시 메디컬 저널British Medical Journal」이 보도했듯이 피라헥실Pyrahexyl을 통한 실험에서 입증되었다.

우리가 조롱의 대상이 된 약품을 마취제나 진통제로만 받아들이면 이 약품의 효능을 과소평가하게 된다. 어떤 재치 있는 할리우드의 제작자는 다음과 같이 말했다. "영화는 인민의 아편은 아닐지 몰라도 아스피린인 것만은 분명하다." 이 말에서 영화는 약품을 사용해 도달하는 다른 낙원들과 마찬가지로 과소평가되고 있다. 약품은 단지 불쾌감을 제거하는 일만 할 수 있는 게 아니다. 약품은 올더스 헉슬리가 메스칼린mescaline을 통해 증명한 바와 같이 과거에 단식이나 명상, 그리고 다른 경건한 의식을 통해 얻은 찬란한 행복에 도달할 수 있게 한다. 이러한 것을 '현실 도피'로 여긴다면, 도대체 물질적인 안정이라는 행복을 누리면서 자주 휴가를 가는 것도 나쁘게 여겨야 하지 않을까?

• 「멋진 신세계」를 쓴 올더스 헉슬리는 환각제 성분을 가진 메스칼린을 복용한 뒤 경험한 내용을 「지각의 문」이라는 글로 남겼다. 록그룹 '도어즈'의 이름도 이 책의 원제(The Doors of Perception)에서 영감을 얻었다. - 옮긴이

그렇지만 축복받은 약품이나 영화와 같이 실체가 없는 행복의 제작자들은 철학자들이 하는 일, 즉 아무런 방해도 받지 않고 최고로 멋진 시간을 보낼 수 있는 일은 우리에게 해주지 못한다.

행복에 관한 프랑스의 여론조사에서 1위를 차지한 - 프랑스뿐만 아니라 다른 나라에서도 비슷한 순위일 것이다 - 물질적인 안정은 중요하며 얻고자 노력할 가치가 있는 소중한 자산이다. 오직 지위가 확고한 사람만이 - 예를 들어 상당한 액수의 연금이 보장된 철학 교수 - 이를 경멸할 수 있을 뿐이다. 그러나 이러한 물질적인 안정은 행복의 정상으로 가는 사닥다리의 첫 계단도 되지 못한다.

행복에 대한 무지가 만연된 시대에서는 다음의 사실을 알게 되면 많은 도움이 될 것이다. 즉 신중한 금욕의 지혜를 가르치는 현자들이 있긴 하지만, 당차게 행복에 대한 동경을 키워나가는 거룩한 현자들도 있다. 이들은 자신들이 행복한 삶을 살아감으로써 그리고 다른 사람들에게 행복을 추구하라고 격려함으로써 행복에 대한 동경이 생생하게 살아 숨 쉬게 만든다.

눈은 보고, 귀는 들음으로써 예민해진다. 마찬가지로 행복의 수용 능력이나 행복에 대한 의지, 행복해지기 위한 재능과 용기는 에피쿠로스에서 니체에 이르기까지 행복을 잊을 수 없을 정도로 찬양한 것을 마음속에 되새김으로써 힘을 얻을 수 있다.

옮긴이의 말

이 책은 루트비히 마르쿠제Ludwig Marcuse(1894~1971)의 『행복의 철학 Philosophie des Glücks』을 우리말로 옮긴 것이다. 원서는 1949년에 처음 출간되어 1972년에 개정증보판이 나왔고 지금까지도 스테디셀러로 꾸준히 독자들의 사랑을 받고 있다. 저자 루트비히 마르쿠제가 세상을 떠난 지 50년이 된 2021년에는 독일의 주요 일간지들이 일제히 그를 기념하며 이 책을 행복이라는 주제를 다룬 책 중에서 여전히 최고의 책˙이라고 평가했다.

저자 루트비히 마르쿠제는 유대계 독일인으로 1894년 독일 베를린에서 태어나 베를린 대학교와 프라이부르크 대학교에서 철학과 문학을 전공했다. 대학 시절에 카시러Ernst Cassirer, 지멜Georg Simmel, 트뢸치Ernst Troeltsch 등 당대의 석학들에게서 배웠고 트뢸치 교수 밑에서 니체에 관한 논문(「가치로서의 개성과 니체의 철학」)으로 박사학위를 받았다. 1933년 나치의 박해를 피해 프랑스로 망명했다가, 1939년에는 다시 미국으로 망명해 미국 남캘리포니아 대학교에서 교수로 재직했다. 정년퇴직 후 독일로 돌아와 저술 활동을 하다가 1971년에 세상을 떠났다.

● 특히 요한-힌리히 클라우센Johann-Hinrich Claussen이 쓴 「쥐트도이체 차이퉁Süddeutsche Zeitung」, 2021년 7월 29일자 기사 "참된 관용Wahre Toleranz" 참조.

루트비히 마르쿠제는 프랑스에서 망명 생활을 하던 1936년에서 1937년까지 수개월 동안 구^舊소련 작가 협회의 초청으로 소련을 방문했는데, 당시 소련에서 벌어진 숙청 재판Schauprozess을 지켜보고는 소련의 정치 체제를 강력하게 비판했다. 그의 휴머니즘에 바탕한 자유주의와 개인주의적 성향은 이데올로기적인 독단주의와 독재 체제를 용납할 수 없었고 이러한 기본 태도는 이후에도 그의 저술 활동으로 이어졌다. 그는 박사논문에서 드러나듯, 이념이나 집단보다는 역사 속에서 살아가는 구체적인 개인에 관심을 가졌다. 이런 태도와 관심으로 그는 주로 인물들의 전기를 쓰는 데 집중해『스트린드베리』,『게르하르트 하우프트만과 그의 작품』,『루트비히 뵈르네』,『하인리히 하이네』,『이냐시오 데 로욜라』,『철학자와 독재자. 플라톤과 디오뉘시오스』,『리하르트 바그너의 삶』,『지그문트 프로이트』를 남겼다. 그 외 주요 저서로는 철학적 주제를 다룬『행복의 철학』,『미국 철학』,『나의 철학사』와 예술을 보는 넓은 시각과 관용의 미덕을 강조하는『외설』그리고 자서전『나의 20세기』등이 있다. 이러한 저술 활동의 모범이 된 것이 바로 니체의 철학이다. 이 책에서도 니체를 "편협하고 소시민적인 편안함에 젖은 동시대인들을 일깨워 '초인Ubermensch'의 행복을 추구하도록" 이끈 인물로 높이 평가하고 있다.

이 책이 초점을 맞추고 있는 것은 행복의 이론이 아니라, 행복을 추구한 이들의 구체적인 삶이다. 따라서 이 책은 욥에서 프로이트에 이르기까지 행복을 추구한 이들이 어떻게 행복해졌는지를 서술한 '행복의 전기'로 볼 수 있다.

우리는 누구나 행복해지기를 원한다. 예전에는 철학자들도 언제나 행복에 대한 질문을 제기하며 행복을 중요한 관심사로 여겼다. 그런데 행복의 역사를 살펴보면 키케로가 기원전 1세기에 "행복은 요동치지 않을 것이다. 하지만 수없이 고문을 당할 것이다"라고 한 말이 실감이 날 정도로 수많은 우여곡절이 있었다. 최초로 행복의 철학을 펼친 에피쿠로스는 '돼지의 쾌락'을 즐긴 인물로 낙인찍히며 악의적인 누명과 핍박을 받았다. 오늘날에도 에피쿠로스의 이름에서 유래한 '에피큐어Epicure'라는 말은 미식가를 뜻하며 사치와 향락에 대한 곱지 않은 뉘앙스를 담고 있다. 정작 에피쿠로스는 "치즈 한 덩이만 있으면 큰 잔치"로 여겼는데도 말이다. 저자도 "쾌락주의자 같다는 말은 도덕적으로 문제가 있다"는 의미를 띠며 행복이 좋은 평판을 얻은 적은 결코 없었다고 지적한다. 저자는 이처럼 쾌락을 도덕적으로 폄하하고 재미와 즐거움을 무시하거나 심지어 죄악시하는 전통이 만들어진 데에는 행복을 '도덕'과 동일시한 아리스토텔레스나 행복 대신 의무를 강조한 칸트와 같은 철학자들의 영향이 컸다고 말한다. 이들은 "행복이라는 말을 행복과는 거의 관계가 없는 무엇인가를 위해 도용盜用"했으며 결국 "행복이 도덕의 적敵이 되는" 사태를 초래하고 말았다. 하버드 대학교의 심리학과 교수 대니얼 길버트Daniel Gilbert는 이렇게 행복과 미덕을 동일시하면 원인과 결과를 혼동해 "아르헨티나의 어느 해변에서 일광욕을 하는 나치 전범은 진짜 행복을 느끼지 못하지만, 식인종에게 잡아먹히는 경건한 선교사는 행복할 것이라고 주장하는 일이 벌어진다"고 말한다.

● 대니얼 길버트 지음, 최인철·서은국 옮김, 『행복에 걸려 비틀거리다』, 2006년, 72쪽.

이와 관련해 니체는『선악의 저편』에서 어떤 학설이 사람들을 행복하게 만들거나 미덕을 갖추도록 해준다고 해서 진리로 여길 수는 없으며 행복이나 미덕은 논거가 되지 못한다고 말하며 실상을 있는 그대로 명확히 보도록 요청한다. "진리의 어떤 부분들을 발견하기 위해서는 악한 사람이나 불행한 사람이 훨씬 유리하며 성공할 개연성이 더 높다는 것은 의심의 여지가 없다. 비록 도덕군자들은 침묵하지만, 행복해하는 악인이 있다는 사실에 대해서는 더 말할 필요도 없다."•

이 책은 행복해하는 악한 사람들의 삶은 물론이고 불행한 선인善人들의 삶에 대해서도 가감 없이 서술한다. 왜 착한 사람이 불행을 겪어야 하는지를 질문하는 욥에서부터 무소유의 행복을 실천한 행복한 한스, 정원 공동체에서 몸의 건강과 마음의 평온을 추구한 에피쿠로스, 세상의 허무함을 꿰뚫어 보면서도 삶의 아름다움을 찬양한 코헬렛, 권력의 공범자가 되면서도 행복을 추구한 세네카, 궁전과 수도원이라는 양극단을 오가며 행복을 찾은 프셀루스, 사적인 행복에서 공적인 행복으로 차원을 넓혀 행복한 사회를 건설하려고 한 로버트 오언, 구세주의 삶을 실천한 톨스토이에 이르기까지 다양하기 이를 데 없는 행복의 모습이 펼쳐진다. 저자는 이러한 본보기를 통해 우리로 하여금 각자 나름대로의 행복을 찾도록 용기를 불어넣고자 한다. 우리는 때로는 고통스럽게 또 때로는 즐겁게 그리고 또 때로는 예리한 통찰력으로 행복을 파고들었던 사람들의 숱한 삶을 통해 배울 수 있다. 이 책이 던지는 "그들은 어떻게 행복해졌는가?"라는 질문에서 대답을 찾는 것은 우리의 몫

• 프리드리히 니체 지음, 김정현 옮김,『선악의 저편·도덕의 계보』(니체전집 14), 2002년, 68쪽 이하 참조(번역문은 문맥에 맞게 수정했음).

이다. 저자는 개인이 얻을 수 있는 행복은 순간적이고 아주 한정되어 있으며 "인생에는 행복의 순간이 간간이 흩어져 있을" 뿐이라고 말한다. 그러면서 우리는 "좀 더 겸손해지는 법"을 배워야 한다고 강조한다. 이렇게 겸손해지는 법은 독일의 노벨상 수상 작가인 하인리히 뵐Heinrich Böll의 이야기에서도 배울 수 있을 것 같다. 이 이야기의 제목인 "노동 의욕을 낮추는 일화Anekdote zur Senkung der Arbeitsmoral"에는 풍자적인 의미가 깔려 있다.

서유럽 해안의 어느 항구에서 초라한 옷차림의 한 늙은 어부가 고깃배에 누워 낮잠을 자고 있었다. 멋지게 차려 입은 관광객이 바닷가를 거닐다 이 어부가 자는 모습을 보고는 찰칵 소리를 내며 사진을 찍었다. 다시 한번 찰칵, 뭐든지 세 번이 안전하니까 또 다시 찰칵. 귀에 거슬리는 소리에 잠자던 어부가 깨고 말았다. 그러자 관광객은 어부에게 말을 건다.

"오늘은 고기를 많이 잡을 수 있겠습니다."

어부는 머리를 옆으로 흔든다.

"고기잡이에는 좋은 날씨라고 하던데요."

어부는 고개를 끄떡인다.

"바다로 나가시지 않을 겁니까?"

어부는 머리를 옆으로 흔든다.

"아, 혹시 몸이 불편하신가 보군요?"

● 1972년에 노벨 문학상을 받은 독일 작가 하인리히 뵐(1917~1985)은 1963년 5월 1일, NDR(북부 독일방송)의 노동절 방송을 위해 이 이야기를 썼다. 국내에는 『외국문학』, 1995년 겨울호(제45호)에 정상건 교수의 번역으로 소개된 바 있다.

"난 기분이 아주 좋다네. 오늘같이 기분이 좋아본 적이 없어. 정말로 난 기분이 최고라네." 어부는 이렇게 말하고는 일어나 기지개를 편다.

"그러면 왜 바다로 나가지 않습니까?"

"벌써 아침에 한 번 나갔다 왔다네."

"고기를 많이 잡으셨나요?"

"바구니 속에 바닷가재 네 마리가 들어 있고, 스물네 마리 정도 되는 고등어도 잡았거든…"

"그럼 또 한 번 다녀오셔도 되겠네요."

"그렇게 고기를 많이 잡아 뭐하게?"

"늦어도 1년 후에는 모터보트를 살 수 있을 것이고, 2년 후에는 두 번째 보트를, 3년, 아니 4년 후에는 한 척의 작은 범선도 가질 수 있을 테고, 물론 두 척의 보트나 범선으로 더 많은 고기를 잡을 수 있을 겁니다. 언젠가는 두 척의 범선을 가지시겠죠. 작은 냉동 공장을 세울 수도 있고, 훈제품 제조 공장도요. 훗날에는 헬리콥터로 날아다니면서 고기떼를 찾아내어 무선으로 알릴 수 있을 테죠. 생선 레스토랑을 개업할 수 있고, 바닷가재를 중개상인 없이 파리로 직수출할 수도 있어요. 그럼 더 많은 돈을 벌 테고."

"그렇게 벌어서 뭐하려고?"

"그런 다음에는…… 편안히 여기 항구에 앉아 낮잠을 자며 지낼 수 있을 텐데요."

"이보시오, 지금 내가 그렇게 하고 있지 않소. 나는 아무런 근심 없이 항구에 앉아 낮잠을 자고 있는데, 당신의 그 찰깍 소리가 나를 성가시게 굴고 있어."

그러자 그 관광객은 깊은 생각에 잠긴 채 돌연히 자리를 떴다. 더 이상 일하지 않기 위해 일하고 있다는 것을 그도 언젠가부터 믿어 왔기 때문이다. 초라한 옷차림을 한 어부에 대한 일말의 동정심은 사라지고, 약간의 시기심만이 남아 있을 뿐이었다.

찾아보기